董蔡时 著

荣与辱

曾国藩的多面人生

辽宁人民出版社

© 董蔡时　2022

图书在版编目（CIP）数据

荣与辱：曾国藩的多面人生 / 董蔡时著. —沈阳：辽宁人民出版社，2022.5
ISBN 978-7-205-10391-0

Ⅰ.①荣… Ⅱ.①董… Ⅲ.①曾国藩（1811-1872）—人物研究 Ⅳ.①K827=52

中国版本图书馆CIP数据核字（2021）第280647号

出版发行：辽宁人民出版社
　　　　地址：沈阳市和平区十一纬路25号　邮编：110003
　　　　电话：024-23284321（邮　购）　024-23284324（发行部）
　　　　传真：024-23284191（发行部）　024-23284304（办公室）
　　　　http://www.lnpph.com.cn
印　　刷：北京长宁印刷有限公司天津分公司
幅面尺寸：165mm×235mm
印　　张：25.5
字　　数：265千字
出版时间：2022年5月第1版
印刷时间：2022年5月第1次印刷
责任编辑：娄　瓴
封面设计：高鹏博
版式设计：姿　兰
责任校对：吴艳杰
书　　号：ISBN 978-7-205-10391-0
定　　价：69.80元

"回顾丛书"序

约半年前，艾明秋女士来电，要我"再做点贡献"。小艾是辽宁人民出版社文史编辑室主任，也是我的第一本书《大汉开国谋士群》的责任编辑，我们的合作，非常愉快，进而"成为生活中的益友"（张立宪语）。

对小艾的要求，我一向近乎有求必应。听她谈过初步构想后，觉得挺有意思，可以操作。今年初，辽宁人民出版社副总编辑张洪兄来电，进一步讨论、商定了相关细则。这便是"回顾丛书"的由来。

"回顾丛书"拟每年出一辑，每辑6册左右。以经过时间和市场淘洗的旧书再版为主，新作为辅；以专著为主，文集为辅；以史为主，政治经济军事社会思想文学为辅。入选的各类书籍，都是我所感兴趣的，有料，有趣，有种。回顾的目的，当然是为了更好地前瞻、前行。

太白诗：却顾所来径，苍苍横翠微。2008年初夏，收到首册样书时，欧洲杯激战方酣。去年秋天再版，新书出炉时，我正沿着318国道驱车前往珠峰大本营。此情此景，宛如昨日。我想，再过五年、十年，回过头来看这套"回顾丛书"，又会是什么心境呢？

是为序。

梁由之

夏历癸巳芒种后一日，于深圳天海楼

却顾所来径·苍苍横翠微

自 序

从1840年的鸦片战争开始，中国沦入了半殖民地半封建社会。从此，中国人民抛头颅、洒热血，前仆后继，为民族的生存、国家的独立而斗争。评价近代史上政治人物的是非功罪，主要应看他的活动，是缓解了民族危机，还是加深了民族灾难；是维护了祖国领土主权的完整，还是有损于国家领土主权的完整；是遗爱在民，还是洒向人间都是怨。很明显，评论曾国藩的是非功罪，也离不开这个标准。

本书是在拙著《左宗棠评传》（1984年出版）与《胡林翼评传》（1990年出版）的基础上写出来的，撰写的时间较长，思考的时间较多，所以比《左宗棠评传》等写得更深些，涉及的面更广些，在某些方面，发现了新领域，提了新问题，诸如：

以对比研究的方法，将曾国藩的思想与左宗棠的思想作比较研究，进一步探讨曾国藩的理学思想对他政治、军事活动的影响。

探讨曾国藩强调的"诚""信""仁爱"等，不是他对人的普遍道德，仅行于地主豪绅，特别是湘军将领之间。这种"诚""信"等，无以名之，名之为"派诚""派信"。

论述曾国藩为了掌握湘军的绝对领导权，与王鑫、江忠源发生了明争暗斗，最后他断然踢开王鑫，抛弃江忠源。

从关系学的角度探讨"曾（国藩）、胡（林翼）关系""曾、左（宗棠）关系""曾、沈（葆桢）关系""曾、李（鸿章）关系""曾、官（文）关系"与"曾、杨（㴋）关系"等等。

探讨了曾国藩湘系与以祁寯藻、彭蕴章为奥援的何桂清集团的矛盾斗争，善于搞派系斗争的曾国藩，终于把何桂清集团打得樯橹灰飞烟灭。实际上，这是清政府中君主集权派与地方军阀势力要求扩张与反扩张的惊心动魄的斗争。

探讨了曾国藩不得不扶植、培育李鸿章淮军的苦衷。

论述了曾国藩指示李鸿章勾结英、法侵略军共同进攻太平军，要李鸿章对英、法侵略者"弃仇崇好""言忠信，行笃敬"的思想基础。

探讨了曾国藩对农民军"一意残忍"的具体表现与思想基础。

探讨了太平天国失败前后湘系内部的矛盾斗争，湘系已经到了分崩离析的地步。

探讨了曾国藩的战略战术，以及制定这种战略战术与理学思想的关系。

探讨了湘军攻陷金陵后，曾国藩兄弟与清政府之间的矛盾斗争，以及曾氏兄弟受到清政府打击后流露出的不平与哀怨。

探讨了"剿捻"期间，曾国藩与李鸿章的矛盾斗争。

论述曾国藩晚年"外惭清议，内疚神明""心绪悒悒""辄谓生不如死"的悲哀处境。

以上举其荦荦大者，恕不一一备载。由于水平的限制，书中的错误一定不少，敬请大家指正。

董蔡时
1996年3月

目 录

"回顾丛书"序 …………………………………………………………001

自 序 ……………………………………………………………………001

第一章 经世学派的崛起 ………………………………………………001
    一、经世学派的兴起,两个不同流派的思想特点 …………………001
    二、第一次鸦片战争爆发,两派分别转化为抵抗派与投降派 ……017

第二章 1851年前后湖南的社会状况 …………………………………024
    一、残酷的封建剥削,农民的反抗斗争 ……………………………024
    二、江忠源组织楚勇,罗泽南、王鑫组织湘勇 ……………………030

第三章 曾国藩从出任湖南团练大臣帮办到组织湘军 ………………035
    一、办理团练,"草薙"农民 …………………………………………035
    二、编练湘军,开赴南昌顽抗太平军 ………………………………040
    三、移驻衡州,组成湘军水陆师 ……………………………………045
    四、排斥王鑫,抛弃江忠源 …………………………………………053

第四章 曾国藩出动湘军顽抗太平军 …………………………………061
    一、洪秀全的战略思想,曾国藩的军事对策 ………………………061
    二、曾国藩制造出师舆论,湘军出动 ………………………………066
    三、林绍璋湘潭受挫,曾国藩大败靖港 ……………………………075

四、曾国藩长沙整军，太平军争夺岳州 …………………………080

第五章　曾国藩指挥湘军攻陷武昌，扑犯九江 …………………………092
　　一、湘军扑犯武汉，石凤魁擅弃武昌 …………………………092
　　二、曾国藩被迫连续作战，湘军攻陷半壁山、田家镇 …………096
　　三、湘军攻陷广济、黄梅，太平军退守安徽宿松 ………………102
　　四、石达开大破湘军水师，曾国藩兵败湖口、九江 ……………105

第六章　胡林翼升任湖北巡抚对曾国藩湘系的影响 ……………………114
　　一、杨霈败奔德安，曾国藩派胡林翼回援武昌 …………………114
　　二、湘系扳倒杨霈，胡林翼出任湖北巡抚对湘系战略地位的
　　　　影响 ………………………………………………………120

第七章　曾国藩坐困南昌 …………………………………………………125
　　一、曾国藩局促江西，参奏江西巡抚陈启迈 …………………125
　　二、胡林翼溃败奓山，曾国藩分军罗泽南增援胡林翼 …………130
　　三、"破锣倒塔凤飞洲"，曾国藩坐困南昌 ……………………134

第八章　太平天国与清政府力量的消长 …………………………………140
　　一、天京变乱后太平天国力量的削弱，鄂、赣湘系力量的增长 …140
　　二、曾国藩争夺兵权不遂，负气回籍 …………………………149
　　三、为个人争权力，为湘军争地位，曾国藩被削除兵权 ………153
　　四、湘、楚军攻陷九江，李续宾败死三河 ……………………158

第九章　曾国藩东山再起 …………………………………………………166
　　一、东山再起，重掌兵权 ………………………………………166
　　二、入浙、入闽追击石达开，提出进犯金陵的战略决策 ………172

第十章　曾国藩出任两江总督 ……179

一、湘、楚军攻陷潜山、太湖，曾国藩招降韦俊 ……179

二、何桂清革职查办，曾国藩总督两江 ……183

三、左宗棠随同曾国藩襄办军务，左系湘军的出现 ……191

第十一章　胡林翼、曾国藩指挥湘、楚军攻陷安庆 ……198

一、曾国藩进驻祁门后的军政措施，1860年安庆前沿敌对双方的军事形势 ……198

二、曾国藩怯于抵御外侮，勇于内战 ……205

三、胡林翼、曾国藩凶狠的军事决策，湘、楚军攻陷安庆 ……209

四、安庆保卫战期间曾国藩被困皖南，乐平战役对皖南战局的影响 ……223

第十二章　曾国藩节制四省军事，中外反动势力加强勾结 ……231

一、清政府中央出现洋务派，曾国藩向洋务派转化 ……231

二、曾国藩节制四省军事，逃沪苏、常士绅"安庆乞师" ……237

三、曾国藩湘系与上海士绅、买办的合流，中外会防局的成立 ……245

四、曾国藩命李鸿章招募淮勇，淮军的出现 ……251

五、曾国藩、李鸿章与列强达成勾结，太平军太仓、嘉定、青浦大捷 ……260

第十三章　曾国藩湘系与何桂清集团的矛盾斗争 ……271

一、曾、何派系矛盾的开始，两派争夺浙江地盘的明争暗斗 ……271

二、王有龄拉拢湘系将领，曾国藩参劾李元度 ……278

三、曾国藩夺取苏、浙地盘，何桂清集团的消灭 ……283

第十四章　曾国藩指挥中外联合武装绞杀太平天国 ……291

一、天京会战中曾国藩"胆已惊碎"，李秀成进兵淮南受挫 ……291

二、苏、杭失守，天京陷落 …………………………………… 296

三、曾国藩满口仁义道德，推行残酷的"三光"政策 ………… 302

四、太平天国时期敌对双方力量对比的变化，湘军攻陷苏、浙、天京的原因 ………………………………………………… 308

第十五章　太平天国失败后曾国藩的狼狈处境 ……………… 317

一、攻陷天京后曾国藩兄弟的狼狈处境，曾国藩裁撤嫡系湘军 … 317

二、鹰犬之间争权夺利，湘军内部的控制与反控制斗争 ……… 323

第十六章　倡导洋务运动 ………………………………………… 333

第十七章　镇压捻军 ……………………………………………… 343

一、"征剿"捻军，连遭败北 …………………………………… 343

二、曾国藩"剿捻"期间与李鸿章的矛盾，曾、李争夺两江总督席位的斗争 …………………………………………………… 351

第十八章　办理天津教案 ………………………………………… 358

结束语 ……………………………………………………………… 368

附录一　曾国藩生平大事简记 …………………………………… 377

附录二　参考书目 ………………………………………………… 392

附录三　中西译名对照表 ………………………………………… 396

后　记 ……………………………………………………………… 397

第一章 经世学派的崛起

一、经世学派的兴起，两个不同流派的思想特点

随着西方资本主义生产力的快速发展，西方资本主义列强加快了对外侵略的步伐，首先是老牌资本主义英国，不断向东方扩张。十七世纪，它的侵略魔掌伸到了印度，与法国在印度展开了殖民竞争，到了十八世纪中叶，挤走了法国在印度的殖民势力，在印度的殖民统治站稳了脚跟。以后，英国以印度为基地，继续扩大向东方的侵略，目标对准地大物博、人口众多的中国。乾隆五十七年（1792），英国第一次派遣特使马戛尔尼到中国来，翌年，觐见乾隆皇帝。事后，马戛尔尼向清政府提出如下要求：（一）准许英国商人在北京设一商行，买卖货物；（二）准许英国商人在宁波、舟山、天津等港通商；（三）在舟山附近和广东附近各划一个岛屿，给英商设立储藏货物的仓库，并划地方供英商居住；（四）允许英人在中国自由传教等[1]。乾隆帝理所当然地拒绝了英国明目张胆的侵略要求[2]。英国特使马戛尔尼心劳日拙，废然而返。

嘉庆二十一年（1816），英国再次派遣特使阿美士德到中国来，向中国政府又一次提出了与马戛尔尼同样的要求，当然不得要领而返。中国

---

[1] 马戛尔尼著、刘复译：《乾隆英使觐见记》，民国五年中华书局版，第145页。
[2] 《东华续录》，乾隆一百十八，宣统辛亥版，第3—5页。

与英国侵略者之间的矛盾发生了，深化着。

从十九世纪开始，英国向东方侵略的势头咄咄逼人，1819年，英国侵占了控扼马六甲海峡的战略据点新加坡。1824年，英国的侵略触角伸进了与中国毗连的友好邻邦缅甸。在此前后，英国海军在中国广东海域不止一次向中国进行武装挑衅①，与此同时，英国侵略者勾结中国沿海的地痞流氓与豪强恶霸，加紧鸦片走私。道光初年，江淮间祸事将起，"辄云闹西洋，凡此朕兆，大为可虑"②。有识之士，早在鸦片战争爆发前一二十年，就在为西方国家对华侵略的加强而忧心忡忡了。

嘉庆元年（1796），封建统治阶级陶醉于乾隆时代的"十全武功"之中，认为嘉庆朝理应是乾隆盛世的继续。突然间，平地起风雷，声势浩大的川楚白莲教起义爆发了，起义军打出了"官逼民反"的大旗，转战湖北、四川、陕西等省，把清封建王朝打得损兵折将，屡易统帅，波及五省，历时九年，费银二万万两，最后，还是依靠地主武装乡勇，才血腥地绞杀了这次起义③。当封建统治者沉浸在镇压川楚白莲教起义的欢乐之中时，好景不长，嘉庆十八年（1813），在清朝的心腹地区河南、山东、直隶（今河北）又爆发了李文成领导的天理教起义，另一个天理教首领林清，甚至率领起义群众闯进北京紫禁城。两次反清起义最后都悲惨地失败了。无可否认，这两次接踵而来的狂飙，如同滚滚惊雷，震撼着清封建王朝，清封建统治者一派惊慌，以至长年蛰居深宫的嘉庆帝都发现了王朝的危机，接连颁发《罪己诏》《朱笔竭力尽心仰报天恩谕》《朱笔仰报天恩肃清吏治修武备谕》《御制致变之源说》《御制实政论》

---

① 赵尔巽等：《清史稿·邦交志·英吉利》（上册），民国三十一年联合书店版，第602页。

② 包世臣：《致广东姚按察中丞书》，载《安吴四种》（卷三十五），光绪十四年版，第5页。

③ 魏源：《川湖陕靖寇记》《嘉庆川湖陕乡兵记》《武事余记》，载《圣武记》卷九、卷十、卷十三等有关记载。光绪壬寅上海版。

《御制实心行政说》等①。清朝已经腐败到了近于朽木的程度，只可能继续坏下去，不可能好起来。皇帝的"上谕"，表面上说要澄清吏治，缓和社会矛盾，实际上是要加强武备，准备对付另一次农民起义。"上谕"当然不可能触及社会发生阶级矛盾、阶级斗争的根源——土地高度集中的问题。因此，中国社会的贫富两极化在发展，阶级矛盾在深化，白莲教起义与天理教起义的失败，不是中国众起义的终结，而是众起义暂时走向低潮，在为明天的斗争而积蓄力量。众起义风暴的冲击，使中国社会机阢动荡，危机重重。

嘉庆、道光年间，中国西北边陲的形势也岌岌可危。嘉庆二十五年（1820），英国侵略者唆使、支持张格尔从浩罕率军潜入南疆，阴谋叛乱。1826年，张格尔率领叛军侵占南疆重镇喀什噶尔、叶尔羌、和田等地，所过之处，"尽戕兵民，毁廨舍"②，暴虐无道。清政府以新疆驻军无能，不足平乱，不得不从内地调兵征饷，出关讨伐。1862年底，敉平了这次叛乱，粉碎了英国侵略者侵略祖国新疆的阴谋。

清政府纵然及时戡定新疆，但是英、俄在中亚的殖民竞争日趋剧烈，他们都垂涎新疆，中国西北边防隐患潜伏；国内的反清起义，此伏彼起，铁马金戈，杀声阵阵。1840年鸦片战争前夕，中国面临着一个中华民族同西方资本主义侵略者之间的民族矛盾与本国农民阶级同地主阶级之间的阶级矛盾相交织的空前动荡的时代。民族矛盾，是前所未有的新矛盾、新问题，阶级矛盾是一个固有的老问题。新问题与老问题，互相交织，互相激荡，互相影响，互相作用，使整个中国社会动荡的程度，日益剧烈起来了。中国社会的思想界本来是一潭死水，随着社会的剧烈动荡不安而波澜横生了。

1644年清封建王朝建立起来后，满洲贵族对其他各族厉行民族高压

---

① 《清实录·仁宗睿皇帝实录》（卷二百七十四），第7—9页；（卷二百八十一），第18—19页等。影印本。

② 魏源：《道光重定回疆记》，载《圣武记》（卷四），第13—14页。

政策，遭到各族人民的反抗，都被镇压下去了。有些抗清知识分子口诛笔伐清朝的民族高压政策，对此，清政府软硬兼施，一方面大兴文字狱，摧残那些具有抗清思想的知识分子；与此同时，大力提倡孔孟之道，崇尚理学，以程朱理学作为教育、科举考试的内容，以呆板的八股文作为考试文章的格式，以高官厚禄笼络读书人。清政府的高压政策，使封建士大夫不敢过问政治，一头扎进了古书堆，研究与政治无关的训诂、音韵之类的考据之学。绝大多数的知识分子埋首苦读"圣贤"书，一心想由科举的道路挤进官僚的行列。他们和那些成天在故纸堆中讨生活的学究一样，对变幻莫测的国际风云、民族危机、国计民生、民情风俗，几乎毫不关心，一无所知。嘉庆、道光年间出现了"万马齐喑究可哀"的沉闷局面①。

川楚白莲教起义与天理教起义的惊雷，英国对华的猖狂鸦片走私与张格尔叛乱的狼烟，强烈地震动着中国社会，首先是比较纯洁、有正义感、政治敏感的青年知识分子，如龚自珍、魏源与林则徐等惊醒过来了，他们对清朝的腐败政治、边疆的危机、英国的鸦片走私等深表不满。他们敏锐地发现了国家与王朝的危机，挣断了考据学的绳索，既不赞成钻故纸堆，也不赞成死读孔孟之书，学八股，走禄蠹的道路。他们大胆地振臂高呼"探世变也，圣之至也"，读书是为了"经世致用"，经世学派产生了。

经世学派中有代表中小地主、商人利益的地主阶级改革派，他们的思想特点是：眼光敏锐，敢于运用他们的犀利文笔抨击清朝的政治得失，主张变革不合时宜的制度政策，要求富国强兵，密切关注着日益险恶的时代风云和国家的前途。

龚自珍（1792—1841）批判以四书为准则的八股取士制度说：读书

---

① 龚自珍：《己亥杂诗》，载《龚自珍全集》（下册），1959年中华书局版，第521页。

人讽诵的四书五经，如同刀锯，戮人的"能忧心、能愤心、能思虑心、能作为心、能有廉耻心"，熟读四书五经的人，其"善性"全被锯掉了，考试时写出来的文章，如同醉汉的胡言，鼾睡者的梦呓①。等到他们考中科举，出而为官，吸吮民脂民膏是其所长，幻化成了吃人血肉的蚤蝨蚊虻、熊罴鸱鸮豺狼虎豹②。

在官吏的任用上，他批判了论资排辈，压抑新进，培养、录用人才的路子太窄，写出了"九洲生气恃风雷，万马齐喑究可哀。我劝天公重抖擞，不拘一格降人材"的著名诗篇③。

魏源（1794—1857）和龚自珍都主张富国强兵，反对孟子的"王伯〔霸〕义利之辩"。龚自珍怒斥儒生说："未富而讳言利，是谓迂图。顾往往救时之相，功在厚生……顾往往杂霸之王，才能裕国，而儒生议其后。"④魏源抨击士大夫空谈程朱性理之学，高喊王道，足以祸国殃民。他严肃指出："自古有不王道之富强，无不富强之王道"，为政"无非以足食足兵为治天下之具，后儒特因孟子义利王伯之辩，遂以兵食归之五伯，讳而不言……使其口心性，躬礼义，动言万物一体，而民瘼之不求，吏治之不习，国计边防之不问……上不足制国用，外不足靖疆圉，下不足苏民困，举平日胞与民物之空谈，至此无一事可效诸民物，天下亦安用此无用之王道哉"⑤。因之，魏源、龚自珍、林则徐等对经世大政如漕政、荒政、盐政、水利等都有研究。

值得强调的是，地主阶级改革派人物都具有鲜明而强烈的爱国思想，他们为了了解时代风云，而研究舆地之学，从研究祖国的历史、地

---

① 龚自珍：《乙丙之际箸议第九》，载《龚自珍全集》（上册），第5—6页。
② 龚自珍：《捕熊罴鸱鸮豺狼第一》《捕狗蝇蚂蚁蚤蝨蚊虻第三》，载《龚自珍全集》（上册），第132—135页。
③ 龚自珍：《己亥杂诗》，载《龚自珍全集》（下册），第521页。
④ 龚自珍：《龚定庵先生年谱》，载《龚自珍全集》（下册），第600页。
⑤ 魏源：《默觚下·治篇一》，载《古微堂集·内集》（卷三），淮南书局光绪四年版，第2—3页。

理与现状，掌握了边情边势。早在1820年，龚自珍便写出了具有远见卓识的《西域置行省议》①，提出废除新疆的军府制度，代之以设立总督、巡抚的行省制度，废除伯克制度，分置郡县，设官治民，移民实边，大兴屯垦，将新疆地区改建行省，以巩固西北边陲。

十九世纪三十年代，英国对华鸦片走私变本加厉，猖狂已极。鸦片这道黑流，滔滔不绝地涌进中国。早在第一次鸦片战争爆发前七年即1833年，江苏巡抚林则徐就向清政府指出：中国的银贵钱贱是由于鸦片输入造成的。他在江苏已经严禁兴贩鸦片、开设烟馆，严令沿江、沿海水师查禁鸦片走私。如果水师官兵胆敢受贿纵放，定然从严惩办。②他已经发出了禁烟运动的讯号。

总的说来，地主阶级改革派在维护清封建王朝的前提下，主张"探世变"，他们读书是为了"经世致用"。他们敢于批判清朝的政治得失，要求富国强兵，反对空谈性理的理学，主张严禁鸦片。他们的"昌昌大言"，不胫而走，风靡全国，在社会上起着振聋发聩的作用。归结起来，他们的思想特点是忠君爱国。

曾国藩（1811—1872），字伯涵，号涤生，小名子城，湖南湘乡人。他生于天理教爆发前二年，比罗泽南小三岁，比左宗棠、胡林翼大一岁，比洪秀全大两岁。他的父亲曾麟书是一个禄蠹，醉心功名，先后应秀才试十七次，才"补生员"，一生以教书为业，"积力学授徒家塾者二十年"，教督诸子甚严③。曾国藩从识字开始，直到二十岁，基本上未离亲侧。1832年考中秀才。翌年，参加乡试，榜上有名。不久，娶妻欧阳氏。鸦片战争爆发前二年即1838年，曾国藩二十八岁，考中进士，可算

---

① 龚自珍：《西域置行省议》，载《龚自珍全集》（上册），第105—111页。
② 林则徐：《查议银昂钱贱除弊便民事宜折》，载《林则徐集·奏稿上》，中华书局1965年出版，第133—137页。
③ 黎庶昌：《曾文正公年谱》，载《曾文正公全集·年谱》（卷一），光绪二年秋传忠书局版，第4页。

是仕途得意了。考中进士后，他长期在京师为官，与倭仁等以理学相标榜，为权臣穆彰阿所赏识。

众所周知，朱熹是程颐、程颢的四传弟子，是宋代理学的集大成者，把理学推到了顶峰。无可否认，曾国藩对理学的研究，是下过一番功夫的。他一贯以理学相标榜，空谈性理之学，所写文章不外拾朱熹的唾余而已。不了解他的理学思想，是无法了解曾国藩其人其事的。探讨理学经世派曾国藩的思想，还得从朱熹说起。

朱熹（1130—1200），宋朝人，号晦庵，安徽婺源（今属江西省）人。他承认宇宙中有理与气，即精神与物质，但他颠倒了精神与物质的关系。他认为理在气先，未有天地之前，已经有那么一个理充塞于天地之间。"先有是理，后生是气"，即是精神产生物质。"气以成形，而理亦赋焉。"①这是说理借助于气而派生万物，所以理与气又是互相依存的，故"有是理，必有是气"。那么，什么是玄而又玄、妙不可言的理呢？朱熹说：天下的事物，莫不有理。比如，君臣，有君臣之理；父子，有父子之理；夫妇，有夫妇之理；兄弟，有兄弟之理；朋友，有朋友之理；以至于出入起居，应事接物之际，莫不各有其理②。再比如，"未有这事，先有这理。如未有君臣，已先有君臣之理；未有父子，已先有父子之理"③。说到底，玄而又玄的理，妙不可言的理，即是维护绝对君主专制制度的三纲五常之道。这个道（即理，故理学又称道学），是先天存在的，并且贯注于万事万物之中，是人们必须遵守的社会伦理道德的最高原则。既然理生气，气阴阳凝聚以生物、生人，而且"但有此气，则理便在其中"，即是人在母腹内的胚胎时期，即充满着先天存在的理——三纲五常之道。既然如此，那么，为什么人有富贵贫贱、圣贤愚不肖、寿

---

① 《朱子语类》卷一。

② 朱熹：《甲寅行宫便殿奏札二》，载《朱子文集》（卷四），同治十二年版，第11—14页。

③ 《朱子语类》卷九十五。

夭寿长的区别呢？朱熹说："禀得精英之气，便为圣为贤，便是得理之全，得理之正。禀得清明者便英爽……禀得清高者便贵，禀得丰厚者便富，禀得久长者便寿，禀得衰颓薄浊者便为愚不肖、为贫为贱为夭。天有那气，生一个人出来，便有许多物随他来。"①他把人的所谓圣贤愚不肖、富贵贫贱，归之于禀赋之气的不同，归之于天命，掩盖了封建压迫与封建剥削是人有贫富贵贱的根源。一切反对封建统治的，按照理学的道德标准，便定为愚不肖，或是大逆不道，是浊气、邪气之所钟，该关、该杀。所以，朱熹说：作为一个读书人，应该"穷天理，明人伦，讲圣言"。这几句话的要害是要读书人去研究、实践三纲五常之道。朱熹有关理学理论的迷惑性在于从世界观的高度，论证了封建纲常的合理性，把三纲五常吹捧成人类道德的极则。理学彻头彻尾适应了封建统治阶级的需要。因此，从宋代以后，理学为历代封建帝王所吹捧，在思想界始终占据着统治地位，被定为官学。宋代以后的科举考试，规定以朱注四书为准，有敢反对者，是为大逆不道，临之以斧钺；按照理学的旋律学步跳舞的，可以金榜挂名，跻身官僚的行列。于是，一般读书人尽入彀中。崇奉理学的封建士大夫，一般说来，他们除了被禁锢在什么理气、禀赋等等的圈子里打转，成日价掉弄理在气先、三纲五常之道外，对于空前紧急的时代风云、国计民生漠不关心，也一无所知。

《顺性命之理论》，可以说是反映曾国藩思想的代表作。他在这篇文章中说：先天存在的理，充塞于天地万物之中，即以人而论，"絪缊化醇，必无以解乎造物之吹嘘。真与精相凝，而性即寓于肢体之中。含生负气，必有以得乎乾道之变化。理与气相丽，而命实宰乎赋畀之始。以身之所具言，则有视、听、言、动，即有肃、乂、哲、谋。其必以肃、乂、哲、谋为范者，性也。其所以主宰乎五事者，命也。以身之所接言，则有君、臣、父、子，即有仁、敬、孝、慈。其必以仁、敬、孝、

---

① 《朱子语类》卷四。

慈为则者，性也。其所纲维乎五伦者，命也。此其中有理焉，亦期于顺焉而已矣"①。这篇文章的大意是说，理在气先，当人在娘肚子里胚胎形成之时，充塞于天地之间的那个理，便充塞于那个胚胎之中，这个理的内核，即是"父子有亲，君臣有义，夫妇有别，长幼有序，朋友有信"的五伦。这就揭穿了他说的那些玄而又玄的什么"真与精相凝""乾道"、理气、"肃乂哲谋"等词汇，全都是为了说明维护绝对君主专制制度的忠君思想、父权思想、夫权思想等等是天理，服从这些条条框框是"性也""命也"，半点也违拗不得。把曾国藩这篇文章与朱熹的观点相对照，他明明是拾朱熹的牙慧。打个比喻，很像在搓板上洗衣服，朱熹将理学这件破烂在搓板上搓了一把，曾国藩不过又将那件破烂掉过身来，再搓一把。

曾国藩的思想有其特点：

第一，关心当时的思想动态，以理学的卫道士自居，如曾国藩所说，既然人在娘胎里便有那个理——三纲五常充满于胚胎、血管、经络、四肢之中，当然是"人之初，性本善"了。因之，曾国藩认为读书人的重要任务之一，在于宣扬理学，使人的"善性"，不受邪气的污染。说人性善，这本来是传统的阶级偏见，是儒家杜撰出来的骗人的鬼话，历史上不止一次有人指出其虚妄。地主阶级改革派龚自珍在人性善恶的问题上，作出了颇有见地的论述。他在《壬癸之际胎观第七》和《阐告子》中说："善非固有，恶非固有，仁义廉耻、诈贼狠忌非固有""龚氏之言性也，则宗无善无不善而已矣，善恶皆后起者"。他说他很赞成古人说的"性，杞柳也"这一比喻。杞柳可以做成门框，也可以做成篱笆，还可以做成溺器。做成门框，做成篱笆，做成溺器，都是由人们加工而成的，这与杞柳的性又有什么关系？②很显然，在当时的条件下，他能写

---

① 曾国藩：《顺性命之理论》，载《曾文正公全集·文集》（卷一），第1—2页。
② 龚自珍：《阐告子》、《壬癸之际胎观第七》，载《龚自珍全集》（上册），第17、18、129—131页。

出这样的文章，敢于向理学的根本之处掷投枪，不愧是进步的大思想家。

曾国藩发现龚自珍掷出的这一投枪，足以从根本上动摇理学的基础，影响"世道人心"。他对龚自珍的理论，不从辨明是非出发，而是横加指责："彼夫持矫揉之说者，譬杞柳以为桮棬，不知性命，必致戕贼仁义，是理以逆施而不顺矣。"①这暴露了他师心自用、以势压人的专横个性，可是，我们也得承认他维护理学与"世道人心"的苦心，是他的经世术的一种表现。

第二，曾国藩崇奉理学的另一个特点是强调"荷道以躬"，即重在实践。1842年，他"益致力于程朱之学"，因为他悉心研究理学，写的文章很合当朝权贵的胃口。1843年参加翰詹考试，列二等第一名，得到道光帝（1821—1850）的召见，由国史馆协修，被提升为翰林院侍讲。同年夏，奉命为乡试正考官，考差结束，得到额外收入银一千余两，崇奉理学，使他名利双收。1844年，他写下了"立志箴"。"立志箴"中说：请从今始，"荷道以躬，舆之以言。一息尚活，永矢弗谖"②。立志是好事，问题在于曾国藩立的是什么样的志；"荷道以躬"，也是好事，问题是曾国藩肩负实行的是什么样的"道"，是哪个阶级的"道"。

曾国藩所向往的社会图景，在他写的《朱心垣先生五十六寿序》中有所描述。他说："君家田园，足以自给。先生周视原野物土之宜，稻粱之外，杂莳嘉蔬。种秫二顷，获以酿酒，名曰延龄，杀鸡佐之，但以奉亲，不以劝客，有余则皮置焉。门外方塘，广可百亩，旁置小艇，宜钓宜网。当春种鱼，秋则取之，以强半供甘旨，其它则请所与子姓醉饱，波及群下，其可娱者又一也。君家早岁颇有外侮，自先生综家政，敬宗收族，祖免以下，一视同仁，闾里细民，强梗者锄之，不肖者劝之，贫

---

① 曾国藩：《顺性命之理论》，载《曾文正公全集·文集》（卷一），第1—3页。
② 曾国藩：《致温弟沅弟》，载《曾国藩全集·家书一》，岳麓书社1985年版，第81页。

无告者周恤之，竭力之所胜而不德焉，比来一境帖然。"①他认为这种大地主生活是美妙无限的，这种非常落后的并且正在崩溃之中的地主经济是合乎天理的。然而，当时的社会现实却是"朱门酒肉臭，路有冻死骨"，如龚自珍在《平均篇》中所说的，"贫富不相齐""至极不祥之气，郁于天地之间，郁之久，乃必发为兵燹，为疫疠，生民噍类，靡有孑遗"②。龚自珍认为农民的反抗斗争，是由于"贫富不相齐"。曾国藩则认为不是这样，是由于人的禀赋清浊之不同，产生了贫富贵贱、圣贤愚不肖。愚者、不肖者经常做逆天理、背人伦的事儿。对这种人怎么办？他学着朱熹的腔调说：人的禀赋有清、浊之分，故人有圣贤、中智、愚、不肖之分，"中智以下……不惩不改，圣人者因而导之以祸福之故，如此则吉"③，反之则凶。他进一步申论说：在愚、不肖者中间，另有一种人叫"强梗者"，目无纪纲王法，对于这号人，应该怎么办？他毫不含糊地说："锄之。""锄之"者，即杀掉他们，杀掉"强梗者"是圣贤事业。难怪曾国藩主张"制百姓于刑之中"了。④所以，他的"荷道以躬"，即是肩负理学之道，按照理学的方圆来维护封建秩序。我们不难从"荷道以躬"四个字中，看到升腾出来的阵阵杀气。在太平天国运动时期，他的军事实践，证明了他"荷道以躬"、杀人如麻的残酷性。

第三，为了使理学思想深入他的骨髓，使他办事不离理学思想规范一丝一毫，他主张用"格物致知"的办法，使自己的言行真正能做到"荷道以躬"，这又构成他思想的另一个特点。他认为求道的根本，在于"格物致知"，即"格物穷理"。他说："尧舜禹汤文武周公孔子之学，岂有他与？即物求道而已。物无穷，则分类者无极，而格焉者无已时。一

---

① 曾国藩：《朱心垣先生五十六寿序》，载《曾文正公全集·文集》（卷一），第3—5页。
② 龚自珍：《平均篇》，载《龚自珍全集》（上册），第77—79页。
③ 曾国藩：《纪氏嘉言序》，载《曾文正公全集·文集》（卷一），第58—59页。
④ 曾国藩：《曾文正公手书日记》（第十一册），咸丰十年七月十七日条。

息而不格，则仁有所不熟，而义有所不精。彼数圣人者，惟息息格物，而又以好色恶臭者竟之，乃其所以圣也……国藩不肖，亦缪欲从事于此。"①所谓"格物致知""格物穷理"，从文字的表面意义讲，"格"是研究的意思，"格物穷理"，就其本义来说，是研究客观事物内在规律的意思，这本来是一件好事。但是，在理学先生们看来，它指的不是这个意思，而是指在遇到每一事物时，根据事物研究其中早已存在的天理。求出了事物的天理，便可按照理学的标准来处理事物了。按照曾国藩的逻辑，比如在封建社会中，"强梗者"目无王法，经过一番"格物穷理"后，得出结论是该杀。他的第三个女儿嫁给罗泽南的儿子罗兆升为妻，罗兆升是新贵族家庭出身的纨绔儿，品质恶劣，怎么办？经过"格物穷理"后，他写信给他的长子曾纪泽说：接信后转告三妹，"三纲之道，君为臣纲，父为子纲，夫为妻纲，是地维所赖以立，天柱所赖以尊，故传曰'君，天也。父，天也。夫，天也。'《仪礼》记曰：'君，至尊也。父，至尊也。夫，至尊也。君虽不仁，臣不可以不忠；父虽不慈，子不可以不孝；夫虽不贤，妻不可以不顺。'吾家读书居官，世守礼仪"，三妹应该"忍耐顺受"。②曾国藩不愧是理学的鼓吹者和实践者。"格物穷理"，使他在各种复杂的情况下，沿着理学的路子走下去，使他的言行完全符合于理学的绳墨。

第四，曾国藩讲"派诚""派信"，是他思想的又一特点。按照曾国藩的逻辑，天理既然存在于天地之间与一切事物之中，认识事物中的天理，在于诚心格物，即是诚心以理学为准则去格物，故他竭力提倡一个"诚"字。他说："窃以为天地之所以不息，国之所以立，贤人之德业之所以可大可久，皆诚为之也。"③他说："诚者，不自欺也。"他提倡一个诚字，甚至把"格物穷理""格物诚意"结合起来。他说："格物则剖仁

---

① 曾国藩：《答刘孟容书》，载《曾文正公全集·书札》（卷一），第9—12页。
② 曾国藩：《谕纪泽》，载《曾国藩全集·家书二》第936—937页。
③ 曾国藩：《复贺耦耕中丞书》，载《曾文正公全集·书札》（卷一），第1页。

义之差等而缕晰之，诚意则举好恶之当于仁义者而力卒之。"他声嘶力竭地提倡"诚"，无非是为了动员封建知识分子去诚心"格物穷理"，昌明理学，团结在理学的旗帜下，共同起来维护"天理"，加强摇摇欲坠的清封建王朝的统治。为了"格物诚意"，他在日记中每天检查自己的言行，是否符合理学的方圆。日记是给自己看的，其中真话居多。他在日记中写道：1842年2月，一天，"岱云（陈源究——引者）来久谈……言予第一要戒'慢'字，谓我无处不着怠慢之气，真切中膏肓也。又言予于朋友，每相持过深……卒至小者龃龉，大者凶隙，不可不慎。又言我处事不患不精明，患太刻薄，须步步留心。此三言者，皆药石也"①。1843年3月的日记中记有："蕙西（邵懿辰，字位西，或写作蕙西——引者）面责予数事：一曰'慢'，谓交友不能久而敬也。二曰'自是'，谓看诗文多执己见也。三曰'伪'，谓对人能作几副面孔也。直哉吾友，吾日蹈大恶而不知矣。"②当然，能倾听朋友的意见是好事，但曾国藩后来的从政实践表明，他在本派系的湘系中，基本上能讲"诚""信"，这是他能把湘系固结不散的原因，至于对非湘系的人员，在搞派系斗争时，争权夺利，决不讲"诚"、讲"信"，而是过河拆桥，口蜜腹剑，两面三刀，排挤陷害，什么手段都使得出来。这在后文探讨曾国藩湘系与何桂清集团的矛盾斗争中，是反映得淋漓尽致的。曾国藩讲的"诚"，讲的"信"，无以名之，姑名之曰："派诚""派信"。

第五，理学的绝对忠君思想，给曾国藩铸成了一副恐洋媚外的媚骨。清王朝代表了封建地主官僚与满洲贵族的利益。它的利益与人民的利益是不一致的，与国家、民族的利益也是不一致的。在半殖民地半封建社会的中国，中华民族同资本—帝国主义之间的民族矛盾，是中国社会各种矛盾中最主要的矛盾，中国面临国家的安危与民族的存亡问题，

---

① 曾国藩：《曾文正公手书日记》（第一册），壬寅十月初三日条。
② 曾国藩：《曾文正公手书日记》（第二册），癸卯二月十二日条。

捍卫国家的独立，争取民族的生存，是近代中国人民的首要任务。但是，当中国遭到列强的侵略，中国人民荷戈负戟，投入轰轰烈烈的反侵略战争时，清封建王朝害怕旷日持久的反侵略战争足以影响到王朝的统治，投降派喊出了"患不在外而在内""防民甚于防寇"的口号。为了维护王朝的统治，清政府不惜出卖国家的权益，填满侵略者的欲壑，与外国侵略者订立丧权辱国的不平等条约，借以了结战争。理学经世派的中心思想是王朝利益至上。当反侵略战争开始后，理学经世派如曾国藩之流所考虑的，不是国家的安危、民族的存亡，而是怎样维护清朝的生存与统治，这就决定了曾国藩在反侵略战争中，必然是妥协派。这说明了善于"格物穷理"的曾国藩，为什么在《中英江宁条约》订立后，在家书中说："自英夷滋扰，已历二年，将不知兵，兵不用命，于国威不无少损。然此次议抚，实出于不得已。但使夷人从此永不犯边，四海宴然安堵，则以大事小，乐天之道，孰不以为上策哉。"①曾国藩通过"格物致知"，以孔孟之道来解释订立卖国条约的合理性，为投降派首席军机大臣穆彰阿等唱赞歌，不能不说是一大发明。

当中国爆发了农民运动，农民阶级与地主阶级之间的矛盾上升为中国社会的主要矛盾，两个阶级进行着生死的搏斗时，清政府目击战火燎原，自己的统治风雨飘摇，这时，清政府甚至拜倒在昨天还在侵略中国的资本主义列强面前，请"洋鬼子"来帮助它屠杀中国人民。曾国藩在理学思想的指导下，既以王朝利益至上，必然紧跟清政府"安内攘外"的决策。后来，他的从政实践证明，在太平天国晚期，他正是清政府借洋兵"助剿"的执行人。

总的说来，曾国藩的思想是忠君而不爱国。

某些旧时代的文人吹嘘曾国藩志向远大，曾国藩自己也很自负，他写信给刘蓉说：湖南的唐鉴、安徽的吴廷尉、蒙古的倭仁等，"皆实求朱

---

① 曾国藩：《禀祖父母》，载《曾国藩全集·家书一》，第32—33页。

子之指而力践之，国藩既从数君子之后，与闻末论，而浅鄙之资，兼嗜华藻……故凡仆之所志，其大者，盖欲行仁义于天下，使凡物各得其分；其小者，则欲寡过于身，行道于妻子，立不悖之言，以垂教于宗族乡党。其有所成与，以此毕吾生焉，其无所成与，以此毕吾生焉"①。曾国藩"欲行仁义于天下"，说得多好听！什么叫仁义？他说："立人之道，曰仁与义……因仁以育物，则庆赏之事起，因义以正物，则刑罚之事起。"可见他的所谓仁义，即是维护封建社会中贫富贵贱的既定秩序，"使凡物各得其分"。如前所说，他将人分为圣贤、愚、不肖、强梗者，既然富贵贫贱、圣贤、愚、不肖、强梗者皆由天命所决定，所以这种社会秩序不容丝毫改变。可是，"中智以下不能自完其性分"，大抵"不劝不趋，不惩不改"，至于"强梗者"竟敢公然破坏封建秩序，那就非临之以斧钺不可了。由此看来，他讲的那一套理学信条，什么诚、信，又是什么仁义等等，仅行于"富贵贫贱"的富贵者之间，即行于地主阶级之间，并不是什么对人的普遍道德，是有着鲜明的阶级性的。至于对平民百姓，决不讲那一套理学信条，只有惩罚与"锄之"。在曾国藩看来，这是完全符合天理的。

这位理学大师曾国藩，把一切都看颠倒了。在封建社会里，地主阶级残酷压迫、剥削农民群众，大量侵占他们的土地，是社会发生贫富贵贱的根本原因。千百万贫苦农民群众，终岁勤劳，不得温饱，于是，他们企图剥夺地主贵族的财产，便变成了曾国藩笔下的愚、不肖、"强梗者"，该关该杀，真是荒唐的强盗逻辑。尽管曾国藩叫嚷富贵贫贱是由天命决定的，企图以此来掩盖封建压迫、剥削的实质，然而徘徊在死亡边缘的贫苦民众，在皇城里也敢公然造反，连皇帝也要拉下马来。在曾国藩看来，这叫不仁不义，必须"草薙而擒狝之"。他说："吾欲行仁义于天下，使凡物各得其分。"其真义无非是：吾欲使富贵者依然富贵，饿饭

---

① 曾国藩：《答刘孟容》，载《曾文正公全集·书札》（卷一），第9—12页。

的只许饿死,这就叫"使凡物各得其分"。这样说来,岂不是强凌弱,富欺贫?曾国藩曾撕下他仁义的画皮,赤裸裸地叫嚣:"势利之天下,强凌弱之天下,此岂今日始哉?盖从古已然矣。"①从他的思想路子看,一旦中国爆发农民起义,他必然站到第一线去砍杀反清起义军。他的"吾欲行仁义于天下""使凡物各得其分"的字里行间,凝聚着他对敢于造反农民的杀气。

曾国藩在钻研、宣扬理学的过程中,结交了一批意气相投的朋友,如江忠源、何桂珍、邵懿辰、陈源兖、罗泽南、胡林翼、郭嵩焘、李鸿章等等,他们都崇奉理学,都准备以"欲行仁义于天下"作为经世之术。后来,曾国藩的这些朋友,大都成为他从编练湘军到镇压太平天国的策士,或是得力的部下。

农民运动的风云刚开始在天际飘浮时,以曾国藩为首的地主阶级顽固派已经在开始集结力量了。

以上谈的是曾国藩思想的主流。他生长在地主阶级改革派思想风靡全国的时代,如道光十五年(1835),道光帝接见张集馨时,据张集馨说:"帝询问差事履历毕,令读有用之书,无徒为词章所困也。'汝试思之,词章何补国家,但官翰林者,不得不为此耳'!"在另一次召见中,道光帝对张集馨说:"汝总宜在家读经世之书,文酒之会,为翰林积习,亦当检点。"②看来道光帝深居宫廷,也已受到经世学派的思想影响。曾国藩当然不可避免地受到时代的影响,在担任京官期间,也研究了盐政、漕政等。有的研究者认为曾国藩的思想也有着改革维新的一面,并说这些思想反映在他的《议汰兵疏》《备陈民间疾苦疏》《平银价疏》等奏折中。不错,他的确上了这些奏折,值得注意的是他上这些奏折,均在咸丰元年三月初九日(1851年4月10日)之后,也就是说,他在洪秀

---

① 曾国藩:《致沅季弟》,载《曾国藩全集·家书二》,第837页。
② 张集馨:《道咸宦海见闻录》,1981年中华书局版,第20—21页。

全发动金田起义后三个月，清军在广西一败涂地后上的奏折。仔细披阅这些奏章，可以发现他上这些奏章的目的，无非是要朝廷整顿部队，汰弱留强，提高部队的战斗力，以扭转清军一触即溃的败局，更有力地镇压太平军；希望清朝整顿吏治，改变征收漕米的章程，清除漕粮浮收的积弊，以防止各省人民响应太平天国起义。应该说这些奏章是曾国藩对付太平天国的文的一手。地主阶级改革派龚自珍、魏源、林则徐的改革思想与抗英斗争活动，在曾国藩的著作中讳莫如深，相反的，他的卖国言论倒不少，哪里有一点改革维新的思想。

二、第一次鸦片战争爆发，两派分别转化为抵抗派与投降派

没有比较，便没有鉴别。如果把左宗棠的身世阅历与曾国藩相对比，不难发现他们两人的思想基础不同，也不难发现为什么在第一次鸦片战争中，左宗棠转化为站在林则徐一边的抵抗派，曾国藩却转化为站在投降派穆彰阿一边的人物。

左宗棠（1812—1885），字季高，湖南湘阴人。父亲左观澜是一名塾师，家境清贫。左宗棠追忆他儿时情景时有"砚田终岁营儿脯，糠屑经时当夕餐"的动人诗句[①]。

1830年，左宗棠十九岁，他的父亲一病不起，之后，左宗棠穷得在湘水校经堂读书时，"幸得膏火以佐食"。1832年，左宗棠参加乡试后，贫无所依，入赘湘潭富室周家，乡试榜发，考中举人。在封建社会中，当赘婿是不光彩的。

[①] 左宗棠：《二十九岁自题小像八首》，载《左文襄公全集·诗》，光绪十六年版，第3页。

左宗棠在年轻时候，便开始研究舆地之学，这是他放眼中国的开始。以后，得到经世派名人贺长龄、贺熙龄等的指点，又从贺家借阅了大量"官私图史"，他的视野拓宽了[①]。1833年，左夫人周诒端"出奁资百金治行"，助夫北上参加会试。1838年，他参加第三次会试失败，使他由科举进入官场的希望化为梦幻泡影。左宗棠决心不再向科举讨前程。他认为"八股愈做得入格，人材愈见庸下""人生精力有限"，岂能尽用于科名之学？

龚自珍提出"探世变也，圣之至也"。要"探世变"，先得了解祖国的地理、历史。因之，嘉庆（1796—1820）、道光（1821—1850）年间，研究舆地之学蔚然成风。地主阶级改革派人士如张穆、龚自珍、魏源等都对中国的地理、历史下过狠功夫。在这一思想指导下，第二次会试失败后，左宗棠集中精力，专门研究方舆之学，"凡唐、宋以来史传别录……及国朝志乘，有关海国故事者"，无不涉猎[②]。此外，他还研究了农学。

1839年，经世派陶澍病死于两江总督任所，贺熙龄推荐左宗棠到湖南安化小淹陶家去坐塾。在陶家，他遍读了陶澍的藏书以及陶澍的奏折、与朋僚林则徐等的往返函稿，体会了一番官场的情景与政治的得失，他的眼界更加宽广了，识见也更加高超了。

1833年，他第一次北上参加会试，非车即船，跋山涉水，跨越长江、黄河，沿途看到了洪水漫溢为患，饿殍载道，农村炊烟断绝的凄惨景象，也阅历了一番京华之地的纸醉金迷。会试榜发，名落孙山，"裘敝金尽"，经受了一番人情冷暖。人到落魄时，是依然斗志昂扬，还是消极颓丧，很能反映人的风骨。这时，他百感交集，挥动文笔，将自己的所

[①] 左宗棠：《请将前云贵总督贺长龄事迹宣付史馆并入祠湖南乡贤祠片》，载《左文襄公全集·奏稿》（卷五十七），第30页。

[②] 左宗棠：《拟购机器雇洋匠试造轮船先陈大概情形折》，载《左文襄公全集·奏稿》（卷十八），第2页。

见所闻，所感、所忧、所虑、所愤，写成了《癸巳燕台杂感》。其中有的在为苛政而担忧："国无苛政贫犹赖，民有饥心抚亦难"；有的为巩固西北边陲而谋划："西域环兵不计年，当时立国重开边……置省尚烦它日策，兴屯宁费度支钱"；有的提醒当局广东"夷患"不可掉以轻心，希望"五岭关防未要疏"。①在当时，加强西北边陲的国防建设与防备广东"夷患"，是两个比较敏感的政治问题。左宗棠为了"探世变"，研究历史、方舆之学，才能发现广东夷患与新疆边防的隐患，才能写出以上的爱国诗篇。从《燕台杂感》琴弦上弹出的乐曲，可以明显地判明这是与龚自珍、魏源、林则徐等地主阶级改革派思想的共鸣曲调。

左宗棠写的《名利说》，是他的代表作。他大胆地提出求利是人的"恒情"。他说："天下圆顶方趾之民无算数，要其归有二：曰名也，利也。"从表面上看，有名、利两途，他说，其实都是为了一个"利"字，"乌有所谓名者哉"？所谓名，有三种类型：有道德之名，文章之名，与君子不屑居的一技一艺之名。说穿了，"以道德名者"，也免不了"或市于朝，或市于野"，不也是为了利吗？以文章名者，终究"屈吾身以适他人之耳目"，希望由此得到优厚的报酬，若事与愿违，则另找新主顾，还不是为了求利？至于"以一艺一技名者"，是"百工之事"，他们的所作所为，"益人而不厉乎人，尽吾力食吾功焉"，为什么要受人们的轻视？要知道他们求利，"有其具，农之畔（这里的农应包括中、小地主——引者），工之器，商贾之肆，此以其财与力易之者也"。反观那种"小人儒"，"徇私灭公，适己自便"，"不以其财，不以其力"，那才可耻哩。从通篇文章的精神看，在他笔下最受赞美的不是整天讲仁义礼智"以道德名者""兼嗜华藻"以"文章名者"，而是"以其力，食吾功焉"的农民（包括中、小地主）、商人和百工技艺之人。这种思想显然是魏源、龚自珍等反对孟子"王伯义利之辩"的继续与发展。这是商品经济发展条件

---

① 左宗棠：《癸巳燕台杂感八首》，载《左文襄公全集·诗集》，第1—2页。

下，商品货币关系在人们头脑中的反映。他企图用商品货币关系来说明人与人之间的社会关系。他在提倡农民、商人、百工技艺的功利主义，这种理论，基本上符合了资本主义萌芽发展的需要。他的思想与曾国藩的理学思想的差距多么巨大啊！曾国藩把人看成是履践三纲五常等封建社会伦理道德的动物，左宗棠则用商品货币关系来解释人们的社会活动，以及人与人之间的关系。曾国藩把人分为圣贤、愚、不肖，左宗棠则把曾国藩眼中"不惩不改"的愚、不肖等劳动人民，看作是"以其力，食吾功焉""益人而不厉吾人"的高尚的人。

左宗棠比曾国藩小一岁，他们两人生长在同一个时代，为什么他们的思想差距这么大？如前所说，他们的生活情况、受学环境、接触的师友、仕途得失等迥然不同，他们的思想也就大异其趣了。

左宗棠的思想，师承了龚自珍、魏源、林则徐等地主阶级改革派，曾国藩则师承朱熹的理学。左宗棠的家境清贫，曾国藩则比较富裕。曾国藩从受学到二十岁，基本上在他父亲的膝前盘旋，而他父亲是一个考了十多次才录取秀才的禄蠹。左宗棠经过经世派贺长龄、贺熙龄等的指点，特别在安化陶家坐塾时，还从经世派陶澍的奏章、陶澍与林则徐等的来往函牍中吸收营养。左宗棠在青壮年时期就致力于舆地之学、盐政、荒政、漕政、农学等等。他为了"探世变"而研究舆地之学，因研究舆地之学而后能从中国以至世界全局一盘棋来盱衡中国的形势，从而意识到西北边防与广东夷患的严重性。曾国藩穷研经学，宇宙之大，只知道朱熹的理学，对隐伏着的民族危机，懵然不晓。1837年，左宗棠在致力于经世之学，昕夕研究《读史方舆纪要》《天下郡国利病书》，曾国藩则"闻浏阳文庙用古乐，诣浏阳县与其邑举人贺以南等谘考声音律吕之源流"。左宗棠致力于"探世变"，密切关注着时代形势的变化，其致力之处，在于外求。曾国藩崇奉理学，提倡"格物穷理"，以自己的言行是否符合于理学为绳墨，故其致力之处在于内省，因此，他定下的"五箴"是——立志、居敬、主静、谨言、有恒。地主阶级改革派左宗棠思想的最大特点是爱国；崇奉理学的曾国藩，其思想特点是只知道忠君。难怪在第一次鸦片战争期间，左宗棠同曾国藩对待战争的态度、立场南辕而北辙了。

鸦片战争爆发后，林则徐是抵抗派的首领，在他横遭投降派穆彰阿、琦善等的打击，被摘掉乌纱帽后，仍冒着不测之祸，上《密陈夷务不能歇手片》，进谏道光帝说：英国对华包藏祸心已久，对英决不可妥协求和，因为"夷性贪得无厌，若使威不能克，即恐患无已时，且他国效尤，更不可不虑。臣之愚昧，务使上崇国体，下慑夷情，实不敢稍存游移之见也"[1]。1842年秋，林则徐离开西安前往伊犁戍所，离开家门时，脱口而出："苟利国家生死以，岂因祸福趋避之。"[2]再如龚自珍、魏源，也都或投入了禁烟运动，或站到了硝烟弥漫的抗英前线。

1840年6月，英国舰队在中国的广州海域发出了隆隆炮声，揭开了中国近代史的幕帏。这是一次关系到祖国命运与前途的决战。研究评价一个历史人物，当然应该抓住重大的历史事件，去考察、检查他们在这种重大事变中的言论、行动，从而评论他们的是非功过。

第一次鸦片战争期间，左宗棠在安化陶澍家当塾师，山区偏僻，消息闭塞，只能从长沙贺熙龄那里的来信中，得到一些片断零星的战争消息。他的喜怒哀乐，随着战争的胜负而起伏。从他给贺熙龄的论及战事的信件中，概括起来，他主张：

第一，英国对中国"包藏祸心"由来已久。英国海军如此猖狂，"愁愤何可言"。制敌之策在于持久，"非但不能急旦夕之功，而亦并不能求岁月之效"。

第二，仗必须打下去，若"卑辞求和"，"遂使西人有轻中国之心，

---

[1] 林则徐：《密陈夷务不能歇手片》，载《林则徐集·奏稿中》，第884—885页。
[2] 林则徐：《赴戍登程口占示家人》，载《云左山房诗钞》（卷六），光绪丙戌福州本宅藏版，第8页。

相率效尤而起",其将何以应之?①

第三,痛斥穆彰阿、琦善卖国。他写信给在京好友、任职言官的黎光曙,推动他奏劾投降派。他说:"进言须有次序,论事须察缓急""非严主和玩寇之诛,诘纵兵失律之罪,则人心不耸,主威不振。正恐将来有土地而不能为守,有人民而不能为强,而国事乃不可复问矣。"②后来,黎光曙三次奏劾"主款大僚"。

左宗棠既痛恨当道权奸排挤打击林则徐,又悲愤战争的一败涂地,感慨之余,写出了怀念林则徐的诗篇:"司马忧边白发生,岭南千里此长城……龙户舟横宵步水,虎关潮落晓归营。书生岂有封侯想,为播天威佐太平。"③左宗棠和林则徐一样,除了知道"皇上"之外,还有着十分强烈的爱国思想。

在鸦片战争中,曾国藩干了些什么?他从1838年考中进士担任京官以后,对理学简直着了迷。1841年,江宁布政使湖南人唐鉴调任京官,这年,广东、浙江的抗英战事一败涂地,曾国藩无动于衷,从唐鉴"讲求为学之方""肆力于宋学矣"。④

1842年8月上旬,英国舰队沿长江溯流而上,进抵石头城下,摆出进攻东南重镇南京的架势,企图借此胁迫清政府迅速乞降求和。投降派发出了"将见外患未平,内讧又起"的谬论。在这一思想指导下,清政府终于和英国侵略者订立了不平等的《中英江宁条约》。对于这个卖国条约,全国人民群起而攻之,痛斥清政府的"文吏武臣,畏犬如虎,疆臣大帅,惜命如山",以致"开门揖盗,启户迎狼"。曾国藩既然醉心理

---

① 左宗棠:《上贺蔗农先生》,载《左文襄公全集·书牍》(卷一),第12—18页。
② 左宗棠:《前江南道监察御史黎君墓志铭》,载《左文襄公全集·文集》(卷三),第22页;《上贺蔗农先生》,载《左文襄公全集·书牍》(卷一),第17—18页。
③ 左宗棠:《感事四首》,载《左文襄公全集·诗集》,第4—5页。
④ 黎庶昌:《曾文正公年谱》,载《曾文正公全集·年谱》(卷一),第8页。

学，以王朝利益至上，经过一番"格物穷理"，唯恐抗英战争继续下去，将影响清封建王朝的统治，因此，他站到了投降派一边，赞成订立卖国条约，对英妥协投降。所以，1842年10月20日，他在家书中说："英夷在江南，抚局已定。盖金陵为南北咽喉，逆夷既已扼吭而据要害，不得不权为和戎之策，以安民而息兵。去年逆夷在广东曾经就抚，共费去六百万两。此次之费，外间有言二千一百万者，又有言此项皆劝绅民捐输，不动帑藏，皆不知的否？现在夷船已全数出海，各处防海之兵陆续撤回……然此次议抚，实出于不得已。但使夷人从此永不犯边，四海宴然安堵，则以大事小，乐天之道，孰不以为上策哉！"①这封信，集中反映了他认为投降派卖国有理的观点。他成日价在理学的圈子里盘旋，忙着"格物穷理"，对不平等条约"格来格去"，"格"出了一个"以大事小，乐天之道，孰不以为上策哉"的恐洋媚外的谬论。

因为曾国藩致力于理学，支持首席军机大臣穆彰阿的投降外交，得到了穆彰阿的青睐。他从1838年考中进士到1847后的短短十年中，由一个小京官提拔到侍郎，可算是平步青云、官运亨通了。

---

① 曾国藩：《禀祖父母》，载《曾国藩全集·家书一》，第32—33页。

第二章　1851年前后湖南的社会状况

一、残酷的封建剥削，农民的反抗斗争

乾隆（1736—1795）、嘉庆（1796—1820）以后，清朝的吏治败坏，江河日下。八股科举制度培养选拔出来的官吏，一般说来，读的是四书五经，善于舞文弄墨，工于投机取巧。进步思想家包世臣（1775—1855）慨叹说："士人之于廉耻，尚远出娼窃之下也。"他们不懂种田，不知栽桑，"出而为吏，牟侵所及，大略农民尤受其害"。[1]州县官赴任之前，先计算某一官缺之出息若干、应酬若干、可入己者几何、一年中的陋规几许、属员之馈赠几许。经过一番盘算，认为有利可图，才肯领凭上任[2]。这样的官吏，到任之后，必然大肆搜刮，吸吮民脂民膏，无所不用其极了。乾隆晚年的大学士和珅于嘉庆四年（1799）被赐死，籍没其家产后，发布"上谕"说，查抄和珅家产清单共有一百零九号，内有八十三号尚未估价，已估二十六号，合计白银二亿二千三百八十九万五千一百六十两[3]。据估计，和珅用事二十年，积藏总数约为十亿两，其他大、小官员搜刮民脂民膏之肆无忌惮，自然不言而喻了。难怪龚自珍在鸦片战

---

[1] 包世臣：《安吴四种》（卷二十六），光绪十四年版，第2页；（卷三十一），第2—3页。

[2] 洪亮吉：《守令篇》，载《卷施阁文甲集》，光绪三年受经堂版，第19—20页。

[3] 薛福成：《庸庵笔记》（卷三），遗经楼校本，第12—18页。

争前夕，把清朝的官吏比作狗蝇蚂蚁蚤蟹蚊虻与熊罴豺狼了。他有鉴于苛政猛于虎，作诗抒愤，说清朝统治下的社会，犹如东山、西山、南山、北山到处是吃人的猛虎，"漫漫趋避何所已"，刻画出了当时社会阴森恐怖的情景。

封建统治下，天下乌鸦一般黑，湖南的吏治也腐败不堪。湖南安化县有一个文墨不甚通达、思想比较开明的知识分子李汝昭，在他所写的《镜山野史》中，比较如实地反映了鸦片战争后湖南政治的黑暗情况。他说当今政治，可恨者"官贪民不安，最贪者惟府、县两官，近于临民，便于虐民者也。每年征收粮饷，例外私设甲书，沿乡苛索，官役分肥"。每逢审理词讼，未看诉状，先查粮册，估量你家家产几何，能从中敲诈几许。"有钱曲可为直，无钱是反为非。所讼不分曲直是非，总总问你要钱多"，无钱者固然蒙受不白之冤，有钱者也受尽敲诈勒索，"有钱无钱，都还你没有好处。县曲不已，控府、控司、控院、控督，均批仰府，府仍转批于县。笙簧一板，纵有冲天翼，乌能出网罗，伤哉！民为邦本，官为民牧。民冤不伸，官箴安在？似此上下相蒙，理数应乱"。①

征收钱粮的种种舞弊，令人发指。李汝昭说：道光二十年（1840）前，"甲书之缺数增九十有六，分绳系股者过二百余名"。新官到任，派名缴钱二千串，名叫朱价费，"其缺父死子当，此出彼顶，遂成积弊。遇开征，即行代揭，不许乡民投柜，只许完交蠹手，不与官票，只给墨领"。一年四季，轿马纷纷，沿乡征粮。遇到缺粮户，每银一两，勒索铜钱七千、八千、十千不等。缺粮多者，亦每两勒钱五六千不等，带取抽封、造册、纸笔、税契、喜钱及茶油、茶叶等项杂费，"不饱不放"。"自此，衙门官吏合党分肥，乡民忍其勒剥，虽合邑切齿，敢怒不敢言"。②

---

① 李汝昭：《镜山野史》，载《太平天国》丛刊第三册，神州国光社1954年版，第3页。

② 李汝昭：《镜山野史》，载《太平天国》丛刊第三册，第15页。

征粮的积弊，激怒了中、小地主与自耕农、半自耕农。

湖南的租额是非常苛重的。例如，平江县农民顶田一石五斗，须先缴顶费银十八两[1]。长沙的情况是"乡民佃耕多于自耕，约费枯饼、灰粪、人工钱文一千，可得谷一石"。佃农租田十石，须费银一百八十两，因农本不足，"贷银偿谷，谓之水租，而临卖田亩，相习以少作多，故佃耕农民，多形拮据。此乡间作苦情形，不患不勤，而患不富，终岁勤动，有不得养其父母者"。[2]

贫苦农民被剥削得油尽灯枯，被迫饮鸩止渴，陷入了高利贷的冰窟。道光初年，民间押谷，甚至官为定息，规定每石三斗，是"盖藏尽为盘剥"。典押衣物，仅得半价。官方规定当期一年，过期不赎，即为干没。[3]

鸦片战争后，阶级矛盾更加尖锐。战争以清政府与英国侵略者订立不平等条约而结束。即如僻处山居的乡村塾师，对石头城下订立的城下之盟，也表示了极大的愤慨，认为"洋事卒成和局，实意念所不到。市不可绝，则鸦片不可得禁，自此亿万斯年之天下，其奈之何"[4]。民间盛传在战争期间，"将军制军抚军，尽是逃军"。的确，英国的大炮，轰毁了清朝的威信。清军将帅无能，八旗、绿营兵的所向败北，使清朝的威信下降，助长了人民群众的反抗勇气。

鸦片战争期间与战后，湖南的经济情况迅速恶化。战前，安化一带"土货之通商者，棕桐梅竹而外，惟茶叶行销最巨，每年所入，将及百万"。一旦江湖道路梗阻，行商裹足不前，"顿失岁计，有地之家，不能

---

[1] 经济研究所藏刑部档案钞件，转引自李文治辑《中国近代农业史资料》，生活·读书·新知三联书店1957年版，第77页。
[2]《光绪善化县志》（卷十六），光绪二年版，第2页。
[3]《清实录·宣宗成皇帝实录》（卷四十五），第16页。
[4] 左宗棠：《上贺蔗农先生》，载《左文襄公全集·书牍》（卷一），光绪十六年版，第22页。

交易以为生，待雇之人，不能通工以觅食"。1841年，湖北洪水泛滥，难民麇集汉口者三十余万，而地主、商人囤积粮食，居为奇货，其他各县情况类同。1842年1月22日，湖北崇阳县钟人杰、陈宝铭组织群众数千，发动起事，占领县城，先后坚持一个多月①。湖北、湖南之间的通道梗塞，各路商贾不敢前往湖南。事后，各路商贾到湖南稍迟，安化一带人民已望之如岁。如果一年不来，"此数十万人能忍饥以待乎"？1852年6月，太平军挺进湖南。8月，攻占郴州，北攻长沙。12月，攻取岳州，北进武昌。太平军转战湖南半年，各路商贾绝迹，对整个湖南影响之严重，可想而知。贫苦人民无以为生，有的参加太平军，有的在本地拜会结盟，攻击地主老财，剥夺他们的财产。

1843年11月，上海开辟为通商口岸，不久，其他四口也相继开放。以后，中外贸易中心从广州转移至长江的吞吐口上海。原先"湘潭亦中国内地商埠之巨者。凡外国运来货物，至广东上岸后，必先集湘潭，由湘潭再分运至内地，又非独进口货为然"。中国丝、茶运往外国，也须在湘潭装箱，然后运往广州出口。广州到湘潭之间，商务繁盛，为往来必经之孔道。"道旁居民，咸借肩挑背负以为生。"②对外贸易中心转移后，湘潭至广东的商路今非昔比，逐渐冷落下来了。这就直接影响到这条商道上肩挑负贩者的生计，大大增加了湖南的动乱因素。

中、小地主和自耕农、半自耕农，苦于胥吏差役的勒索浮收。贫苦农民苦于租田的顶费与高额租率、高利贷，又加司法黑暗，民冤莫申，终至踯躅在饥饿死亡线的边缘。与其饿死，不如造反，他们被迫铤而走险，揭竿而起。在鸦片战争前后，湖南农民的反抗斗争形势风云滚翻，时刻发出农民起事的闪电惊雷。

1843年初夏，青黄不接，又逢农忙季节，武冈州大地主杨居南将大

---

① 《湖北通志》（卷七十），商务印书馆民国十年版，第1828页。
② 容闳：《西学东渐记》，商务印书馆民国四年版，第54—55页。

量米谷运销外地，牟取暴利。曾如炷闻讯，率众反对。武冈知州徐光弼祖护杨居南，领兵镇压。曾如炷等武装反抗，6月7日，攻入县城，包围州衙，击毙徐光弼，湘西震动。湖南巡抚吴其浚调兵镇压，农民起事失败。翌年，阳大鹏、陈观光等反对残酷的封建剥削与贪官污吏的敲诈勒索，在耒阳发动武装起事，进攻县城。湖南巡抚调兵进攻，亲自坐镇衡州指挥。后来，耒阳地主士绅暗中煽惑起事群众叛变，缚住阳大鹏等送交清军，破坏了这次农民的反抗斗争。[1]

雷再浩，瑶族，青莲教首领。1847年10月，他联合广西天地会首领萧立山等，在新宁县黄背峒发动武装起事，有众数千，转战于湘、桂边境的新宁、全州、平乐、恭城等县，清政府慌忙命令湘、桂两省巡抚调兵"会剿"。早在青莲教于民间传播时，新宁县地主知识分子江忠源（1812—1854）已"阴戒所亲，无得染彼教，团结丁壮，密缮兵仗，事发有以御之"。后来，江忠源离家远游，"逮再归，而有雷再浩之变。公部署夙定"。清军来"剿"，江忠源统率的团练充当耳目爪牙，"诱贼党缚雷再浩，磔之"。[2]雷再浩起事失败不久，1849年11月，雷再浩部将李沅发利用地方官府以平粜为名大肆搜刮农民的时机，联合全州农民，再次发动武装起事，攻占新宁，杀死贪赃枉法的知县官，开释监犯，抗击清军与地主武装，纵横湘、桂边境十余州县，声威大振。翌年2月，攻克湘西的靖州（今靖县），旋入广西，称"抚江王"。后来，农民武装作战受挫，退回新宁，李沅发被俘就义。[3]

从1843年到1849年的六年之间，湖南先后爆发了四次农民起事，农民军首领雷再浩、李沅发等以武装起义开始，以牺牲自己的生命而结束，表明农民群众不畏强暴不怕死的斗争精神。频繁的农民起事，说明

---

[1]《湖南通志·武备志》（卷八十九），民国二十三年商务印书馆版，第2005页；冯桂芬：《耒阳纪闻》，载《显志堂稿》（卷四），光绪二年版，第36—37页。
[2] 曾国藩：《江忠烈公神道碑》，载《曾文正公全集·文集》（卷二），第74页。
[3]《湖南通志·武备志》（卷八十九），第2005—2006页。

了湖南农民反抗斗争形势的高涨，这也说明了1852年太平军在蓑衣渡受挫后，为什么全军折向湘南，并得以在湘南休整、扩军的原因。

1851年1月11日，洪秀全发动了气势磅礴的金田起义，中外震动。洪秀全被拥戴为天王。9月，太平军攻克永安，确立了军事、行政指挥系统。翌年4月，突围永安，北上围攻桂林，师久无功，东下全州。1852年6月，挺进湖南，在蓑衣渡遭到江忠源统率的团练的袭击，军事失利。这时，湘南会党首领等前来引导太平军折而南下，乘虚占领道州（今道县），续克郴州（今郴州市），北攻长沙，转进益阳。12月，轻取岳州（今岳阳市），北上直捣武昌。太平军在湖南期间，曾以军师东王杨秀清、西王萧朝贵的名义，发布《奉天讨胡檄布四方谕》等檄文，揭露清政府反动统治的罪行说："凡有水旱，略不怜恤，坐视其饿莩流离，暴露如莽，是欲我中国之人稀少也。满洲又纵贪官污吏，布满天下，使剥民脂民膏，士女皆哭泣道路，是欲我中国之人贫穷也。官以贿得，刑以钱免，富儿当权，豪杰绝望，是使我中国之英俊抑郁而死也。凡有起义复兴中国者，动诬以谋反大逆，夷其九族，是欲绝我中国英雄之谋也。"总之，"罄南山之竹简，写不尽满地淫污，决东海之波涛，洗不净弥天罪孽""予兴义兵，上为上帝报瞒天之仇，下为中国解下首之苦，务期肃清胡氛，同享太平之乐。顺天有厚赏，逆天有显戮。布告天下，咸使闻知。"[①]布告义正词严，句句印入了广大民众的心坎。太平军所过之处，纪律严明，秋毫无犯，杀戮恶霸地主，焚毁田契、债券，摧毁官府衙门，打乱了封建秩序。在太平军的影响下，湖南的会党、农民起事风起云涌，许多劳动人民，如湘南的矿工，益阳等地的渔民、水手等纷纷参加太平军。太平军在湖南的斗争结果，一方面带走了数十万参加太平军的湖南人民，同时，又在千百万湖南劳动人民的心底里撒下了反抗的火

---

① 杨秀清等：《奉命讨胡檄布四方谕》，载《太平天国文书汇编》，中华书局1979年版，第104—107页。

种。所以，太平天国定都金陵后，其主力溯江西征时，湖南的农民斗争形势重新高涨起来，出现了天下大乱的局面。

民众反清斗争的洪波巨涛，一次又一次地冲击着湖南，扰乱了湖南地主士绅的酣梦，他们要求组织起来，为保卫本阶级的利益而进行挣扎。于是，各县地主纷纷组织团练武装，其中以新宁江忠源，湘乡王鑫、罗泽南等组织的地主武装——团练最为凶悍。

二、江忠源组织楚勇，罗泽南、王鑫组织湘勇

江忠源（1812—1854），字常孺，号岷樵，湖南新宁人，举人出身，比曾国藩小一岁。父上景，贡生，是思想非常顽固的地主知识分子。1847年，江忠源在籍组织团练，协助清军血腥镇压了雷再浩领导的农民武装。他踏着起义农民的碧血，爬上了知县的职位，分发浙江秀水县，旋调丽水县。1850年，咸丰帝（1851—1861）即位，"诏中外各举所知"。吏部侍郎曾国藩疏荐江忠源才堪大用。太平天国运动爆发后，太平军转战广西，屡次大败清军。1851年4月，清政府授赛尚阿为钦差大臣，前往广西督师镇压。左宗棠的哥哥左宗植，受知于祁寯藻，"方官内阁中书，素悉公，为言于大学士祁寯藻，江某可倚以办贼。祁公荐之赛尚阿"，赛尚阿遂奏调江忠源前往广西。①江忠源到广西之初，在广州副都统乌兰泰幕中，颇多赞划。乌兰泰嘱江忠源将他在新宁练就的团练调到广西助战。江忠源嘱其季弟江忠淑与邻人刘长佑等挑选练勇五百，号称楚军，亦称楚勇，前往乌兰泰军营。从此，江忠源自将一军，作战于永安等地，这是湖南地主武装出省对抗太平军的开始。江忠源发现清军内部矛盾重重，将领不和，军营腐败，乃辞职回籍。1852年6月上旬，

---

① 郭嵩焘撰：《江忠烈公行状》，同治癸酉版，第5页。

太平军攻克全州，挺进湖南，沿湘江水陆东下，直趋衡州，进抵永州（今零陵）境内的蓑衣渡，遭到江忠源率领的楚军突然袭击，太平军受挫，被迫折入湘南，楚军协同清军追击。8月中旬，太平军攻占郴州，移军北攻长沙，萧朝贵中炮阵亡。江忠源率部进入长沙，负隅顽抗。11月30日，太平军撤围长沙，12月中旬攻克岳州。太平军水陆沿长江北上，"千舸健将，两岸雄兵，鞭敲金镫响，沿途凯歌声"①，直捣武昌。太平军撤围长沙后，江忠源和所部楚军留省镇压地方农民军。湖南地主士绅对江忠源一片颂声。这时，江忠源已升任道员，旋升湖北臬司。

楚军的骨干是江忠源的兄弟忠浚、忠济、忠淑以及江忠源的同村人贡生刘长佑等。这伙儒生，思想顽固，所部弁勇，大多是新宁及其邻近山乡招募来的朴质农民或猎户，每月饷银四两有余。毋庸讳言，楚军的待遇远较绿营兵为优，弁勇的素质也较高，其战斗力远胜于八旗、绿营兵。江忠源在两年多的时间内，由一个七品知县平步青云，受咸丰帝的"特达之知"，被拔擢到湖北臬司，对湖南儒生投入镇压太平天国的阵营，起了很大的刺激作用。楚军的组织、骨干配备、饷银多寡等，对曾国藩日后组织湘军影响很大。江忠源的楚军，为清朝攻打太平军立下很大的功劳，有力地推动了曾国藩筹组独立于八旗、绿营之外的武装力量——湘军。

湘乡僻处万山丛中，北邻宁乡，西界邵阳，南及东南与衡阳接界，地居冲要，为长沙西南的重镇。县境丘陵起伏，山多田少，土地大多为地主所占有。山乡闭塞，风气未开，理学思想占据绝对统治地位。据曾国藩说：湘乡"东南如衡、永各郡，西南如宝庆（今邵阳）各属，实为匪徒渊薮"②。外界稍有风吹草动，湘乡便是一番惊恐，民众起事的弓弦是绷得紧紧的。

---

① 李汝昭：《镜山野史》，载《太平天国》丛刊第三册，第5页。
② 曾国藩：《复欧阳晓岑》，载《曾文正公全集·书札》（卷二），第14页。

1852年夏，太平军撤围桂林，东攻兴安、全州，兵锋指向湖南。湘乡知县朱孙诒与地主知识分子王鑫等以为八旗、绿营兵腐败无能，一触即溃，所向败北，"奸民蠢蠢欲动"，举办保甲团练，刻不容缓。他们会同地主士绅曾麟书等，酌议章程数条：

一各都即将都正保甲之名报县，以便派人充当。

一城乡成立练勇，守望相助，贫者充勇，富者量力捐输，十余名设一练长。团练或十余家为一团，或百余家为一团，又或合一族为一团。团长、练长、族长每月会议二次，讲明族规、团规，如有恃强不服，本团、本族难以约束者，即合各团、各族共治之。

一团练既资御侮，兼可弭盗。练总约束练长，练长约束散勇。又五家或十家联保，不许停留匪类，互相稽察。

一各要隘分驻团勇，平时须盘查奸细。敢有从贼为匪者，诛其家族。因风聚众抢掠者，格杀不论。

1853年5月，太平天国西征军溯江西上，所向克捷，风声传播，远及长江上游各省。湘乡阶级斗争的弓弦绷得更紧，规定户出一丁为练勇，定期操练。每都练成练勇百名，一方有警，各方支援，各丁胆敢抗不赴援规避者，罪其父兄。有敢言办团恐招"贼恨"者，军法从事。[①]

这伙地主士绅把传统"防盗""防贼""御侮"等保护地主阶级利益的措施，说成是保护全民利益的善举，运用政权与族权相结合的办法，组织乡团、族团，使团练的罗网纵横交错，监视、压制农民。最残酷的是，他们制定的团规规定，子弟有参加太平军的，诛其家族；

---

① 同治《湘乡县志·兵防》（卷五），同治十三年版，第5—11页。

还规定练丁出操，如有规避，罪其父兄。由于湘乡县地主、官府压制农民的罗网非常细密，同时利用各种场合宣扬封建的伦常思想，所以在整个太平天国运动时期，湘乡的封建秩序相对稳定，变成了日后湘军的重要兵源基地。《湘乡县志》吹嘘说："自粤匪窜入楚境，郡县多被蹂躏，而湘邑独能保全，良由贤邑侯督率有方，士民亦皆用命，联络一气，团练乃成今观……练团必先练族，尤为扼要。盖根本既固，痛养相关，如手足之捍头目，子弟之卫父兄，未有不急切奔赴者，是以贼踪畏避，一邑获安。""厥后奋发勤王，实本于此。"①这中间的"如手足之捍头目，子弟之卫父兄"，字里行间，掩盖着湘乡劳苦大众的辛酸血泪。

王鑫（1825—1857），字朴（璞）山，湖南湘乡人，秀才出身，是罗泽南的弟子，"有志正学"（理学——引者）②，以攻打太平军，维护封建统治为己任。当湘乡知县朱孙诒在湘乡强迫办理团练时，王鑫便是团练的骨干分子。他们"募精壮，教战阵，号曰湘勇"。1852年秋，太平军围攻长沙，王鑫督率湘乡练勇进驻湘乡与湘潭交界地区的马托铺③，"昼齐队伍，夜严鼓角"，太平军游骑走避。

太平军撤围长沙北进后，湖南巡抚张亮基（约1807—1871）札令罗泽南组织湘勇千名，以备防守长沙。罗泽南（1808—1856），字仲岳，号罗山，秀才出身，四十岁举孝廉方正，醉心理学，以塾师为业。他"宗张子而著西铭讲义一卷，宗周子而著人极衍义……宗朱子而著小学韵语一卷……读孟子札记三卷，周易本义衍义若干卷"④。他同曾国藩一样，属于理学经世派。他一生在湘乡教书，宣扬理学，门生弟子遍湘乡，如

---

① 同治《湘乡县志·兵防》（卷五），第5页。
② 同治《湘乡县志·人物》（卷十七），第22页。
③ 《湖南省通志·地理》（卷一），第27页。
④ 曾国藩：《罗忠节忠神道碑铭》，载《曾文正公全集·文集》（卷一），第38—39页。

李续宾、王鑫、李续宜、蒋益澧等湘军大将，都是他的弟子。鸦片战争前后，湖南农民起义此落彼起，湘乡风鹤警传，罗泽南在乡高谈朱熹的"存天理，灭人欲"，受到湖南巡抚张亮基的赏识，命他负责湘乡团练，由是声誉鹊起。罗泽南奉到张亮基的札令后，以其弟子王鑫、谢邦翰、易良干、罗信东、罗镇南、李杏春等为骨干，组成湘勇一大团，共计一千名，横行湘乡①。这支团练武装，成为日后曾国藩组织湘军的骨干队伍。

---

① 《王壮武公遗集·年谱》（卷上），光绪壬辰版，第15页。

第三章　曾国藩从出任湖南团练大臣帮办到组织湘军

一、办理团练，"草薙"农民

在北京，曾国藩成日价喊穷，只盼得到一次南方的考差，既可以收进包、礼金等一二千两，又可以顺道回乡探亲。机会来到了！1852年7月下旬，他奉命为江西乡试正考官，欢天喜地离开北京。9月8日，行抵安徽太湖县的小池驿，得到母亲去世的噩耗，循例须立即奔丧回籍。可是，他离京时只带了到南昌的单程路费，行抵小池驿时，身边盘费所余无几，经过一番"格物致知"，有意至九江逗留数天，果然收到了从南昌送来的奠仪一千两，门包一百两①。25日，行抵湖广总督驻地武昌，从总督衙门得知太平军正在围攻长沙。他从岳州（今岳阳市）、湘阴、宁乡绕道回乡。10月6日，到达湘乡老家。回到家里后，发现地方团练"人人皆习武艺……土匪决无可虞。粤匪之氛虽恶，我境僻处万山丛中，不当孔道，亦断不受其蹂躏"②。

按照封建礼法，守制尽孝，应当足不出户，尤不宜干预公事。曾国藩到家不久，便破门而出，走访湘乡知县朱孙诒，又到县城团练总局与

---

① 曾国藩：《致纪泽》，载《曾国藩全集·家书一》，第236—239页。
② 曾国藩：《致纪泽》，载《曾国藩全集·家书一》，第241—243页。

罗泽南、王鑫等商量团练事务，提出练丁"贵精而不贵多，设局宜合而不宜分"，平时"宜多设探报"①。论者每以湘勇创设于王鑫、罗泽南，殊不知曾国藩为他们出谋划策于幕后。时"承平日久，骤经兵乱，人心恇怯，伪言四起，虽未见贼之地，亦相率絜家逃去"。曾国藩活动频繁，四出宣传切莫携家逃走，教之以"保守之方，镇静之道"，作《保守平安歌》，提出：第一，莫逃走；第二，要齐心保家乡；第三，操练武艺，大家齐心办团练，才能家家户户保平安②。其目的是为了巩固封建秩序，为罗泽南、王鑫等办理团练鸣锣开道。

嘉庆元年（1796）爆发震动全国的川楚白莲教起义时，清政府照例调集八旗、绿营兵前往镇压，结果不是一触即溃，便是不战而溃。官军纪律败坏，对老百姓"杀掳焚淫"四者兼备，百姓怨声载道。后来，湖北襄阳的地主分子梁友谷倡议组织地主武装团练以"自卫"。清政府命令四川、湖北、陕西等省地方官会同地主士绅相率仿效，同时组织由罗思举、桂涵等统率的"官勇"，随同八旗、绿营兵征战；又命各地地主团练建筑堡寨，实行坚壁清野③。据严如熤《三省边防备览》的记载，由于民间强迫结寨团练，白莲教起义军往往陷入"寨民扼之于后"，"官勇"、八旗、绿营攻之于前的困境，故能在1804年"一战荡平"④。顺治元年（1644）清兵入关，建立清封建王朝后，满汉畛域之见甚深，处处防范各族人民的反抗特别是汉族人民的反抗。有鉴于此，清政府唯恐团练形成汉族武装势力集团，尾大不掉，故于川楚白莲教起义失败后，即下令解散"官勇"以及地方团练。

天王洪秀全在广西桂平县金田村起义后，两年多的时间内，屡次击

---

① 曾国藩：《与刘霞仙》，载《曾文正公全集·书札》（卷一），第30—31页。
② 曾国藩：《保守平安歌》，载《求阙斋弟子记》（卷二十三），光绪二年版，第38—39页。
③ 魏源：《川湖陕靖寇记》，载《圣武记》卷九、卷十有关记载。
④ 严如熤：《三省边防备览·策略》（卷十二），道光庚寅年刻本，第31—32页。

败清军，以秋风扫落叶之势，从广西打进湖南、湖北，直下金陵。太平军从无到有，从小到大，从弱到强，战无不胜，攻无不克，星星之火，迅速成燎原之势，清政府大有岌岌不可终日之势。清政府既有利用地主武装乡勇镇压川楚白莲教起义的经验，又看到江忠源所统率的楚军的战绩，因此于1853年1月8日，命令丁忧在籍的礼部侍郎曾国藩帮同湖南巡抚骆秉章办理本省团练，"搜查土匪诸事务"。

郭嵩焘（1818—1891），字筠仙，湖南湘阴人，出身于地主家庭，1847年考中进士，与曾国藩、胡林翼、江忠源、左宗棠等气味相投，交谊甚深。1853年1月21日，曾国藩在原籍接到帮办团练的"寄谕"，正在左右为难时，郭嵩焘来到了湘乡，催促曾国藩到长沙莅任。曾国藩本来以为就任团练大臣帮办，不失为"吾欲行仁义于天下，使凡物各得其分"，维护封建秩序，实行其"经世之志"的好机会，只是目前毕竟在籍守制，出山就任团练大臣，干预公事，有违礼制，未免贻不孝的口舌。当他踌躇不定时，郭嵩焘的敦促，使他有了出山的借口，即于25日登程，29日行抵长沙，就任团练大臣帮办的职务。1851年，江忠源也曾守制在籍，6月，赛尚阿奏调前任浙江秀水县知县江忠源前往军营差遣。曾国藩知道后，摆出一副理学大师的架势，写信给江忠源说："吾子在忧戚之中，宜托疾以辞，庶不上违君命，下不废丧礼。顷闻吾弟被命即行，虽军旅墨绖，自古所有，然国朝惟以施之武弁，而文员则皆听其尽制，无夺情之召。闻仙舫翁亦有书为之劝驾，盖亦急于勤民而不及深思，而吾弟亦不免轻于一出。君子大节，为当世所取法，未可苟焉已也。"①现在他遇到了与江忠源类似的问题，经过"格物致知"，却又"格出"个守制事小，当帮办大臣、抓兵权事大的道理来，忘记了一年前他教训江忠源所说的"君子大节，为当世所取法，未可苟焉已也"。这又暴露了曾国藩伪君子、伪道学的一个侧面。

---

① 曾国藩：《致江岷樵》，载《曾文正公全集·书札》（卷一），第35—37页。

他到长沙就任帮办大臣职务后，马上设立了公馆，并在馆中成立审案局①，将罗泽南、王鑫等组成的湘乡练勇一大团调来长沙，作为他的得力打手。为了得到湖南官绅的支持，他先后发出《与湖南各州县书》《与湖南省城绅士书》《与湖南各州县公正绅耆书》。在《与湖南各州县书》中，他命令各州县官迅速从严"剿办土匪"。他叫嚣："自粤匪滋事以来，各省莠民常怀不肖之心，狡焉思犯上而作乱，一次不惩，则胆大藐法，二次不惩，则聚众横行矣。"此后拿办"土匪"，如果你们力量不够，尽可专丁来省禀告，我当随即发兵前来协助"剿灭"，"惟期迅速，去一匪，则一乡清净，剿一巢，则千家安眠。"②在《与湖南省城绅士书》中，他劝谕长沙地主士绅说："贼踪远去已在千里之外，而犹恐其分股回窜长沙重地"，故必须严加预防。防守之道，首在"人心镇定"，"查拿奸细"，大家不应庸人自扰，迁徙出城，而应组织起来，"以本街之良民，查本街之土匪，每一栅栏之中，择良民四五家专司其事。白天留心访查，晚上轮流看守，遇有形迹可疑者""扭送我处公馆查办。内奸既清，外寇自不得入。"③他告诫各州县的地主士绅说："莠言称颂粤寇，反谓其不奸淫，反谓其不焚掠，反谓其不屠戮"，这些荒诞无稽的说话，千万不可轻信。希望各州县绅耆尽量倡导并村结寨，"高墙深沟"，或数十百家联为一气，严立团规，其"素行不法者，造言惑众者"，尽可告知团长、族长，共同处罚，置之死地亦无不可。"其有匪徒、痞棍，聚众排饭，持械抄抢者，格杀勿论。"如有"剧盗"成群，啸聚山谷，打家劫舍，立即前来禀告，本大臣当随即发兵"剿杀"。④他在强迫湖南各州县

---

① 曾国藩：《与欧阳晓岑》，载《曾文正公全集·书札》（卷二），第1—2页。
② 曾国藩：《与湖南各州县书》，载《曾文正公全集·书札》（卷二），第1—2页。
③ 曾国藩：《与湖南省城绅士书》，载《曾文正公全集·书札》（卷二），第2—3页。
④ 曾国藩：《与湖南各州县公正绅耆书》，载《曾文正公全集·书札》（卷二），第3—5页。

普遍推行湘乡团东与镇压川楚白莲教起义时各州县地主士绅并村结寨、团练保甲的经验。

曾国藩认为湖南是"会匪"卵育之区。他说湖南"会匪"去年从太平军去者,虽已分其大半,而"余孽"尚多,会党林立,其著者串子会、红黑会、半边钱会等,名目繁多[①]。他认为三四十年来,地方上形成一种风气:凡凶顽丑要,一概优容而不处以死刑,当政者"自谓宽厚载福,而不知万事堕坏于冥昧之中,浸溃以酿今日之流寇,岂复可暗弱宽纵,又令鼠子蜂起"[②]。现在我奉命帮办团练,"欲行吾志","欲稍学武健之吏,以伸一割之用",对那些"痞棍、土匪","若非草薙而擒狝之,则悍民不知王法为何物"。只有这样,才能"塞横流之人欲,以挽回厌乱之天心"。[③]他在理学思想的指导下,要强行其经世之志,要大肆杀人了!

他设立的审案局中,遇到被控为"盗"、为"匪"的押解前来,重则立即枭首,轻则毙命杖下。有时,长沙城内捆缚"匪类",解送善化县衙,曾国藩侵越官权,立即提到审案局,加以枭首[④]。他说:我"一意残忍",是时势所造成的,即使人家在背后骂我"武健残酷""有损阴骘",我也顾不了这许多了。

他在屠杀湖南各州县"乱民"的同时,提出了各州县办团练的方针。他指示各州县说,办理团练是当前急务,不可放松。然而办理团练之难,不难于操习武艺,而难于捐集巨款。团与练应加区别,团是指各族、各乡组织起来,着重盘诘匪人、"奸细",用不到请教师、购买旗帜、刀枪、号褂;练是指抽丁为勇,须购买旗帜、刀枪、号褂,请教师,定期操练,宜于城市。练丁贵精不贵多,既提高了战斗力,又减少

---

① 曾国藩:《严办土匪以靖地方折》,载《曾文正公全集·奏稿》(卷二),传忠书局版,第22—24页。
② 曾国藩:《复胡润芝》,载《曾文正公全集·书札》(卷二),第7—8页。
③ 曾国藩:《与江岷樵》,载《曾文正公全集·书札》(卷二),第12—13页。
④ 曾国藩:《复欧阳晓岑》,载《曾文正公全集·书札》(卷二),第14—16页。

了靡费。①

他最关心的是从湘乡调来的一大团千名湘勇，不仅在长沙勤加操练，出动剿杀起事农民，而且从 1852 年到 1853 年春，他还不断增募湘勇，精心筹备，为编组湘军而进行种种准备。

二、编练湘军，开赴南昌顽抗太平军

1840 年的鸦片战争前后，八旗、绿营兵腐败到了不堪一击的地步。八旗兵有满洲八旗、蒙古八旗和汉军八旗之分，共计二十四旗。清兵入关时，八旗兵二十万人左右，以后虽有增加，为数不多。②八旗兵的主要任务在于拱卫畿辅之地和分驻各省要隘，防止汉人的反抗。

绿营兵主要是汉军，旗用绿色，故名。清封建王朝的统治下，阶级矛盾与满汉矛盾相交织，五六十万绿营兵也分驻各省，隶属于总督的叫督标，隶属于巡抚的叫抚标，隶属于提督的称提标，隶属于总兵的称镇标，以上统称本标。本标最多不过四营，少的二营。提督、总兵受总督、巡抚的节制。各省所驻绿营兵多寡不一，多的省份六万，少的二万、三万不等。

八旗兵是清朝的"嫡系"部队，在政治上、经济上的待遇，远较绿营兵强，武器装备也比绿营兵好得多，平素养尊处优，出征时统兵大帅大多是旗籍将领，作战时，绿营兵居前，八旗兵在后；胜则抢功，败则诿过，故旗兵将领升迁便捷。八旗兵的特权地位，反而使它很快的腐朽衰败。康熙（1662—1722）初年戡定三藩之役的过程中，顺郡王德尔锦率八旗兵进驻荆州，对老百姓耀武扬威，敲诈勒索，无所不为，但听到

---

① 曾国藩：《与朱石翘》，载《曾文正公全集·书札》（卷一），第 3—4 页；《复文任吾》，载《曾文正公全集·书札》（卷二），第 11—12 页。
② 赵尔巽：《清史稿·兵志一》，第 522—526 页。

平西王吴三桂进兵湖广的消息，便吓得丧魂失魄，把大炮埋藏土中逃走①。贝勒尚善奉命进攻岳州，借口风涛险恶，不敢出战。平定三藩之役，八旗兵畏葸无能，全仗绿营兵才取得了胜利。随着清封建王朝的腐朽衰落，绿营兵也腐败衰落了。雍正（1723—1735）年间，规定绿营将领可以克扣军饷，称为亲丁名粮，提督扣八十分，总兵扣六十分，副将、参将、游击等官儿依次递降。全国绿营兵号称六七十万，实缺兵额常在十分之一以上。无论八旗兵或绿营兵，所用的武器主要是弓箭刀矛、火绳枪等，钝敝朽败。春秋两操，视同儿戏，纪律废弛，将不知阵势兵法，兵不知战斗进退。全国的阶级斗争形势决定了八旗、绿营兵只能分驻各省，遇有战争，东抽三百，西抽五百，凑集成军，以致将不知官，官不知兵，这种军队当然说不上有战斗力了。在镇压川楚白莲教农民起义时，绿营兵的腐败无能也已暴露无遗了。

太平天国运动爆发后，清军由一触即溃，发展为不战而溃，战无不败。知府胡林翼批评八旗、绿营兵说："近日武官恃火器而不练杀手，遇凶狡冲杀之贼，火箭不能之地，即束手待毙，抛弃军械，粤军之挫，半系于此。""故兵将伎俩，久为贼所窃笑。"②江忠源与清军有并肩作战的经验，他说清军有三大弊："曰军令不严。曰军令不一。曰军心不齐。""逆匪滋事以来，窜扰三省，迁徙两年……非贼众而我寡，贼强而我弱，贼智而我愚也。其弊在兵不用命，将不知兵，兵与将不相习，将与将又各不相下。"尤其令人气愤的是官兵"勇于扰民，狠于仇勇，敢于犯上，而独怯于杀贼"。推原其始，是由于"国家承平日久，市井游猾之徒，无所得食，攒入营伍，求肥其身，养其妻子，不知打仗杀贼为何事"。军队中的下级官兵，以语言趋跄谄媚上级，上级官长爱其驯顺，给予提拔。

---

① 昭梿：《啸亭杂录·荆州炮》，中华书局1980年版，第368页。
② 胡林翼：《练兵支放章程》，载郑敦谨等辑《胡文忠公遗集·宦黔书牍》（卷五十二），第2页；《启程晴峰制军》（卷五十三），第3页；《启张石卿中丞》（卷五十四），第1页。光绪戊子版。

这种人用如此办法得到官职后，又照搬这套办法去选拔下级官佐。此风相沿已久，营务哪能不坏？军纪哪能振作？一旦有事，难怪官兵一哄而散。①曾国藩对八旗、绿营兵憎恨已极，他对八旗、绿营兵的评价是：如能就现在的八旗、绿营兵善为整顿，化无用为有用，当然不失为上策。然而，八旗、绿营兵的"习气太盛，安能更铸其面目而盈涤其肠胃？恐岳王复生，半年可以教成武艺，孔子复生，三年不能变革其恶习"。②他对八旗、绿营兵决不抱半点幻想。

早在1852年，胡林翼在贵州知府任内，就认为兵既不可用，应该团练乡民以自救。他说团练乡民之利有五大端：

不以远方的游民充练，必以本地之农民为勇。他们熟悉本地的地形地势。其利一。

农夫性质朴实，自保身家之念甚切。其利二。

官兵视国帑为应得之物，受恩而不知感恩。小民勤苦，得微利而感激出于至诚。"武弁文吏，身列仕途，恩极则滥，即自以为应得之物，而士民之稍异庸流者，望顶戴、官职如登天，驾驭而用之……其力自倍。"其利三。

读书应试不得科名者，在乡者比比皆是，此中人才颇多，狡悍凶恶者亦不乏人，不如因其材而用之，非惟足以消弭隐患，反而为我增添平定"贼寇"之将领，为我驰驱。其利四。

练乡民，守御本地本乡，能得其死力，"贼无阑入之势，民无裹胁之虞，粮食不遭劫掠，贼焰自可衰息"。其利五。③

湖南地主士绅一致认为清军不堪一击，只有依靠自己团练勇丁，或

---

① 江忠源：《与徐仲绅制军书》《答曾涤生侍郎师书》，载《江忠烈公遗集·文》（卷一），同治癸酉版，第12、31—34页。
② 曾国藩：《与魁荫亭太守》，载《曾文正公全集·书札》（卷一），第39—40页。
③ 胡林翼：《启吕方伯》，载郑敦谨辑《胡林翼遗集·宦黔书牍》（卷五十四），第1—2页。

是防守本地，或是组织成军，直接与太平军对抗，以代替窳劣无能的官兵。湖南地主士绅中形成了一道暗流，即自己组织起来的"自救"运动。曾国藩从办理团练到编练湘军，就是这种所谓自救运动的体现。

1853年1月12日，太平军攻取华中重镇武昌，咸丰帝等极为惊慌。曾国藩抓住这个时机，于1月30日上奏说："逆匪"攻陷湖北省城武昌，凶焰愈炽，湖南、湖北、江西、安徽等省，都是太平军所觊觎之地。目前长沙兵力单薄，湖南各标兵丁大多随署湖广总督张亮基调往武昌，不足以资守御。现在我在省城成立团练一大团，认真操练。此外，就各县已经训练之乡民，选择其朴实健壮者，招募前来长沙，练一人，收一人之益，练一月，收一月之效。军兴以来，调兵糜饷，不可谓不多，未闻有与"贼"鏖战一场者，往往从后尾追，"未闻有与之拦头一击者"。官兵作战时，往往先用大炮、鸟枪远远轰击，从不敢与"逆匪"短兵相接，总因所用之兵，平素疏于训练，无胆无艺。现在我决心改弦更张，"总以练兵为要务"。①这个奏折写得很巧妙，"总以练兵为要务"，寥寥数字，把团练的性质改变成了军队。咸丰帝因前线一败涂地，慌不择路，竟朱批："知道。悉心办理，以资防剿。钦此。"②这个奏折既然得到了咸丰皇帝的首肯，曾国藩为自己把湘勇改成湘军，进而为扩大编练湘军取得了合法地位。曾国藩心计之深，令人莫测！

为了讨得湖南巡抚骆秉章的好感，为了使湘军得到实战经验，他不断派出罗泽南、王鑫等率领湘军四出"攻剿"各地起事的会党、农民。从1853年春至初夏，先后派江忠源部楚军会同湘军，"攻剿"常宁、阳山、衡山、永兴、茶陵等地起事农民。为了争取清政府的信任，在人事安排上也作了精心布置，上奏破格提升旗籍将领塔齐布（1817—1855）

---

① 曾国藩：《敬陈团练查匪大概规模折》，载《曾文正公全集·奏稿》（卷一），第47页。

② 曾国藩：《敬陈团练查匪大概规模折》，载《曾文正公全集·奏稿》（卷一），第47页。

为中军参将。塔齐布,满洲镶黄旗人,托尔佳氏(一作陶佳氏),字智亭。初由火器营护军擢三等侍卫。1851年至湖南为都司。1852年助守长沙,因功晋升游击。塔齐布参加湘军,抬高了湘军的地位。曾国藩提拔塔齐布为中军参将,使湘军中的带兵官取得了正式官职,足以鼓舞士气。1853年7月下旬,曾国藩编练的湘军,已有罗泽南的中营、王鑫的左营、邹寿璋的右营、塔齐布的辰营,此外,周凤山、储玟躬、曾贞干等各自统率一营,兵员总数扩大到了四千左右。

1853年5月中旬,太平天国派春官正丞相胡以晄、夏官副丞相赖汉英等率殿左一检点曾添养、殿右八指挥林启容等,统率战船千艘,溯江西征。6月10日,再克安庆。同月下旬,进围南昌。这时,湖北按察使江忠源奉命率领楚军驰援安徽,道出九江,适逢太平军数万进攻南昌,江西巡抚张芾檄调江忠源赴援。江忠源督率楚军昼夜兼程,进入南昌城内。

湘赣边界冈峦相连,绵延相接,南昌的得失,攸关江西的全局,影响到湖南的安危。南昌城中守兵不多,形势危急。曾国藩从湖南的防务安危出发,派知州朱孙诒率湘军一千二百名,从长沙经醴陵增援南昌;再以候补道夏廷樾、编修郭嵩焘、训导罗泽南等率绿营兵六百、湘军七百名赴援;续派江忠淑率楚军千名,从长沙经浏阳驰援南昌。8月28日,湘军在南昌城外与太平军发生遭遇战,太平军阵斩湘军营官附生谢邦翰,童生易良干、罗信东、罗镇南等。罗泽南收聚败卒,冲出重围,突入南昌城中。[①]曾国藩闻讯大喜,认为湘军作战能齐心协力,败而不散,远非绿营兵等所可比拟,决心继续扩编湘军。

---

① 王闿运:《湘军志·曾军篇第二》,同治版,第3—4页。

三、移驻衡州，组成湘军水陆师

派遣湘勇参与南昌战役，使曾国藩决心扩编湘军，移军衡州。这是他编练湘军水陆师的关键。

南昌战役后，如前所说，曾国藩认为湘军可用，大有前途。他写信给朋友说，今日大局，若非练兵万人，合成一心，断不能讨平"逆匪"。近时所调之兵，天涯一百，海角五十，兵与兵不相熟悉，将与将不相和睦。此营打败，彼营掉臂不顾，甚至掩口微笑，军营以终身不见"贼"面而后快。如此的兵，这样的将，岂能"平贼"？我欲练勇万名，"呼吸相顾，痛痒相关，赴火同行，蹈汤同往。胜则举杯酒以让功，败则出死力以相救"。①恰巧在湘军主力开往南昌顽抗太平军期间，长沙的绿营官兵不止一次地起哄，公然殴打湘军弁勇，并打进曾国藩公馆。他们之间的矛盾由来已久。

塔齐布奉曾国藩之命，在长沙加紧训练湘军。绿营兵从来纪律败坏，营操废弛。长江协副将清德，目击塔齐布"谄国藩"，练兵无虚日，大为不满。他说："将官不统于文吏，虽巡抚例不问营操。"提督鲍起豹，因守御长沙立下犬马之劳，刚愎专横，昏庸自是，"闻清德言，则扬言盛夏操兵，虐军士，且提督现驻省城，我不传操，敢再妄为者军棍从事。塔齐布沮惧不敢出，司道群官皆窃喜，以为可惩多事矣"。②

曾国藩对清德、鲍起豹大为不满。他认为湘军是一支独立于八旗、绿营兵之外的"义师"，虽总督、巡抚、提督、总兵无权过问。实际上，他在争湘军的独立性。1853年夏，他两次参奏清德废弛营操，清德因此

---

① 曾国藩：《与文任吾》，载《曾文正公全集·书札》（卷二），第16—17页。
② 王闿运：《湘军志·曾军篇第二》，第4—5页。

被革职。同时，奏荐塔齐布，拔擢为中军参将。扬勇抑兵，用意显然。鲍起豹与绿营官兵对曾怀恨在心。8月17日，湘军弁勇试枪不慎，伤及绿营长夫，"因发怒吹角执旗，列队攻湘勇"。曾国藩将犯过弁勇责打二百军棍，平息了这次乱子。9月6日，绿营兵与塔齐布部辰营湘勇赌博，发生斗殴。绿营兵吹号执旗，下城与湘军开仗，围攻参将塔齐布公馆，毁其内室。同日晚，绿营兵汹汹满街，"城中文武官闭门，不肯谁何"。绿营兵益加肆无忌惮，包围曾国藩公馆。"公馆者，巡抚射圃也。"绿营兵闹事，巡抚骆秉章心中称愿，他私怨曾国藩已久，其原因是：

第一，湖南省的提督、总兵向例归湖南巡抚节制。曾国藩参奏清德，事先不同骆秉章商量，跳过骆秉章，反而与湖广总督张亮基会衔上奏，一则以势压人，再则曾国藩在奏折中把清德骂成"形同木偶"，废弛营操，无异在揭露骆秉章治军无状。

第二，曾国藩在长沙设立审案局，处理杀人案件等，侵削官权，为司道、巡抚等所厌恶。

因之，当绿营兵围攻曾国藩的公馆，公馆虽与骆秉章比邻，骆却以为"不与己事"，不加过问。围攻公馆时，曾国藩正在处理公事，忽然绿营兵刀矛竞入，刺伤曾国藩护兵，几乎刺伤曾国藩。曾国藩急"叩巡抚垣门，巡抚阳惊，反谢……纵诸乱兵不问。司道以下公言曾公过操切，以有此变"[①]。经过以上这些矛盾风波，曾国藩决定移军衡州。有些人就这件事千篇一律地美化曾国藩的气度恢宏，忠心王事，顾全大局。他们说自曾公馆被围攻后，曾的幕宾等敦劝曾国藩据实参奏，请求惩凶犯、辨是非。曾国藩却说："为臣子者，不能为国家弭大乱，反以琐事上渎君父之听，方寸窃所不安。欲隐忍濡迹长沙，则平日本以虚声弹压匪徒，一旦挫损，鼠辈行将跳掷自恣，初终恐难一律，是以抽掣转

---

① 王闿运：《湘军志·曾军篇第二》，第5—6页；曾国藩：《上吴甄甫制军》，载《曾文正公全集·书札》（卷二），第17—20页。

移,急为衡州之行。"①事实上,不是这么一回事儿,而是长沙城中从司道到巡抚,都厌恶曾国藩的揽权跋扈,不满他的所作所为,以致有绿营兵的寻衅。可以毫不夸张地说,他从长沙移军衡州,是被绿营兵哄走的。

曾国藩移军衡州,另外还有一番打算,他认为在衡州练兵,不像在长沙省城之地,耳目众多,"动多触碍"。走避山乡,若捐款多,则多练弁勇,若捐款少,可以少募弁勇,张弛伸缩,"惟吾之所自为",别人不能横加干涉。②1853年9月29日,曾国藩随同湘军移驻衡州(今衡阳)。当时,募勇练兵万名,独立于八旗、绿营之外,兵籍不归兵部,不受总督、巡抚节制,很容易引起朝廷和督抚的猜忌,在这个问题上,他着实花了不少"格物致知"的功夫。他认定江忠源率领楚军,辗战广西、湖南、江西,在短短的二三年中,由一个知县官拔擢至司道大员,是因他屡立战功,"以天心之简在,万民之跂望,即颁给关防,全畀兵柄,盖亦意中之事"。他找到了一块挡箭牌,对外打出为江忠源练兵的旗号。他说现在拟募勇万人,精练勤训,"发交岷樵,以为澄清扫荡之具"。③不久,他又提出鄂、湘、赣、皖四省联防的建议,推湖广总督、他的座师吴文镕为首领。讨好吴文镕,是他筹建扩编湘军的又一块挡箭牌。

到衡州后,他扩大招募勇丁,增编营头,除原有的湘乡勇、宝庆勇、辰州勇外,又陆续添募新化勇、平江勇等。募勇时,"须取具保结,造具府县里居、父母妻子名姓、箕斗清册各结附册,以便检查"。选勇标准是:"须技艺娴熟,年青力壮朴实而有农民土气者为上,其油头滑面有市井气者,概不收用。"其武官自守备以上,文官自知府以上,一律不加录用。论者每以湘军由地痞流氓、游棍组成,与事实是不符的。

在士兵的编制上,按县籍分立营头,曾国藩说:按县籍编组分营,

---

① 曾国藩:《上吴甄甫制军》,载《曾文正公全集·书札》(卷二),第17—20页。
② 曾国藩:《复吴甄甫制军》,载《曾文正公全集·书札》(卷二),第25—27页。
③ 曾国藩:《与严仙舫》,载《曾文正公全集·书札》(卷二),第33页。

可取之点颇多，他们呼朋引类而来，或是同族，或是戚谊，作战时能"齐心相顾，不肯轻弃伴侣"①。其实，按县籍编立营头，还有一重深意在内。例如，湘乡罗泽南统率湘乡勇，平江李元度统率平江勇。罗泽南对湘乡勇指挥自如，却指挥不了平江勇，同样的，李元度也指挥不了湘乡勇。但无论湘乡勇或平江勇都听曾国藩的指挥。按县籍编立营头对曾国藩而言，在统率湘军时，可以起到"分而统之"，防止大权旁落的作用。

选择营官的标准是："第一要才堪治民。第二要不怕死。第三要不急急名利。第四要耐受辛苦。"②与他气味相投的儒生，成为湘军营官的主要来源。随着战争形势的发展，湘军的队伍扩大了，曾国藩于营官之上分设统领，统领由他选择任命，营官虽由统领选择，但亦须经曾国藩批准。曾国藩把湘军的人事权始终抓在手里，而且抓得很紧。

在长沙时，湘军营制规定每营三百六十人，到衡州后，根据实战的经验，更改营制，每营增为五百人。营设营官一名，营官亲兵六十名，亲兵什长六名。每营四哨，哨设哨官一名，哨长一名，护勇五名，什长八名，正勇八十四名。伙勇全营四十二名。除营官一名，哨官四名外，全营共五百名。另外，每营长夫一百八十名，随营行动。营官有亲兵六队，即劈山炮二队，刀矛队三队，小枪队一队，共计六队。每哨有刀矛队四队，抬枪队二队，小枪队二队，亦共计八队。从编制上看，刀矛与火器并重。

湘军在操练、器械使用、衣着等方面也有具体规定：弁勇练纵步上一丈高之屋，跳步一丈宽之沟，抛火球能至二十丈以外。各勇不许穿着软料衣服，只许穿着布衣；不许穿鞋袜，只许穿草鞋。哨长穿着同士

---

① 曾国藩：《复刘霞仙》，载《曾文正公全集·书札》（卷三），第9—11页。
② 曾国藩：《复彭筱房·曾香海》，载《曾文正公全集·书札》（卷二），第24—25页。

兵。打仗只许同进退，勇者不许独先，怯者不许独后，违者处死。"①曾国藩企图使湘军保持朴素、勇敢的军风，用心良苦。

曾国藩训练湘军，特别重视"政治教育"。他说："每逢三八操演，集诸勇而教之，反复开说至千百语，但令其无扰百姓。自四月以后，间令塔将传唤营官一同操演，亦不过令弁、委前来听我教语。每次与诸弁兵讲说至一时数刻之久，虽不敢说点顽石之头，亦诚欲以苦口滴杜鹃之血……国藩之为此，盖欲感动一二，冀其不扰百姓，以雪兵勇不如贼匪之耻，而稍变武弁漫无纪律之态。"②早先，曾国藩在《与湖南各州县公正绅耆书》中，痛骂社会上"有一种莠言，称颂粤寇"，反谓"粤寇"不奸淫，不焚掠，不屠戮，"愚民无知，一习百和，议论颠倒，黑白不分"。现在，他又承认"兵勇不如贼"了。尽管他把歪理讲得舌尖滴血，事实胜于雄辩，曾国藩无非是要把湘军弁勇教育成凶残横暴、屠杀农民的工具。

为了驱使勇丁为他卖命，湘军的待遇很高，营官薪水每月五十两，办公费一百两。哨官每人每月给银十八两，哨长每名每日给银二钱六分，勇丁每名每日给银一点四钱，长伕每名每日一钱③。

移军衡州后，最使曾国藩费力费心的是筹建湘军水师。江忠源、郭嵩焘在南昌与太平军作战时，发现太平军利用长江下游水乡泽国的地理形势，作战时陆师与水师相依护，行动迅捷，攻守自如。郭嵩焘建议湖北按察使江忠源奏请建造水师。江忠源大喜说："在营二年，未闻此言。"他请郭嵩焘代写奏疏。奏陈说："逆匪"占领沿江之金陵、镇江、安庆等要隘，三面陆地，一面临江，我军虽并力进攻，无如敌方能"水陆救护以牵制兵力。欲克复沿江各城市，必须筹划肃清江面之法。欲肃清江面，必须击破敌船"。欲破敌船，必先制造战舰，以备攻击。"贼船出没无常，乘风急趋，一日可数百里，官兵既无舟楫之利，哨探不能

---

① 王定安：《求阙斋弟子记》（卷二十四），第3—4页。
② 曾国藩：《与张石卿制军》，载《曾文正公全集·书札》（卷二），第21页。
③ 王定安：《求阙斋弟子记》（卷二十四），第11页。

施，防御无所用，是以其势日益猖獗。使早备战船，多安炮位"，使我水陆兵勇"声势联络，以回扼其分窜之路……断彼接济之途，未尝不可克期奏绩"。①

南昌战役后，江忠源致书曾国藩说："方今贼据有长江之险，非多造船筏，广制炮位，训练水勇，先务肃清江面，窃恐江南、江西、安徽、湖南、北各省无安枕之日。"估计海内人才，能办水师者，"惟吾师一人"，能管驾战船，督率水军，与敌决斗于波涛险隘之中，而不畏葸懦怯者，唯有刘长佑、罗泽南与王鑫而已。在江忠源、郭嵩焘等的启发推动下，1853年12月，曾国藩在衡州设立船厂，之后，又在湘潭设立造船分厂，开始学制战船。由广西调来的同知褚汝航负责经理造船事宜，经过反复试制，造成了快蟹四十号，长龙四十号，舢板八十号。水师营官领快蟹船一只，各哨官分领长龙船十只、舢板船十只，合二十一艘战船为一营。快蟹配四十五人，其中桨手二十八人，橹工八人，舱长一人，头工一人，舵工1人，炮手六人。长龙配二十四人，舢板配十四人。一营共四百二十五人。舢板因船小，不能置炉灶烧饭，不能容十余人寝宿，故另雇一民船为坐船。1854年春，每船于众桨手中置火弹手数人。湘军水师还造了一艘特大的拖罟船，作为曾国藩的座船。②在实战中发现快蟹船体过大，虽然火力旺盛，但运掉不灵，咸丰五六年间，裁去快蟹船，减长龙船为八只，增添舢板船至三十二只，每营五百人。

快蟹在战船中最大，可安二千斤大炮，装有头炮、舷炮、尾炮，一船三炮。长龙小于快蟹，装有火炮，行驶比快蟹灵捷，可以驶进港口。作战时快蟹、长龙相辅而行。钓钩船，船身长七八丈，后来改为炮船。舢板船最小，行驶轻捷，配有火器。除战船外，尚有辎重船二百号，每船配备大炮一尊。水师船只共有大炮千尊，其中配备了许多西洋大炮，

---

① 郭嵩焘：《请置战舰练水师疏·代》，载《郭侍郎奏疏》（卷一），光绪壬辰版，第1—3页。

② 王定安：《求阙斋弟子记》卷二十三，第33—34页。

火力甚猛。[①]1854年后，水师战船配备的洋炮有千尊以上。如果说湘军水师是一支舰队，那么舢板船很像驱逐舰，长龙船起了巡洋舰的作用，而快蟹则是主力舰。以后，曾国藩的军事实践表明，湘军与太平军作战，得胜的关键在于湘军水师夺取了长江的制水权，而湘军水师所以能战胜太平军水师，其中最重要的原因，是由于配备了大量洋炮，火力强大。湘军是喝了洋奶成长起来的，对于这点，必须予以足够的重视与估计。湘军水师共计十营，官兵五千，以褚汝航为总统，夏銮、杨载福（同治初因避讳改名岳斌，以下一律用杨岳斌）、彭玉麟等为营官。陆师以塔齐布带邵阳勇，林源恩带平江勇，周凤山带道州勇，杨名声带新化勇，罗泽南、李续宾、曾贞干、储玫躬等带湘乡勇。

曾国藩在一年多的时间内，赤手空拳，没有向户部讨一分钱，利用他团练大臣帮办的地位与各种公私关系，纠集了一批崇奉理学的儒生为骨干，筹建成一支具有水陆师的湘军，表现出他反对太平天国的决心与惊人的组织能力，也表明他不是平凡无能、畏葸懦怯的人物。

曾国藩筹建成的湘军，其武器远较太平军优良。湘军弁勇的体格比较强壮，平时训练既注重火器的应用，也注重白刃格斗。值得注意的是，营官以上人员的思想统一于理学，他们又用三纲五常的思想去麻醉、欺骗勇丁，所以湘军在作战时蛮横剽悍，远非八旗、绿营兵所能比拟。整个湘军浑然一体，仅听命于曾国藩的指挥，对太平天国的患害，就不可胜言了。

湘军是中国近代史上出现的第一支军阀队伍，曾国藩是中国近代史上出现的第一个军阀。湘军初建成时，陆师、水师仅设营官，都是曾国藩挑选的，直辖于曾国藩。后来，湘军的编制扩充了，根据实战的需要，增设统领。他所委派的统领如罗泽南、李续宾、李续宜、左宗棠、

[①] 曾国藩：《复吴甄甫制军》《致劳辛阶中丞》，载《曾文正公全集·书札》（卷三），第35页；（卷四），第6—7页。

李元度、曾国荃、鲍超、杨岳斌、彭玉麟、李鸿章等,或是兄弟,或是幕宾,或是师生,或是同乡,或是姻亲。他们大都是秀才或举人出身,意气相投,成为曾国藩进攻太平天国的得力打手,并且都听命于他的指挥。曾国藩在晚年,曾把湘军与八旗、绿营兵作了比较,说明湘军的战斗力为什么远胜于八旗、绿营兵。他奏陈说:各省练军之大弊,在于"文法太繁、官气太重",事权不专。论理,事权宜专一,一营之权,全付营官,统领不为遥制;一军之权,全付统领,大帅不为遥制。"今直隶六军,统领迭次更换",所部营、哨官等,皆由总督委派,下有翼长分其权,"上有总督揽其全",统领并无进退人才、管理饷项等权,驱之赴敌,官佐岂肯用命?加以总理衙门、户部、兵部层层节制,虽有良将,亦瞻前顾后,不肯放胆任事,又焉能尽其所长?他毫不隐讳地说:湘军之有战斗力,主要是由于"营官由统领挑选,哨弁由营官挑选,什长由哨弁挑选,勇丁由什长挑选。譬之木焉,统领如根,由根而生干、生枝、生叶,皆一气所贯通。是以口粮虽出自公款,而勇丁感营官挑选之恩,皆若受其私惠。平日既有恩谊相孚,临阵自能患难相顾"。① 在这里,他的话只讲了一半。实际情况是,湘军水陆师的营官、统领全部由他委派或批准,统领并不是根,真正的"根"是曾国藩,由根生干、生枝、生叶,故粮饷虽出自公款,统领、营官等皆"若受其私惠",所以他拥有湘军的绝对指挥权,湘军也仅仅听命于他的指挥。他在湘军中的地位,绝非他人所能代替。曾国藩为了使湘军变成"曾家军",不仅如前所说,于筹建湘军时,大造他组织的湘军是"义师"的舆论,在编立营头,委派营官、统领等时都作了精心安排。此外值得强调指出的是,湘军与八旗、绿营的根本不同之处,在于八旗、绿营兵籍归兵部掌管,军械武器由兵部发给,饷糈由户部统筹,兵员增损须奏准朝廷,战时统兵

---

① 曾国藩:《复议直隶练军事宜折》,载《曾文正公全集·奏稿》(卷三十四),第14—16页。

大帅例由朝廷派遣。湘军则兵籍不归兵部，武器军械自筹，饷糈则基本上就地筹集，营头增、撤不须奏准朝廷，兵勇多寡伸缩自如。湘军一贯由曾国藩统率指挥，非朝廷将帅所能过问。所以，我们说湘军是中国近代第一支军阀队伍，曾国藩是近代中国第一个军阀。

四、排斥王鑫，抛弃江忠源

在筹建湘军的过程中，湘军内部发生了控制与反控制的斗争，主要发生在曾国藩与王鑫之间。王鑫，是湘勇的最早组织人，自恃才能出众，野心勃勃。曾国藩初到长沙就任团练大臣帮办后，全仗罗泽南、王鑫统率的一千名湘勇作为基本武装，到处镇压起事会党与农民，颇为得力。这一千名湘勇，又是曾国藩编练湘军的基本队伍。所以，曾国藩到处吹捧王鑫志大才高，"忠孝性成"。

1853年9月，太平军撤围南昌。29日，太平军北向攻占九江，进击田家镇。10月中旬，大败湖北按察使唐树义及江忠源部楚军于田家镇对岸之半壁山，进攻蕲州。17日，攻克黄州（今黄冈）。同日，曾国藩的座师、新任湖广总督吴文镕到武昌接印视事。20日，太平天国国宗石祥贞等部太平军攻占汉口、汉阳，威逼省城武昌。11月6日，石祥贞等退出汉口、汉阳，屯驻黄州，监视武汉方面敌军，掩护胡以晃、曾天养等西征太平军主力开辟安徽省根据地，进取庐州（今合肥）。29日，胡以晃等部西征军攻占舒城，击毙督办安徽团练大臣、工部侍郎吕贤基。30日，进迫安徽巡抚驻地庐州。清政府目击皖北危殆，超擢长期与太平军作战，甘心为清封建王朝卖命的江忠源为安徽巡抚。

吴文镕到武昌接篆视事后，深感兵力不足，一再奏调曾国藩自衡州率领湘军增援湖北，曾国藩借口水师尚未练成，拒不出兵。当太平军攻占汉口、汉阳时，长沙人心浮动，官僚、士绅一夕数惊。王鑫声称防守长沙，增援湖北，为江忠源助一臂之力，扩招弁勇至三千余名。湖南巡抚骆秉章因长沙兵力不足，在幕后支持王錱扩招勇丁。这时，吴文镕正在奏调曾国藩统师增援湖北，曾国藩本来不满于王錱擅自扩军，这时，他做了个顺水人情，利用王錱扩军作增援吴文镕的搪辞，所以对王錱未奉他的命令就擅自扩军，加以默认。后来，衡州筹建湘军已有眉目，石祥贞等部太平军退屯黄州，武昌、长沙的局势缓和下来了，湖北方面也不再催调曾国藩增援了。曾国藩竟板起面孔，去信责备王錱说：1853年9月南昌战役后，你欲募勇二千，往报我湘军受挫之仇，当时，我也正在添募勇丁数千，拟训练成军后发交江忠源，以助他一臂之力，我们两人的计划不谋而合。以后，您来衡州，与我商定大概规模，"约定饷需不必支之藩库，器械不必取之省局"。你说增募勇丁，可以捐银自给，我也甚以为然。因为这次筹建湘军，是吾辈私兴之义举，非省垣应办之官事也。但是，你离开衡州回到长沙后，向省城藩库请银一万两，我已"讶其与初议相谬"。同年10月中旬，唐树义、江忠源战败于田家镇、半壁山，武昌大震，长沙戒严，你率勇防守省城，一切皆取之于官，"此则局势与前议大变，止可谓之官勇，不得复谓之义师"。那时，你又写信给我，有要饷银二万两，各勇须预支口粮，将来要招足万人等语，"是则足下未能统筹全局"。在这里，曾国藩一再向王錱强调"义师"与"官勇"的区别，实质上是争湘军的领导权。如果招募勇丁，领取藩库的饷银，用省方的器械，难免要受省方的节制调遣，曾国藩就将丧失湘军的绝对指挥权，这才是他与王錱争执的焦点。最后，他提醒王錱说：我意早先你若率军三千名增援湖北，兵员不可算多。现在毋须前往湖北，你部应大加裁汰，只能保留二千，编成四营。①他写信给湖南巡抚骆秉章和他的幕客刘蓉说：湘军陆师已经编成七营，只剩下三营空额留给王錱。实际

---

① 曾国藩：《与王璞山》，载《曾文正公全集·书札》（卷二），第40—42页。

上他要把王鑫所部裁遣一半[1]。他对骆秉章等说："若以招募过滥，以不教之卒，窳劣之械，何以为战？此种练勇，何处无之。"[2]

1854年春初，曾国藩进一步向王鑫提出：你部必须汰弱留强，分立营头，每营择一营官，另择帮办数人，诸营不必由你一人指挥。器械须精，"如有一器未精"，不可轻出，此点必从鄙意。另外，希你带勇来衡会操，并亲自来衡商议大局。现在朱孙诒将来衡州，你若不来，可将营官姓名开一名单，交朱带来，待我核委。望斟酌决定。很显然，曾国藩在与王鑫争夺湘军的用人大权。

对曾国藩的非难与要求，王鑫不服，拒绝复信。王鑫有他自己的一本账。为什么要利用他作增援湖北的挡箭牌时，他的弁勇三千是精锐之师？现在不须增援湖北，归入湘军编制，这三千弁勇竟变成了"此种弁勇何处无之"的"不教之卒"？如果是"不教之卒"而容许他去增援湖北，作为领导者的曾国藩，是为不仁。如果不是"不教之卒"，则曾国藩不应在背后攻击王鑫，背后攻击人，是为不义。再一方面，如果说王鑫领了湖南藩库的银两，用了官方给予的军械，便是"官勇"，不是"义师"，试问曾国藩的饷银是从哪里来的？向地方士绅捐款固然是重要来源之一，其实，他也用了大量官款，如咸丰三年（1853）冬，"提用湖南漕米二三万石，以资军食"，截留广东解往江南大营的饷银万两，截留广东解往武昌湖广总督的官炮甚多[3]。何以曾国藩用官款、官械，就不是"官勇"，而是"义师"？曾国藩与王鑫的矛盾，就其性质来说，是湘军内部的控制与反控制斗争，是与曾国藩争夺湘军的指挥权的斗争。在这场斗

---

[1] 据《王壮武公集·年谱》载，曾国藩将王鑫部汰为七百人，载《王壮武公集·年谱》（卷上），第22页。

[2] 曾国藩：《与骆中丞》《复刘霞仙》，载《曾文正公全集·书札》（卷三），第8—10页。

[3] 黎庶昌：《曾文正公年谱》，载《曾文正公全集·年谱》（卷二），第10—14页。

争中，既暴露了曾国藩的政治、军事野心，又暴露了他城府之深，心计之狠。他成天念念什么诚、信、仁、义，实则只有当湘系将领绝对服从他时，他才有诚、信、仁、义之可言，否则就只有排挤打击。所以，如果把曾国藩讲的"派诚""派信""派仁""派义"夸大为他对人的普遍道德，那是很荒谬的。

王鑫是湘勇的最早组织者，与罗泽南、李续宾等有特殊关系，曾国藩不得不一再软硬兼施，争取他，但在兵数与营官的任用问题上寸步不让，唯权是夺。1854年春，他写信给王鑫说："吾党奉朝廷之命，兴君子之师，章程必须划一，岂可参差错乱，彼立一帜，此更一制"，所定条款，务望遵照。接着他派定了王鑫所部四营营官，命王鑫统率一营，为先锋营。王鑫对曾国藩的命令，置若罔闻。曾国藩恼羞成怒，图穷匕见，写信给骆秉章说：王鑫所部勇丁，"若归我督带，则须受我节制，此一定之理"。我一再"箴规璞山……厥后璞山复书，但求乞放还山"，是他不愿与我同事。"既不能受节制，自难带以同行……一将不受节制，则他将相效，又成离心离德之象，故遂决计不带也"。①曾国藩在涉及湘军的人事权、领导权问题上，占尽地步，寸步不让，还掉弄文笔，诿过他人。最后，王鑫被逐出了曾国藩系湘军的行列。

统治集团的内部，为了争权夺利，明争暗斗，从来非常强烈。曾国藩与王鑫的控制与反控制斗争，是显而易见的明争。他与江忠源之间的矛盾斗争，则是暗斗。如果仔细披阅他们之间的往还书札，还是有线索可循的。

曾国藩在移军衡州筹组湘军时，如前所说，他打的是咸丰帝对之有"特达之知"的江忠源的旗号，他一再对外声言，并且信誓旦旦地对江忠源说：我练兵是发交你作为"扫荡天下之具"。其实，他们两人之间，在某些问题上早已发生了分歧。

---

① 曾国藩：《复骆中丞》，载《曾文正公全集·书札》（卷四），第4—5页。

曾国藩认为绿营兵成事不足，败事有余，不可调用。1853年秋，江忠源在九江一带顽抗太平军，因兵力不足，而曾国藩又不派一兵一卒前来增援，因此奏调云贵、湖广绿营兵六千，与所部楚军合成一万之数，与太平军作战。曾国藩去信说：添兵六千，鄙意以为不如概行募勇。我现在已成军三千，"鄙意欲再募勇六千，合成万人，概交阁下为扫荡澄清之具"。①然而，南昌战役后，罗泽南等部已全部被曾国藩调回长沙，并没有一兵一卒拨归江忠源节制调遣。所以，曾国藩的承诺，在江忠源看来，近于画饼充饥。

曾国藩对江忠源所部楚军是否可用，表示出轻蔑态度。他说：江忠淑率领楚军驰援南昌时，事先，我派候补千总张登科率楚军二十人，专行在途放哨远探，并召集张登科、江忠淑以及哨兵精勇二十人当面申诫，哨探不勤，猝然遇敌，误事甚大，必须小心谨慎。"乃天下祸患恰出于所备之中。"江忠淑不遵我的申诫，行军途中，漫不经意，遭到太平军的突然袭击，全军溃散。②不仅如此，南昌解围后，楚军还因索赏不遂而闹事。因此，他认为营兵不可用，楚军也欠精练。言下之意，只有他编练的湘军，是天下唯一的精兵。然而，他又违背诺言，不拨湘军之一兵一卒与江忠源。这是军阀排斥异己性格的反映。

江忠源有他自己的看法。他说南昌一役，起初城中兵勇只有二千名，后来请调到江南大营的官兵等，城中兵勇增至一万，守住了南昌③。1853年10月下旬，他复书曾国藩，申述了自己的观点。他说："兵勇皆未尝不可用，患将兵、将勇者不得其人。"其实，勇的难用，更有甚于兵的地方。江忠源说：潮勇纪律废弛，坏极不堪。即以湖南而论，严云舫带的辰勇，守御长沙时颇为得力，后来转归邓绍良统带，驻扎镇江城郊，奸淫掳掠，无恶不作，"激吾民控诉于贼，甘心为贼向

---

① 曾国藩：《与江岷樵》，载《曾文正公全集·书札》（卷二），第4—6页。
② 曾国藩：《与左季高》，载《曾文正公全集·书札》，（卷二），第10—11页。
③ 江忠源：《致周敬修制军书》，载《江忠烈公遗集·文》（卷一），第26—29页。

导，顷刻之间，全军溃散"。后来，和春接统该勇，"整齐训练，稍稍成军"。练勇中楚军性质稍驯，但也发生了求赏事件。"湘勇较楚勇尤驯"，但是，1853年9月下旬南昌解围后，不也发生了求赏索钱几乎闹事的事儿吗？再如，湘军战于德安，又发生了求赏不遂而一哄而散的事件。由此看来，勇之是否可用，关键仍在带勇之人。用勇还有另一层难处，"勇则募于有事之时，山野椎鲁之夫，其猛悍之性，尚为可用。然从征日久，得钱易则习于奢，杀人多则果于残忍。事平之后，散于田间，则贻异日无穷之祸。故论目前搏击之用，则兵不如勇，而论异日遣散之难，则勇不如兵"，就目前形势言，自以用勇为宜。①曾国藩在吹嘘湘军为天下第一精兵，江忠源却揭了湘军的疮疤。曾国藩日夜谋划练兵万人，江忠源却论述了用勇的弊端。曾国藩从来师心自用，气量狭窄，能受得了吗？他们两人之间思想上的分歧，必然引起了彼此之间的裂痕。

1853年冬，曾国藩筹组湘军的调子变了。他写信给湖南巡抚骆秉章说：当前，总以筹备水师为要务，等到船炮齐备后，"或阁下，或甄师与岷樵东下剿贼，侍皆愿从其后"。露出了他要自己指挥湘军的端倪。1853年10月，太平军攻占黄州后，他写信给湖广总督吴文镕说：黄州失守，此次"贼艘回窜"多寡若何？究须南省往援否？或须我率军驰援否？抑或酌派兵勇数千往援？以上请您酌夺回复。②显而易见，在这封信里，露出了曾国藩抛弃江忠源，依附湖广总督吴文镕的苗头。这时，他又写信给江忠源说："国藩思此次由楚省招勇东下，一以为四省联防之计，一以为阁下澄清天下之用，必须选百练之卒，备精坚之械，舟师则船炮并富，陆师则将卒并愤，作三年不归之想。"在这封信中，始而说"国藩思此次由楚省东下"，既而说"为四省联防之计"，前一句表明他要亲自提

---

① 江忠源：《答曾涤生侍郎书》，载《江忠烈公遗集·文》（卷一），第31—35页。
② 曾国藩：《复吴制军》，载《曾文正公全集·书札》（卷三），第18—19页。

一旅之师，东下顽抗太平军；后一句表明四省联防，应受他老师吴文镕的节制，至于说"一以为阁下澄清天下之用"，完全是陪衬文字了。这就从根本上推翻了他要练兵万人，发交江忠源作"扫荡天下之具"的诺言。曾国藩是善于打别人的旗号，拉自己的山头的。

1853年11月14日，太平天国护国侯胡以晃、检点曾天养（或写作添养）等攻取桐城，兵锋指向舒城，皖北危急。清政府急调江忠源为安徽巡抚，要他去火中取栗，支撑皖北政局。江忠源遇不次之赏，果然甘愿为清朝卖命，奉命即行，11月中旬，离开汉口前往庐州。24日，行抵六安，重病。12月10日，率军二千余名抵达庐州。这时，太平军进攻庐州的战幕已经揭开。清政府因江忠源仓促入守庐州，兵微将寡，命曾国藩派兵救援。他檄调江忠浚、刘长佑率楚军驰救，自己则按兵不动。夏廷樾建议曾国藩亲自率师东下，救江忠源之急。曾国藩复书说：目前我托购之广炮、洋炮尚未解来，水师不能成军，竭力筹备各件，俱非仓促所能完成。接着，他板起面孔教训夏廷樾说："即使成军以出，亦当于黄州、巴河、九江等处先谋收复，又不能遽赴吾岷樵老之急。大局所在，止论地形之要害，不得顾友朋之私谊，即君父谕旨所指示，亦有时而不敢尽泥也。"[①]他一贯强调要为江忠源练兵万人"以为扫荡天下之具"的诺言，变成了一个骗局，至此暴露无遗。

1854年1月14日，太平天国护国侯胡以晃、秋官又正丞相曾天养等部攻占庐州，江忠源兵败自杀。江忠源固然死有余辜，但是曾国藩排斥王鑫、背信抛弃江忠源，也为当时湖南的官僚、士绅所不齿，受到了一些责难。曾国藩气愤之余，表暴自己说："近日友朋致书规我，多疑我近于妒功嫉能、忮薄险狠者之所为，遂使我愤恨无已。虹贯荆卿之心，而见者以为淫氛而薄之；碧化苌弘之血，而览者以为顽石而弃之。古今同

[①] 曾国藩：《复夏憩亭》，载《曾文正公全集·书札》（卷三），第36—37页。

慨。"①生花之笔，掩盖不了他内心的虚怯。

  江忠源毙命后，刘长佑、江家兄弟等看透了曾国藩伪道学的肺腑，他们统率的楚军再也不同曾国藩合作，独树一帜，变成了骆秉章镇压地方起事农民的得力工具。

---

① 曾国藩：《与刘霞仙》，载《曾文正公全集·书札》（卷四），第9页。

第四章　曾国藩出动湘军顽抗太平军

一、洪秀全的战略思想，曾国藩的军事对策

历史上的农民军具有开辟根据地的战略思想，不是从太平天国开始的，如明末李自成在起义的过程中，建立了关中根据地，然后攻取北京，就是一个明显的事例。

明崇祯十六年（1643），以李自成为首的农民起义军纵横湖北，在农民起义军内部讨论如何攻取明朝的首都北京，摧毁明朝的中央政权时，发生了激烈的争议。"牛金星请先取河北，直捣京师"；有的谋士则"欲先据留都，断漕运"；唯有顾君恩说："否否，先据留京，势据下流，难济大事，其策失之缓。直捣京师，万一不胜，退无所归，其策失之急。不如先取关中，为元帅桑梓之邦，且秦都百二山河，已得天下三分之二，建国立业，然后旁掠三边，资其兵力，攻取山西，后向京师，进退有余，方为全策。"①李自成权衡得失，采取了顾君恩的战略建议，从湖北打向陕西，攻取西安，分兵略定宁夏、甘肃，然后以关中根据地为依托，翌年用兵山西，攻占明朝首都北京，推翻了明朝的中央政权。

洪秀全博览群书，总结了历史上农民战争的经验，结合自己金田起义后的军事实践，认识到了"建都立业"的重要性。太平军在攻取金陵

---

① 谷应泰：《明史纪事本末》（卷七十八），商务印书馆民国十三年版，第72页。

后，定为首都，建立了与清朝相对峙的政权。定都金陵，是洪秀全开辟长江中、下游根据地战略思想的集中反映。这在天王洪秀全旨准颁行的《建天京于金陵论》中，是可以找到充分论据的。

1853年3月，定都天京不久，天王洪秀全命文臣何震川、吴容宽、钟相文等，就太平天国定都金陵一事各抒所见，撰写成文。事后，天王大喜，擢何震川职同指挥，命令将这些论文汇刻成书，旨准颁行。①可见，收辑入《建天京于金陵论》中的文章，为天王所赏识，基本上体现了洪秀全定都金陵，然后开辟长江中、下游地区为根据地的战略思想。

《建天京于金陵论》中说："有天下者，莫先于立天下之本，立天下之本，莫先于择天下之地。""金陵地势崇隆……且天下粮食尽出于南方，如江西、安庆等省，顺流而下，运粮亦甚便易""地利而万物备矣"。就长江的形势而言，"楚尾吴头"，为了"启宇拓疆""宜定建都之地"，然后"王奋义兴师，凡身之所在，民即附焉，民之所附，地即归焉""由是天国大兴，胡虏尽灭"。②以上足以说明：

第一，选择金陵作为首都，是因为金陵龙蟠虎踞，形势天成。长江中、下游地区粮食丰富，千里长江，风帆便捷，交通便利。

第二，定都金陵，是为了"立天下之本"，然后"王奋义兴师""启宇拓疆"，开辟长江中下游根据地，割据东南，立定脚跟，再问鼎中原，"尽灭胡虏"，争取革命的全国性胜利。

第三，洪秀全认定长江中、下游的战略形势是"楚尾吴头"，预示着太平天国定都天京后，将以太平军主力与清军争夺长江中、下游地区，为开辟安徽、江西、湖北、湖南等省根据地而斗争。这是太平军在1853年到1855年间的西征军事斗争所证明了的。实际上，这也说明了为什么

---

① 罗尔纲：《太平天国史稿·列传》，中华书局1957年版，第348—349页。
② 何震川等：《建天京于金陵论》，载中国史学会主编：《中国近代史资料丛刊：太平天国》（以下简称《太平天国丛刊》）（第一册），上海人民出版社1954年版，第251—280页。

一部太平天国战争史，主要是太平军与湘军争夺长江中、下游地区的斗争史。

《天朝田亩制度》中蕴含着洪秀全开辟根据地的战略思想。众所周知，定都金陵后，太平天国颁布了闪烁着反封建异彩的《天朝田亩制度》，这是太平天国的纲领性文件，其主要内容有二：核心问题是解决土地问题的方案；其次为守土乡官制度，通称乡官制度。解决土地问题的原则是：将天下田根据产量分成九等。按照人口分田，好丑搭配，男女同等受田。另有国库制度，以二十五家为一两，两设国库，由两司马主持其事，"收成时"，每家除留口粮接到新谷外，"余则归国库"。"凡二十五家中，所有婚娶、弥月、喜事（太平天国以人死为升天，故称喜事——引者），俱用国库，但有限式，不得多用一钱，通天下皆一式"，以达到"有田同耕，有饭同食，有衣同穿，有钱同使，无处不均匀，无人不饱暖"的理想。这里对《天朝田亩制度》的进步性、局限性等姑置不论，值得注意的是：如果太平天国不"奋义兴师""启宇拓疆"，没有"民之所附，地即归焉"，又如何能将天下田分成九等，使男女同等受田呢？正因为天王洪秀全有着开辟根据地的战略思想，所以在太平天国纲领性文件《天朝田亩制度》中，详细规定了省、郡、县以下建设城、乡基层政权的乡官制度。乡官制度，无论在太平天国的前期或后期，在其根据地内，都是严格推行了的。洪秀全把推行乡官制度，建立各级城乡基层政权，看作是建设根据地的首要关键。就现在已经发现的资料、文献，我们可以知道太平军在开辟一块新根据地以后，洪秀全总是不止一次地谆谆告诫所部将领，在镇守根据地时，务必实力推行乡官制度，建立各级城、乡基层政权，如1859年太平军开辟了天浦省根据地后，在《天王命薛之元镇守江浦手诏》中，指示天浦省佐将薛之元说："诏弟统兵镇天浦，兼顾浦口拓省疆。朕昨令弟排拨官兵五千，亲自统带，星速赶赴六合镇守。今朕复思，天浦省乃天京门户……爰特诏弟统齐士兵，赶赴天浦省垣……实力镇守，安抚黎庶，造册举官，团练乡兵，以资防堵；征办粮饷，源源解京；鼓励将兵，严密堵剿，毋些疏虞……弟等见诏，实力奉行，放胆雄心，力鼎起爷哥朕江山万万年也。"①《手诏》不仅说明了太平天国为什么要开辟天浦省根据地，并且对如何镇守、建设天浦省根据地等，都作出了详细的指示。一部太平天国史，可以说是太平天国开辟根据地与保卫根据地的军事斗争史，根据地的得失，影响到太平天国国运的兴衰。

从太平天国北伐与西征军事斗争的对比中，也可以明显发现西征太平军的军事行动，是在开辟根据地的战略思想指导下进行的，而北伐军则不是如此。北伐的过程，是线的前进，沿途虽然攻城夺地，但旋得旋失，并不设官据守。西征军则反之，每当西征军攻克某一城市后，随即分兵略取附近州县以及重要乡镇，设官据守。各州县的太平军佐将，严格遵照《天朝田亩制度》中关于乡官制度的规定，在城、乡大力推行乡官制度，建设城、乡基层政权。由此可见，西征军不仅负有开辟根据地的军事任务，还肩负着建设根据地的任务。《贼情汇纂》中说："初，贼所破州县……未尝设官据守。自窃占江宁，分兵攻陷各府州县，遂即其地分军，立军帅以下伪官，而统于监军，镇以总制。监军、总制皆受命于伪朝为守土官。自军帅至两司马为乡官，乡官者，以其乡人为之也。"②这段文字，基本上勾画出了太平天国在其根据地内推行乡官制度，进行地方政权建设的粗犷轮廓。北伐军的任务，在于试探北方清军以及京、津一带的防御实力，故师行间道，批亢捣虚，疾趋京、津。西征军的战略任务在于开辟长江中、下游的根据地，所以在军事行动的过程中，兼负地方政治建设的任务。

探讨战争史，不仅在于说明怎样打，更重要的是在于说明为什么这样打，亦即应首先弄清军事斗争中敌对双方的战略思想。只有把握住洪

---

① 《天王命薛之元镇守江浦手诏》，载《太平天国丛刊》（第二册），第671页。
② 张德坚：《贼情汇纂》，载《太平天国丛刊》（第三册），第109页。

秀全的战略思想①，才能理解太平军的攻守进退和曾国藩与太平军作战的军事对策。

太平天国定都天京后，曾国藩密切注视着太平天国的政治、军事动态，观察、研究、分析太平军作战的战略企图，从而根据当时的军事形势，制定自己的军事对策。1853年10月，西征军一度攻占汉口、汉阳，既而退屯黄州。这时，曾国藩初步提出了与太平天国针锋相对的军事策略。他在给王鑫的书札中，提出了今后湘军与太平天国作战的战略指导方针。他说：

> 荆襄扼长江之上游，控秦豫之要害，诚为古来必争之地，然以目前论之，则武昌更为吃紧。盖贼首既巢金陵，近穴镇、扬二城，远处所宜急争者，莫要于武昌。昔人谓江自出蜀以后，有三大镇，荆州为上镇，武昌为中镇，九江次之，建业为下镇，京口次之。今粤逆已得下镇矣，其意固将由中镇以渐及上镇。闻九江、安庆近已设立伪官，据为四窟，若更陷鄂城，上及荆州，则大江四千里遂为此贼专而有之，北兵不能渡江而南，两湖、两广、三江、闽、浙之兵，不能渡江而北，章奏不克上达，朝命不能下宣，而湖南、江西逼近强寇，尤不能一朝安居。即使贼兵不遽渡湖南窜，而沅、湘固时时有累卵之危，然则鄂省之存亡，关系天下之大局固大，关系吾省之祸福尤切。鄂省存，则贼虽南窜，长沙犹有幸存之理。鄂省亡，则贼虽不南窜，长沙断无独存之势。然则今日之计，万不可不以援鄂为先筹，此不待智者而决也。②

---

① 请参考拙著《试论洪秀全的战略思想与太平天国战争》，载《太平天国史论文集》，1983年广东人民出版社和广西人民出版社版，第379—397页。
② 曾国藩：《与王璞山》，载《曾文正公全集·书札》（卷二），第40页。

这段论述说明了：

第一，曾国藩认定太平天国定都金陵，必然力争安庆、九江、武昌以至湖南、荆州。他指出，如果太平军将长江四千里占而有之，中国将被劈为二，南北交通梗阻，气脉不通，影响严重。

第二，他非常害怕太平天国在安庆、九江等地设官分治，建立地方政权。因为这一行动，预示着太平军进攻武昌，是势所必然。

第三，指出武昌是长江的中镇，雄踞江汉，武昌的得失，关系到荆襄特别是湖南的安危，长沙的存亡。

毋庸讳言，这段论述，与洪秀全的战略思想是针锋相对的，表明了曾国藩眼光的锐利，谋略的优长，初步露出了他的才华与锋芒。既然他认为"鄂省存"，"长沙犹有幸存之理"，"鄂省亡"，"则长沙断无独存之势"，武昌又是长江中游的锁钥，不问可知，曾国藩必将驱使地主武装湘军与太平军全力争夺武昌，而湘北争夺战，则是武昌争夺战的序战。湘北、武昌战云密布，大战一触即发。

二、曾国藩制造出师舆论，湘军出动

1853年2月9日，太平军水陆五十万，从武昌夹江顺流东下，"帆幔蔽江"，"炮声遥震"，清军望风溃败。太平军迅速攻占九江、安庆，弃而不守，全军东下，兵临石头城下，旌旗蔽日，刀矛如林，"既众且整"。3月19日，太平军以排山倒海之势，雷霆万钧之力，一举攻取东南重镇金陵。如前所说，太平天国定都金陵，将金陵改名天京，建立了与清朝相对峙的太平天国政权，将中国擘分为二，使中国出现了两个政权并存的局面。

定都天京后，3月31日，东王杨秀清派指挥罗大纲、吴如孝等率军攻占镇江。4月1日，地官正丞相李开芳、天官副丞相林凤祥等领兵攻克扬州。镇江、扬州隔江相望,屏蔽天京。攻占镇江、扬州,切断了清朝南北漕运的要道运河,使北京的漕米供应,暂时发生了困难。

太平军攻克镇江的同日,从武昌东下追击太平军的钦差大臣向荣所部清军万余,姗姗行至天京城郊,结营于城郊二十里的沙子岗,不久,移营孝陵卫,是为江南大营。4月16日,钦差大臣琦善、内阁学士胜保等屯军扬州城外的雷塘集、帽儿墩一带,是为江北大营。江南、江北大营对天京、扬州频频发动进攻,有桴鼓相应之势。

1853年3月定都天京后,太平天国壮志凌云,全不把江南、江北大营放在心上。5月,先后发动了气势磅礴的北伐与西征。就当时太平天国的军事态势而论,江南大营紧逼天京,论者每以太平天国军事当局不首先消灭江南大营、消除心腹大患为不智。其实,江南大营以苏、杭为腹地,以移驻常州的两江总督为奥援,尽管大营清军腐败无能,如果太平军打垮了江南大营,而无力攻取苏、松、常、太,便不可能彻底歼灭江南之敌,这是1856年一破江南大营与1860年二破江南大营的军事实践所证明了的,而苏南在当时亦非兵家必争之要地。因此,东王杨秀清一方面坚守天京,同时又派兵北伐、西征,显示出太平天国一派朝气蓬勃的进取精神。

1853年5月,太平天国西征军出师。6月10日,猛攻安庆,大败安徽臬司张印塘,轻取该城。主力西进,于24日围攻南昌,久攻不克,9月24日撤围,全军北上,29日再克九江。10月15日,大败湖北按察使唐树义、江忠源等部兵勇于半壁山。17日,国宗石祥贞部深入湖北,攻克黄州(今黄冈),乘胜西进。20日,攻克汉口、汉阳。11月6日,石祥贞奉命放弃汉口、汉阳,退屯黄州,掩护西征军主力胡以晃、曾天养等部进击庐州(今合肥),开辟安徽省根据地。

1853年6月10日,太平军二克安庆后,12月进攻集贤关张印塘部清军受挫。13日,张印塘乘胜攻陷安庆。但仍旧率军退驻安庆城郊要隘集贤关,直到西征军南昌撤围后,才从江西、湖北抽兵东下。9月25日,太平军三克安庆，杨秀清命翼王石达开"踞之，筑黄花亭、马山、准提庵诸土城，筑迎江寺炮台，设船江面，掠上、下游，增高城垣，添造望楼，为久踞计"。①石达开重兵镇守安庆，显然是天京军事当局鉴于安庆失守，后方立足不稳，以致西征军孤军深入，长久顿兵南昌城下，劳而无功，因此，改变作战方案，分兵三克安庆，重兵设防，以为前敌重镇；同时，重兵设防安庆，太平军水师游弋江面，亦隔断了皖南与皖北清军的联系，为胡以晃、曾天养等部西征军从湖北回攻庐州，减轻了军事压力，提供了进攻庐州的有利条件。

1853年11月14日，胡以晃、曾天养进占桐城，分兵驻守。29日，续克舒城，击毙安徽省团练大臣、工部侍郎吕贤基。西征军打下舒城后，马不停蹄，疾趋庐州。12月10日，新任安徽巡抚江忠源率领兵勇二千七百名冒死进入庐州。1854年1月14日，太平军攻取庐州，双手沾满太平军鲜血的江忠源自杀。不久，太平军略定庐州以南、长江以北的各府州县，建立了省、郡、县三级地方政权机构，普遍推行乡官制度，建立了军、师、旅、卒、两、伍等各级城、乡基层政权，完成了开辟安徽省根据地的战略任务。从此，安庆变成了屏藩天京、用兵湖北的战略重镇。攻占安庆，然后开辟安徽省根据地，再用兵湖北，显然是西征军指挥者东王杨秀清的英明战略决策。

开辟安徽省根据地后，杨秀清命令西征军全师挺进湖北，大军云集黄州。1854年1月29日，湖广总督吴文镕率军进驻堵城，距黄州二十里。"天方严寒，甚雨雪，营中不能无火，而童山少树木，势必毁及民房，饬粮台储蓄柴薪分给各营以代炭，而禁不得拆民房。皆不听。于是数十里内民房尽毁，犹不足供，军民皆怨"。②2月7日，国宗石祥贞在黄州大张灯火，宴饮观剧，人来人往，貌似戒备松懈。吴文镕以为有暇可

---

① 光绪《重修安徽通志·武备志·兵事》（卷一〇二），光绪版，第12—14页。
② 张曜孙：《楚寇纪略》，载《太平天国史料丛编简辑》（第一册），中华书局上海编辑所1963年版，第74页。

击，亲自督兵进攻，小胜，军心遂骄。连日大雪，寒风刺骨，清军懈怠。国宗石祥贞和韦俊、秋官又正丞相曾天养、地官又副丞相黄再兴、春官又副丞相林绍璋等，乘敌不备，绕道出吴文镕堵城大营之后，该地"林麓冈峦，设伏几遍"。清军瑟缩营中，竟未发觉。12日，黄州城中太平军大举出击，清军堵城大营火起。"民衔兵勇之毁其庐也，群起助贼为大围，死伤甚众"①，堵城大营全军惊溃，吴文镕兵败自杀，按察使唐树义率炮船仓皇溃窜金口。太平军水师统领承宣张子朋督率水师，连樯西上，遍布汉口、汉阳江面，击毙唐树义，西征军主力乘胜进围武昌②。为了避免攻坚，损伤精锐，太平军对武昌暂时围而不攻，分兵进攻德安、随州等州县。这时，湖广总督台涌拥兵活动于随州附近州县，俟机反攻；荆州将军官文拥兵荆州，随时可能南下威胁武汉；长江沿岸州县乡官政权尚未完全建立，武昌尚未攻克，西征军当局奉遥控西征军指挥权的东王杨秀清的军事冒险命令，分兵石祥贞、林绍璋等率领水陆师，冒险进击湖南。湘北行将发出战争的闪电雷鸣。

早在太平军攻取黄州、进攻庐州前后，清政府一再命令曾国藩出兵增援安徽，曾国藩借口水师尚未练成，拖延出兵。1854年1月下旬，湘军水师已经练成，船炮装备齐全。当太平军的攻势矛头指向湘北时，长沙官绅心惊胆战，催促曾国藩出兵应战。2月25日，曾国藩亲率湘军水陆师自衡州出发，沿湘江顺流北上，不久，与湘潭的一部分湘军水师会合。湘军出师，水师拥有拖罟船、快蟹、长龙、舢板、钓钩船等大小战船三百六十余号，雇装载辎重的船只一百余号，配大小火炮五百尊，其中有半数以上为洋炮。水师官兵共计五千余名，分成十营，以褚汝航为水师诸营总统。陆师五千余人，分成十营，以塔齐布为诸营先锋，由曾国藩直接指挥。留罗泽南、李续宾二营屯驻衡州，镇压湘南起事农民。

---

① 张曜孙：《楚寇纪略》，载《太平天国史料丛编简辑》（第一册），第74页。
② 杜文澜：《平定粤匪纪略》，载《太平天国资料汇编》（第一册），中华书局1979年版，第30页。

"粮台设于水次"，载米一万二千石，煤一万八千石，盐四万斤，油三万斤，军械数千件，子药二十余万斤，所需器物、工匠，"相随以行，辎重民船亦给予旗帜枪炮"，以助军势。粮台分工办事，设立八所，"条综众务曰文案所"，此处有内银钱所、外银钱所、军械所、火器所、侦探所、发审所、采编所，皆由委员掌管。湘军水陆官兵，连同陆师的长伕、随丁，水路的雇船水手，粮台的员弁丁役等，统计全军共计一万七千余名。①

胡林翼（1812—1861），字贶生，号润之（也写作润芝或咏芝），出生在湖南益阳的一个大地主家庭，是已故两江总督陶澍的女婿。1835年考中进士，1838年授编修，不久，回籍守制。后来，援例为内阁中书，旋得众门生汪梅村等的资助，捐知府，分发贵州，历任安顺、镇远、黎平知府。他在任组织团练，厉行保甲，建筑堡寨，剿杀本地起事农民。1851年，"诏大臣举司道以下可大任者"。云贵总督吴文镕奏荐胡林翼才堪大用。1854年10月17日，新任湖广总督吴文镕至武昌接篆视事，奏调胡林翼至湖北办理军务。胡林翼随带黔勇六百，从贵州前来湖北，行至湖北金口，适值吴文镕败死黄州堵城，胡林翼遂进退失据。

左宗棠曾在已故总督陶澍家中坐塾，课其孤子陶桄。后来，由贺熙龄做媒，将左宗棠的长女许配陶桄为妻。左、胡两家，本系世交，自左、陶两家缔姻后，左宗棠与胡林翼由朋友变成了姻亲，胡林翼尊左宗棠为姻丈，两人的关系更深，往来愈密，交谊非同寻常可比。1852年10月，太平军围攻长沙，云南巡抚张亮基移调湖南巡抚，因胡林翼的推荐，张亮基重金礼聘左宗棠为机要幕客，主军事。以后，张亮基调任山东巡抚，左宗棠回籍山居。骆秉章继张亮基为湖南巡抚，再次礼聘左宗棠为机要幕客，司奏笺，主军事。骆秉章用人的特点是知人善任，对左

---

① 曾国藩：《报东征起程日期折》，载《曾文正公全集·奏稿》（卷一），第35—36页。

宗棠倚任颇深，言听计从，但"主画诺而已"。①当胡林翼在湖北金口进退维谷时，具禀曾国藩、骆秉章，请示行止。曾国藩与胡林翼本有交谊，又因湘军今后依赖骆秉章、左宗棠之处正多，所以当他接到胡林翼的禀牍后，随即加以资助，奏留胡林翼率领黔勇暂驻湖南岳州附近，等候曾国藩派湘军前往协同作战。这是胡林翼转入曾国藩湘系的开始，以后，胡林翼将成为曾国藩最得力的帮手，是仅次于曾国藩的湘系首领。

曾国藩很重视制造舆论，他在衡阳出师时，发布了丑化太平天国的《讨粤匪檄》②。

天王洪秀全、东王杨秀清等指挥太平军辗战东南各省，所过之处，纪律严明，秋毫无犯，湖南劳动人民"如蜂蚁从王"，益阳人民"香花迎伪太平王"。③为了维护军纪，天王洪秀全命令缴获金银一律归公，其有私藏金银者斩。如前所说，曾国藩自己也明明知道清军纪律败坏，奸淫掳掠，坏事做绝，其纪律不能与太平军同日而语。而在《讨粤匪檄》中，曾国藩却信口雌黄，蓄意污蔑太平军说："逆贼洪秀全、杨秀清称乱以来，于今五年矣。荼毒生灵数百余万，蹂躏州县五千余里。所过之境，船只无论大小，人民无论贫富，一概抢掠罄尽，寸草不留。其掳入贼中者，剥取衣服，搜刮银钱，银五两而不献贼者，即行斩首。"

太平天国劝令妇女不要缠足，这本来寓有革除千年陋俗，解放妇女，投入生产的深意在内，故《天朝田亩制度》中规定"男女同等受田"，客观上起了打击夫权思想的作用，这种思想与理学中的男尊女卑思想是格格不入的。曾国藩于是利用旧风俗、旧习惯，造谣恐吓说：在太平军中，"妇女而不肯解脚者，则立斩其足，以示众妇"。

太平军在益阳、岳州时，洞庭湖的渔民、船户、水手等一次投入太

---

① 薛福成：《骆文忠公遗爱》，载《庸庵笔记》（卷二），光绪丁酉版，第22—23页；左宗棠：《答郭筠仙侍郎》，载《左文襄公全集·书牍》（卷二十六），第25页。
② 曾国藩：《讨粤匪檄》，载《曾文正公全集·文集》（卷二），第46—48页。
③ 佚名：《粤匪犯湖南纪略》，载《太平天国史料丛编简辑》。

平军者达十余万人,东王杨秀清将他们编制成水营,以后水陆作战,如虎添翼。曾国藩鼓其如簧之舌,编造谎言恐吓说:"船户而阴谋逃归者,则倒抬其尸,以示众船。"

天王洪秀全根据发动、组织农民的需要,在19世纪40年代,运用基督教中某些教义,加以改造加工,塑造了一个主张平等、平均的天父皇上帝。为了推翻清王朝,洪秀全反对维护封建王朝的三纲五常等孔孟之道,打击那些支持清朝的脑满肠肥的官僚、士绅与无恶不作的军队,将清朝斥为"妖朝",清官为"妖官",清兵为"妖兵",地主团练为"妖蛆"[1],神佛为"死妖"。洪秀全要求国与国平等,贫与富平等,男与女平等,在太平军中男子兄弟相称,男女兄妹相称,妇女姊妹相称。曾国藩对此深恶痛绝,故意歪曲真相,混淆是非,摆出卫道士的面孔,破口大骂说:"自唐虞三代以来,历世圣人,扶持名教,敦叙人伦。君臣父子,上下尊卑,秩然如冠履之不可倒置。粤匪窃外夷之余绪,崇天主之教,自其伪君伪相,下逮兵卒贱役,皆以兄弟称之。谓惟天可称父,此外凡民之父,皆兄弟也,凡民之母,皆姊妹也。"[2]

洪秀全认为人们只应该崇拜主张平等、平均的"为解下首之苦"的独一真神天父皇上帝,其他一切泥塑木雕的神佛菩萨,都是"死妖",应该一律捣毁。因为时代条件的限制与阶级的局限,洪秀全树立天父皇上帝来反对长期以来即已存在的神道设教,显然有很大的局限性,然而,他命令太平军在所过之处,摧毁寺庙庵观,捣毁"死妖",客观上起了把广大民众从神权统治下解放出来、动摇封建秩序的作用。曾国藩对此痛心疾首,他恶毒攻击太平天国说:"自古生有功德,没则为神。王道治民,神道治幽,虽乱臣贼子,穷凶极丑,亦往往敬畏神祇……粤匪焚郴州之学宫,毁宣圣之木主,十哲两庑,狼藉满地。嗣是所过郡县,先毁

---

[1] 潘钟瑞:《苏台麋鹿记》,载《太平天国》丛刊第五册,第279页。
[2] 曾国藩:《讨粤匪檄》,载《曾文正公全集·文集》(卷一),第46—48页。

庙宇，即忠臣义士如关帝、岳王之凛凛，亦皆污其宫室，残其身首。以至佛寺道院，城隍社坛，无庙不焚，无像不灭，斯又鬼神所共愤怒，欲一雪此憾于冥冥之中者也。"他恨不得动员鬼神起来，协助他进攻太平天国。

洪秀全的伟大，在于处在那种理学思想的妖氛毒雾弥漫的气氛中，把颠倒了的历史颠倒过来。他指出：强凌弱，众暴寡，"世道乖漓，人心浇薄，所爱所憎"，其根子在于"一出于私"。①他对无田无地或少田少地生活穷困的劳动人民，寄予无限的同情，定都天京后，颁布了《天朝田亩制度》，希望由此实现"有田同耕，有饭同食，有衣同穿，有钱同使"，天下"无人不饱暖"的社会。尽管《天朝田亩制度》存在着一些根本弱点，然而，它渴望砸烂地主土地所有制，激励着睡梦里都想得到土地的亿万贫苦农民投身于太平天国。但是，维护封建统治的曾国藩，听到了太平天国的所作所为后，如芒刺在背，痛得语无伦次，既不敢正面提及《天朝田亩制度》中关于分田的办法，更不敢碰到"有田同耕"等太平天国的理想，而是利用中国数千年来的传统私有制观念，攻击太平天国统治地区"农不能自耕以纳赋，谓田皆天王之田。商不能自贾以取息，而谓货皆天主之货"。他在玩弄偷天换日的狡狯手法，把地主阶级的利益夸大为全民利益，把太平天国打击地主阶级的利益夸大为打击全民的利益。

孔孟之道的"礼乐人伦""诗书典则"，根本精神在于宣扬三纲五常之道，维护封建统治。因此，洪秀全认为要造反，就得砸碎孔子牌位，批判孔孟之道。他自己也承认受到过孔子学说的毒害，在《太平天日》中，天父、天兄审问孔子时，"天兄基督亦责备孔丘说：'尔造出这样书教人，连朕胞弟读尔书亦被尔教坏了。'"天父将孔丘鞭打一顿。②因

---

① 洪秀全：《原道醒世训》，载《太平天国印书》（上），江苏人民出版社1979年版，第15页。
② 《太平天日》，载《太平天国印书》（上），第38页。

之，太平军所到之处，孔庙亦在捣毁之列。定都天京后，太平天国宣布儒家经书为"妖书"，禁止孔孟"妖书"的流传，天京城中一度出现了销毁诗书的情况："搜得藏书论担挑。行过厕溷随手抛，抛之不及以火烧，烧之不及以水浇，读者斩，收者斩，买者、卖者一同斩。"①太平天国批判孔孟之道的行动，挖到了精通理学的曾国藩安身立命的根本，他哀号太平天国"士不能诵孔子之经，而别有所谓耶稣之说，新约之书。举中国数千年礼义人伦，诗书典则，一旦扫地荡尽。此岂独我大清之变，乃开辟以来名教之奇变，我孔子、孟子之所痛哭于九原，凡读书识字者，又乌可袖手安坐，不思一为之所也"。

《讨粤匪檄》这篇文章，又臭又长。曾国藩不懂西方文化，却利用中西文化的冲突，来攻击太平天国；整篇文章如果抽去了对太平天国的造谣污蔑，对洪秀全理论的歪曲是非、颠倒黑白，对人民群众进行的恐吓、威胁，便空洞无物了。封建社会在中国绵延了两千多年，封建思想根深蒂固，《讨粤匪檄》自始至终贯穿着三纲五常等孔孟之道，加上对太平天国的污蔑等等，对地主阶级特别是对地主知识分子，是起了很大的麻醉作用与动员作用的。问题在于歪理连篇，掩盖不了在封建压迫和封建剥削下贫苦民众啼饥号寒的现实问题，压不住农民群众的反抗斗争。所以，太平军到哪里，哪里的贫苦农民便如见天日，跟着太平军走。下面一首诗既反映了太平军与农民的关系，又揭露了《讨粤匪檄》内容的虚妄荒诞。诗中写及1853年夏太平军围攻南昌时的情况：

泥丸封闭已经旬，成败关头难问因；浪说豫章无有败（俗传有云，如要江西败，铁钱开花卖），犹欣佳贼不惊民（贼到处秋毫无犯）。贡来土物称兄弟（贼围新城、澹台、章江三门，南、新二邑以豕鸡鹅鸭银米进贡者不知凡知，相见皆呼以兄

---

① 马寿龄：《金陵癸甲新乐府》，载《太平天国丛刊》（第四册），第735页。

弟，甚属亲热，即报以《太平诏书》《天条书》《幼学诗》《三字经》数卷，执贴一张；物重者，或报以棉花、油盐、衣物等物，乡民皆称快焉）……最是官烧城外屋，怜他真作乱离人（十七夜，官烧外城凡三里之地，民房化为一空，甚属惨刻）……计亩征粮忧富室（乡间计田一石，或出谷一石、二石不等，分与无田者食，于是有田者多受累），得钱相博快游民（乡间无田之人，或以米易钱，相聚赌博，无故得食，此风最不可长）。吾村前后分三次（吾家一回出谷五十余石，一回出谷三十余石，一回出谷廿石），此举难期苦乐均。①

《讨粤匪檄》对太平天国的造谣污蔑、恶毒攻击，改变不了农民群众站在太平军一边的大势所趋。邹树荣写下的纪事诗中所反映的贫苦农民与太平军的亲密关系，是对曾国藩挖空心思、搜索枯肠杜撰出来的檄文最有力的反击。

三、林绍璋湘潭受挫，曾国藩大败靖港

1854年2月10日，自黄州堵城大捷，湖广总督吴文镕兵败自杀后，太平军水陆师跟踪追击，于16日三克汉阳进围武昌。对武昌围而不攻，一方面分兵戡定武汉外围州县，同时以国宗石祥贞、副丞相林绍璋等率领偏师进击湖南。17日，林绍璋督军攻占岳州，控制了湖北进入湖南的水陆要隘。3月7日，石祥贞部占领湘阴，续克靖港、铜官渚。11日，靖

---

① 邹树荣：《蔼青诗草》，载《太平天国资料》，科学出版社1959年，第71—72页。

港太平军进占宁乡。①湘北战略据点尽为太平军所占领，形成全面进击长沙的态势，长沙震动。这时，曾国藩部水陆师已经到达长沙，太平军西征将领石祥贞、林绍璋等犹未探悉。

乔口镇，在长沙西北六十里左右，濒临湘北，南距靖港约二十里上下。太平军前锋进入长沙县境。3月11日，湖南巡抚骆秉章慌忙调派同知王鑫率领所部湘军自长沙进犯乔口。这时，曾国藩亦派同知赵焕联、训导储玫躬、文生曾贞干（一名国葆）等部湘军反扑乔口、靖港、宁乡。13日，储玫躬率军突入宁乡，被太平军扑杀。②石祥贞于斩杀储玫躬后，因哨探不勤，不明敌情，疑敌军大至，连夜轻弃宁乡。19日、24日，湘阴、岳州太平军亦一并北撤。骆秉章派朱孙诒、王鑫督率兵勇扑犯蒲圻。27日，林绍璋得到武昌派来援军，随即增援石祥贞部太平军。王鑫、朱孙诒等见太平军大军压境，心惊胆怯，撒腿逃回岳州。30日，曾国藩亲率水陆师进入岳州。这时，岳州麇集王鑫所部老湘营二千余名，朱孙诒部湘军六百余名，曾国藩部湘军水陆师数千，兵力雄厚。曾国藩派参将塔齐布、副将周凤山、同知王鑫增援在通城的黔军胡林翼。行至中途，王鑫部遭到太平军的袭击，败回岳州，岳州军心不稳。石祥贞、林绍璋联合进攻岳州。先是太平军预伏城东山冈，携带武器、军旗。两军交战时，突然山冈上旌旗蔽天，吼声震野，宛如万马奔腾，王鑫、朱孙诒、曾贞干等心惊胆战，溃窜入城，太平军包围岳州。岳州三面临陆，西濒洞庭湖，一望烟波浩渺。4月7日，曾国藩调水师战船至城西一边，发炮轰击太平军，围城太平军屹然不动。城中湘军屡败之后，士气涣散，如惊弓之鸟，乘水师发炮轰击时，缒城而出，逃上战船，连同曾国藩一起，惶惶如丧家之犬，败窜长沙。此次战败，曾国藩花言巧

---

① 骆秉章：《贼势全注湖南请调粤黔兵勇协剿折》，载《骆文忠公奏议·湘中稿》（卷一），光绪木刻本，第1页。

② 曾国藩：《请恤储玫躬等折》，载《曾文正公全集·奏稿》（卷二），第34—36页。

语欺骗清政府说："初七（4月4日）大风以后，各船损坏，力难应敌，诚恐轻于一掷，或将战船洋炮尽以资贼，则臣之罪戾尤重。"[①]他把此次战败，归因于水师遭风受损。

攻克岳州后，林绍璋指挥太平军水师直下湘阴，战船分布于临资口、樟树港、乔口、靖港、铜官渚一带，水陆重兵集结靖港，港外环列战船，岸上修筑炮垒。4月21、22日，曾国藩亲率水师各营驶往长沙以北七十里之靖港，利用炮火优势，更番轰击，西征太平军不稍示弱，奋勇抗击，两军对阵，鏖战不休。这时，太平军探知长沙清方守备甚严，"思由陆路绕越宁乡，径扑湘潭"。事先，曾国藩已派湘军三营据守宁乡。22日，林绍璋率驻靖港部分太平军三路进攻宁乡，毙敌数百，守城湘军朱孙诒等部溃败。翌日清晨，林绍璋率太平军间道直趋湘潭，这一出敌意料的大胆军事行动，敌方毫无戒备。27日，攻克长沙后路的水陆重镇湘潭。先数日，曾国藩飞调增援通城胡林翼的塔齐布军一千余名回援。当塔齐布从宁乡飞驰至湘潭城郊时，林绍璋已先二日占领湘潭。

湘潭在长沙、衡州之间，位于长沙西南百里左右，濒临湘江，为水陆商贾辐辏之地。西征太平军攻取湘潭后，曾国藩召集幕宾、营官等对太平军突然深入长沙后路，袭取湘潭的战略意图进行了分析研究，认为太平军从黄州沿长江西上，略定沿江各州县，编查户口，禁止剃发，建立地方政权，进而包围武昌，"欲舍鄂省（指武昌——引者）不攻，待其自困。知湖南衡、永、郴、桂、宝庆一带，民风尚强，其地界连两粤，为会匪盗贼卵育之所，易于煽聚，希图略取各郡县，剪其枝叶，以溃腹心，一如困鄂之策。屡获贼中奸细，所供大略相同"[②]。因此，骆秉章、曾国藩派江忠淑率楚军一千三百余名、都司李辅朝等率兵千余增援塔齐

---

① 曾国藩：《岳州战败自请治罪折》，载《曾文正公全集·奏稿》（卷二），第34—36页。

② 骆秉章：《贼势全注湖南请调粤黔兵勇协剿折》，载《骆文忠公奏议·湘中稿》（卷一），第1—2页。

布；曾国藩另派褚汝航、杨岳斌、彭玉麟等统率水师五营，飞驶湘潭，协助塔齐布等部兵勇，大举反扑湘潭。湘潭成为双方争夺的焦点。

占领湘潭后，林绍璋积极构筑城防之事，防御设施尚未完成，敌军已跟踪而来。从26、27日开始，敌军猛扑湘潭，由前哨战发展为主力战。敌军凭借水师的炮火优势，协助陆师轰击守城西征太平军。林绍璋统兵无方，坚守数天后，便全军溃败。这是太平天国从金田起义以来，第一次遭遇到的军事失利。事后，东王杨秀清将林绍璋革职。[①]

湘潭战役发生前，曾国藩原拟率领湘军水陆师退保长沙，所部将领、谋士一致反对。他们说退保长沙，非自全之计，是入城受困，有的提出集中水陆师强攻靖港，夺取靖港，与太平军决战；另一种意见认为既不宜退守长沙以自困，也不应强攻靖港与太平军决战，因为万一战败，主力损伤，"败还城下（指长沙城下——引者），死地矣。宜悉兵攻湘潭，不利，保衡州，即省城陷，可再振也"。[②]这是凶狠的一招，因为湘军如果在湘潭获胜，则长沙之围不战自解，万一战败，退保衡州，犹能保存湘军主力，可以重整旗鼓。曾国藩采择了后一种意见，准备督率水陆师驰援湘潭。

曾国藩长于谋略，拙于临阵指挥。临战时，军情移步换形，瞬息万变。曾国藩临阵指挥，多谋多断，等于无断，拿不定主意。就在褚汝航等部水师前往湘潭的当夜，4月27日，"长沙乡团前来请师"，要求进攻靖港。他们说：靖港敌营中守军不过数百，防御力量薄弱，完全有把握把他们打走。现在浮桥已经准备妥当，机不可失。曾国藩贪小便宜，动摇了。踌躇再三后，他认为既然攻取靖港易如反掌，则攻占靖港，足以阻止太平军对长沙正面的进攻，并能起到牵制湘潭太平军的作用，依然不失为上策。他决定临时变更既定军事部署。28日，他亲自督率水师战

---

① 罗尔纲：《太平天国史稿》，第340—342页；骆秉章：《靖港击贼互相胜负湘潭大捷克复县城折·湘中稿》（卷一），第5—14页。

② 王闿运：《湘军志·曾军篇第二》，第8页。

船四十只、陆师八百余名以及长沙团丁等，对靖港太平军发动进攻。中午，西南风陡发，惊涛汹涌，水流迅急，湘军水师战船驶至靖港，更番轰击。太平军毫不示弱，发炮迎战。一时炮声隆隆，硝烟弥漫。太平军发炮还击时，湘军水师战船退避，因风大流急，战船不能上缆而行，太平军"出小队破缆者"，同时又以大炮击中哨船头桅，水师惊慌大乱，纷纷逃命，驶往靖港对岸的铜官渚。太平军水师对湘军水师发动连续攻势，出动轻快小划船二百余只，乘风逼攻铜官渚水营，湘军水师弁勇心慌意乱，发炮多不命中。太平军小划船火攻湘军长龙、快蟹，战船火起，烟火蔽天，水勇纷纷弃船登岸逃走。这时，曾国藩在白沙洲目击水师溃散，连忙命令陆师与长沙团丁反扑靖港，团丁居前。太平军奋勇迎战，团丁返奔。陆师看到水师溃败，本来已经心虚胆怯，士无斗志，现在忽然看见团丁亡命返奔，吓得一齐转身逃命，"争浮桥"，桥以门扉、床板结扎而成，人多桥断，死者百余人，弁勇益加惊慌，夺路逃命。曾国藩仗剑督战，在岸上竖立令旗，下令"过旗者斩"！弁勇等"绕从旗旁过"，败不能止，连曾国藩自己也放下了架子，跟随败兵踉跄逃命。①

曾国藩一口气逃到了铜官渚残存的水师船上，回想到自己一贯吹嘘誓率湘军水陆师作三年东征之计，而现在亲自指挥的靖港战役，水陆惨败到如此地步，觉得前途渺茫，少不得羞愤交加，真所谓"行步起拜，何以为容；引镜窥形，何以施面目"，萌生了不要活下去的念头，在船中"挥从者它往，投湘自溺。随行标兵三人，急持公，叱其去，不释手。章君（名寿龄——引者）瞰公在舟时书遗嘱寄其家，已知公决以身殉也，匿舟后，跃出援公起。公戒章君勿随行，至是诘其何自来？答以适闻湘潭大捷，故轻舸走报耳。公徐诘捷状。章君权词以告公，意稍释，回舟南湖港"。晚得军报，湘潭水陆初战告捷，曾国藩转悲为喜。②

---

① 王闿运：《湘军志·曾军篇第二》，第8—9页。
② 左宗棠：《铜官感旧图序》，载《左文襄公全集·文集》（卷一），第24—25页。

曾国藩自杀的当天，据左宗棠说：他从长沙缒城而出，探望曾国藩于铜官渚舟中，"气息仅属"，所着单襦沾泥沙，痕迹犹在。"责公事尚可为，速死非义。公瞠目不语，但索纸书所存炮械火药弹丸军械之数，属予代为检点而已。"靖港湘军水陆师退回长沙后，曾国藩收到他父亲曾麟书的来信，教训他说："儿此出以杀贼报国为志，非直为桑梓也。兵事时有利钝，出湖南境而战死，是皆死所，若死于湖南，吾不尔哭也。"①

当湘潭战役正在进行，湘军水陆师溃败靖港的消息传到长沙后，湖南布政使徐有壬"绕室走达旦，明日与按察使（陶恩培——引者）会详巡抚，请罢遣曾军，语倨妄甚。巡抚语有壬，且待之"。后来，湘潭捷报至长沙，徐有壬、陶恩培等才不再提"罢遣曾军"的事儿。②

湘潭战役是开辟湖南根据地的关键性战役，如果太平军能在湘潭打败湘军，靖港、湘潭太平军将挟战胜之余威；南北夹击长沙，孤城长沙断无久守之势，曾国藩与湘军水陆师必将被歼。相反的，太平军湘潭失利，北奔岳州，长沙解围，曾国藩部湘军得到了喘息、休整的机会，在长沙募勇、造船，一旦元气恢复，其为害就不堪设想了。

四、曾国藩长沙整军，太平军争夺岳州

胜败是兵家常事，问题是要善于从胜利中总结经验，从失败中汲取教训。在这个问题上，曾国藩显得比较明智，并且能以实际行动来改正自己的弱点。靖港、湘潭战役后，他在家信中如实分析了湘军存在的弱点。他说4月28日靖港溃败之前，湘军水师中已经露出不好的兆头，21日、22日，成章诏营内逃去一百余人，胡惟峰营内逃去数十人。24日，

---

① 左宗棠：《铜官感旧图序》，载《左文襄公全集·文集》（卷一），第24—25页。
② 王闿运：《湘军志·湖南防守篇第一》，第9页。

何南青营内逃去一哨,"将战船、炮位弃之东阳港,尽抢船中之钱米帆布等件以行""各营逃至三四百人之多",故"不待初二(1854年4月28日)靖港战败,而后有此一溃也"。即如在湘潭战胜之后,各营弁勇但知抢分"贼赃",全不回省,即行逃回各自的家乡,甚至将战船送入湘乡河内,各自负赃逃走,任凭战船漂流河中,丢失货物。彭玉麟颁发功牌给水手,水手见有顶戴,才自言自语地说:"册上姓名全是假的,应募之时乱捏姓名,以备将来稍不整齐,不能执册以相索。"[1]因此,从靖港退回长沙后,曾国藩决心在长沙妙高峰整顿湘军。

整顿湘军时,他规定凡是哗溃之勇、逃亡之勇,全部除名,不再留用。经过裁汰,湘军水陆师仅存四千余名,然后重新招募新勇,编成水陆师各十营。

湘潭战役之后,西征太平军退守岳州,长沙被围的危机解除,缓和了曾国藩与湖南巡抚骆秉章及司道等的紧张关系,湘军进一步得到了长沙官绅的支持。曾国藩在长沙、衡州设立船厂,日夜开工赶造、修理战船。据曾国藩说,此次新造战船,较旧有船只更为美观坚实,配备广东解来的洋炮,"堪以纵横江湖"。

曾国藩发现湘军水陆师缺乏实战经验,组织指挥系统上也未能做到层层节制。他说临阵作战,论胆量技勇,兵不如勇,论纪律则勇不如兵,必须有得力人员协同管带,加强文武员弁的层层节制,才能相互维系。过去湘军每营仅有一二官绅主持,纪纲不密,维系不固。此其一。靖港之役,错在"但知轻进之利,不预为退步之地"[2]。此其二。水师之弊,在于没有曾经战阵之弁勇,全是招募船户水手,编组成军,训练未满一月就拉上前线,故临阵胆怯。要重视老兵的作用,水陆弁勇编组时,务须做到新兵、老兵互相搭配,使新勇随同经过战阵的老兵接仗一

---

[1] 曾国藩:《致澄弟温弟沅弟季弟》,载《曾国藩全集·家书一》,第253—254页。
[2] 曾国藩:《靖港败溃自请治罪折》,载《曾文正公全集·奏稿》(卷二),第40—42页。

二次，才能懂得攻守进退。"今驱未经战阵之勇，骤当百战凶悍之贼，一营受挫，全军气夺。非勇不可用，乃我不善调习而试用之故"。①

为了纠正错误，改正缺点，提高湘军的战斗力，除了在募勇时注意挑选朴实可靠的农民，加强层层节制外，同时在指挥系统方面，也作了极大的调整。过去，湘军陆师的编制最高为营一级，由曾国藩直接统辖调遣，现在作了调整，营以上设立统领，统率二营或数营，陆师以罗泽南、塔齐布等为统领，水师以杨岳斌、彭玉麟等为统领，由统领指挥营官，曾国藩则指挥统领。这样，湘军中出现了旅、团一级的编制，在实战中，指挥灵便，兵力使用相对集中，比较能适应战阵形势的变化。

为了加强水师的战斗力，一方面咨札李孟群招募两广水勇一千名，于6月20日抵达长沙；另外，咨调陈辉龙率广东水师四百名前来参加湘军水师。这支水师配用湖南舵工、水手，以利控制。曾国藩直言不讳，湘潭水师"实赖洋炮之力"，原奉"谕旨"购办千余尊，现在只来六百尊，不敷分配，奏请朝廷迅饬两广总督购买夷炮数百尊解来长沙。②

长沙整军后的湘军水陆师，共计一万五千名左右，其战斗力远较衡州出师时为强大。因为：

第一，此次整军过程中，将新、老弁勇在编组时互相搭配，起到了以老带新的作用。

第二，水师战船装备的洋炮更多了，火力更加猛烈，杀伤力有所提高。

第三，在编制上增加了旅、团级的指挥。以后，拙于临阵指挥的曾国藩不再亲临前线，前方军事责成统领。

第四，凡是临阵脱逃的将领，不再录用，即如湘乡团练最早的组织

---

① 曾国藩：《靖港败溃自请治罪折》，载《曾文正公全集·奏稿》（卷二），第40—42页。
② 曾国藩：《催广东续解洋炮片》，载《曾文正公全集·奏稿》（卷一），世界书局民国二十五年版，第55页。

者原湘乡知县朱孙诒，因在宁乡、岳州战役中临阵脱逃，被曾国藩断然逐出湘军①。

值得注意的是，在靖港、湘潭战役后，清政府竟初步破除团练与绿营兵的畛域，于曾国藩奏保褚汝航、李孟群、夏銮、塔齐布等为道员、知府、副将、提督时，一律批准，并准许曾国藩对立功勇丁发给功牌、顶戴，这就给那些落第秀才、举人等开辟了一条进入官场的道路，足以提高湘军的地位，坚定了湘军骨干与勇丁的斗志。

1854年6月，在长沙、衡州等地修造的二百余号湘军水师船只全部竣工②，陆师亦已募齐，又将原先留在衡州镇压地方起事农民的罗泽南、李续宾二营调到长沙。这时，太平军再次对湘北发动攻势，岳州成为双方争夺的重要战略据点。

太平军方面，自从湘潭失利后，林绍璋率领残部退回靖港，败军之将不足以言勇，5月4日轻弃靖港，退守岳州，进而再度放弃了岳州。不久，转战于湖北宜昌、荆州等地的曾天养部飞越天堑长江，增援湖南。林绍璋才重占岳州，分军西趋湖南常德，迎接曾天养军。

曾天养率军横渡长江后，取道湖北华容，飞渡洞庭湖，于6月8日攻占湖南龙阳。11日，续克安福，与从岳州前来的林绍璋部会师。同日，太平军攻克常德。13日，续克桃源。湘西北战火燎原。

正当湘西北太平军声势大振时，6月26日，西征太平军主力攻取湖北省城武昌。因分兵林绍璋等部进击湖南，兵力削弱，湖北大部分州县有待占领，地方政权有待建设，武昌、汉阳有待重点设防。太平军长期作战，有待休整。另一方面，清政府因武昌失守，将湖广总督台涌革职，署理湖北巡抚青麟亦被革职拿问，以杨霈署理湖北巡抚，兼署湖广总督。杨霈陈兵德安一带，对武汉虎视眈眈。因此，太平军虽然攻占武

---

① 曾国藩：《曾国藩全集·家书一》，第253—255页。
② 王定安：《求阙斋弟子记》（卷四），第27页。

昌，湖北太平军当局仍旧不敢将主力投入湖南战场，只能断续抽兵调将，逐次增援湖南西征太平军。

曾国藩、骆秉章等得到龙阳、常德等地清军的败报后，随即派都司李辅朝率楚军一千名，胡林翼率黔勇六百名，赵璞山率新宁勇一千名，湘军分统周凤山率湘军一千一百名前往常德等地进攻太平军。[①] 曾天养等发现敌军大量前来湘西北，稍加抗击后，即全师转移至岳州，在城外添筑土城、木城二十余座，新墙河对岸及各市镇一律设立碉卡，拆毁桥梁，以太平军水师船只分布于洞庭湖中的君山、雷公湖、南津港等处，准备坚守待援。

6月12日，曾国藩派知府褚汝航、同知夏銮、知县彭玉麟、同知扬岳斌等统率水师四营，从长沙出发，进犯岳州。这时，提督塔齐布驻军新墙河一带，因兵力孤单，曾国藩命知府罗泽南统率湘军一千名、新任岳州知府魁联率湘军二营前往增援塔齐布，并飞调周凤山从常德驰往新墙会师。湘军凭借水师优势，于7月23日进犯洞庭湖中之君山、雷公湖等处太平军水师，击毁太平军水师船只百余号。秋官又副丞相曾天养、春官又副丞相林绍璋眼见敌军主力逐渐集结，斗志消失，25日再次轻弃湘北锁钥岳州，退守城陵矶，铸成了严重错误。

7月27日，曾天养督战船四百余号，与陆军联合发动攻势，反攻岳州，太平军大败，战船几乎全部覆没，损失大、小炮二百余尊，抬枪二百余杆。如果不轻弃岳州，而凭依工事，坚守岳州，水师也以守为攻，则以逸待劳，攻守异势，太平军何至遭到这样的严重损失！曾天养骁勇有余，谋略不足。

7月30日，国宗提督军务韦俊、水师统领承宣张子朋率战船六百余号从武昌增援湘北太平军，反攻岳州，又告失利。岳州前线酣战不休时，总兵陈辉龙、道员李孟群等率领第二批湘军水师从长沙前来岳州，

---

① 曾国藩：《禀父》，载《曾国藩全集·家书一》，第259—260页。

曾国藩也随军到达。8月9日，太平军水师据上游挑逗湘军水师出战，大战于象骨港。湘军水师船大水顺，易进难退，阵形散乱。太平军出动小划船，四面袭击散乱之敌船，击毙陈辉龙、夏銮、褚汝航，烧毁、俘获湘军战船甚多，唯湘军水师主力依然存在，仍保持着水上优势。

8月11日，大队太平军强攻城陵矶塔齐布所部湘军，曾天养怒马驰阵，长矛直刺塔齐布，矛中马身，用力拔矛时，湘军弁勇黄明魁用长矛乘间刺翻曾天养[1]。他的牺牲，对西征太平军来说是很大的损失，还直接影响到太平军的军心士气。以后，武昌方面虽然一再派兵增援湘北，反攻岳州，始终未能奏效。25日城陵矶一役，太平军损失营垒十三座，骡马七八百匹，军械二千余件[2]。之后，韦俊、石镇仑等回军武昌，湘北争夺战至此告一段落，战事重心移向武昌。以后，西征太平军再也没有能够进入湖南，湖南变成了湘军的饷源、兵源基地。

湘北争夺战，是西征军开辟湖南省根据地的关键性战役，如果说湘军是一条毒蛇，那么，太平军获胜，有将这条毒蛇扼杀于湖南的可能。反过来说，太平军在湘北争夺战中失败了，根据曾国藩的战略思想，湘军必然水陆北上，扑犯武昌。天王洪秀全认为"楚尾吴头"，为了巩固长江中、下游根据地，则必然命令西征太平军全力保卫武昌。论理一场大战将在武昌爆发。太平军为什么在湘北争夺战中失败了呢？这是一个值得深入探讨的问题。现在首先考察太平天国方面存在的问题。

第一，西征太平军用兵湖南，显然犯了兵力与战略企图不相称的错误，即是开辟湖南省根据地的战略企图，远远超过了西征军兵力所能承担的军事任务。1854年2月，西征军主力逐渐集结于武汉地区，如前所说，当时武昌尚未攻克，湖北省的大部分州县有待占领，湖北省根据地尚未完成开辟的任务，西征军当局忽然奉东王杨秀清命令，分石祥贞、

---

[1] 罗尔纲：《太平天国史稿》，第335—336页。
[2] 曾国藩：《水师失利陆军获胜折》，载《曾文正公全集·奏稿》(卷三)，第13—15页。

林绍璋之兵偏师进攻湖南。因分兵进击湖南，湖北省西征军兵力削弱，无力歼灭盘踞荆州、德安一带的荆州将军官文、湖广总督杨霈等部清军，而且也不可能派兵占领湖北的州县，进行政权建设。西征太平军在湖北尚未站稳脚跟，便派兵深入湖南，显然犯了军事冒险的错误，由于林绍璋等在湖南偏师作战，兵力单薄，所以当林绍璋在湘潭猝遇大敌，因孤悬敌后，后无援军而心惊胆怯，斗志不坚，这是林绍璋在湘潭战役中迅速失败的原因。同样地，曾天养、林绍璋等害怕后援无望而轻弃岳州。再如，太平军在靖港大捷后，正可乘敌军兵心散乱、损失严重的时机，对敌实施全面追击，曾国藩及其所率领的湘军有被全部歼灭的可能。然而，太平军终因兵力不足而放过了这个全歼湘军的千载难逢的时机。

由于战略企图超过了西征军所能承担的军事任务，在湘潭、靖港战役后，林绍璋害怕孤立无援，放弃靖港，退守岳州，在岳州也显然举棋不定，斗志不坚。后来得到曾天养率军打入湖南的探报，才分兵前往湘西北的常德一带与曾天养会合。湘军来攻，曾天养与林绍璋又全军退守岳州。7月下旬，湘军水陆压境，曾天养、林绍璋仍旧因担心后无援军而轻弃岳州。湘军不战而下岳州，使战略形势发生了根本变化，从而据有了反客为主、以逸待劳之势。这是以后西征太平军屡次反攻岳州受挫的重要原因。

西征太平军只够开辟一个省根据地的能力，即是打一个战争的能力，湖北省根据地尚未完成，东王杨秀清却要西征太平军分兵开辟湖南省根据地，即是要只能打一个战争能力的西征军打两个战争，结果是湖南西征军总兵力不足，湖北西征军的兵力也捉襟见肘。因此，武昌被围四个月后，西征军才攻克武昌。由于种种原因，攻克武昌一个多月后，湖北西征军当局才抽兵分批增援岳州，这时敌军已在岳州站稳脚跟。特别是在靖港、湘潭战役后两个月中，林绍璋等部因湖北武昌尚未攻克，得不到大量援军，因兵力单薄，在湘北无所动作，使曾国藩能利用这个间隙在长沙从容整军，重振旗鼓。反过来说，如果西征太平军已完成了开辟湖北根据地的任务，全师进入湖南，在湘潭、靖港战役后对残败湘军发动连续攻势，全面出击，迫使湘军与太平军在长沙城下决战，西征太平军完全有可能将湘军这条毒蛇扑杀于湖南。

第二，东王杨秀清为什么会产生军事冒险思想？西征太平军出师以后，因未完全占领安庆，重兵屯于城下，以致西征军围攻南昌劳而无功。后来纠正了这个错误，并且派兵先占领黄州，监视武汉清军，然后以西征军主力直捣庐州，胜利完成开辟安徽根据地的任务，再以安徽根据地为依托，进兵湖北。西征军在安徽的军事胜利，使杨秀清产生了轻敌思想，由此派生了军事冒险思想，命令湖北西征军分兵进击湖南。杨秀清的军事冒险思想，是湖南西征军失败的根本原因。

第三，西征军的指挥存在着严重问题。1854年前，西征军的指挥大权始终由东王杨秀清直接掌握。1853年冬，西征军转战于湖北、安徽时，天京城却在闹着东王杨秀清与天王洪秀全争夺领导权的斗争。据《贼情汇纂》载：东王杨秀清"自恃功高，一切专擅，洪秀全徒存虚名……其意欲仿古之权奸，万一事成，则杀之自取"[1]。因为洪、杨争夺领导权的斗争日趋激烈，杨秀清出于架空洪秀全的目的，所以牢牢掌握西征的统帅权，同时对高级将领防范甚严，不愿他们掌握兵权。《贼情汇纂》载：北王韦昌辉敢战，"为杨秀清所忌……甲寅五月（1854年6月——引者），杨贼命昌辉上犯湖北，令下多日，杨贼私嘱群下禀奏挽留，佯作不准，濒行，忽改遣韦俊、黄再兴等。8月，复令昌辉赴湖北、安徽，行次采石，杨贼复下令调回，改遣石达开往"[2]。以上反映了杨秀清因与洪秀全争夺权力，为了他的政治利益，而牺牲太平天国的军事利益。因之，太平军在武汉、湘北作战，指挥人员皆是太平天国的三四流

---

[1] 张德坚：《贼情汇纂》，载《太平天国》丛刊第三册，第46页。
[2] 张德坚：《贼情汇纂》，载《太平天国》丛刊第三册，第48页。

将领，有的统兵无方，有的畏葸懦怯，有的骁勇有余而谋略不足，而且将领们官阶相垺，没有一个总的统帅，不能从开辟湖北、湖南根据地全局一盘棋来衡量、决定用兵次序与兵力部署的有机配合，不能抓住有利战机与敌军决战，湘北争夺战哪得不败？如果命一员上将至武汉总统西征军，根据开辟湖北根据地战斗任务的繁重性及西征军兵力有限的实际情况作出正确决断，完全有可能不致作出进攻湖南的决定。

由于在武昌方面缺乏一位权威的统帅指挥调度，前线将领权力有限，军事须禀明杨秀清而后行，而军情却是瞬息万变的，所以往往贻误戎机。如曾天养在撤守岳州前，向坐镇安庆的翼王石达开禀报军情，石达开"训谕"曾天养说：

> 真天命太平天国军师左军主将翼王石，为训谕秋官又正丞相曾添养弟知悉：缘于六月二十四日（天历六月二十四日为公历1854年7月30日——引者）接阅弟等具回禀报，兄已备悉。惟禀称妖魔作怪，难以取胜，恐岳州城池难守等情，兄已将此情由禀奏东王殿下，俟奉到诰谕再行谕知。弟等在外俱要事事灵变，加意提防，如若岳州城池十分难守，弟等可即退赴下游，坚筑营盘，静候东王诰谕遵行，毋得旷误。统俟天父大开天恩，大显权能，任那妖魔一面飞，总难逃我天父、天兄手段过也。时时将此道理讲与众兵士听，不可使有别意也。为此特行训谕，谕到亟宜凛遵，毋违训谕。①

石达开接到曾天养的禀报，须转禀东王杨秀清，经杨秀清研究决定后，再发"诰谕"指示曾天养，往返数千里，单纯从里程估计，曾天养接到东王"诰谕"，当在10月或11月初，而曾天养已在8月11日战死于

---

① 张德坚：《贼情汇纂》，载《太平天国》丛刊第三册，第196页。

城陵矶，8月下旬，韦俊等已从湘北败回武昌。10月14日，湘军已经攻陷武昌。可见，由杨秀清遥控西征军的指挥权，成事不足，败事有余。所以，湘北争夺战的失败，与杨秀清因争夺太平天国的领导权而由他直接掌握指挥权是有着内在联系的。

第四，林绍璋在湘潭战役中统兵无方，也是西征太平军开辟湖南省根据地失败的原因。例如，在湘潭防御战初战失利后，太平军中的老兄弟责怪新兄弟，以致在湘潭城内发生火并，互相开火，死伤数百[①]。为将者不能团结所部官兵，使之万众一心，显然是难以在枪林弹雨中与敌军争胜于疆场的。然而，我们也必须看到，在湘潭战役中，湘军水师占据绝对优势，太平军后无援兵，林绍璋即使能一再打败湘军，也不能长久据守孤悬敌后的湘潭。论者每以湘北争夺战的失败归咎于林绍璋湘潭受挫，而不考虑太平天国西征军开辟湖南根据地与西征军兵力不足的矛盾，不考虑杨秀清遥控西征军指挥权的恶劣影响，以及他与洪秀全争夺领导权对西征军事的影响，显然是欠斟酌的。

以下再从湘军方面来考察湘军所以能在湘北争夺战中获胜的原因。

第一，湘军的指挥大权集中在曾国藩的手中，即使湖南巡抚骆秉章也不能过问他的指挥权。湘北战役中，曾国藩始终随军行动，湘军的攻守进退，都由他一人决定，指挥统一，调度灵捷，能及时作出反应。例如，林绍璋攻占湘潭，曾国藩迅速飞调塔齐布、周凤山等部，并调拨水师五营，飞驰湘潭，乘林绍璋部太平军在湘潭立足未稳之机，反扑湘潭，终于攻陷湘潭。

曾国藩拙于临阵指挥，长沙整军后，他特地增设了旅、团一级的指挥机构，旅、团一级的统领向曾国藩负责，曾国藩退居二线，运筹决策，总揽部队的调遣、攻守等指挥大权，使所部将领能充分发挥其指挥

[①] 曾国藩：《会奏湘潭靖港水陆胜负情形折》，载《曾文正公全集·奏稿》（卷二），第48—49页。

才能，调动了将领作战的积极性。再一方面，旅、团一级的编制，也适应了战场上与太平军实战的需要。

第二，湘军在湖南省境作战，特别是在省城长沙外围作战，补给线短，在军事上遭受严重损失后，整顿补充极为方便。例如，4月下旬靖港溃败后，湘军水陆师可用之兵不足半数，水师战船损耗尤多。但是，曾国藩除利用衡州船厂修造战船外，在长沙也设立了船厂。6月15日，船厂已将损坏、新造战船修造工程完成十分之八。①在两个月的时间内，完成了修、造战船工程。此外，曾国藩吸收了太平军水师拥有小划子轻灵的优点，下令制造小划子一百多只。与此同时，催调李孟群、陈辉龙等统率的水师和洋炮数百尊也运到了长沙。陆师也招募新勇，按时补充满额。所以，在靖港溃败后两个多月，湘军水陆师便已重整旗鼓，水陆并进，对岳州发动攻势。太平军方面适得其反，补给线长、悬军深入，这些都是不利因素。

第三，曾国藩拥有强大的湘军水师，对太平军造成了严重的威胁，使之遭受了重大损失。湘潭、岳州等城，都是三面陆地，一面临水，曾国藩凭借水师优势，先摧毁太平军水师，夺取制水权，断绝了太平军官兵的给养来路，以致太平军军心不稳。太平军水师是由民船编组而成，船质不坚，水兵缺乏训练，更无洋炮装备。曾国藩在家书中说："大抵贼于水战一事极为无能。渠所用者民船，每放一炮，全身震破，所掳得水手，皆不愿在贼中久住。又以所掳之百姓，令其勉强打桨，勉强扶舵，皆非其所素习。即两次得我之船，得我之炮，皆我兵勇自先上岸，情愿将船炮丢弃与他，是以大败。若使我兵勇自顾其船，不将船炮送他，渠亦断不能拢来追我。此屡次打仗，众勇所亲见而熟知者。"他们夺到我军的战船、洋炮，并不用于水战，而是把洋炮搬到岸上供陆师使用，将战船凿沉江心，或是付之一炬，未收战船之用。至于太平军水师的制胜长

---

① 曾国藩：《禀父》，载《曾国藩全集·家书一》，第259—260页。

技，在于以渔划百余号，每战四出围绕，"迷目惊心"。这次，我也造了小渔船一百二十号，似可以小制小，见到敌军小渔船纵横四出，我军水师便不至于心惊慌乱了。[1]去掉信中对太平军污蔑不实之语，可以看出太平军水师从编组成营以来，改进不大，平时也缺乏水战训练，尤其缺乏使用火炮的训练。曾国藩创造的湘军水师，不仅接受了清朝水师的传统训练，装备土炮，还装备了大量洋炮，在水战攻城时，能发挥炮火优势，先声夺人。所以，在长沙整军时，他将水师扩充至十三营，是有着深意的。他上奏说："此次蒙皇上屡降谕旨，饬令两广督臣叶名琛购备洋炮，为两湖水师之用，现已先后解到六百尊来楚，皆系真正洋装，选验合用之炮。湘潭、岳州两次大胜，实赖洋炮之力，惟原来谕旨购办千余尊，现止来六百尊，尚属不敷分配，且江面非可遽清，水师尚须增添，尤须有洋炮陆续接济，乃能收愈战愈精之效。相应请旨饬催两广督臣，将应行续解之夷炮数百尊，赶紧分起运解来楚，于江面攻剿，大有裨益。"[2]湘军水师战船大、中、小互相配合作战，船的质地比较坚实，平时操演不辍，又装备了近代化西方大炮，无可否认，其战斗力远胜于太平军水师。可以这样说，湘军与太平军开始作战，便掌握了制水权，而两军所争夺的城市，都是三面陆地，一边临江，湘军水师对太平军的威胁就显得特别严重了。

湘军取得湘北争夺战的胜利后，根据曾国藩的战略思想，不问可知，其下一步的军事行动，必然以攻陷武昌为其战略目标，战事重心将移向湖北。

---

[1] 曾国藩：《致澄弟温弟沅弟季弟》，载《曾国藩全集·家书一》，第272—273页。
[2] 曾国藩：《请催广东续解洋炮片》，载《曾文正公全集·奏稿》（卷一），世界书局版，第55页。

第五章　曾国藩指挥湘军攻陷武昌，扑犯九江

一、湘军扑犯武汉，石凤魁擅弃武昌

武昌古称夏汭，或名江夏、鄂州[1]。西枕长江。汉水古称襄河，自陕西向东南流经襄阳、樊城，至武昌对岸与长江汇合。站在黄鹤楼上远眺长江，水流奔泻千里，诗仙李白有"孤帆远影碧空尽，惟见长江天际流"的千古绝唱。汉水与长江交汇点的东北角为汉口，西北角为汉阳，武昌雄踞长江南岸。武昌、汉口、汉阳鼎足而立，自古以来，号称"武汉"，有"九省之通衢"之誉。

武昌"扼束江汉，襟带吴楚，西通荆州、宜昌，控扼巴蜀"，屏藩长沙，东通九江、安庆，翼蔽江西、安徽，自古以来为兵家必争之地。太平天国既然定都金陵，据有长江下游，势必力争武昌，故在《建天京于金陵论》中论述长江的战略形势，有"楚尾吴头"的比喻。曾国藩认为太平军据有金陵、安庆、九江、武昌等沿江重要城市，其下一步军事行动有可能南下长沙，西攻荆州、襄阳，因之，要攻打太平天国，首先须从争夺武昌下手，只有夺取武昌，才能水陆顺流东下，进攻九江、安

---

[1] 顾祖禹：《读史方舆纪要》（卷七十六），中华书局1959年版，第321页。

庆，直抵石头城下。①所以，湘军在攻陷岳州等地后，曾国藩决定全军北上，扑犯武昌。

太平军在湘北争夺战失败后，应该重兵扼守崇阳、通城、蒲圻等地，坚守城池、要隘，迫使敌军顿兵坚城，损伤精锐，而且这里有坚守阻击敌军的有利条件。崇阳、通城等地，丘陵起伏，易守难攻，河道狭窄，易于建筑河道阻塞工事，拒止湘军水师。这里的群众条件比较优越，曾国藩说："崇、通两县，向为匪徒啸聚之区，自正月以来，居民畏贼，多已蓄发，乐为贼用。其旁近州县，如通山、蒲圻、大冶、兴国、咸宁、嘉鱼等属，皆已为贼所据，官兵到境，无土人为之向导，无米盐可供买办，人心之坏，实堪痛恨。"②可是，据守崇阳、通城一带的太平军仅有数千。1854年8月30日，楚军训导江忠淑等攻陷通城。9月25日，湘军提督塔齐布、知府罗泽南等率军占领崇阳。湘军水师沿江湖河汉搜索太平军水师。以上说明太平军在湘北争夺战失利后，其主力已全部退守武昌。9月4日，湘军水师守备萧捷三会同官文所部清军攻陷嘉鱼，续陷金口，太平军水师船只损失甚大。不久，湘军水陆师会师金口。

金口下瞰武昌、汉口，东有淮山，西有大、小金山，两岸山峰对峙，扼束江流，如同锁钥，形势天然生成。从湖南进攻武昌，金口是两军必争的战略据点，然而，石凤魁却没有派水陆重兵扼守。金口失陷，敌人有以逸待劳之势。太平军再派兵反攻金口，结果水陆师都告失利。10月8日，曾国藩坐拖罟船到达金口，与水陆师将领制定了进犯武昌的作战计划，决定先以水师沿江东下，扫清太平军水师，然后以罗泽南等部陆师扑犯武昌外围要隘花园；以塔齐布率军从油坊岭直扑洪山；以荆州将军官文所部已革副都统魁玉、革职总兵杨昌泗等部清军数千，进犯

---

① 曾国藩：《与李次青》《与夏憩亭》，载《曾文正公全集·书札》（卷三），第36—37页。

② 曾国藩：《报崇通剿匪胜仗折》，载《曾文正公全集·奏稿》（卷二），第38页。

汉阳。其目的是诸路进攻，使太平军不能互相支援，应接不暇。

太平军从来以守险为主，再退而守城。武昌太平军的精锐部队分布于城外沿江要隘，凭险筑垒。花园外濒长江，内枕青林湖，太平军在此构筑大营三座，挖掘战壕，宽二丈，长约三里，引江水直通青林湖。壕内建立木城，"填实土沙，中开炮眼"，安设大炮百余尊，一部分炮口对准长江，准备射击来犯的湘军水师，另一部分炮口向南，以备轰击从陆上来犯敌军。壕外竖立木桩，交互连钉，桩外密布竹签，四周遍置荆棘。木城之内，另建砖城内壕，层层设防，极为周密坚固。花园西岸的虾蟆矶，筑有太平军营垒数座，其防御工事之坚固，与花园相仿佛。太平军水师船只停泊于花园、虾蟆矶一带，与陆师相依护。

10月12日，曾国藩指挥湘军水陆师从金口三路出犯，旋将水师分为前后二队，以道员李孟群、游击杨岳斌等所统水师为前队，从长江中流冲过盐关，直至鹦鹉洲，绕出太平军水师之后。太平军水师以弱抗强，奋勇迎战。湘军水师分左右两翼包抄而上，"后队战船又排轰而下"，太平军水师腹背受敌，指挥官乘坐彩船奋搏迎战。曾国藩悬赏夺取彩船者"赏钱百千"。湘军水师见钱忘命，冒死争攻彩船，太平军水师退却，驶回岸边，水师官兵弃船登陆溃散。杨岳斌等为了避免弁勇抢夺船上财物，下令纵火焚烧太平军水师船只，顷刻之间，焰火升腾，江面一派通红。东岸花园守垒太平军见西岸水师溃散，船只被焚，大部自相惊扰，相率溃逃。罗泽南督军四千，乘机加强攻势，一举攻陷花园。这时，西岸魁玉、杨昌泗等部四千余人，与湘军水师配合，攻陷虾蟆矶、鹦鹉洲太平军营垒，纵火焚烧。将近夕阳西下，李孟群、杨岳斌犹率水师轰击沿江工事，侵占了鲇鱼套口。13日，曾国藩驱使湘军水陆师继续作战，魁玉、杨昌泗等部清军凭借湘军水师炮火的优势，摧毁了汉阳太平军在沿江所筑的防御设施。罗泽南指挥李续宾等攻陷鲇鱼套营垒六座。至此，武昌城外太平军营垒全部丧失。在这紧急关头，石凤魁、黄再兴率领全体守城太平军婴城固守武昌，迫使敌军顿兵城下。如果守城太平军利用时机大量杀伤仰攻之敌，等候援军，徐图破敌，解武昌之围不是没有可能的。但是，石凤魁、黄再兴胆小如鼠，只顾个人安危，不顾大局，竟然擅弃武昌。①太平军百战辛苦得来的华中重镇武昌，就这样被石凤魁断送了。

擅弃武昌后，石凤魁等率军逃走，行至洪山，遭到塔齐布部的袭击，损失惨重。武汉一役，太平军损失战船千余号，水师遭到重创。这时，汉水中尚有太平军战船千余号，屯集蔡店、系马口、长江埠等地，他们探知武汉失守、水师被歼的消息后，军心悲愤，决心冲出汉水，与湘军水师决战。曾国藩探知汉水中尚有大量太平军水师后，派水师大、小船只密布于汉口附近，以轻快舢板进入汉水，与杨昌泗等部陆军协同作战。15日，太平军水师从蔡店连樯顺流而下，遭到湘军水师的火攻，因汉水河身较窄，太平军水师船只拥挤一起，全部被焚。曾国藩眉飞色舞，他说：经此一役，湘军"从此一意东下，无后路牵制之虞矣"。②

自从金田起义以来，太平军所向克捷，定都金陵后，西征军占领了安庆、九江、武昌等重要战略据点，清军从未能在长江沿岸与太平军争锋，从未夺取一个据点要隘。曾国藩指挥湘军不仅攻陷湘潭、岳州、崇阳、嘉鱼等中、小城市，并且在武汉打败了太平军，夺取武昌、汉阳，的确为清政府扭转了败局，立下了很大的功劳。咸丰帝看过曾国藩攻陷武昌的奏报后，朱批："览奏感慰实深，获此大胜，殊非意料所及。朕惟兢业自持，叩天速赦民劫也。"10月26日，咸丰帝下旨赏曾国藩二品顶戴，署理湖北巡抚，加恩赏戴花翎。11月2日，因害怕曾国藩掌握军政大权，咸丰帝忽然中途变卦，收回成命，命曾国藩办事军务，毋庸署理湖北巡抚，加赏兵部侍郎衔，而以靖港溃败时准备与布政使徐有壬参劾

---

① 曾国藩：《水陆大捷武汉两城同日克复折》，载《曾文正公全集·奏稿》（卷四），第1—7页。

② 曾国藩：《水师搜剿襄河续获大胜折》，载《曾文正公全集·奏稿》（卷四），第8—10页。

曾国藩、"罢遣湘军"的湖南按察使陶恩培署理湖北巡抚。绝对忠君的理学思想，使曾国藩对这种不公平的待遇隐忍了下来。

二、曾国藩被迫连续作战，湘军攻陷半壁山、田家镇

1854年6月26日，太平军二克武昌后，北王韦昌辉"诫谕"武昌佐将石凤魁说：

> 本军师在朝闻得湖北地方仍有些少残妖，不时前来作怪，皆兄等前时诛妖未经灭尽之故。为此特行诫谕，谕到之日，仰兄等即时统兵分巡各郡县，遇妖即诛，见民必救，务期扫尽妖氛，不留余孽。倘该县良民如有勾结通妖及引妖魔入境等弊，一经访确，即行剿洗，毋得姑容，致负天父、天兄及我主天王、东王委任之至意。本军师不惮诚之谆谆，兄等慎勿听之泛泛也。亟宜凛遵，毋违诫谕。①

"诫谕"不仅要求石凤魁等坚守武昌，并要他们亲自率军"分巡郡县"，"扫除妖氛"，措辞严厉。石凤魁、黄再兴在镇守武昌四个多月中，既未能扫除残妖，也未能坚守武昌。杨秀清得到长江上游战略重镇武昌失守的败讯，大为震怒，命令将石凤魁、黄再兴逮捕押解回京，处以死刑②。军心警动。

早在曾国藩指挥湘军侵占金口后，石凤魁发现军事形势严重，派韦

---

① 张德坚：《贼情汇纂》，载《太平天国》丛刊第三册，第195页。
② 罗尔纲：《太平天国史稿》，第312页。

昌辉的侄儿韦以德从武昌赶回天京，禀报军情①，引起了东王的严重关注，命令燕王秦日纲巡查长江，镇守田家镇，10月18日前后，又发出"诰谕"，指示秦日纲说：

> 诰谕燕王秦日纲弟知悉：兹于九月二十九日接阅弟之禀奏②，迭次令员解回锚缆等项，俱已备悉查收。但弟前奉天命镇守田家镇卡，本军师前已颁行诰谕，令弟在田家镇地方筑起坚固营盘，并造木簰水城，在江心挽泊堵御。诚恐弟等在该处一时未曾造得，今本军师在朝造有能上水簰一座，特差本府承宣涂镇兴押解前来，俟木簰到日，仰弟安足军装炮燹，踏看河道，何处可以挽泊，赶紧挽好。并仰弟会同本府承宣依式整造多座，安好炮位，以诛妖魔可也。谕到之日，亟宜凛遵，毋违诰谕。③

燕王秦日纲遵照东王的命令，在半壁山与田家镇之间的江面上安置铁链木簰，形成坚固的拦江工事，阻止湘军水师东下④。

田家镇隶属于湖北广济县，"镇当江北，诸山峻岣"，与南岸之半壁山遥遥相对。曾国藩说：太平军在田家镇设置大营，重兵集结，由燕王秦日纲据守。沿江自蕲州、田家镇四十余里内，增筑土城，安设炮位。在半壁山与田家镇之间，布置拦江工事铁链四道。其安置铁链之法，远胜三国时东吴防御曹军东下的办法。吴人于两岸凿石以穿铁链，江中无物承托，故一处砍断，铁链即全部沉入江中。太平军以数根铁链扭成一

---

① 曾国藩：《查明贼目歼毙状及贼中各情片》，载《曾文正公全集·奏稿》（卷四），第11—12页。
② 天历九月二十九日，为公历11月3日。载《太平天国文书汇编》，第180页。
③ 张德坚：《贼情汇纂》，载《太平天国丛刊》（第三册），第194页。
④《湖北通志·武备志·兵事》（第二册），第1838页。

股，节节以船、簰承托，"以铁码钤之"，即使砍断一节，其余数十节依然牢系如故。为了加强铁链的牢度，太平军于铁链之外，另加竹缆。太平军在半壁山簰上安设炮位，船上置枪，以防湘军水师的进攻。簰上铺沙，船中贮水，以防火弹延烧。自铁链以上，布置水师战船大小三四十号。铁链以下，皆为民船，湾泊数十里，大小五千号，不时开放枪炮，以助声威。北岸田家镇街外筑一土城，长约二里，街尾吴王庙筑坚固营垒一座。"系铁锁北岸之根"。燕王秦日纲驻扎吴王庙。自牛肝矶以下至吴王庙，长六七里，皆密排炮眼，可以向江心轰击。①

半壁山与田家镇隔江相望，是铁链在南岸生根之处。半壁山山势"孤峰峻巘"，长江之水绕山折而向南，水流迅急，船家视为畏途，故舟行依田家镇东下，以避急流②。太平军在半壁山顶扎大营一座，小营四座。山下三面挖沟，深丈余，阔三四丈不等，引内湖之水灌注入内。沟内有炮台、木栅，沟外密布竹签、木桩，沟内与沟外仅有两堤可通。

半壁山以东为富池口，诸山连绵，山峰挺立，与半壁山互争雄长。富池口、半壁山同为田家镇的屏障。太平军在富池口也筑有坚固的防御工事。田家镇、半壁山与富池口形成一个三角形，三地同时设防，构成了一个三角防御体系，而以田家镇为这个三角防御体系的中心。③

攻陷武汉三镇后，曾国藩比较冷静地分析了湘军方面存在的问题，他奏陈说，目前武汉江面与汉水中的太平军水师已被肃清，武汉以下二百里内已无太平军水师踪迹，太平军陆师也已撤至蕲州、黄州、广济，湘军东下，可无后顾之忧，惟默察湘军情势，有可虞者四：

第一，水师抢船太多，私匿藏货。破城以后，水陆弁勇各获财物，

---

① 曾国藩：《官兵攻破田家镇逆船烧尽收复蕲州折》，载《曾文正公全集·奏稿》（卷四），第43—48页。
② 《湖北通志·武备志·兵事》（卷七十一），第1839页。
③ 曾国藩：《陆军踏破半壁山贼营水师续获大胜折》，载《曾文正公全集·奏稿》（卷四），第24—28页。

"颇有饱则思飏之意"。又因岳州盛暑苦战，保奏稍迟，多有怨望之心。

第二，屡胜之后，志骄气盈，水陆师略为散漫松懈，暗伏挫败之机。

第三，武昌、汉阳逃出的太平军甚多，屯聚下游，众逾数万。自岳州以下，直至金陵，久已为"发逆"占据，"小民蓄发纳贡，习为固然"。蕲州、黄州、孝感一带，"乱民"尤其众多，万一"官军"稍有挫失，则"四面皆贼"，饷道易断。

第四，水陆师东下，离开湖南愈远，不仅饷项支绌，千里转输，给养尤其困难。军火粮米万一中断，弁勇非但不能作战，且有哗溃之虞。

湘军沿江继续东下，纵然有着有利方面的条件，然而，由于以上这些问题，依然步步艰难。他的分析不是没有道理。攻取武汉后，他本来想在武汉稍事整顿队伍，然后再沿江东进。但是，湖广总督杨霈认为武昌、汉阳空虚难守，不如乘湘军锋锐正盛，继续进兵，与太平军争夺鄂东，一再敦促曾国藩督率湘军，与他联兵进攻蕲、黄，他自告奋勇，愿意担任长江北路战事。曾国藩迫于总督的催迫，不得不出兵连续作战，命塔齐布、罗泽南等统率陆师当南岸，进犯大冶、兴国，曾国藩自己则率领水师，顺流而下。①

11月3日，湖南提督塔齐布会同署理湖北提督布克慎、副将王国才等拔营经鄂城（今武昌）疾进大冶；道员罗泽南率军直趋兴国，湘军水师也分批起碇。11月，罗泽南督军攻陷兴国，塔齐布督军侵占大冶，将被俘太平军剐目凌迟，残酷无人理。21日，塔齐布率军绕过半壁山，进迫富池口。

20日，罗泽南率李续宾等部湘军二千，行至距半壁山三里扎营。革职春官又副丞相林绍璋等督率太平军数千，从半壁山蜂拥而出，攻击罗泽南军，田家镇燕王秦日纲也派兵前来助战，太平军小胜。23日，罗泽

---

① 王闿运：《湘军志·曾军篇第二》，第11—12页；曾国藩：《统筹三路进兵折》，载《曾文正公全集·奏稿》（卷四），第13—14页。

南率军攻陷半壁山。燕王秦日纲与韦俊决定反攻半壁山，并商定了反攻部署。24日，韦俊"带统下尉差及蕲州调来土捌副将军梁修仁所统左拾伍、左拾柒、中拾伍三军兵士"，由田家镇渡江，"从马鞍山上路兜剿，秦兄带统下尉差由马鞍山下路兜剿，兼防富池口妖魔出来作怪。小弟于拾玖日（天历拾玖日，为公历1854年11月24日——引者）荣刻同镇崟弟、以德侄在驼背桑树及半壁山两路上岸，秦兄于吊桶山江边上岸，三路兜剿。讵意妖魔从马鞍山亦分三路胆敢前来与我圣兵迎敌。镇崟弟、以德侄身边兵士被妖追散，伊等前途直攻，妖魔又从后路抄入。小弟见事势可危，即从河下上船而回。秦兄率领兵士由北路追杀，不期残妖亦分两路来追，富池口妖魔亦来作怪，秦兄首尾受敌，只得亦由河下上船而回。小弟回船后，时已酉刻，特令统下兵士在河边寻找两人，均无着落。有逃回兵士禀称，二人追妖前进，被妖围绕，均被矛刺升天。小弟伏思与镇崟弟、以德侄两载出师，军务事件皆和傩商议，大有帮助，一朝被害，惨目伤心……弟等回船之后，查点兵士被伤者十有八九，浸水升天者约数百人，统计千余人升天享福"。[①]当日，湘军攻陷半壁山。

半壁山失守后，陆上战事重心转移至田家镇，同时，湘军水师企图摧毁由铁链、木簰等组成的拦江工事，为打向九江开路。

蕲州，在田家镇上游五十里左右的地方，蕲州上游二十里左右为韦源口，是湘军水师聚泊之所。太平军三十检点陈玉成率领水陆师驻守蕲州，经常派出战船袭击韦源口湘军水师。湘军水师正在准备破坏田家镇、半壁山之间的拦江工事，为了消除后顾之忧，11月19日，彭玉麟、杨岳斌、哨官鲍超等率领水师船只，进攻蕲州，太平军水师损失战船百余号、大炮数十尊，但也击毙敌方水师营官白人虎、马当巡检石炽然、

---

① 张德坚：《贼情汇纂》，载《太平天国丛刊》（第三册），第209—210页；曾国藩：《陆军夺半壁山破断铁链水师绕出贼前折》，载《曾文正公全集·奏稿》（卷四），第36—40页。

襄办营务徐国本，并击毁湘军战船若干只。①27日，湘军水师再次进犯蕲州。陈玉成命令太平军水师傍岸坚伏不出，水陆发炮轰击敌军水师，击毙敌方水师哨官一名。湘军派出部分水师专门监视蕲州，太平军水师因船少力寡，冒险突围，挂帆下驶，陈玉成蕲州守军仅剩陆师，孤悬敌后，形势危殆。

湘军侵占半壁山，蕲州太平军水师突围后，消除了湘军水师破坏太平军所设置的拦江工事的后顾之虑。12月1日，杨岳斌、彭玉麟等从长江北岸渡江至半壁山，与塔齐布、罗泽南"共商破贼之策"。杨岳斌等回到水师营中后，将水师分成四队，第一队备就炭炉、大锤、大斧等，专管斩断锁链。第二队专管反击前来对敌的太平军炮船。第三队伺砸断铁链后，直冲下游，焚烧太平军战船。第四队坚守水营，防止太平军战船前来袭击。2日，湘军水师参将杨岳斌、同知彭玉麟按照既定部署，分队出犯，冒着太平军的炮火，砍断铁链，摧毁各处承托铁链的木簰、船只。太平军水师对轰一阵后，目击拦江工事被毁，遂扬帆下驶。这时，塔齐布猛扑富池口，富池口失陷。湘军水师穿过太平军船队，顺流东下，直抵龙坪，然后再溯江西上，上下合击太平军。太平军水师战船被焚四千余只，被俘五千余号。田家镇太平军因水师被毁，粮道断绝，"无粮无食，无子药可用"，又因拦江工事被摧毁，田家镇已失去其战略价值。3日，燕王秦日纲下令烧毁营盘，拆毁工事，撤出田家镇，退守湖北黄梅。

田家镇上游的蕲州太平军，在陈玉成的指挥下，屡次出击，12月2日，大败湘军都司杨名声、教谕唐训方。唐训方回忆蕲州战役的情景说："余履行阵二百余战，濒于危者屡矣，独蕲州之役"，骑马败奔三十余里，思之"今犹心悸"。②3日，击败荆州将军魁玉、杨昌泗等部清军于

---

① 曾国藩：《陆军踏破半壁山贼营水师续获大胜折》，载《曾文正公全集·奏稿》（卷四），第24—28页。

② 唐训方：《从征图记·落镫溃围》。同治刻本。

蕲州曹家河。处在四面被围的困境中，十八岁的陈玉成指挥若定，屡次击败来犯敌军，充分表现出他一身是胆的大将风度。因田家镇撤守，蕲州四面被围，4日，陈玉成率军冲出重围，转进广济，战事重心移向黄梅。

三、湘军攻陷广济、黄梅，太平军退守安徽宿松

湘军自武昌东下后，曾国藩始终随军行动，11月11日至黄州，12日抵堵城，13日过江到武昌县，12月9日到达蕲州，10日进驻田家镇。曾国藩沿途运筹决策，指挥湘军水陆师连续对太平军发起攻击。在蕲州，他发现太平军重兵集结广济、黄梅，乃飞调罗泽南、塔齐布率军渡江北上，以备进犯黄梅、广济，另调湖北按察使胡林翼率军进驻兴国，以都司石清吉防堵半壁山、富池口。这时，湘军水师直前炮轰九江，气焰嚣张。

田家镇失陷后，冬官正丞相罗大纲从江西饶州率军万余名，由都昌至九江，旋即飞渡长江，增援广济、黄梅燕王秦日纲、陈玉成等部太平军。广济、黄梅攻防战一触即发。

12月4日，塔齐布、罗泽南等部湘军进驻蕲州之菩提坝，营垒尚未筑成，陈玉成部分兵两路前往挑战，沿途择要埋设伏兵。陈玉成先以轻骑搦战，一经接战，太平军佯装不支，徐徐败退，湘军追击前来，进入伏击圈时，太平军伏兵齐起，湘军大败。不久，湘军援兵开到，太平军后撤，沿途节节抵抗，湘军损失甚大。27日，陈玉成放弃孤立据点广济，转进黄梅，与燕王秦日纲合兵一起。曾国藩决心攻取黄梅，命令所部主力继续进犯。

黄梅，地当皖、鄂两省接壤之所，为了保卫安徽、翼蔽与九江相犄角的小池口，黄梅县城为太平军必争必守的据点。秦日纲、罗大纲、陈

玉成议定，分兵万余驻守湖北小池口，策应九江林启容；以太平军主力扼守黄梅城西之大河铺一带，以万余太平军扎营黄梅北门外为策应之师；另以水师游弋于长江沿岸及内河，以备联络支援。

为了深入了解太平军在小池口、九江两岸的军事设施，12月24日，曾国藩派水师营务处负责人李孟群统率水师，对小池口、九江作试探性攻击，侦察两地虚实。李孟群经过初步火力侦察，发现九江城外设置炮台三座，面向长江；附城停泊太平军水师大型战船六艘；小池口设有营垒三座，炮台三座；江心沙洲设置营垒一座，高建望楼，密排炮位，洲尾有巨簰横亘数十丈，阻拦江面，上环木城，安置大炮两层，与数只大型战船、百余只杂船相依护。翌日，湘军水师强攻九江，守城太平军发炮还击。湘军水师攻九江不逞，转攻沙洲，以为此一孤立据点，唾手可得。谁知沙洲太平军毫不动摇，固守抗击，击毙湘军拟保千总苏胜、把总郑沐、六品军功李全梁等。

曾国藩用兵小心谨慎，在面临重大战役之前，他总是根据探报，分析"军情贼势"，再行决定攻守策略。他分析了九江、黄梅、小池口等地双方的军事形势后上奏说：目前形势，有可恃者数端，可虑者也有数端。首先他吹嘘说，可喜者"民心（应指地主团练——引者）归顺"，即是湘军到哪里，就得到了当地地主团练的支持。将士同心，官兵协力，水陆和谐，协饷源源解来，不像从前那样窘迫拮据。从这些方面看来，我军有可胜之势。与此同时，可虑者亦有数端。

第一，江西水师上月在鄱阳湖中的孤塘失利，被太平军俘获战船四十余号，旗帜炮械一并丢失。值得警惕的是：太平军在安徽仿造战船三十余号，又以大批小划船依护战船。这批战船即将前来参战，湘军水师的压力增加，可能使湘军陆师与江西虽仅一江之隔，却不能往来自如，影响甚大，一时尚无应对之策。

第二，陆路太平军长江北岸固然为数甚多，南岸太平军也为数不少。湘军陆师单薄，不能兼顾大江南、北两岸，难免顾此失彼。一旦北岸军情紧急，湘军从江南渡江北上增援，必须绕上游百里之处找船过江，总须三四日始能毕渡，往往缓不济急。

第三，"该逆愈剿愈多""愈剿愈悍"，湘军则久劳征战，无生力军前来增援，恐疲于奔命，劳累过度，再衰三竭，难免有受挫之虞。将领中能独当一面、谋勇兼备者不多，一遇挫败，深恐溃散而不能自立。最后，他说："待督臣杨霈率水师到黄梅后，北路足资堵御"，然后挥师渡江而南，力攻九江。①在这里，曾国藩隐隐向咸丰帝指出了杨霈瑟缩在后，贪天之功。他这个奏章，既揭发了杨霈的畏葸懦怯，作战无能，但又不着痕迹，堪称机关算尽。

大河铺属黄梅县，临近广济县境，孔垅驿在黄梅县城西南，两地均为从广济通向黄梅的交通要隘，太平军派重兵扼守，在大河铺构筑大营五座，小营三座，深沟坚墙，木桩竹签，一应俱全，这些防御工事的建筑，与田家镇相仿佛。12月20日，塔齐布、罗泽南督率湘军合同杨霈所部参将札拉芬进至离大河铺十里之双城驿。太平军乘敌军营垒尚未构筑就绪，立足未稳，先发制人，三路进攻敌军，反复争战，不胜，逐渐后退至大河铺。大河铺守军轻离营垒，冲出助战，未能打败敌军，敌军乘胜攻陷大河铺。

22日，塔齐布、罗泽南与札拉芬等率军侵至黄梅县城西四里之夏新桥驻扎。"黄梅城东南依山，山峰矗立，一溪环绕城根。西面沟港错杂，水深泥烂，惟二桥可渡。北面则高阜垒起，有险可据，为攻城必由之路"。太平军于北门外扎大营三座，营外掘梅花陷坑，深及丈余，"布以地雷竹签"，以精兵万余驻守。西门外扎营一座，又用砖石把城墙筑高数尺。城墙四周堆满滚木、礌石。24日，塔齐布、罗泽南等各军分道进犯，魁玉、杨昌泗亦闻战而至。湘军不惜代价，冒死攻入黄梅北门外太

---

① 曾国藩：《水师小胜并陈近日剿办情形折》，载《曾文正公全集·奏稿》（卷五），第12—15页。

平军大营。湘军继续拼死攻城，城墙上滚木、礌石纷纷而下，湘军死伤枕藉，塔齐布头负重伤。燕王秦日纲恐援军不继，当夜下令太平军撤出黄梅，败退安徽宿松、太湖。①26日，罗大纲因大河铺、黄梅先后失守，孔垄驿已成孤立据点，退兵小池口。1855年1月2日，罗大纲因小池口屏蔽尽失，有陷入敌军水陆围困的可能，决定放弃小池口，渡江南回，坚守湖口。这时，鄂东太平军绝迹，湘军水师夺取了九江江面的制水权。曾国藩命罗泽南、塔齐布渡江南回，妄图集中湘军水陆一举夺取九江、湖口。曾国藩自己坐在大拖罟船上，停泊九江江面指挥。

经过半壁山、砍断拦江铁链、蕲州、田家镇、大河铺、广济、黄梅等战役，湘军水陆师虽然屡次强攻获胜，但是精锐暗损，实力削弱。太平军虽然屡次受挫，除水师损失较重外，陆师主力依然完整强大，安庆的后备兵力尤其雄厚。湘军屡胜之后，志骄气盈，太平军在屡败之后，已成哀军。在这种情况下，矛盾朝着不利于湘军的方向发展，终于发生了曾国藩惨败于湖口、九江的战役。

四、石达开大破湘军水师，曾国藩兵败湖口、九江

湘军侵占黄梅、小池口后，燕王秦日纲等部太平军败退安徽宿松、太湖，军事形势为之一变。如果九江、湖口陷敌，战火将烧向安庆，安庆保卫战在所难免，湘军与江南大营清军有合流的可能，足以致太平天国于死命。

东王杨秀清接连接到败报，深知西征前线军事形势危急，指挥湖口、九江保卫战不是有勇无谋的燕王秦日纲所能胜任，再说杨秀清自己

---

① 曾国藩：《陆军双城驿大捷克黄梅县折》，载《曾文正公全集·奏稿》（卷五），第7—11页。

可能也感觉到田家镇、半壁山防御战是他的战略决策,他也为这次防御战作了种种努力,结果失败了,他感到智尽能索。危急的西征军事形势,迫使他起用谋勇兼备,善于指挥作战的翼王石达开,把西征军统帅大权交给石达开。统帅的正确战略战术,往往在战场上起着决定胜负的作用。

石达开(1831—1863),广西贵县人。洪秀全在贵县传播拜上帝教,石达开倾家相助,与洪秀全、冯云山约定同谋起事,金田起义时才二十岁。从金田起义打到金陵,他始终在前方指挥作战,战功卓著,在太平军中威望甚高。1855年1月,石达开从安庆移军江西,到达湖口、九江前线,太平军士气大振。石达开严令检点林启容坚守九江,丞相罗大纲坚守湖口之西的梅家洲,加固洲上防御工事。湖口、九江均在长江南岸。湖口控扼鄱阳湖通向长江的口子,离开九江六十里,"城外连峰叠嶂,壁立峻削"[1],其西为梅家洲,湖口控扼九江的饷道。从地理形势上讲,湖口、九江互为屏障,故守九江,必须坚守湖口,湖口如果失守,九江断无久存之势。梅家洲屏蔽湖口,欲守湖口,又必须坚守梅家洲。林启容、罗大纲奉命后,在九江、梅家洲加紧战备工作,准备与阵地共存亡,石达开则坐镇湖口。

12月24日,罗大纲派兵进攻吴城镇,大败总兵赵如胜,焚毁、缴获战船百余号,缴获大炮七百余尊,清军鄱阳湖水师受到了毁灭性打击。此役既消除了守御湖口的后顾之忧,又从敌军手中缴获了大量船、炮,增强了太平军的实力。石达开命罗大纲将缴获的战船,联樯结筏,横亘于鄱阳湖。罗大纲并分军在湖口城外,依山结垒,扎营数座,监视鄱阳湖口的动静。湖口之西为梅家洲,太平军在洲上建筑木城、炮垒,扎营二座,与木城、炮垒紧相依护。湖口、梅家洲成为控制从长江进入鄱阳湖的一把铁钳。

---

[1] 唐训方:《从征图记·灰山夜战》。

石达开自将重兵驻扎湖口，命令谋勇兼备、能征惯战的将领坚守九江、湖口、梅家洲后，并不出击停泊长江中的湘军水师，而是侦察其活动。这些迹象表明石达开在观察湘军的动静，总结田家镇、鄂东防御战失败的原因与经验教训，分析军情敌势，制订破敌的军事决策。

第一，他认为广济、蕲州、田家镇、黄梅、小池口等据点要地的失守，是由于燕王秦日纲按照东王的决策，打的是专守防御即消极防御战，实践证明，消极防御，是挡不住湘军的攻势的。

第二，他认为长江北岸是湖广总督杨霈所部清军，战守皆非所长，故秦日纲、陈玉成坚守宿松、太湖有余，且能相机出击。湘军陆师兵力不足，对长江南、北岸军事顾此失彼。现在曾国藩指挥湘军水陆师猛攻九江、湖口，因此，他把从安庆带来的精兵悍将，集中于长江南岸，以备打击来犯湘军。

第三，鄂东太平军在新败之后，亟须整顿补充，养其锐气。湘军在屡胜之后，气焰正盛，所以他责令林启容、罗大纲等以守为主，迫使敌军冒险犯难，仰攻城池，消耗其精锐，挫伤其锐气，然后徐图破敌之策。

第四，石达开在湖口，屡次攀登望楼，仔细观察湘军水陆师的活动，认为湘军之猖狂，在水不在陆，打败曾国藩的关键，在于击破湘军水师。他定下了击破湘军水师的决心与计策。

曾国藩认为攻陷鄂东重要据点要隘，湘军无坚不摧，如果集中湘军水陆师进攻九江，九江太平军断难坚守。为了增强兵力，他奏调湖北按察使胡林翼率军三千，杨霈所部副将王国才、都司毕金科等率所部清军三千，另调皖军等，至湖口、九江，会同扑犯九江、湖口。同时，咨请杨霈进驻蕲州，指挥江北军事。

1855年1月6日，塔齐布率军从九江上游的琵琶亭渡江至南岸，驻扎九江城南，恰巧胡林翼率军来会，分扎要隘。9日，罗泽南督率所部湘军在九江下游的白水港渡江，林启容乘敌军渡江未毕，阵容凌乱时，派兵从小东门、北门分道出击。林启容登望楼亲自指挥，双方几进几退，太平军斗志昂扬，重创敌军，击伤罗泽南。曾国藩以湘军陆师主力塔齐布、罗泽南等部猛攻九江，以水师扫清江面太平军水师，配合陆师的进攻，另调强大水师，扼扎湖口江面。

九江背枕大江，东北有老鹳塘、白水港，西南有甘棠湖，西有龙开河，东南多山，为姑塘入城要道。据曾国藩说：太平军严防九江东南，"其濒江之处，将各路挖断。其西门一路虽未挖断，而城外新坝筑有大营一座，木城数丈，列炮三层，倚龙开河以自固"。塔齐布等驻军九江东南，阻断城中太平军的出路。从1月14日开始，塔齐布、罗泽南、胡林翼等督军更番强攻。太平军利用既设工事，勇猛抗击，屡次打得攻城敌军死伤枕藉。曾国藩发现九江守军精悍强大，难以强攻取胜，不如移军攻其薄弱环节。22日，他命罗泽南率李续宾、刘蓉、唐训方等会同胡林翼军，转攻湖口之西的梅家洲营垒，企图攻占梅家洲，进一步侵占湖口，断绝九江的饷道。

梅家洲之尾为拦湖（指鄱阳湖）嘴，在鄱阳湖出长江口的西边，整个沙洲已经变成一个坚固的堡垒，罗大纲亲自坐镇指挥。太平军在鄱阳湖进入长江的口内，扎造大木簰一座、小木簰一座。沙洲东岸湖口城外，厚筑土城，安置许多炮位，对准长江；其西岸梅家洲一边，竖立木城三座，高达数丈，木城内设炮眼三层，周围排列。木城外遍筑营垒，垒外木桩、竹签广布十余丈，十分严密。木桩、竹签地区之外，掘壕数重，内安地雷，上用大木横斜搭架，钉以铁蒺藜。23日，罗泽南、胡林翼、李续宾、刘蓉、唐训方等开始进攻梅家洲，攻势愈趋猛烈。太平军以逸待劳，从容还击，把湘军打得死伤累累。罗大纲、林启容还出敌不意，发动逆袭，使敌军坐卧不安。九江、梅家洲的攻击战愈演愈烈，吸引住了曾国藩以及湘军水陆师的注意力。

湘军水师进泊鄱阳湖口，其目的在于切断湖口与梅家洲之间的联系，为陆师进攻梅家洲助一臂之力。同时控制鄱阳湖口，防止湖内太平军水师出口助战。当时，湘军水师中发生了战术争议。一派以李孟群为首，主张水师应严扼鄱阳湖口，防止鄱阳湖太平军水师冲入长江助战。另一派以彭玉麟为首，认为湘军水师应分兵进入鄱阳湖，搜索、消灭太平军水师，以免湖内太平军水师纵横湖口、内河，将粮饷源源不断转输湖口、九江，并且足以防止江西各路太平军从鄱阳湖增援湖口、九江。①李孟群是河南人，不是湘军嫡系。彭玉麟是湖南人，不仅是湘军嫡系，而且是曾国藩的亲信。彭玉麟的意见基本上符合了曾国藩急于求胜，攻克九江、湖口的企图。曾国藩没有考虑鄱阳湖是全国少有的大湖，水上一片浩渺，港汊在在都是，湘军水师初入鄱阳湖，一切生疏，从何搜索太平军水师？不论哪一种意见得势，为了切实掌握、控制鄱阳湖口，都须与这里的太平军展开一场厮杀。

太平军在鄱阳湖口内设置木簰数座，横亘河心，簰侧有炮船，簰外有铁链、篾缆，层层保护。两岸建筑营墙，分置炮位，居高临下，易于发挥火力。湘军水师屡次进攻，太平军坚守木簰，寸步不让。1月23日，水师闻陆师大举进攻，李孟群、彭玉麟等指挥水师，强攻鄱阳湖口内木簰，千炮齐发，炮声轰鸣，硝烟弥漫，太平军从簰上的木城内从容发炮还击，望楼中的太平军也开炮、开枪轰击。湘军水师屡攻不逞，不甘服输，继续反扑。鄱阳湖口两岸太平军凭借土城，施放枪炮，极为得力，湘军水师弁勇伤亡甚多。彭玉麟像输光了的赌棍，两眼发红，不顾水师的伤亡，喝令继续进攻。湘军大炮轰断了木簰四周的铁链、篾缆，簰上火药箱中弹，"巨烟轰发，响若山颓"，木簰已燃烧过半，而未烧之一面，太平军毫不畏惧，作战如故。望楼上的太平军也屹立不动，直到望楼倾倒，死而后已，其作战之英勇，令人惊叹。湘军水师虽然摧毁了鄱阳湖口内的木簰，但是死伤累累，适中石达开消耗敌军兵员，挫其锐气之计。曾国藩奏报说："今幸攻破木簰，去此大害，以后水师进攻，或

---

① 曾国藩：《水师屡胜围逼浔城折》，载《曾文正公全集·奏稿》（卷五），第28页。

易得手。"①字里行间充满着胜利的喜悦，却不知湘军水师祸从此起。

石达开、罗大纲在鄱阳湖口水面设置木簰，横亘口内，估计到敌军水师必然视为眼中钉、肉中刺，定然来攻。太平军则利用有利的地形地势与坚固的工事，消耗敌军的兵力。曾国藩命令水师强攻木簰，恰巧堕入石达开的圈套。自木簰被毁后，鄱阳湖与长江已通行无阻。

鄱阳湖与长江畅通前后，石达开改变了打击湘军水师的战术手段。太平军使用惊扰战术，每逢深夜，在湘军水陆军营左近，或是打枪，或是敲锣，或是呐喊，或是放出火船，惊扰湘军水师。曾国藩在家书中说："二十夜（1855年1月7日——引者），贼自江西小河内放火船百余号，实以干柴、桐油、松脂、火药，自上游乘风放下，惊我水营。南岸各千余人呐喊，放火箭、火球。其战船放炮，即随火船冲出，欲乱我阵。"②《湘军志》如实地描写了曾国藩的"笨牛战术"："寇并力据湖口，与九江相犄角……塔齐布既屯九江南门，日仰攻，士卒死伤相继。罗泽南攻湖口，苦战不能克，夜夜自戒备，至不能寐，闻者为之寒心。"③石达开的惊扰战术，挑逗得湘军求战心切，愈是仰攻，死伤愈众。

当湘军水师求战心切，又在鄱阳湖口内摧毁了太平军的木簰而志得意满时，1月29日，鄱阳湖中的太平军水师前来进攻湘军水师，湘军的轻快战船舢板、长龙等一百二十余号全部出动，飞驶出战，太平军水师佯败，湘军水师轻快战船勇猛追击，"乘胜冲入内河"④。石达开立即命令将鄱阳湖水卡堵塞，切断了进入鄱阳湖湘军轻快水师的退路，水师都司萧捷三、孙昌国，游击黄翼升等率舢板队深入鄱阳湖，发现湖内太平

---

① 曾国藩：《浮城逆党两次扑营均经击败折》，载《曾文正公全集·奏稿》（卷五），第29—34页。

② 曾国藩：《致澄弟温弟沅弟季弟》，载《曾国藩全集·家书一》，第282—283页。

③ 王闿运：《湘军志·曾军篇第二》，第12页。

④ 曾国藩：《内河水师三获胜仗折》，载《曾文正公全集·奏稿》（卷五），第35页。

军水师并无动静，更未发现太平军水师船只。翌日，驶抵平风，已经深入鄱阳湖一百里，发现了太平军的船只，唯大多为民船，其中杂有少数战船。湘军水师像疯狗一样，焚烧民船，太平军战船也有若干损失。后来，萧捷三等率舢板船等回至鄱阳湖口，发现搭有浮桥二座，以通往来，"旧卡一道，关锁牢固"[①]，势难冲出，追悔莫及。

萧捷三等部轻快战船陷入鄱阳湖后，寄碇长江江面的湘军水师，只有快蟹等大型战船，行动笨拙，如蟹去足，失去了轻快水师的保护。1月29日深夜，石达开派太平军轻快水师围攻湘军水师快蟹等战船，阵斩保升都司史久立。当夜三更，另路太平军轻快水师船只，乘敌方战船惊魂未定，钻进湘军水师船群，利用火攻，焚毁湘军水师大号战船九只，小船数只，"杂色坐船三十余号"。当时，太平军陆师数千，站立岸边，"火箭喷筒迷离施放，呼声震天"。火乘风势，风助火威，焚烧战船的噼啪之声与江边震天吼声相交织，沿岸太平军喷筒等发射出的火光与湘军大船着火后的火焰交相辉映，蔚为奇观。经过这次火攻，湘军水师损失奇重，士气涣散，军心动摇。30日，湘军水师从湖口江面逃向九江江面。这时，梅家洲、九江守军也频频发动反击，打击塔齐布、罗泽南等部陆师。[②]

2月2日，罗大纲已分军攻占九江对岸的小池口。21日，曾国藩发现胡林翼、罗泽南等进攻梅家洲屡次失利，水师又已退至九江，遂命令胡、罗等退回九江，依旧与塔齐布联合作战，企图侥幸攻陷九江。罗大纲见敌军从梅家洲撤出，率领所部主力横渡长江，进入小池口。当日深夜，月黑风高，雾气蒸腾，太平军先在九江岸边焚烧破旧战船一只，火

---

① 曾国藩：《内河水师三获胜仗折》，载《曾文正公全集·奏稿》（卷五），第35页。

② 曾国藩：《水师三次获胜两次败挫折》，载《曾文正公全集·奏稿》（卷五），第37—40页。

焰冲天而起，停泊对岸的湘军水师莫明究竟，开炮轰击，目标暴露[①]。太平军小船从小池口、九江两路出发，曾国藩说：这些小船"乘月黑迷漫，攒入我军船夹内，火弹、喷筒百支齐放，右营被烧战船一只"，各哨本是惊弓之鸟，见战船火起，倍形慌张，竟然挂帆上驶[②]。曾国藩眼看水师船队混乱溃逃，急忙坐小船巡阅船群，下令严禁挂帆开船。无奈江阔船多，波涛声声，加以黑夜难辨，众船依然逃向上游。太平军小船围攻曾国藩的座船——大拖罟船，击毙该船管驾把总刘盛槐、李子成，监印官典史潘兆奎，文生葛荣典等。曾国藩害怕被俘，再次投江自尽，被救，乘小船逃入罗泽南陆营。天明后，曾国藩派船追回部分逃船，与罗泽南部陆师相依护。湘军水陆师已是强弩之末了。

九江溃败后，曾国藩在致诸弟书中，比较如实地道出了水师于湖口、九江溃败的情况与原因。他说：湘军"自破田镇后，满拟九江不日可下，不料逆贼坚守，屡攻不克。分罗山（罗泽南字仲岳，号罗山——引者）湘营至湖口，先攻梅家洲坚垒，亦不能克，而士卒力战于枪炮雨下之中，死伤甚众。盖陆路锐师，倏变为钝兵矣。水师自至湖口屡获大胜，苦战经月，伤亡亦复不少。腊月十二日（1855年1月29日——引者），水师一百余号轻便之船，精锐之卒，冲入湖口小河内，该逆顿将水卡堵塞，在内河者不能复出，在外江之老营船只多笨重难行。该逆遂将小划乘夜放火，烧去战船、民船四五十号之多。廿五日（1855年2月11日——引者），又被小划偷袭，烧去抢去各船至二三十号之多。以极盛之水师，一旦以百余号好船陷入内河，而外江水师遂觉无以自立。两次大挫，而兄之座船被失，一军耳目所在，遂觉人人遑愕，各船纷纷上驶，自九江以上之隆坪、武穴、田家镇直至蕲州，处处皆有战船，且有弃船而逃者，粮台各所之船水手尽行逃窜"，有的弁勇乘机抢劫

[①] 杜文澜：《平定粤匪纪略》，载《太平天国资料汇编》（第一册），第51页。
[②] 曾国藩：《水师三次获胜两次败挫折》，载《曾文正公全集·奏稿》（卷五），第37—40页。

粮台,"殊难为怀"。现在我率领残败水师,驻扎九江城外的官牌夹,我自己则住在罗泽南军营中,"不知果能力与此贼相持否"?"我终日惶惶,如坐针毡"。①当曾国藩惶惶不可终日时,太平军在长江北岸又发动了强大的攻势,铁拳打向湖广总督杨霈,指向武昌,西征战争打得有声有色。

---

① 曾国藩:《致澄弟温弟沅弟季弟》,载《曾国藩全集·家书一》,第287—288页。

第六章　胡林翼升任湖北巡抚对曾国藩湘系的影响

一、杨霈败奔德安，曾国藩派胡林翼回援武昌

杨霈，字慰农，汉军镶黄旗人，进士出身，结交权贵，颇得清政府的信任。1854年6月26日，太平军二克武昌，清政府将湖广总督台涌革职，以杨霈为湖北巡抚，兼署湖广总督，驻军德安。同年10月14日，曾国藩指挥湘军攻陷武昌，荆州将军官文派兵配合作战，攻陷汉阳。杨霈认为湘军锋锐正盛，武昌空虚，"度不可居"，主张乘胜东下，挺进下游，他可因人成事，名利双收。在湘军攻陷武昌的次日，他上奏说："省城虽复，而沿江州县尚为贼踞，即应会同南师，水陆并进，以冀一气扫除，无使据险负嵎，重烦兵力……拟与曾某熟商，将兵勇酌量留防，各选精锐，水陆下击，仰赖威德所届，直抵江南，灭数载之巨寇。"[①]不久，杨霈前来武汉，与曾国藩商定由湘军水陆师担任长江江面与长江南路战事，杨霈所部清军专任长江北岸战事，进取蕲州、黄州、广济等地。杨霈所部清军，号称数万，编制缺额太多，兵员大多为散兵游勇，其部将刘富成等，工于逢迎，巧于避战，仅副将王国才部尚堪一战。清

---

① 张曜孙：《楚寇纪略》，载《太平天国史料丛编简辑》（第一册），中华书局1961年版，第75页。

政府接到湘军攻占武昌、杨霈建议与湘军联兵东征的奏报后，对杨霈建议联兵东征事搁置不理，命曾国藩署理湖北巡抚，杨霈仍旧留驻楚北德安。杨霈东征的建议既然未被批准，他就裁汰兵勇，安居德安。

10月26日，曾国藩根据与杨霈约定的作战计划，上《统筹三路进兵折》，清政府接到曾国藩的奏折后，认为实力人物的意见是可行的，接受了他三路进兵的建议，改变责成杨霈据守楚北的命令，命杨霈与曾国藩联合东征，协同作战。这时，杨霈惶惶无主。首先，他的部队已大量裁减，不得不临时扩招新兵，上阵难以得力。次之，他发现了曾国藩与他个人之间的深刻矛盾。1854年10月14日，湘军攻陷武昌，杨霈抢先上奏收复武昌，等到曾国藩进入武昌，入奏攻占湖北省城，已落在杨霈奏捷之后数天，"曾国藩知杨霈先奏，认为攘功也，甚患"。后来，曾国藩又知道杨霈奏请与曾国藩部湘军三路进兵之策，"益复忌之，又以饷乏故，未能厚犒兵勇，于是，将士不悦"。①因此，当杨霈接到要他会同曾国藩三路进兵下游的命令后，进退两难。迫于清政府的命令，他不得不勉强打起精神，担任长江北路战事。所以，杨霈在北岸进兵的过程中，始终行动滞缓，处处看湘军的胜负行事。

1854年11月上旬，湘军水陆师与杨霈所部清军自武汉出发后，曾国藩急于乘太平军大败之后，进犯重要战略据点半壁山、田家镇。当湘军水陆师在半壁山、田家镇与太平军鏖战不休时，杨霈小心翼翼，进驻黄州。湘军攻陷半壁山、田家镇、广济后，续陷黄梅，燕王秦日纲与三十检点陈玉成等部太平军退守安徽宿松、太湖，鄂东太平军绝迹，杨霈才率军进驻广济。他的策士原襄阳知府张曜孙向杨霈建议说：湘军连获胜仗，暗损精锐，屡胜之后，官兵志骄气盈，暗伏败机；再说湘军扑攻九江，分兵进攻湖口，以战船横截江面，阻断太平军在长江里的通道，太平军必出死力以争。两军相争，鹿死谁手，殊难预卜。广济东距黄梅、

---

① 张曜孙：《楚寇纪略》，载《太平天国史料丛编简辑》（第一册），第76页。

宿松不远，无险可守，我军兵力薄弱，不如扎大营于蕲水（今湖北浠水），"深沟高垒，先为自立计。以前军扼界岭，守蕲州，以黄州为后路"，再命湖北炮船集中蕲水河边，水陆掩护，定能进退裕如。曾国藩用兵长江北岸，攻陷蕲州、广济、田家镇、小池口、黄梅，是出于进犯九江、湖口的需要。杨霈却误以为曾国藩在长江北岸的军事行动，是对他这个湖广总督的尊重与支援。因之，杨霈听不进张曜孙的建议，决定设大营于广济。① 杨霈所部清军纪律废弛，农民衔恨入骨。

湘军屡次进犯九江、湖口不逞，兵力消耗过大，曾国藩写信给杨霈说：听说"麾下有刘富成、王国才，良将也，请惠其一"②。刘富成善于逢迎，杨霈命真正敢战但不善逢迎的王国才率军四千南渡，归九江塔齐布指挥，会同湘军进攻九江。王国才南调后，杨霈所部兵力削弱。杨霈命刘富成出屯黄梅，当前敌，监视宿松、太湖的燕王秦日纲等部太平军。

1855年1月20日，湘军轻快水师舢板等陷入鄱阳湖。2月2日，罗大纲北渡长江，收复小池口。2月7日黎明，秦日纲、陈玉成等挥师进击黄梅，刘富成军望风崩溃，逃至荆竹铺③，太平军轻取黄梅，为进攻广济开辟了前进道路。

16日为阴历除夕，天寒地冻，朔风怒号，前方败报不断传到杨霈广济大营，他毫不在意，在军营张灯结彩，"置酒高会"④。太平军潜藏在广济大营的内应人员放起一把大火，后帐火光融融，冲天而起，大队太平军与附近农民呼啸而来，宛若万马奔腾，清军立刻惊溃。《湘军志》载："杨霈之败，实未见寇，乱民一呼而万众瓦解。"⑤ 广济大营火起，杨霈张慌失智，心惊胆裂，昼夜奔逃，19日逃到黄州，21日败奔汉口。太

---

①② 张曜孙：《楚寇纪略》，载《太平天国史料丛编简辑》（第一册），第77页。
③《湖北通志·武备·兵防》（卷二），商务印书馆民国十年版，第1840页。
④ 李滨：《中兴别记》（卷十八），《太平天国资料汇编》（第二册，上），第300页。
⑤ 王闿运：《湘军志·湖北篇第三》，第1页。

平军衔尾而来。杨霈留"逃溃疲弱之兵数千,饬藩司夏廷樾据守武昌",旋即劾罢夏廷樾。他自己则借口保护荆襄,"防贼北窜",逃奔德安。23日,秦日纲、陈玉成等部太平军攻占汉口,翌日,续克汉阳。武汉三镇,太平军已占有其二,武昌变成了孤立的据点,成为太平军攻击的主要目标。

自从广济大营崩溃后,杨霈向西逃窜,败不能止。曾国藩根据探报,审度军情,他认为:

第一,太平军沿江西进,意在攻取武汉,用意显然。杨霈自广济大营崩溃后,向西遁逃,太平军跟踪追击,势必进攻武汉,断非湖北兵勇所能抵敌。如果太平军俘获汉口新造战船和无数民船,梗塞于江汉之间,大江千里,上下皆"贼",湘军水师受困于中段,钱粮子药来路中断,水勇势必军心涣散,士无斗志。如果太平军重新占有武昌、汉阳,窥伺湖南、荆州,则形势险恶,将防不胜防,不可不预筹对策。

第二,小池口、广济、蕲州等地既为太平军所占领,九江湘军水陆师难以大有作为,湖北按察使胡林翼顿兵九江城下,已失去重要意义,胡林翼理应回援省城武昌,即使不能协助武昌守军坚守武昌,退亦可以在武昌外围作战,牵制武昌太平军,为湖南、荆州增一屏障。

2月18日,曾国藩派胡林翼、都司石清吉等率军三千余名,李孟群率湘军水师战船四十余号,回援武昌,以资互相依护。

2月20日前后,九江江风大作,波涛掀天,浪涌如山,一昼夜之间,湘军水师战船撞沉二十二号,撞伤二十一号,其余也大多损坏,完好者仅四五十号。湘军水师一损于湖口江面,再败于九江江面,三损于风灾,战斗力已微不足道,而九江、湖口江面太平军水师出没无定,残余湘军水师有全部被歼的可能。为此,曾国藩命彭玉麟统率残余战船七十余号,西上武汉,投靠湖北布政使胡林翼,拟在新堤船厂修理残损战船,"且可以固荆襄之门户,可以剿窜汉之新贼",足以屏障湖南。①

2月23日,秦日纲等部太平军攻占汉阳。同时,李孟群率湘军水师三营、战船四十余号到达武汉江面,寄碇黄鹄矶。25日,彭玉麟率水师战船抵武汉,停泊鲇鱼套。3月2日,清政府将湖北按察使胡林翼升任为湖北布政使。6日,胡林翼、石清吉率军从陆路行抵武昌城外,旋即与湘军水师会合。

1854年胡林翼由道员升任湖北按察使,是曾国藩湘系势力楔入湖北的开始。胡林翼升任湖北布政使,曾国藩闻讯大喜,一则湘军水师主力到达武汉江面,在政治上、经济上有所依靠,再则使湘系势力在湖北的根子更深,更有发展前途。因此,14日,曾国藩派遣王国才率军三千名左右,经兴国、武宁驰援武昌,归胡林翼指挥调遣,加强胡林翼的军事力量。

陶恩培,字益之,号闲云,浙江会稽人,进士出身。他到武昌接任巡抚时,湖广总督杨霈驻军鄂东,军事"一委之总督",武昌不作战守准备。城中有兵二千,银钱米粮皆无积储。忽然得到太平军占领汉阳、汉口的军报,他急忙布置城守事宜,军心不固,士气瓦解。后来,各路援军前来,陶恩培感到有了一线生机。

武昌雄踞长江以南,汉阳、汉口在大江之北。翼王石达开命韦俊从田家镇渡江,过富池口,向西急进。2月25日,攻克兴国,续克通山、崇阳、咸宁,取道青山,直趋塘角,与燕王秦日纲等对武昌发动联合攻势,胡林翼等军赴援,屯驻武昌城外。论理,胡林翼是湖北布政使,当军情紧急时,他应率军进入武昌城中,据险守城。但是,他却屯兵城外,遥作声援,其中就别有隐情了。

1854年陶恩培在湖南任按察使,同年4月下旬,当曾国藩靖港溃败时,他拟与布政使徐有壬参劾曾国藩,请"罢遣湘军,语倨妄甚"。此事

---

① 曾国藩:《大风击坏战船并陈近日剿办情形折》,载《曾文正公全集·奏稿》(卷五),第44—46页。

湘军将领尽人皆知，无不切齿，"言之愤慨"。[①]因此，1855年4月3日，韦俊等部先锋部队进攻武昌时，摇动黄旗，城内守军一哄而散，城外胡林翼等部援军也闻风而走。太平军缒城而上，湖北巡抚陶恩培兵败自杀，太平军不战而下武昌。就武昌城外守军万余而论，如果兵勇能齐心防守，太平军少数先锋部队是不可能这样轻而易举地攻克武昌的。问题是曾国藩湘系与陶恩培有宿怨，太平军进攻武昌时，胡林翼在城外勒马观变，给予了太平军可乘之机。关于胡林翼逼死陶恩培这段隐情，在杜文澜的《平定粤匪纪略》、王定安的《湘军记》《求阙斋弟子记》等史籍中，全都讳莫如深，只有王闿运的《湘军志》中，尚能直笔叙事，微露痕迹。《湘军志》中是这样写的：武昌"初才二千兵，及城陷时，城内外防守军万二千，见黄旗则争缒城走，外兵亦走。水师固不任城守事，省城溃，自保而已。寇至城下，用缒城绳引而上，城中唯巡抚陶恩培、署按察使武昌知府多山及仆人五六人，恩培先赴水死，多山……发愤自刎死。布政使胡林翼、按察使李孟群皆将兵赴援，屯城外。副将王国才方驰入城，城闭，亦用缒城绳以上。至藩署，群盗方会饮，重门开，列火以为燎，国才乃悟。业已入，因率亲兵入，暴砍之，群惊走且呼，街巷间有出者，辄为官军所砍，俄顷而定。城中居民固未复业，至是早尽逃。国才悯悯不知所为，则登城招水陆军，不见一人。明日，出城合林翼屯，语激昂，林翼心怍焉"[②]。胡林翼素来性气高傲，如果不是有意逼死陶恩培，为什么要"心怍焉"？胡林翼对陶恩培见死不救，说明他善体曾国藩与湘军将领的心意，为他们报了陶恩培的一箭之仇。1855年4月16日，清政府以湖北布政使胡林翼升任湖北巡抚。胡林翼出任湖北巡抚，为曾国藩湘系争得了一块地盘，将对湘军的生存与发展产生巨大而深远的影响。

---

① 王闿运：《湘军志·曾军篇第二》，第9页；《湘军志·湖南防守篇第一》，第9页。

② 王闿运：《湘军志·湖北篇第三》，第1页。

二、湘系扳倒杨霈，胡林翼出任湖北巡抚对湘系战略地位的影响

湖北一省六七十州县，其中半数没有受到战火波及，基本上依然保持着封建秩序，楚北是所谓"完善之区"，湖广总督杨霈借口"防贼北窜"，避居德安，筹集粮饷，拥兵自卫。如前所说，杨霈与湘系头领曾国藩之间存在着深刻的矛盾。以曾国藩为首的湘系认为攻打太平天国，应该与太平军争夺武汉、九江，所谓"防贼北窜"，保护荆襄，仅是杨霈避居德安的遁词。湘系与杨霈在战略观点上发生了根本分歧。胡林翼未当巡抚前，曾国藩等湘系人物对杨霈的所作所为，没有发言权；胡林翼当上湖北巡抚后，湘系就非为胡林翼撵走这个恶婆婆不可。时机终于来到了。

1855年4月3日，太平军三克武昌。之后，胡林翼率军转战武昌外围，对湖南起着屏障作用。杨霈竟奏调胡林翼移军汉阳以北的汉川，为他避居德安作挡箭牌。湘系忍无可忍，发动了对杨霈的连续政治攻势，首开其端的是湖南巡抚骆秉章。4月中旬，清政府将杨霈奏调胡林翼移军汉川"防贼北窜"的建议，征询骆秉章的意见。5月上旬，湖南巡抚骆秉章复奏参劾杨霈说：杨霈一贯说什么"防贼北窜"，保护荆襄，故不守武昌而北守德安，并拟将武昌外围的胡林翼等部移驻汉川。古代中原与江楚相争，应以襄阳为重镇。现在时异势迁，与太平军所争夺的是沿江各省。如果舍武昌而将武昌外围各军尽调汉川，是将长江千里"尽委之贼，其将置东南于不顾乎"？曾国藩、塔齐布军隔在江西，"前后皆贼……在在可危，更有何直捣金陵之望？此臣之所未解者一也"。胡林翼等移军汉川，能扼"上窜之贼"，不能防太平军从武汉沿江西攻荆州，杨霈动辄说他驻军德安，足以捍卫荆襄，于事理不符。"此臣之所未解者二

第六章　胡林翼升任湖北巡抚对曾国藩湘系的影响 / 121

也"。若将胡林翼等军上调汉川,则武汉江面湘军水师顿失依恃,只得退守岳州,为湖南的安全打算,不无助力。然而,从此武汉、蕲水、黄州永无收复之期。"此臣之所未解者三也"。杨霈在广济溃败后,拼命向西逃奔,追击他的太平军前锋部队不过千余名,杨霈拥有兵将万余,乃不敢回兵一击。退黄州未满一日,随即退向汉口,一路败逃德安,续退随州,目前且退至枣阳矣。"是北窜者贼也,引贼北窜者谁乎"?"此臣之所未解者四也"。以今日形势而论,襄阳、荆州各据汉水、长江之上游,荆襄是中原之门户,而武汉又为荆襄之锁钥。欲保荆襄,必保武汉,此一定之理。杨霈既以"防贼北窜为重",何以舍武汉不守,而先顾荆襄?何以不守汉川,而北守德安?又节节退至随州、枣阳?"此臣之所未解者五也"。奏折的结尾挥洒文笔,对咸丰帝动之以情说:我与总督杨霈并无一面之交,也未尝共事一方,本无嫌隙可言。因事关大局,若不据实直陈,"于心实为不忍"。我年老多病,自己应办公事,已经使我"竭蹶不遑,更何敢侈谈大局"?只因奉旨"令臣悉心筹画",才不得不披沥愚忱。①骆秉章是湘系的同路人,在他的奏折中,处处维护着曾国藩湘系的战略观点。

1855年4月18日,胡林翼升任湖北巡抚,当时他正在武昌外围作战。5月12日,他在上《谢恩折》的同时,上《添募水陆两军分布南北岸克期进剿疏》。他在奏折中呼应骆秉章的"五不解"奏折说:"荆襄据东南之形胜,而江汉尤为荆襄之咽喉。自正月初七日贼据汉阳,而北岸已形梗塞。自二月十七日(1855年4月3日——引者)武昌复失,而南岸又已蔓延。此时之计,惟当急攻武汉,乃可内固荆襄。武汉速复,则南岸之崇、通、兴、冶等处,次第可以肃清。"②他在奏疏的措辞中夹雨夹

---

① 骆秉章:《复陈鄂督败退武昌失守情形折》,载《骆文忠公奏议·湘中稿》(卷三),第17—22页。
② 胡林翼:《添募水陆两军分布南北岸克期进剿疏》,载《胡文忠公遗集·奏疏》(卷一),第2—3页。

雪，批判杨霈的战略观点。

曾国藩这时坐困江西，军事上无所作为，招招被动，一无展布，自顾不暇。再说他不是地方督抚，客居江西，更不应过问湖北的政事、军事，考虑到为胡林翼去掉杨霈这个恶婆婆，巩固湘系的湖北地盘，呼应骆秉章的"五不解"奏折，他竟上《湖北兵勇不可复用折》。他在这个奏折中揭发杨霈说：1854年10月，湘军攻占武昌，湖广总督杨霈召集旧有溃兵，招募湖北、河南之新勇，"兵勇数近三万"，兵力不为不厚，杨霈在奏报、咨文中亦自夸其战功极多，士卒精勇，"不图广济一败，退至蕲水，又退至汉口，又退至德安、枣阳，万余兵勇，或从之以行，或星散无归"。我认为湖北兵勇视溃散为常事，恬然不以为怪，若因循不改，后患不堪设想。实际上，他在参奏杨霈畏葸怯战，治军无状，"因循不改"。他又说湖北应重募新勇，练成精兵，目前之收复武昌在此，"异日之保守楚疆亦在此"。这一段话，分明在呼应湖北巡抚胡林翼《添募水陆两军分布南北岸克期进剿疏》，并且在抬高胡林翼在湖北的作用。

骆秉章、胡林翼、曾国藩在不同地点、不同时间，紧锣密鼓连续上奏参劾杨霈，清政府意识到了旗籍大吏杨霈在长江中游完全陷入了孤立的境地，为长江中游统兵大员所不齿。尽管杨霈长袖善舞，结交权贵，4月14日，清政府还是将他革职，另以荆州将军官文（1798—1871）代替杨霈为湖广总督。从骆秉章、胡林翼、曾国藩先后参劾杨霈的奏章内容与时间看，桴鼓相应，是他们有计划的行动，在其中穿针引线与摇羽毛扇的人物，应是湘抚机要幕客、胡林翼的姻丈左宗棠。这场扳倒杨霈的斗争，表明以曾国藩为首的湘系的政治影响在日益增长，足以影响到长江中游镇压太平天国的军事、政治布局。扳倒杨霈，也直接巩固了湖北巡抚胡林翼的政治地位。以上是胡林翼升任湖北巡抚后，对湘系战略地位的影响之一。

胡林翼巡抚湖北后，清政府命令湖广总督杨霈负责长江北岸军事，荆州将军官文负责荆州一带防务，将长江南岸战事责成胡林翼。曾国藩论及武昌的战略形势时说：今太平天国定都金陵，占领九江、安庆，长江中游"所宜急争者，莫要于武昌"。其目的在于占有武昌，控扼江汉要害，"而湖南、江西逼近强寇，尤不能一朝安居。即使贼兵不遽渡湖而南窜。而沅、湘固时有累卵之危，然则鄂省之存亡，关系天下全局固大，关系吾省之祸福尤切。鄂省存，则贼虽南窜，长沙犹有幸存之理。鄂省亡，则贼虽不南窜，长沙断无独存之势"。①曾国藩的战略观点为湖南官绅所接受。他们深知欲保湖南，必争武汉。故胡林翼初任湖北巡抚时，虽然"号令不出三十里"，后来因湖南官绅尽力为胡林翼增兵集饷，使其军事力量转弱为强，终于成为太平天国武昌守军的心腹大患。不仅如此，胡林翼的军事力量的增长，还意味着湘系势力的扩张。这就直接加强了曾国藩湘系在长江中游的战略地位。这是胡林翼出任湖北巡抚后对湘系战略地位影响之二。

武昌雄踞三镇，是长江、汉水的锁钥。胡林翼领兵转战武昌外围，既足以屏藩荆襄，又足以翼蔽湖南。曾国藩虽然暂时局促江西，但他仍然拥有鄱阳湖内的内湖水师与罗泽南、周凤山统率的湘军主力，随时可能从江西分兵增援湖北巡抚胡林翼。如果胡林翼在武昌外围用兵得手，势必驱使武汉湘军水陆师顺江东犯九江，曾国藩统率的湘军水陆师将与胡林翼部会师。这样，曾国藩统率的原在江西的水陆师本来已经变成一着"死子"，至少是一着"呆子"，一旦与胡林翼会师后，这着"死子"或"呆子"，将转化成一着灵动的活子，对据守九江、湖口的太平军，其患害就不可胜言了，并且足以威胁安庆。这是胡林翼升任湖北巡抚后对湘系战略地位影响之三。

胡林翼出任湖北巡抚，无形中为湘系争到了一块新地盘，扩大了湘系的实力。胡林翼将运用湖北的财力、物力、人力，筹建楚军（指湖北省军），补充、扩编湘军水陆师。后来，1857年曾国藩与清政府之间的矛

---

① 曾国藩：《与王璞山》，载《曾文正公全集·书札》（卷二），第41—42页。

盾激化，被清政府勒令在原籍守制，兵权被削除，江西湘军处于四分五裂、群龙无首的状态，全仗胡林翼在暗中维护、支持，使胡林翼成为湘系中仅次于曾国藩的巨魁。

胡林翼出任鄂抚，是太平天国的隐患，其祸害之严重，不容低估。

第七章　曾国藩坐困南昌

一、曾国藩局促江西，参奏江西巡抚陈启迈

　　1855年1月下旬到2月中旬，曾国藩部湘军水师大败于湖口、九江江面后，太平天国燕王秦日纲、检点陈玉成等接着在长江北岸发动反攻，大破广济大营，湖广总督杨霈败窜德安，太平军占领汉口、汉阳，威逼武昌。这时，顿兵九江城下的曾国藩遇到了一个进退出处的难题。湘军水陆师是全部回援武汉胡林翼，抑或分军回援武汉，还是湘军水陆师全部逗留江西？如果湘军水陆师全部回援武汉，势必与太平军为争夺武汉而决战。湘军水陆师挫损之后，与太平军在武汉决战，前途很不乐观。再说湖广总督杨霈"结援朝贵"，因人成事，攘功是其所长，曾国藩若回师武汉，有着这样一个婆婆，小媳妇实在难当。他不能不回忆起1854年10月14日攻陷武昌，为清政府立下汗马功劳之时，10月26日，清政府曾命曾国藩为湖北巡抚，以酬其劳，11月2日，忽然收到解除他巡抚的命令，反而以他的政敌陶恩培署理湖北巡抚。如果他全军回师武汉，与太平军争夺武昌，无异为他的政敌陶恩培、杨霈帮忙。想到以上这些问题，他决心抛弃回师武汉的想法。他反复考虑，踌躇再三，上奏说：目前的形势复杂，湘军的进止机宜很难处理。现在太平军大队进攻武汉，湖北兵勇断难抵御。敌军意图攻占武汉，将湘军裹在中段，"钱粮子药已截，水勇之心，断难自固"。如果太平军攻占武汉，西窥荆州，南伺湘

省,防不胜防,"其可虑者一"。如果湘军撤出江西,全师回援武汉,则艰难百战取得的战果,将前功尽弃,实为可惜。湘军军饷全仗江西,且湘军撤围九江,九江太平军势必内犯江西,湘军军饷行将断绝;且陷入鄱阳湖的轻快水师战船百余号,健卒二千余人,从此断难冲入长江,永远不能与外江水师会合。如此精锐之师,无人照料统率,弃置无用之地,今后难图再振,实为可惜,"其可虑者二"。陆师屡次得胜,士气本极旺盛。自从顿兵九江、湖口,仰攻坚城,死伤累累,精锐挫损。"若使回军武汉,则兵勇之雄心先减,加以远道跋涉,消磨精气""虽认真振厉,亦难作其方新之气。其可虑者三"。现在武汉危急,我也难以置身事外,为了救援武昌,我已命令道员李孟群率领部分水师驶回武汉江面,"毋使上窜之贼,掳船下水。如果大股贼匪占据武汉,水师当全军回剿,陆军亦当相机返顾"。①

这个奏折刚刚发出,九江、湖口江风大作,波涛汹涌,水师战船又被毁伤四十余号,完好者仅存四十余号。他命令知府彭玉麟统率残破战船和完好者一并驶往武汉的新堤船厂修理,兼防太平军水师控制汉水;同时命胡林翼、石清吉、王国才等驰援武昌。这样,湖北布政使胡林翼变成了湘军水师可靠的保护人。曾国藩的算盘处处为自己和湘军精打细算,"一子不落虚空也"。2月28日,曾国藩离开罗泽南陆营,前往南昌。临行前嘱咐罗泽南、塔齐布督率湘军八九千名,继续扑犯九江。曾国藩滞留江西,湘军陆师续犯九江,对西征军来说已是无足轻重,至于湘军水师分为两个摊子,对太平军更加有利。3月4日,曾国藩率少数随从到达南昌,与江西巡抚陈启迈同城办公。曾国藩擅权好胜,像个瘟神,他到南昌,江西巡抚陈启迈不得安宁了。

陷入鄱阳湖的水师,辎重衣物全部丢失,舢板船小,不能烧饭,不

---

① 曾国藩:《陆军剿小池口贼并陈近日军情折》,载《曾文正公全集·奏稿》(卷五),第41—43页。

便住宿。从前舢板都雇有座船,以资举炊、栖止,一旦冲入内湖,外江座船尽失,水师弁勇已"露外半月,饥冻备尝"。2月27日,湘军内湖水师(即鄱阳湖中的轻快水师)沿赣江开往南昌,江西巡抚陈启迈"给以口粮,优以犒赏,众心始安"。曾国藩与陈启迈商定,将江西造成的长龙三十号,拨归湘军内湖水师应用,又考虑到春夏水涨,"非巨舰不足以压浪而立营,拟再造快蟹大船十余号,酌派员弁回楚续招水勇,自成一军"。[①]4月间,新募平江勇到达南昌,与旧有平江勇合并,共三千余人,扎营南康,由候补同知李元度督带,使鄱阳湖水师有所依傍。这时,皖南太平军楔入赣东,湘军既得到江西巡抚陈启迈的支持,不能不"急江西之所急"。4月底,曾国藩命驻扎九江城郊的罗泽南部近四千名驰援赣东清军,以后,奔命于弋阳、广信、景德镇、义宁等地,"攻守非兵家之要",所占城池,旋得旋失。

太平军方面,在长江北岸燕王秦日纲、检点陈玉成等发动攻势,击败杨濡后,又会同韦俊攻克武昌。林启容坚守九江,并奉命将湖口县改为九江郡,"以九江府为江西省"。在九江的新坝,添筑砖城一座,九江防务更加巩固。另部太平军在九江对岸的小池口建筑砖城,加强各种防御设施,建立了新城县。[②]湖口县太平军得到农民的支持,增高城堞,梅家洲加筑土城,长逾三里。鄱阳湖口的卡子、浮桥依然被太平军牢牢掌握,浮桥上铺木板,垫以泥沙、石子。九江、湖口、小池口的三角防御体系空前巩固。

曾国藩对围攻九江的陆师,感到左右为难,继续强攻,死伤士卒,劳而无功;撤除围军,无异承认自己满盘皆输,影响士气与自己的威信。然而,他的面子看来比什么都重要,为了保持自己的尊严,他在下蠢棋,明知续犯九江有百害而无一利,却命令塔齐布继续仰攻坚城。塔

---

① 曾国藩:《贼匪扑营官军获胜并近日军情折》,载《曾文正公全集·奏稿》(卷五),第49—50页。

② 张宿煌:《备志纪年》,载《近代史资料》总34号,第189页。

齐布百计环攻，一无所得，徒然死伤累累。8月30日，塔齐布抑郁忧愤而死。曾国藩以副将周凤山接统塔齐布军。①

湘军纪律败坏，到哪里，哪里的人民遭殃。目击者邹树荣写诗抒愤说：

> 曾公国藩礼侍郎，籍贯湖南县湘乡，办贼江右赐关防。平江练勇私未忘，战功未必在疆场，实实受害惟南昌。二月梅姓扎营房，伐墙拆屋摧门墙，妇女逃窜毁容妆，太史第宅成芜荒，相近数里各村庄，用器食物皆夺攘。关门闭户天昏黄，或有畸零小地方，夜深公然上妇床。三月扎营梧桐冈，抢夺民物持刀枪，秆堆竹木皆精光，车犁锄钯亦丧亡，或作爨材炊黄粱，或索赎值充私赃。吴姓妇女锁祠堂，亦恐受辱先避藏。我昨谢市赴友觞，纷纷练勇盈街坊，茶酒肉饭任取尝，不敢索钱探箧囊。三义店中籴米粮，小车两乘亦被抢，好语乞还彼语狂，偶然骂詈相抵当，持刀逐人势欲戕，店主工作心彷徨，抱头鼠窜走忙忙。小犬猗猗吠其旁，迁怒刺犬匕首伤，市人皆噤声不扬，将来铺户难开张……传闻贼首称翼王，仁慈义勇头发长，所到之处迎壶浆，耕市不惊民如常，贼至犹可兵则殃……官兵如此何所望，漫云督勇恢封疆，漫云剿贼安善良，漫云福星照豫章？吁嗟乎！安得吕蒙号令彰，一笠覆铠必取偿，以谷我士女与农商。②

这首纪事诗，如实地记下了湘军在江西奸淫掳掠擢发难数的罪行。湘军明明是一支土匪队伍，曾国藩偏说是"仁义之师"。太平军纪律严

---

① 曾国藩：《湖南提督塔齐布因病出缺折》，载《曾文正公全集·奏稿》（卷六），第151—152页

② 邹树荣：《纪平江勇事》，载《太平天国资料》，第77—78页。

明，有口皆碑，"仁慈义勇头发长"，曾国藩偏要把太平军污蔑成无恶不作的"贼匪"。人民的口碑俱在，史籍的记载俱在，岂曾国藩一手所能遮天？

曾国藩的湘军纪律如此败坏，他却依仗这支强盗队伍，肆无忌惮地争权夺利，闹矛盾，搞摩擦。在江西，他不断与江西巡抚陈启迈发生矛盾冲突。湘军在江西的总兵力有一万余名，为了养活这支土匪队伍，曾国藩在江西擅自设卡抽厘，与地方士绅沆瀣一气，抽收捐税，另外还要江西藩库拨发大量饷银。陈启迈大为不满，他认为曾国藩垄断江西财源，再要藩库拨饷，是诛求无度。曾国藩却说：湘军在江西作战，所有饷银，"即使尽取之江西库款"，亦不为过分，"凡饷项，丝毫皆国家之饷也，又岂陈启迈所得私"？曾国藩吹嘘湘军功在保障江西，陈启迈则认为湘军纪律废弛，长期进攻九江，无尺寸之功可言。平江勇三千余名驻扎南康，后移南昌外围，从未与太平军见过一仗。1855年春，皖南太平军对赣东发动攻势，陈启迈曾经敦请曾国藩调派罗泽南率军驰救，但湘军所谓攻克城市，随得随失，于大局无补。陈启迈把湘军看成可有可无，曾国藩湘军在江西已成赘疣。后来，陈启迈干脆下令直接指挥罗泽南部湘军。曾国藩从来把湘军看成私产，陈启迈直接插手指挥湘军，为曾国藩所深恶痛绝，触动了他的肝火。由于以上种种原因，曾国藩与陈启迈势同水火，1855年7月25日，曾国藩用恶人先告状的手法，上奏参劾陈启迈包庇罪将赵如胜等，虚报胜仗，纵兵扰民；诬陷团练正绅，掣肘湘军粮饷；用兵无章，对罗泽南等部湘军乱发命令。[①] 其实，他参劾陈启迈的罪状，在曾国藩身上条条都有，还要加上纵兵殃民等罪名。只是因曾国藩掌握兵权，8月14日，清政府不得不将陈启迈革职，代之以旗员文俊。文俊比陈启迈更不好对付，二人之间依然矛盾重重，但曾国藩只好

---

① 曾国藩：《奏参江西巡抚陈启迈折》，载《曾文正公全集·奏稿》（卷一），世界书局版，第145—149页。

忍气吞声了。他从来只骂人家的不是，不说自己的专横跋扈。当他局促江西，穷极无聊之际，写信给诸弟说，弟等"总以不带勇为妙，吾阅历二年，知此种构怨之事，造孽之端，不一而足"[①]。随着太平军三克武昌的胜利，太平军力量的增长，湘军力量的消衰，曾国藩愈来愈加沮丧气短了。

二、胡林翼溃败㟭山，曾国藩分军罗泽南增援胡林翼

胡林翼初任湖北巡抚时，他直接指挥的部队不过二三千名，另有副将王国才部三千名左右，也归他节制调遣。湘军水师共七八营，战船一百二十余号，其主力归知府彭玉麟指挥，另外有三营归道员李孟群指挥，总统于胡林翼。胡林翼部陆师与彭玉麟部水师驻扎武昌之西的金口，进可以反扑武昌，退亦足以限制武昌太平军西进的马足，屏蔽湖南。沌口山势微高，足以避风涛。李孟群率湘军水师与王国才部陆师驻扎长江北岸、汉阳之西的沌口，进可以进犯汉阳，退亦足以自守，防止太平军西上荆州。湖南官绅认为胡林翼是湖南人，所部主力是湘军，他所处的地理位置，使他成为湖南的屏障。因之，湖南官绅全力支持胡林翼，协助他发展军事力量，"湖南绅局添造新船百余只，复经署臬司记名知府彭玉麟招集水勇千余，于三月中旬（1855年4月下旬）陆续赶到金口"。又遣"旧用哨官前往湖南添募新勇二千余名""又经湖南抚臣檄饬守备谌琼林带兵六百名援鄂，均于三月二十九日（5月9日）、二十五日到金口会齐"。[②]胡林翼所部兵力增强一倍左右。胡林翼会同王国才时而

[①] 曾国藩：《致澄弟温弟沅弟季弟》，载《曾国藩全集·家书一》，第302—303页。

[②] 胡林翼，《添募水陆两军分布南北岸克期进剿疏》，载《胡文忠公遗集·奏疏》（卷一），第1—2页。

攻击汉阳，时而进犯武昌。防守武昌、汉阳的太平军斗志昂扬，屡次打退敌军的攻势。胡林翼部屡战屡败，军心涣散，士气低落。

1855年9月上旬，汉阳太平军屡次击败湘、楚军，胡林翼被迫亲自领兵前往应援，而以李孟群率水陆数营防守金口。12日，太平军分六路进攻金口，李孟群水陆大败，太平军攻克金口。胡林翼率军渡江至汉阳后，会同杨岳斌、彭玉麟部水师，猛扑汉阳不逞，死伤颇重，狼狈不堪。后来得到金口失守的败报，大有进退维谷之势，"即于初四日（9月14日）从汉阳涢口退驻蔡家岭的夅山"。9月18日，汉阳太平军分数路前来进攻胡林翼军营，气势甚壮。胡林翼所部又欠饷三月，屡战屡败，斗志已经丧失，听到太平军数路来攻，声势浩大，军心动摇，拒绝接战。胡林翼强令出战。这时，另路太平军从胡林翼军营后路抄袭而来，胡林翼部竟全军哗溃。①胡林翼气愤交加，"怒马欲死敌，围人见公意色恶，旋马向空野五六转始鞭之，马逸不能止"，奔驰至江边，遇杨岳斌部湘军水师都司哨官鲍超，鲍超急救胡林翼下船，幸免于死。这是鲍超受知于胡林翼的开始。②

两军相争，无论太平军或湘军方面，都力求从失败中总结经验教训，从而纠正错误，改正缺点，企图扳回败局。胡林翼正是善于从失败中汲取教训的人物。汉阳夅山溃败，给他的教训是深刻的。他认识到了湖北兵勇习气太深，临阵溃逃是其长技。过去他的错误是但知募勇增强兵力，从未着手整饬部队纪律。他说：我部既已败溃哗散，"即使收集大半，气已不振……副将王国才一军，更多冗杂"。为此，他整顿军队，裁汰哗溃弁勇，增募新勇。21日，荆州运到外省协饷三万两，使他的整军工作能够有效顺利进行。③同时，胡林翼调整军事部署，亲率沌口水师及

---

① 胡林翼：《陈奏分防金口及回剿夅山勇丁先后溃散现在迅派将弁收集整理以期补救疏》，《胡文忠公遗集·奏疏》（卷一），第1—2页。
② 《鲍忠壮公年谱》咸丰五年乙卯条。文海出版社。
③ 梅英杰：《胡文忠公年谱》（卷二），光绪梅氏抱冰堂版，第8页。

王国才军退屯新堤；以杨岳斌、彭玉麟部水师梭巡于六滩口、新堤、六溪口等地，借以保障湖南。在整顿军队时，将杨岳斌部水师都司、哨官鲍超改统陆师，派他到湖南去招募湘勇另组新军。鲍超（1828—1888），字春霆，四川奉节人，行伍出身，目不识丁，作战剽悍，所部号称霆军，以后成为曾国藩湘军主力之一。鲍超前往湖南募勇成军，是霆军出现的开始。署理湖北按察使李孟群是河南人，受到湘军将领的排挤，胡林翼将他调掌陆师。长期以来，杨岳斌与彭玉麟争权夺利，互相不睦，胡林翼提拔杨岳斌为湘军外江水师统领，曾国藩调彭玉麟从间道前往江西，统率鄱阳湖中的湘军内湖水师，为曾国藩分劳解忧。同时，胡林翼采取一个非常重要的战略措施，奏请清政府命令曾国藩分军罗泽南增援武昌。他奏陈说："九江、湖口江面既无水师，即使围攻经年，贼之往来自便，不如并力从湖南、北节节打通，乃可水陆东下，合于九江。"浙江宁绍台道罗泽南屡建战功，前次曾国藩派罗进攻义宁，即拟"进剿"武汉，因塔齐布病死九江，暂回浔阳。"应请敕下臣曾国藩仍派罗泽南一军，并益以精兵一二千名，迅速由湖南边界来鄂会剿，若仍株守九江，而贼势之横出旁轶，蔓延上游，似于大局无补"。① 于是，湘军内部发生了战略争议。

罗泽南自1855年4月中旬从九江拔营转战于广信、义宁等地以来，虽说攻城夺池，但旋得旋失，太平军忽去忽来，罗泽南奔救不遑，真所谓疲于奔命，劳而无功，战守攻取，无关大局之安危。罗泽南认为曾国藩应分军增援武昌外围的湖北巡抚胡林翼，一旦攻占武昌，湘军便能水陆东下，会师九江，江西、湖北的军事局势才能根本好转。8月28日，罗泽南督率所部湘军攻陷义宁后，他上书曾国藩指陈鄂、赣的战略形势说：武汉是东南的枢纽要地，形势百倍于浔阳。今武汉、浔阳久为太平

---

① 胡林翼：《陈奏分防金口及回剿参山勇丁行后溃散现在迅派将弁收集整理以期补救疏》，载《胡文忠公遗集·奏疏》（卷三），第1—2页。

军所占据,"而崇、通群盗出没",江西、湖南边驿骚扰。我以为欲制九江之命,必由武汉而下;欲解武昌之围,必由崇、通而入。"为今之计,宜令南康水师、浔阳陆师并力湖口,持重勿战,请自率所部径出崇、通,取高屋建瓴之势以图武昌。武昌复,东南大局庶有转机"。①曾国藩因塔齐布刚死不久,犹豫不能决。9月17日,罗泽南从义宁赶至南康,谒曾国藩于舟次,"指画吴、楚形势,谓方今欲图江、皖,必先复武昌;欲图武昌,必先清岳(指岳阳地区湘鄂交界地段)、鄂之交。定计率军出崇、通,以援武汉"②。曾国藩反复思考,认为:

第一,罗泽南提出增援湘系要员胡林翼,大肆反攻武昌的观点,为湖南官绅所支持,与他一贯的战略观点相吻合,是切中要害的。

第二,湘系人物担任地方督抚的只有胡林翼一人,如果胡林翼覆败于武昌外围,湘系势必失去湖北这块地盘。反过来说,派兵增援胡林翼收复武昌,也是为湘系争夺地盘,扩张湘系的实力。

第三,胡林翼在武昌外围已将湘军水师发展到十营,没有得力陆师与之配合,水师难以在武汉立足,且亦难以发挥水陆协同作战的优势。

第四,胡林翼的密友、至亲左宗棠是湘抚骆秉章的机要幕客,隐操湖南的军政大权,长期以来,左宗棠为曾国藩征兵输饷,若不允胡林翼之请派罗泽南驰援湖北,必将开罪左宗棠,将产生严重后果。

第五,湖南会党、农民起事层见叠出,湖南兵力不足,湖南巡抚骆秉章亦已奏调湘军一部"回湖南剿贼"。从湘军的利害关系着想,与其命罗泽南回兵湖南,不如派罗泽南增援胡林翼。

考虑到以上这些因素,曾国藩毅然决定派遣罗泽南率军驰援胡林翼。抽调塔齐布遗部参将彭三元、都司普承尧等部宝勇一千五百余人,归罗泽南节制调遣。罗泽南在前往湖北前,曾组织南康一带的湘军水陆

---

① 梅英杰:《胡文忠公年谱》(卷二),第9页。
② 黎庶昌:《曾文正公年谱》,载《曾文正公全集·年谱》(卷四),第12页。

师，对湖口、梅家洲作拼死一击，希图夺取这两处要地。9月18日，罗泽南渡鄱阳湖，督平江勇进犯湖口，下石钟山太平军营垒，承宣黄文金指挥太平军沉着抗击，打败了罗泽南的凶猛攻势；同时水师进犯梅家洲，大败，损失战船二十余号。①罗泽南回至南康，向曾国藩建议："湖口水陆官军但当坚守，不宜数数进攻，以顿兵损威，仍当俟江汉上游攻剿有效，以取建瓴之势。"曾国藩"又从之"。②9月26日，罗泽南从南康启程返回义宁军营。10月7日，宁绍台道道员罗泽南统率所部湘军五千左右，从义宁杭口出发，以训导刘蓉将左军，知府李续宾将右军，取道湖北崇阳、通城增援湖北巡抚胡林翼。12月25日，罗泽南军进抵武昌城外的纸坊胡林翼大营。胡林翼为了使罗泽南为他卖命，千方百计笼络罗泽南。罗泽南"亦稍稍分其众隶公，俾部勒其士卒，由是尽传楚军（指湘军——引者）规制"③。此后，胡林翼指挥罗泽南等加强了对武昌的攻势。

三、"破锣倒塔凤飞洲"，曾国藩坐困南昌

罗泽南从江西分军抵武昌外围后，武昌太平军改攻为守。1855年12月20日，署理湖北提督杨岳斌指挥湘军水陆师攻陷金口。1856年1月上旬，胡林翼率军驻扎武昌城南之五里墩，罗泽南率军驻扎武昌城东之洪山。武昌城外的湘、楚军水陆师摆出了全面进犯武昌的架势，频频对武

---

① 曾国藩：《水陆进攻湖口获胜折》《湖口陆营迭胜水师小挫折》，载《曾文正公全集·奏稿》（卷七），第1—9页。
② 黎庶昌：《曾文正公年谱》，载《曾文正公全集·年谱》（卷四），第12—13页。
③ 薛福成：《叙益阳胡文忠公御将》，载《庸庵全集·庸庵文编》（卷四），第3页。

昌发动攻势。湖广总督官文为了策应武昌方面的军事斗争,指挥副都统魁玉、总兵杨昌泗等领兵沿汉水南下,进薄汉阳。武昌保卫战日益激烈。

1855年11月,太平天国领导当局命翼王石达开增援长江上游,开辟江西省根据地。石达开命韦俊坚守武昌。11月上旬,翼王石达开部转战鄂南,沉重打击了罗泽南军后,11月下旬,挥师挺进江西。曾国藩目击太平军大军压境,连忙撤走进犯九江的周凤山军。石达开军进入江西后,以秋风扫落叶之势,一路战无不胜,攻无不克,连下瑞州、袁州、临江,围攻吉安。1856年3月1日,太平军攻占吉安一役,击毙江西按察使周玉衡、知府陈宗元等。24日,太平军在樟树镇大败湘军大将周凤山,溃兵败勇陆续败窜省城南昌,南昌一夕数惊。时人记下了当时南昌城中鸡飞狗散的情景:

> 正月陷吉州,死者二万数。大吏周玉衡,父子死尤苦。樟树周凤山,接战亡卒伍。警报至江城,皇皇心无主。搬移尽出城,车船纷丝缕。城外民铺房,近城民屋宇,拆毁已无余,木料任人取。二月晦日边,人更惊市虎。廿二陷进贤,廿四破昭武。市汉三江口,亦复遭惊卤。此信一报闻,乡城如见虏。谢市各村庄,武溪各铺户,一夜四五惊,纷纷散如雨。奔逃至远方,恨不生毛羽。此皆远于贼,落胆尚如鼠,何况近贼民,何以为御侮……官兵亦如贼,不复循规矩,杀人掠财同,更又淫妇女……[①]

4月4日,太平军攻克建昌府,至此,太平军占领了江西八府五十余州县。太平军所过之处,打击地主士绅,摧毁官府衙门,建立郡、县等地方政权机构,普遍推行乡官制度,成立各级城、乡基层政权,基本上

---

① 邹树荣:《纪事》,载《太平天国资料》,第77页。

完成了开辟江西省根据地的战略任务，把西征军事推向另一个高峰。这时，曾国藩在南昌日坐危城，不断派人到湖南、湖北向骆秉章、胡林翼告急求援。如果翼王石达开不是奉命急于回师天京参加击破江南大营的军事斗争，完全有可能打破南昌，活捉曾国藩。

翼王石达开用兵江西后，曾国藩的日子越来越不好过，1856年2月，他致书其心腹大将罗泽南说：江西除周凤山、彭玉麟统率的水陆师外，"无一军可恃。吉安之围，五旬未解，西路州县陷至二十余处，无人过问。饷项业已罄竭……国藩为江省计之，深望阁下之来援，为大局计之，又甚不愿阁下之回援，何也……国藩细察目下局势，阁下克复武汉后，由北岸迅速东下，湖南援师由袁州横出，上策也。湖南援师不成，阁下克复武汉后回剿瑞、临，中策也。援师既不成，武汉不复，阁下屯兵鄂渚，国藩亲率青山、湖口陆兵驰援腹地，与周凤山一军夹剿，此则近于下策，而亦不能不出此者也"①。很明显，曾国藩在催促胡林翼、罗泽南迅速攻陷武汉，以解江西之危。

1856年3月24日，翼王石达开指挥太平军四路进攻樟树镇，周凤山出兵迎战，太平军大破周凤山，斩获千余，尽夺其营寨，兵勇溃奔南昌。南昌官绅心慌意乱，甚至夺门出城，"相践以死"。曾国藩得到败报，27日从南康奔返南昌，收聚周凤山部溃勇散卒，筹备守御。一波未平，一波又起，翼王石达开部经略余子安又于28日攻克抚州，太平军游骑逼近南昌。曾国藩沉不住气了，奏调罗泽南回救江西。胡林翼不同意调走罗泽南。②30日，罗泽南上书曾国藩说：以时势论，今年之围武昌，与去年塔齐布之围九江，其势迥异。去年之围九江，江面、北岸全为太平军所占领，湖口、兴国、瑞昌也为太平军所占领，即使攻克九江，不过得一孤城。今岁之攻武昌，情况两样，武昌北岸、南岸皆为我有。江

---

① 曾国藩：《致罗罗山》，载《曾文正公全集·书札》（卷四），第11—12页。
② 梅英杰：《胡文忠公年谱》（卷二），第15页。

面自沌口以上，也为我湘军水师所控制，"其所未围者，只水路下游一面"。现在武昌城中粮食将尽，敌军"势日穷蹙……若湘勇遽撤，则润芝中丞之兵单，不能独立于南岸，不特前功尽弃，其祸殆有不可知者……虽中丞之陆师、厚庵（杨岳斌，字厚庵——引者）之水师同驻京口，足以守此一线，贼如去秋故事，或上犯咸守、蒲圻以窥岳州，其祸不独在湖北，即湖南亦将难以支持……武汉天下枢纽，我与贼所必争之地，垂成而急释之，尤非策也"。①

罗泽南在武昌外围，深知曾国藩的处境愈来愈加危险，"念曾公艰危，义同生死"。希图及早攻陷武昌，湘军水陆师得以东下，与曾国藩会师浔阳江上，于是督战益急。武昌太平军百计防御，守志弥坚。1856年3月，武昌守将韦俊得到九江、黄州、大冶、兴国等地太平军的增援，士气倍增。4月6日，武昌守军转入反攻，一支从望山门出，为数三千左右；一支三四千人，从八步街抄袭保安门外的胡林翼大营；一支三四千人，从正面进攻胡林翼军营；一支四五千人，从武胜门、忠孝门冲出，分据小龟山、紫金山、双凤山；一支从鹰嘴角出，奔袭唐训方军营。武昌城的宾阳门内隐伏精兵上万，城门虚掩，寂然无声，若无人守御，示敌有懈可击。

罗泽南驻军洪山，得知武昌守军分路出击，陆续派出李续宾、蒋益澧等分兵接战。乘各路鏖战不休时，罗泽南亲自督军从洪山出击，太平军败退，罗泽南乘胜穷追，直抵宾阳门，眼睛里闪耀出攻占武昌的喜悦。一刹那间，"宾阳门忽启，万众突出，直冲罗公军，军不能退。罗公策马躬拒之，三退三进，军几溃。火枪子中罗公左额，血沾衣，犹踞坐指挥"②。胡林翼得知罗泽南负重伤后，当夜赶往洪山军营探视，嘱悉心治疗。4月12日，罗泽南疮发，死于洪山军营，湘军水陆师为之夺气。

---

① 罗泽南：《与曾节帅论分援江西机宜书》，载《罗忠节公遗集》（卷六），第46页。

② 梅英杰：《胡文忠公年谱》（卷二），第18页。

曾国藩在江西得到罗泽南的死耗后,不敢透露,害怕军心士气瓦解。

罗泽南,字仲岳,湖南湘乡举人,长期在湘乡当塾师,学生遍湘乡。"讲学宗法程朱",著有《西铭讲义》《周易附说》《方舆要览》与《小学韵语》等。从他的著述可以知道他是理学经世派,他的思想与曾国藩是一个模子里浇铸出来的。他是湘乡团练最早的创始人与组织者,是曾国藩从组织团练、筹建湘军到出兵顽抗太平军过程中最得力的打手,每战必与,先后攻陷城池二十座,经历大小二百余战,双手沾满起义农民的鲜血,在镇压太平军的过程中,他曾赋诗抒发情感说:"寇盗满江矶,中原树义旗。一夫未得所,其咎将谁归?细雨花迟放,春风雁早飞。国人如望岁,努力着戎衣。"[①]罗泽南死后,胡林翼以李续宾继统其军。

武昌太平军大捷,罗泽南被击毙的消息传到江西,江西太平军无不欢欣鼓舞。他们制作民谣歌唱太平军的胜利,讽刺曾国藩湘军的失败。当时,一位封建知识分子根据太平军的民谣咏诗说:

> 破锣倒塔凤飞洲,马丧人空一个留(马继美总戎在江省会城战死,罗泽南方伯在武昌中炮死,塔齐布都统提督在九江病死,周凤山副将以宁州兵败归湖南,惟刘于淳观察统率江军水师驻扎南昌、临江等处,传闻长发有"破了锣,倒了塔,杀了马,飞了凤,徒留一个人也无用"之谣)。此语传闻真可叹,斯时寇盗大堪忧。[②]

由此看来,太平军是善于制造舆论打击敌人的,表现出高超的斗争艺术。

[①] 罗泽南:《二月初六日督攻鄂城马上口占》,载《罗忠节公遗集》,文海出版社1967年版。

[②]《太平天国资料》,第79页。

罗泽南死后,李续宾指挥湘、楚军继续强攻武昌,太平军或是坚守杀敌,或是伺机逆袭,武昌城屹立如山。

江西湘军溃败的原因之一是,太平军所进行的是正义的战争,外加湘军纪律败坏,结怨农民,广大农民群众都站到了太平军的一边,协助太平军作战。曾国藩在家书中说:"所患江西民风柔弱,见各属并陷,遂靡然以为天倾地坼,不复作反正之想。不待其迫胁以从,而甘心蓄发助战,希图充当军帅、旅帅,以讹索其乡人,掳掠郡县村镇,以各肥其私橐。是以每战动盈数万人,我军为之震骇。"①他对江西人民的污蔑,恰好是江西人民打击地主老财,积极参加太平天国地方政权建设,勇于支持太平军与湘军作战的绝好写照。曾国藩像疯子一样,写信给湘军平江勇统领李元度说:"各属民未厌乱,从逆如归。所出告示,严厉操切,正合此时办法。但示中所能言者,手段须能行之,无惑于妄伤良民,恐损阴骘之说,斩刈草菅,使民之畏我,远过于畏贼,大局或有转机。"②像曾国藩这样嗜杀成性的杀人狂,在历史上是不多见的。这就是他"吾欲行仁义于天下,使各得其分"的真实含义。

石达开胜利开辟江西根据地,使曾国藩与江西湘军陷入了太平军与农民群众的包围之中,不断遭到太平天国江西根据地内军民的打击,使江西湘军与曾国藩逃脱覆没命运的,不是湖南、湖北派来了援军,更不是湘军战斗力的加强,而是1856年秋太平天国发生了诸王内讧的天京变乱。这一事件导致太平天国的力量迅速消衰,湘军方面的力量反而逐渐增强起来。

---

① 曾国藩:《致沅弟》,载《曾国藩全集·家书一》,第323—324页。
② 曾国藩:《与李次青》,载《曾文正公全集·书札》(卷四),第15页。

第八章　太平天国与清政府力量的消长

一、天京变乱后太平天国力量的削弱，鄂、赣湘系力量的增长

1856年春，江南大营加紧了对天京的进攻，客观上与长江上游湘、楚军的军事进攻形成"铜山东崩，洛钟西应"之势。为了摆脱遭受长江上、下游敌军夹击的被动态势，太平天国领导集团命令在江西作战的翼王石达开部回师天京外围，联合燕王秦日纲等部，对江南大营发动攻势。6月17日，各路太平军开始总攻江南大营。21日，江南大营全面崩溃，钦差大臣向荣、总兵张国梁等败奔丹阳。东王杨秀清命令燕王秦日纲率领丞相李秀成、陈玉成等进击蚁聚丹阳的江南大营残兵败将，命令翼王石达开等督军增援武昌，北王韦昌辉统兵增援江西。太平天国定都天京之初，派林凤祥、李开芳等统兵北伐，兵力不过一万余名；西征军进围武昌，用兵湘北时，也深感兵力不足，捉襟见肘。现在太平天国至少有了翼王石达开、北王韦昌辉、燕王秦日纲的三支能独立作战的野战部队，兵力空前强大，眼看扫荡鄂、赣敌军的任务行将完成，进而底定东南半壁指日可期。遗憾的是在这种关键时刻，东王杨秀清被胜利冲昏了头脑，居然在1856年夏，假托天父下凡降身，"逼封万岁"。东王杨秀清把自己放到了火山口上。

长期以来，东王杨秀清执掌太平天国的军政大权，军令严，谋略

高，表现出杰出的政治、军事才能，为太平天国立下了卓越的功勋。但是，他一贯飞扬跋扈，利用天父下凡降身的棍棒，挫辱天王洪秀全，同时下压首义将领，北王韦昌辉、翼王石达开、燕王秦日纲等早已怀恨在心。"逼封万岁"，从韦、石、秦等高级将领到中级将领李秀成等，都认为这种做法，"是君臣不别"，"东欲专尊"。①"逼封万岁"，当然是天王洪秀全所不能容忍的。他与韦昌辉、石达开等密谋图杨，一拍即合。9月2日，韦昌辉从江西前线率领精兵悍将，突然回到天京，用迅雷不及掩耳的手段，杀死了杨秀清，屠杀东王部属。翼王石达开从湖北前线遄返天京，阻止韦昌辉扩大屠杀。韦昌辉非但不接受忠告，反而阴谋杀死石达开。石达开慌忙缒城出走，韦昌辉兽性发作，将石达开在京家属杀个精光，进一步威逼天王洪秀全。石达开在皖南起兵讨韦，天王洪秀全领导天京军民镇压了韦昌辉，秦日纲亦同时罹难。天王洪秀全命翼王石达开回京掌理朝政，得到了太平天国军民的拥护和爱戴。去了杨秀清，来了韦昌辉，天王被杨、韦弄怕了，他从反面汲取教训，无端怀疑、猜忌掌理朝政的翼王石达开，以任人唯亲的用人标准代替过去任人唯贤的标准，"专用安、福两王，安王即是王长兄洪仁发，福王即是王次兄洪仁达……挟制翼王，是以翼与安、福二王结怨，被忌押制出京"②。石达开离开天京后，西上安庆。1857年，他诱骗十多万精锐太平军，走上了分裂道路，远征不归。

天京变乱中，先后被杀的有东王杨秀清、北王韦昌辉、燕王秦日纲，翼王石达开又走上了分裂道路，领导力量大为削弱。政治上的影响也十分严重，太平军中出现了"天父杀天兄，江山打不通，回转故乡做长工"这样调子低沉、颓丧的民谣③。在军事上的影响最为严重，东王部属被杀数万人，韦昌辉、秦日纲部死于天京变乱中的也不在少数。石达

---

① ②《李秀成自述》影印本。
③ 程英：《中国近代反帝反封建历史歌谣选》，中华书局1962年版，第118页。

开带走了十多万精锐部队后，太平天国在百战中辛苦建设起来的野战部队瓦解了，军事力量迅速削弱，军事形势迅速逆转，各个战场发生了不利于太平军的变化。

苏南战场方面。蚁聚丹阳的江南大营残兵败将，于天京变乱前，在太平军的打击下，气息奄奄，1856年8月，钦差大臣督办江南军务湖北提督向荣忧愤而死。清政府命江南提督和春继向荣为钦差大臣督办江南军务，以漳州镇总兵张国梁帮办军务。天京变乱后，清军江南大营死灰复燃，1857年12月，攻陷镇江，接着移军进犯天京，成为天京的心腹大患。

江西战场方面。1855年冬至翌年春，翼王石达开率军进击江西，如风卷残云，连克瑞州、临江、吉安、袁州、建昌等八府五十余州县。江西毗邻湖南，太平军占有江西，随时可以闯进湖南。1856年2月，湖南巡抚骆秉章与即选候补知府刘长佑在长沙会商。他们认为：因曾国藩坐窘南昌，江西有土崩瓦解之势。江西不保，太平军随时随地可以楔入湖南，湖南抽兵增援江西，势在必行。惟"以江西诸路郡县均沦于贼，贼已遍设伪官，迫胁士民，蓄发立团，为抗拒援军之计，千余里间，顿成异域"。若只以一路兵力援赣，悬军深入，饷道易断。于是决定由刘长佑与即选同知萧启江统率弁勇五千名左右，分别从醴陵、浏阳入侵江西，以刘长佑为总统。①1856年2月下旬，刘长佑、萧启江等从长沙出发，3月18日攻陷萍乡，5月31日续陷万载，直扑袁州。其后，援赣兵数增加到九千左右。曾国藩的压力相对减轻。

因曾国藩被困江西，其父曾麟书派曾国华前往武昌外围胡林翼大营，请求胡林翼分兵增援曾国藩②。胡林翼从李续宾统率的湘军中，调拨兵勇四千一百名，由同知吴坤修，知县刘腾鸿、刘连捷，参将普承尧等

---

① 骆秉章：《援江官军两路获胜克复萍乡折》，载《骆文忠公奏议·湘中稿》（卷六），第40页。

② 王定安：《求阙斋弟子记》（卷五），第24页。

率领，以曾国华为总统，于5月上旬经咸宁、通城，取道义宁进入江西①。在江西边境又打开了一个缺口，增加了太平军的压力。

曾国藩的弟弟曾国荃（1827—1890），贡生出身。他听说曾国藩被困南昌后说："方吾兄战利，事无所须于我，我亦以未至营相视。今坐困一隅，我义当往赴。"②他得到革职湖北布政使夏廷樾和新任江西吉安知府黄冕的资助，募勇二千名，适副将周凤山自江西溃败后回湘亦募勇二千名，骆秉章遂命曾国荃与周凤山合军，10月22日，从长沙取道萍乡，扑犯江西安福，进犯吉安，曾国荃因此将所部湘军取名吉字营。以后，曾国荃统率的吉字营，成为曾国藩湘军的又一支主力部队。

正当刘长佑等军侵入江西西部地区时，抚州城中太平军出击驻军城郊的李元度所部湘军，1856年11月8日，李元度部平江勇全军溃散，湘军重要将领同知林源恩被击毙，李元度败窜崇仁③。

1857年3月15日，翼王石达开部将军朱衣点等大败刘长佑、刘坤一等部于临江之太平墟，刘长佑损失惨重。骆秉章调派驻防岳州的王鑫部老湘营增援江西，4月14日，即选道王鑫率军进抵江西新喻。

总的说来，在石达开未撤走江西驻军之前，江西太平军尚能抵挡敌军的攻势，胜负互见。自1858年春石达开全军进入浙江后，江西根据地全部瓦解，仅存湖口、九江，已成孤立的据点，形势危殆。

湖北战场方面。天京变乱后，清政府在湖北的政治、经济、军事形势上的变化最为显著，朝着有利于湘系的方向发展。1856年秋，湖北巡抚胡林翼派兵将箭书射入武昌、汉阳城中，"劝贼归降。贼亦复书云：'我东王之所以被杀也，乃其有篡弑之心，故北王讨之，戮其全家。今翼王与北王已除大憨，南京已定，不日大兵将来救援，尔等妖兵死无

---

① 胡林翼：《分兵应援疏》，载《胡文忠公遗集·奏疏》（卷九），第1页。
② 王定安：《求阙斋弟子记》（卷五），第27页。
③ 曾国藩：《抚州老营被贼扑陷折》，载《曾文正公全集·奏稿》（卷二），第240—243页。

日矣'"①。可见天京变乱尚未扩大以前,武昌、汉阳守军仍然斗志昂扬。但是,随着天京变乱的扩大和韦昌辉的被镇压,武昌守将韦俊心怀疑忌,斗志丧失,于1856年12月19日,擅弃武昌。湖北巡抚胡林翼遂指挥湘、楚军侵占武昌。众所周知,胡林翼是湘系第二号头领。侵占武昌后,他命令湘军水陆师迅即东犯,连陷兴国、大冶、鄂城、蕲州、黄州等府县。胡林翼利用军事压力减轻的期间,大事整顿湖北的军事、政治、财政,锐意经营湖北,使之成为湘、楚军进犯安庆的前进基地和曾国藩系湘军的第二个饷源基地。为此,他采取了如下一些措施:

第一,整顿军队。他整顿军队时,特别重视扩编湘军水陆师与建立楚军。他说:湖北兵丁,屡经溃散,不可复用。当前"救天下之急征,莫如选将,治天下之真病,莫如察吏。兵事如治标,吏治如治本"②。既往,"湖北兵将无一堪战之才,而拥兵数万,国帑以万计"。上年武昌失守,城内外守兵一万三千余人,"贼在十里外遥树黄旗,城中已缒城尽散"。又如广济战役,前总督杨霈统兵万余,"败贼回窜不过二三千人",杨霈竟一败再败,狂奔数百里。"此奔溃之众与其将领,至今安然无恙也"。湖北的文武兵将大多如此。为什么会出现这种状况?是因为选将未得其人。至于兵,"则天下之人皆可用也。有不可战之将,无不可战之兵。有胜不可败之将,无必胜、必不胜之兵"。太平军占据武昌已久,文武将官视法度如敝屣,非从严整顿不可。在侵占武昌前后,胡林翼已开始了这一工作。李续宾部自分军曾国华后,胡林翼即招募湘勇,将李续宾部补充至八千人开外。长江中、下游的重要城市,大都分布在长江南、北岸,一边傍江,三面临陆。如果三面围攻某傍江城市,太平军有水师纵横大江,该城市的兵、饷即不会断绝,势必劳而无功。曾国藩当

---

① 方玉润:《星烈日记》,载《太平天国史料丛编简辑》(第三册),第98—99页。
② 胡林翼:《致周笠西司马》,载《胡文忠公遗集·抚鄂书牍》(卷五十九),第5页。

年获胜湘潭、岳州，攻陷武昌，水师之功居多。因此，胡林翼在扩充湘军陆师的同时，大力发展湘军水师至十三四营之众。他提拔湘军水师统领杨岳斌为湖北提督，总统外江水师，将李孟群调掌陆师；又提拔目不识丁、作战凶悍的水师哨官鲍超，将他从都司升为游击，改调陆师，命他前往湖南募勇一千七八百名，另拨湘军二千七百余名归他节制调遣，使鲍超自成一军①，有独当一方的作战能力。同时，他扩编楚军，其营制等一律参照湘军办事。作战时，湘军、楚军混合使用，而以湘军为主力。湖北兵力因之空前增强，单以湘军而论，其水陆师已远远超过曾国藩从衡州"出师东征"时的兵力。当时，湘军主力在湖北而不在江西。

第二，整顿吏治。湖北一省，共有六七十州县，未受太平军冲击的州县约占半数，封建秩序没有被打乱。侵占武汉、蕲州、黄州等富庶之区后，胡林翼的地盘扩大了，财力雄厚了，于是乘势整顿吏治。他说："被贼扰之三十余州县，吏惰民骄。其未被贼扰之三十余州县，官仇民，民且仇官。夫吏治之不修，兵祸之所由起也……未有不察吏而能安民者。"②为了缓和社会矛盾，减轻中、小地主以及自耕农、半自耕农的负担，把地主阶级团结起来，巩固封建秩序，他采取了明智的措施，严惩贪官污吏。在湖北，胡林翼选用官吏的标准，是看这个官吏能否剔除漕弊，厉行保甲团练，抵御太平军的攻击，维护封建秩序。他往往破格用人。为了实现他的用人方针，他甚至奏陈：湖北情况特殊，战乱不休，要求清政府在他选用地方官时，"请敕部臣暂勿拘臣文法资格。地方吏治是臣专职，容臣次第清理，分别委署。如果试验有效，才具出众，即行奏请试署，以期实济"③。他重用的正是那些精明能干、善于苛敛的人物如罗遵殿、庄受祺、毛鸿宾等。

---

① 胡林翼：《致鲍春霆游戎》，载《胡文忠公遗集·抚鄂书牍》（卷五十九），第4页。
② 胡林翼：《敬陈湖北兵政吏治疏》，载《胡文忠公遗集·奏疏》（卷十四），第1—2页。
③ 胡林翼：《敬陈湖北兵政吏治疏》，载《胡文忠公遗集·奏疏》（卷十四），第1页。

第三，厉行保甲团练。为了恢复、巩固封建秩序，防止太平军卷土重来，胡林翼在各州县竭力推行保甲团练，组织地方武装。他奏称："湖北莠民之从贼者，以兴国、崇阳、通城、通山、大冶、广济、黄梅最多。"我在臬司任内，驻军崇阳一月，以保甲之法，"勒令首户捕斩三千人"，事情尚未办完，便移调湖北去了。总之，那些州县的百姓，兵来为民，"贼来从逆"，今不惩治，必为大乱，靠兵搜捕，徒然害民，只有依靠保甲团练，"清查户族，捆献分别斩释之法"。要办好保甲团练，全在守令得人。①

第四，推行碉卡。皖、鄂两省交界地段，绵亘数百里，山峦重叠。太平军从湖北退守安徽，随时可能从六安、霍山山曲小径打进湖北，胡林翼有防不胜防之虑。因此，他命令罗田、英山、麻城、蕲州等边界县份，在鄂、皖交界地段的山区，由湘、楚军会同地方政府官员，选择形势险要的地段，大量构筑碉卡。湘军将领唐训方的《从征图记》载：1857年秋，唐训方奉胡林翼之命，"凡界英山、太湖、宿松等邑诸险隘，亲按其地，详审形势，设卡八，编镇、定、绥、和、亲、康、东诸名，均以长字冠之，其总关则设在张家塝，离蕲州城一百五十里，以将山居其前，额曰将军第一关。余建碉四，炮垒五，炮台七，固藩篱也"②。另外，在霍山的乐儿岭、黑石渡，罗田的松子关等处，也据险大量修筑碉卡。碉堡大的可容三四十人，储五六天粮、薪、油盐、饮水等。所有重要碉卡，平时也派兵驻守。

第五，整理财政，开辟饷源。有兵必须有饷。以湖北而论，1857年仅胡林翼指挥的湘、楚军即有五万左右，饷需孔亟。除请求清政府命令各省协饷外，胡林翼切实推行厘金，奏准川盐官销，抽取盐税、盐厘。他在办理厘金、川盐官销时，大量引用地方士绅，严防官吏贪污。与此

---

① 胡林翼：《敬陈湖北兵政吏治疏》，载《胡文忠公遗集·奏疏》（卷十四），第1页。
② 唐训方：《从征图记·蕲东设险》。

同时，剔除漕赋浮收，打击侵占漕赋的贪官污吏、胥役等等不遗余力，既增加了地方的财政收入，又减轻了地主阶级以至自耕农、半自耕农的负担，增加了社会的安定因素。经过他锐意整顿，湖北省的财政收入激增，每月可达四十万两左右。①

胡林翼使尽了地主阶级经世派的本领，经过他的努力，1857年太平军退出了湖北，湖北省的封建秩序重新加强了，全省的财政收入迅速增长，为开辟饷源创造了有利条件。清军的力量加强了，曾国藩系湘军力量的扩大最为突出。胡林翼除利用湖北的财力，为在武昌外围作战的湘军水陆师筹集粮饷外，仅1858年到1860年春一年多的时间，即为曾国藩在江西统率的湘军筹解饷银六十余万两②。另外，还于曾国藩被削除兵权后，为仍逗留在江西的吴坤修、刘滕鸿等部湘军陆师与彭玉麟统率的湘军内湖水师接济大量的银饷③。除湖南以外，他把湖北变成了湘军的第二块饷源基地。所以，曾国藩从1855年春湖口、九江溃败，以至被削除兵权后，江西湘军虽群龙无首，犹能固结不散，湖北湘军水陆师得到较大的发展，这与胡林翼锐意经营湖北是有着不可分割的内在联系的。

胡林翼在笼络湘军将领以得其死力方面，是花了一番功夫的。湘军中的统领营官，全由曾国藩挑选委派，这些骄将悍卒，只听命于曾国藩的指挥。胡林翼虽属湘系，但与湘军将领的关系不深。1855年冬，罗泽南从江西率军赴援湖北，清政府明令罗泽南归湖北巡抚胡林翼节制调遣后，为了使罗泽南死心塌地为他卖命，胡林翼经过反复思考，不是单纯依靠上下级关系，依靠军事命令要罗泽南这样、那样，而是运用权术，

---

① 薛福成：《叙益阳胡文忠公御将》，载《庸庵全集·庸庵文编》（卷四），光绪辛丑版，第3—4页。

② 胡林翼：《楚师迎剿槎水畈援贼大胜疏》，载《胡文忠公遗集·奏疏》，（卷三十七），第3—4页。

③ 胡林翼：《各路官军剿办援贼获胜疏》，载《胡文忠公遗集·奏疏》（卷十八），第1—3页。

从尊重罗泽南入手，礼遇罗泽南，从而得到罗泽南的好感与信任。据薛福成著《庸庵全集》载：罗泽南在湘乡长期当塾师，学生遍湘乡，如李续宾、蒋益澧、王鑫等都是他的学生，人们称罗泽南为"罗山先生"。1855年，"罗公以宁绍台道赴援湖北，公（指胡林翼——引者）一见，执弟子礼甚恭，虽僚属，语必称罗山先生。事无巨细，咨而后行。询其将吏之勇怯材鄙而擢汰之，罗公亦稍稍分其众隶公，俾部勒其士卒，由是尽得楚军规制①，变弱为强。罗公力攻武昌，被重创，三日薨，公哭之恸，以弟女娶罗公长子，举其褊将李公续宾代领其军，勇毅公续宜佐之。二李者，故罗公高第弟子，公以昆弟遇之，而渐增其饷，俾益募兵……李公父母皆耄老，方事之殷，以不能归省为憾，公为迎养其父母，晨昏定省，如事父母，发书慰二李，二李皆感激，愿尽死力"。②

值得注意的是，胡林翼处理好与湖广总督官文的关系，对湘系的发展与曾国藩的起用与进止，发生了良好的影响，起到了较大的作用。官文（1798—1871），满洲正白旗人，王佳氏，原籍辽阳，字秀峰。官文历任侍卫、副都统等职，为人贪鄙庸劣。胡林翼初任巡抚，官文为湖广总督，两人的驻地相隔甚远。官文不善处理军政事务，假手幕友家丁，往往在征兵调饷等问题上与胡林翼发生龃龉。1856年12月，湘军水陆师占领武昌后，督抚同城，官文往拜胡林翼，胡三次拒不出见。胡林翼的幕客对胡说："督抚不和，岂能办大事"？且"本朝二百年中不轻以汉人专司兵柄"，官文贪利昏庸，"若能左右之，是公不翅兼为总督，合总督之权以办贼，谁能御我"？胡林翼遂往拜官文。官文以宠妾拜胡母为义母，两家往来益密，"馈问无虚日"。以后，湖北军政事务由胡林翼一手包

---

① 这里的"楚军"，实指湘军。一般而言，胡林翼统率的湖北省军，称楚军。江忠源部练勇亦称楚军。有的书上亦统称曾国藩统率的湘军为楚军。以上称谓，须看具体情况而定。

② 薛福成：《益阳胡文忠公御将》，载《庸庵全集·庸庵文编》（卷四），第4—5页。

揽，官文"画诺而已"，凡有所奏请，督抚会衔，无不准者。①官文与胡林翼之间的特殊关系，不仅关系到以后胡林翼为曾国藩谋位谋权，还说明了在安庆保卫战期间，胡林翼为什么能以湖北巡抚的身份，除指挥湘、楚军外，还能指挥气骄志盈的满洲将领江宁将军都兴阿、副都统多隆阿等。

天京变乱，太平天国国力内耗，力量不断消衰，江西、湖北方面，由于胡林翼的政治、军事活动，湘系的力量在不断增长。这时，忽然产生了一种新因素，使湘系的力量，也转向消衰。

二、曾国藩争夺兵权不遂，负气回籍

1856年12月，湖北巡抚胡林翼攻陷武昌不久，命令湘军水陆师顺江东下。12月下旬，连陷黄州、蕲州、蕲水、大冶、兴国。1857年1月4日，续陷黄梅，太平天国湖北省根据地完全丧失。同日，记名按察使李续宾统率湘、楚军万名，进抵九江城下。8日，李续宾、杨载福指挥水陆师猛犯九江，贞天侯林启容指挥太平军凭城还击，挫败了敌军的攻势。

自从1855年10月曾国藩派遣罗泽南从江西分军前往武昌外围增援胡林翼后，不久，翼王石达开用兵江西，开辟江西省根据地，曾国藩部湘军一再受到沉重打击。他承受了许多风浪，历尽艰险，以至退守南昌，日坐危城，日夕盼望骆秉章、胡林翼派兵前来，以纾江西之急，尤其希望胡林翼能指挥湘、楚军，及早攻占武昌，然后水陆东下，与自己会师于浔阳江上。现在胡林翼终于占领武昌，攻占武昌的主力是湘军水陆师，其中李续宾统率的湘军，是胡林翼奏调去的；杨岳斌统率的外江水

---

① 薛福成：《书益阳胡文忠公与辽阳官文恭公交欢事》，载《庸庵全集·庸庵文编》（卷四），第14—15页。

师，是曾国藩派去武昌外围增援胡林翼的。所以，曾国藩认为：

第一，太平军已被湘、楚军打出湖北，现在湘军水陆师已到九江城下，论理，清政府应该将杨、李所部湘军水陆师拨还曾国藩。

第二，既然湘军水陆师已经在九江发动攻势，曾国藩具有在九江作战的丰富经验，清政府理应将进攻九江的指挥权交给曾国藩。

胡林翼是聪明人，有意命李续宾、杨载福统率的湘军水陆师东下，自己却不随军指挥。胡林翼把这个球踢过来，曾国藩心领神会，立刻把球接了过来。1857年1月15日，他兴冲冲地从吴城镇迅速赶到九江劳师，会晤李续宾、杨岳斌。他们对曾国藩的尊重不减当年，这对曾国藩说来是最大的安慰，因为这标志着湘军中围绕着他的强固的凝聚力并未削弱。

曾国藩说，这次九江劳师，目睹湘军水陆师军容甚盛，兵力强大，感到不胜欣慰。他真正感到舒服的是胡林翼在湖北长期发展、扩编湘军水陆师，能够始终坚持沿用湘军营制，提拔重用的是曾国藩所"心许"的人物。发展湘军水陆师的兵力，无异为曾国藩增添了政治资本，这是曾国藩与胡林翼结下深厚友谊的根本原因。所以，1861年秋胡林翼去世后，曾国藩对胡林翼推崇备至。以下一段对话，反映了曾国藩与胡林翼之间非同寻常的关系："李勇毅（指李续宜——引者）尝告曾公曰：'胡公待人多血性，然亦不能无权术。'公答之曰：'胡公非无权术，而待吾子昆季则纯出至诚。'勇毅公笑曰：'然虽非至诚，吾将为尽力以灭此贼也。'"这段对话，既说明了胡林翼驭将的权术，又从另一方面反映了曾国藩也承认胡林翼在湘系内部，和他一样，能讲"派诚""派信"，也希望湘系将领能够听从胡林翼的指挥。

曾国藩在九江劳师后，于1月18日连上《克复安福县城折》《毕金科军进剿胜仗折》《刘于浔水师迭次胜仗折》《附陈近日军情请催各省协饷片》和《湖北援军保奖请恤折》。曾国藩为什么要在同一天中连上五个奏折，值得玩味。五个奏折中的前三个，主要吹嘘他在江西指挥有方，所以能捷报频传，大有江西军事非他莫属的气概。而他真正要说的话，则集中在《附陈近日军情请催各省协饷片》中。在这个奏片中，他强调了几个问题：

第一，杨岳斌统率的外江水师，"上年正月初五日（1855年2月21日——引者）经臣国藩奏明饬赴湖北援剿"，"李续宾部陆军，系上年八月（1855年9月）遵旨派赴湖北援剿"。

第二，李续宾、杨载福统率的湘军水陆师，已经攻克武昌，并且现在由武昌东下，连续攻占蕲州、黄州、大冶、兴国三府七州县，"十二月初九日（1857年1月4日）进攻九江府城"。

第三，杨岳斌部外江水师赴援武昌时，仅有战船一百四十余号。李续宾部陆师赴援武昌胡林翼时，"所带湘、宝各营仅五千人"。今重来九江，杨部外江水师战船陆续添至四百余号，李部陆师兵员添至八千余名，"该二军驰驱数省，转战三年，所向有功"。

第四，九江城下的李、杨等部湘军水陆师，目前"饷项匮乏，积欠口粮一百三十余日"，请饬催广东等省"每月筹拨银四万两，解至长沙，由湖南抚臣骆秉章转解江西，以济急需。能多发一日之饷，则多收一日劲卒之用；能早克一处之城，能早收一处钱漕之利。臣等补苴无术，迫切渎陈，不胜惶悚待命之至。除新到各军接仗情形，另行查明续奏外，谨附片具奏请旨"。[1]

曾国藩从来以"理学大师"自居。他向朝廷有所请求，一般说来，尽量避免正面提出自己的要求，而是旁敲侧击，以达到自己的目的。这样，既得到了自己所要求的东西，又保住了自己的体面。这个奏折就是这样的典型作品。奏折中的第一点，他反复强调了李续宾、杨岳斌所统率的湘军水陆师，本来是曾国藩的部队，是因急人之急，增援湖北而借

---

[1] 曾国藩：《附陈近日军情请催各省协饷片》，载《曾文正公全集·奏稿》（卷十一），第12—13页。

调给胡林翼的。现在不特湖北省城武昌已经收复，即如湖北的蕲州、黄州沿江城市也已克复。言外之意，是要求清政府将李、杨统率的湘军水陆师拨还给曾国藩节制调遣。奏折中的第二点，旨在张扬他的旧部李续宾、杨岳斌部水陆师的赫赫战功，为湘军涂脂抹粉，为自己贴金。奏折中第三个要点是，强调李、杨所部水陆师力量的强大，借此抬高自己的地位。奏折中第四个要点，是奏片中的要害。他不说自己是李续宾、杨岳斌所部水陆师的司令，但在奏片中却为李、杨所部湘军请饷、催饷，无异以李、杨所部指挥者自居。

清政府猜忌曾国藩由来已久，曾国藩愈是对李续宾、杨岳斌部湘军水陆师的战功与兵力的强大铺张扬厉，清政府就越加猜忌曾国藩，越加害怕兵数如此之多、战斗力如此之强的部队落入曾国藩的手中。在清政府看来，李、杨部湘军水陆师由钦差大臣湖广总督官文与受官文节制的湖北巡抚胡林翼掌握，当然比曾国藩掌握要保险得多。因此，清政府接到曾国藩的奏折、奏片后，置若罔闻，不问不理。曾国藩被装进了闷葫芦。

从南昌传到北京的奏报，一般说来仅需十二天左右。打个来回，一个月也就够了。曾国藩上《附陈近日军情片》后二十多天，得不到清政府的批复，心有不甘。1857年2月11日，又连上《官军克建昌武宁两湖军收复各县折》《克复奉新县城折》和《目疾请假片》等。前两个奏折表明他指挥有方。在第三个奏折中，他再次以杨、李部湘军水陆师的指挥者自居，他说："目下九江南北两岸，水陆马步至二万余人之多，声势浩大，事务繁多。臣即日拟由瑞州前往九江料理一切，庶可与湖北、安徽联络一气。"[①] 虽然如此奏陈，他并不敢真正去九江指挥湘军水陆师，所以忽然又说："微臣现患目疾，恳恩赏假一月。"所谓"臣现患目疾"，是"政治病"，是借口生病，表示倦勤。其实，他在赏假的一月中，是在等

---

① 曾国藩：《目疾请假折》，载《曾文正公全集·奏稿》（卷十一），第24页。

候清政府将李续宾、杨岳斌部湘军拨还给他，由他指挥湘军进攻九江。一个月早已过去了，清政府对他的请求依然搁置不理。曾国藩满心委屈，一肚皮怨气，与清政府的矛盾激化了。不过，这种矛盾没有什么了不起，不过是奴才对主子的抗议，绝对不可能、也永远不会改变曾国藩效忠清朝的本性。

1857年2月27日，曾国藩的父亲曾麟书病死湖南湘乡原籍。3月6日，他在江西瑞州军营得到他父亲的死耗，半是哀伤，半是怨恨，想起清政府对他不公、不平的待遇，无以自解。3月11日，曾国藩上《报丁父忧折》，不待清政府准假，3月16日，他就与曾国华从瑞州回籍奔丧，对江西军务来一个撒手不管。骨子里他是在向清政府示威：除我曾国藩能指挥江西湘军作战外，谁也指挥不了这支部队。

三、为个人争权力，为湘军争地位，曾国藩被削除兵权

1644年清封建王朝建立后，当权的满洲贵族对满汉畛域之见甚深，即使到了咸丰（1851—1861）、同治（1862—1874）年间，这种成见依然存在，满汉矛盾时隐时现。满洲贵族当权派一贯忌讳汉大臣既执掌兵权，又兼掌地方政权。上文提到的胡林翼交欢官文事，就反映了满汉之间的矛盾。胡林翼接受了僚属的意见，笼络住了官文，果然使他居巡抚之位，行督抚之权，有所奏请，清政府无不批准。满汉之见，对满洲贵族来说，在那样一个时代条件下，是可以理解的；偏是有的汉大臣如大学士祁寯藻之流，却以奴才的身份，利用满汉畛域之见，作为邀宠固位的手段，向主子建议排挤汉大臣，这种为虎作伥的行径，非惟可怜，亦且可耻。

祁寯藻（1793—1866），字叔颖，一字萍甫，号春圃。"道光季年，以尚书、协办大学士为副揆"，与鸦片战争中的投降派首席军机大臣穆彰

阿共事，和睦相处，可见其为人之一斑。咸丰初年拔擢为"首揆"。1854年10月14日，曾国藩督率湘军攻陷武昌，这是太平天国金田起义以来清军方面第一次得到这样重大的军事胜利。"湖北捷书至，文宗喜形于色[①]，谓军机大臣曰：'不意曾国藩一书生，乃能建此奇功。'祁寯藻对曰：'曾国藩以侍郎在籍，犹匹夫耳。匹夫居闾里，一呼蹶起，从之者万余人，恐非国家福也。'文宗默然变色者久之"[②]。其后，清政府任命曾国藩署理湖北巡抚，随后又收回成命，祁寯藻的一席话产生了严重后果。这加深了曾国藩与陶恩培之间的矛盾。曾国藩攻陷武昌后，清政府对曾国藩功赏问题的处理，埋下了清政府与曾国藩之间发生矛盾的根子。对于此中的微妙关系，只有王闿运在他所著的《湘军志》中曾轻轻点破："九月辛未（阴历九月初五日，即1854年10月26日——引者），国藩奏至京师，文宗大悦，诏国藩署湖北巡抚。戊寅（阴历九月十二日，即1854年11月2日——引者）又诏国藩督军，解署任。以前已夺官，加赏兵部侍郎衔。"[③]又申饬曾国藩说：朝廷已命你署理湖北巡抚，在谢恩辞署呈折中，为什么不用署理湖北巡抚的官衔？"违旨之罪甚大，着严行申饬"[④]。为了维护清封建王朝的统治而筹建湘军，为了筹建湘军而受人奚落、排挤、打击，为筹饷而劳神苦思；在与太平军作战的过程中，出生入死，攻占岳州、武昌，为朝廷竭尽犬马之劳，非但未受上赏，反而受到申饬，曾国藩未免由心灰气丧转为心怀怨恨。不过，曾国藩崇奉理学，城府甚深，他想起了"尽性知命""盖其所可知者为己，性也，其不可知者，命也"。又想起"尺蠖之曲"，即是"尽性"。他就来一个"尺蠖

[①] 文宗，咸丰帝，名奕詝，年号咸丰，庙号文宗。
[②] 薛福成：《书宰相有学无识》，载《庸庵全集·庸庵文续编》（卷下），第7—8页。
[③] 王闿运：《湘军志·曾军篇第二》，第10页。
[④] 曾国藩：《谢恩仍辞署鄂抚折》，载《曾文正公全集·奏稿》（卷四），第15—17页。

之曲"，以对待咸丰帝给他不公不平的待遇。一股不平之气隐藏盘结于胸中，长久了，终究要爆发出来。

攻陷武昌后，他继续驱使湘军进犯半壁山、田家镇、九江、湖口，在九江、湖口江面水师溃败后，曾国藩局促江西，看江西巡抚陈启迈的颜色，勾引起了他往日的旧事。打了胜仗，近于无功可录，打了败仗，要受申饬，要受革职的处分。仗打了三年，仍旧是一个侍郎，出生入死的湘军，受不到朝廷与地方官的重视。想到这些，他少不得沮丧泄气、怨愤交加了。以江西的处境而论，江西巡抚陈启迈处处与他为难，参劾了陈启迈，换来了旗籍巡抚文俊，不比陈启迈好。太平军在江西的凌厉攻势，把他打得胆战心惊。他回忆到这些，心灰意懒了，情绪低落了。1857年1月15日，曾国藩至九江劳军，以后接连上奏，示意清政府将杨岳斌、李续宾统率的湘军水陆师拨还给他直接指挥，遭到清政府的无理拒绝后，他再也忍受不住了，一腔怒气，把他的"君，天也，至尊也"的理学信条冲掉了。于是，他借口父死，在瑞州军营打起背包，便与曾国华黯然回乡了。

循例军营大员父母丧亡，应该先行奏请开缺守制，得到朝廷批准后，才能回籍奔丧。曾国藩这次不是如此，他上奏《报丁父忧折》，是1857年3月11日的事儿，脱离军营奔丧回籍是3月16日的事儿，显而易见，他奔丧回籍并没有得到朝廷的批准，这种情况是少见的，可见曾国藩对清政府不满已极。清政府念他犬马之劳，忍耐下去了。3月22日，清政府给曾国藩赏假三月，在籍治丧，发给治丧费四百两，以示恩宠，命他于假满后仍回江西军营。曾国藩要的是兵权，是部队，而不是虚荣。他在《谢恩折》中发牢骚说："数载从戎，过多功寡……自愧调度之无方，兹又遽遭大故。自职离营，方忧惧之交深，欲陈情而悚息。"奏折中的"欲陈情而悚息"，在示意清政府，他暂时不准备回江西军营，其中有难言之隐。奏折中重申要求开缺守制。清政府仍然不准他开缺守制，一再敦促他重返江西前线督办军务，这使他飘飘然、昏昏然起来了，以为他与咸丰帝抬价、讲价的时机来到了。1857年7月26日，曾国藩上《沥陈办事艰难仍恳终制折》①，在这个奏折中，他和盘托出了他为什么不愿重回江西军营、要求开缺在籍守制的道理。奏折的要点是：

按照"定例军营出缺，先尽在军人员拔补，给予札付"。我所带的湘军，多是招募来的湘勇，不仅参将、游击、都司、守备以上无缺可补，即如千总、把总、外委也不能递补实缺。武弁跟我出生入死数年，有的虽然保举至二品、三品职衔，而充当哨长者，仍领哨长薪饷，充当队目者，仍领队目薪饷。一日告假，即时开除，"终不得照绿营廉俸之例，长远支领。弁勇互生猜疑，徒有保举之名，永无履任之实"，长此以往，湘军弁勇，难免"长生觖望"。

我历年在外，不敢奏调满汉各营。"各营官兵，实缺之将领太少，大小不足以相维，权位不足以相辖……虽居兵部堂官之位，事权反不如提镇。此办事艰难之一端也。"

"国家定制，各省文武黜陟之权，责成督抚。""督抚之喜怒，州县之荣辱进退系焉。"我办理军务，处处与地方官打交道，文武僚属，大多视我为客，视本官上司为主，宾主歧见，呼应不灵。再如筹饷一事，诸如地丁漕折，劝捐抽厘，地方官从中阻挠。征收漕粮，百姓以浮收为苦。漕粮大事，循例由巡抚专主其事。我身为客官，专办兵营军事，有劝捐扰民之实，而无能加惠百姓之事，"不敢越俎代谋，纵欲出一恺切详明之告示，以儆官邪，而慰民望，而身非地方大吏，州县未必奉行，百姓亦终难信。此办事艰难之一端也"。

我从帮办湖南全省团练开始，就用木质关防，关防上所刻大字为"钦命帮办团练查匪事务前任礼部右侍郎之关防"。1855年九江、湖口水师受损后，换刻"钦差兵部侍郎衔前礼部侍郎关防"。同年秋补缺，又换

---

① 曾国藩：《沥陈办事艰难仍恳终制折》，载《曾文正公全集·奏稿》（卷十一），第39—44页。

"钦差兵部右侍郎之关防"。自出征以来,我得到皇上的命令,"皆系接奉廷寄,未经明降谕旨"。外界讥嘲甚多,有人讥我"自请出征,不应支领官饷";有人指责我"不应称钦差";有人说我曾经革职,不应专折奏事。岁月既久,关防屡换,往往被人"疑为伪造"。部将出差外省,外省地方官不予信任,对我盖有关防之公文不予理会,甚者竟将我部出差外省的官员关押,加以侮辱。如果我现在再赴江西军营,又须改刻关防,则势必愈难取信于人。军营官兵立功受奖,1856年所请"实官执照",至今尚未领到。"此外,文员之凭,武官之札,皆由督抚转交臣营,常迟久而不到。军中之事,贵取信如金石,迅速如风霆,而臣则势有所不能。斯又办事艰难之一端也"。①

我仔细观察局势,"非位任巡抚,有察吏之权",决不能治军,决不能兼及筹饷。

曾国藩在伸手要清政府给予督抚的官位,为个人争地位,又在为湘军争权利,争政治待遇。按照清朝的惯例,曾国藩带的兵如此之多,作战能力又远较八旗、绿营为强,立下的军功又这么大,授予巡抚,功赏过薄,不足塞其欲壑,若授予总督,则军政大权集于一身,又为朝廷所不甘。这时,清政府认为官文、胡林翼占有武昌,居高屋建瓴之势,水陆师已直捣九江。长江下游方面,自1857年5月何桂清接替怡良为两江总督后,江南大营日有起色,正在进攻镇江,捷报频传。所以,决定将长江上游战事责成湖广总督官文、湖北巡抚胡林翼,将下游战事、攻陷天京的希望寄托在何桂清与和春的身上。认为这样处理,定操胜算。因此,断然拒绝曾国藩干预朝廷用人大政,撤销他兵部侍郎的职务,将他开缺在籍守制,削除他兵权。命署理湖北提督杨岳斌总统外江水师,惠潮嘉道彭玉麟协同调度。但是,江西湘军陷入了涣散状态。后来,胡

---

① 曾国藩:《沥陈办事艰难仍恳终制折》,载《曾文正公全集·奏稿》(卷十二),第39—41页。

林翼虽然一度派李续宜等往江西统率湘军陆师，依然无济于事，而且李续宾、李续宜兄弟对清政府削除曾国藩的兵权极为不满，心怀退志。

毫无疑问，曾国藩被削除兵权，瓦解了湘军的斗志，涣散了湘军的士气，削弱了湘军的战斗力，使江西湘军陷入群龙无首的局面。清军的力量在消衰下去。如果这时太平天国的力量能增长上来，就能用兵长江上游，重开湖北根据地。然而，1857年翼王石达开已决心分裂出走，太平天国的军事力量也在消衰下去，这真是历史的悲剧！

四、湘、楚军攻陷九江，李续宾败死三河

1857—1858年的两年中清政府与太平天国双方力量的对比，由于某些原因，发生着强烈的变化，一消一长，一长一消。但是，总的说来，清政府方面的力量始终占据着上风。

太平天国方面，促使其力量消衰下去的主要原因是历时甚久的天京变乱，以致国力内耗。1857年6月翼王石达开因受天王洪秀全的猜忌与安王、福王的挟制，离开天京，前往安庆，公开发布迷惑性、煽动性很大的分裂告示①。在这张告示中，石达开指责天王洪秀全，把自己脱离天京与公开打出分裂旗号混为一谈，进一步强调分裂仍是"精忠若金石"。一些不识大体、不顾大局的将领，经不起风吹浪打，率领自己的部队，站到了石达开的旗帜下面。石达开迅速掌握了十多万精锐部队，各个战场上的兵力迅速削弱。8月，石达开在安庆张贴告示，表示"欲赴江西，今年不回江南"②。这时，太平天国各个战场全面告警。以西线而论，林启容在九江指挥太平军与湘、楚军水陆师日夜酣战不休，孤军奋战，形

---

① 李滨：《中兴别记》，载《太平天国资料汇编》（第二册），第539页。
② 董蔡时主编：《何桂清等书札》，江苏人民出版社1981年版，第55页。

势险恶。东线方面,和春主持的江南大营狠命反扑镇江,守城太平军岌岌可危。天王洪秀全"在金陵惊慌无比,求石达开回救"①。石达开铁了心肠,置太平天国的安危于不顾。10月上旬,石达开从安庆移军入江西,召集旧部,加剧了江西太平军内部的分裂。两江总督何桂清得到探报后眉飞色舞地说:"皖省可以暂安,以贼无暇顾此。江西……石逆初到,大不放心,将其家眷、资财留在抚州城中,自往吉安……而抚贼竟杀其眷而夺其资财",故有"'江西贼杀贼,南京王杀王'之民谣也"。②

石达开在江西引起了太平军的内部斗争,更没有派兵增援据守湖口、九江的太平军。1857年10月26日,曾国藩系湘军主力杨岳斌、彭玉麟、李续宾等部水陆师攻陷湖口、梅家洲,此役太平军死伤数千,损失战船无数,大炮千余尊。湘系陷入鄱阳湖的内湖水师与外江水师相会合,声势大振,水师力量空前雄厚。湘系的第二号头领胡林翼说:从攻占湖口后,"浔城岌岌,孤立无援。不独江西门户可保,而东南之大局可图"。③石达开在九江危急存亡之秋,一意孤行,1858年2月,悍然率领十多万太平军转进浙江。石达开军撤出江西后,江西太平军一蹶不振,李续宾指挥湘军于5月19日攻陷九江,九江守军自贞天侯林启容以下官兵一万余人全部壮烈殉国。九江失陷后,胡林翼将湘、楚军调至皖、鄂交界地区,摆出了全面进攻太平天国安徽省根据地的架势。

1857年12月,江南大营清军攻陷镇江,接着全军转移至天京外围,进犯天京,并开始挖掘长壕,准备困死天京。真是"黑云压城城欲摧"。曾国藩尽管被削除兵权,在籍守制,当他看到清军占优势时也发出了叫嚣:与太平军作战,"昔如移山,今如拉朽","洪杨股匪,不患今岁不

---

① 董蔡时主编:《何桂清等书札》,第55页。
② 董蔡时主编:《何桂清等书札》,第61—62页。
③ 胡林翼:《奏陈水陆各军克复江西湖口县城并破梅家洲伪城详细情形疏》,载《胡文忠公遗集·奏疏》(卷二十二),第1—2页。

平"。①然而，他高兴得太早了。

石达开离京出走后，天王洪秀全自己兼任军师，当时太平天国政治、军事危机重重，他还在胡说："太平真主是朕的，朕睡紧都坐得江山。"②但是，敌军压向安徽的警报，江南大营清军进攻天京的隆隆炮声，使"睡紧"的天王洪秀全清醒过来了。他睁大眼睛，面对严峻的现实，采取了挽救危局的有力政治、军事措施。

第一，自古英雄出少年，超擢忠于太平天国、久经锻炼、战功卓著的青年将领陈玉成、李秀成、李世贤等为主将。以后又晋封陈玉成为英王、李秀成为忠王、李世贤为侍王，由他们执掌兵权。

第二，为东王杨秀清恢复名誉，规定天历七月二十七日（9月2日）东王被杀的一天为"东升节"，团结了东王的部属。天京变乱以来，杨秀清的族弟杨辅清领兵数万在外作战，天京变乱后，他害怕天王杀他，率军盘旋于浙江、江西、福建一带。天王恢复东王名誉后，杨辅清折回江西，1858年秋，进入皖南作战，屏蔽天京。天王大喜，不久封杨辅清为中军主将，命他与陈玉成、李秀成、李世贤等同掌兵符。

第三，以族弟洪仁玕为军师，总理军国大计。洪仁玕虽然从香港初来天京，威信不孚，但他忠心太平天国事业，识大体，顾大局，充满着朝气蓬勃的改革精神，信仰宗教而不迷信上帝。以他代替一味迷信上帝、无才无德、贪权纳贿的王长兄安王洪仁发与王次兄福王洪仁达执掌大权，对太平天国来说，这是一大转机。他当军师后，太平天国的政治、军事日有起色，具体表现为陈玉成、李秀成联合作战，取得了举世闻名的全歼湘军李续宾部的三河大捷。

湖广总督官文、湖北巡抚胡林翼自1858年5月攻占九江后，趾高气扬。7月2日，上奏《条陈楚军筹度东征情形疏》，对全面进犯太平天国

---

① 曾国藩：《致沅弟》，载《曾国藩全集·家书一》。第379—380页。
② 《王长、次兄亲目亲耳共证福音书》，载《太平天国印书》（下），第713页。

作出了具体的军事部署。

官文、胡林翼等估计曾国荃部湘军不久可以攻陷吉安，攻陷吉安后，便能抽调在江西作战的兵勇万余，以其二分之一的兵勇守御九江，另一部分分布于江西东境，严防广信、饶州，辅以彭玉麟统率的水师，游弋江西内河，兼在长江江面梭巡，既能配合陆师作战，防止太平军从皖南内犯江西，又可为湘、楚军进犯安徽减轻压力。

以杨岳斌统率的湘军水师主力直驶安庆、芜湖，与下游江南大营统辖的红单船会师。长江北岸由钦差大臣德兴阿部沿江西进，与湘军水师夹攻和州，使安徽太平军不能东顾金陵，则江南大营得以一意进攻金陵。

以钦差大臣胜保扼住颍州、亳州北路，钦差大臣袁甲三堵御淮徐要道，节节南下，"毋令逆贼情急北窜"，然后以江宁将军都兴阿马步军，从安徽的宿松、太湖，会同杨岳斌部水师径逼安庆。

以浙江布政使李续宾率湘军主力，进攻中路桐城、舒城等要邑，使太平天国首尾不能相顾。

以候选道李续宜、副都统舒保统带步骑兵分驻黄梅、蕲州、麻城，兼顾襄阳等处，作为机动部队，一路有急，驰救援应。①

这种军事部署，其目的在于一举攻取太平天国仅存的一片安徽省根据地，使天京变成一个孤立的据点，从而制太平天国于死命。

这个军事计划迂阔而不切实际，是攻陷九江的胜利冲昏了头脑的产物。

第一，胜保等骄悍刚愎，权位与官文相埒，非官文、胡林翼等所指挥得了。

第二，德兴阿与和春等部纪律废弛，勇于私斗，怯于公战，扰民有余，官文、胡林翼对这些部队的战斗力没有正确的估计，便希望他们这

---

① 胡林翼：《条陈楚军水陆东征筹度情形疏》，载《胡文忠公遗集·奏疏》（卷三十），第5—6页。

样、那样，显然是不现实的。

第三，对太平军的力量没有正确的估计，妄想由李续宾统率湘军主力，攻占桐城、舒城、庐州。事实上，单是李续宾一路进攻桐、舒、庐州，是孤军作战于太平天国根据地之内，无异前往讨死。

1858年9月下旬，浙江布政使李续宾、江宁将军都兴阿、副都统多隆阿、总兵鲍超等部湘、楚军压向太湖，受天福叶芸来稍事抵抗，放弃太湖，转进安庆、婴城固守。10月15日，江宁将军都兴阿督率多隆阿、鲍超等部，攻陷安庆城东北的要隘集贤关。

9月下旬，敌军攻陷太湖后，李续宾率领湘军主力继续进攻，27日，攻陷潜山。10月13日，侵占桐城，留兵二千九百余人予赵克彰守桐城①，以为后路援应。24日，攻陷舒城，留谢永祜率信前营守舒城。11月3日，迫犯三河镇。三河属舒城县，屏藩庐州，并为太平军粮饷军械屯储转运之重镇。如果三河失守，敌军可以直捣庐州，庐州不守，安徽省根据地将全部瓦解。三河镇变成了太平军为保卫安徽根据地必争必守的战略据点。三河地势平坦，圩堤交错，"小河萦带其间，秋水半涸。贼于河南岸立砖垒五，又二垒相距稍远，北岸大城一（系土城——引者），砖垒二，皆密设大炮"②。李续宾到三河，不顾伤亡，冒死攻垒，破九垒，兵勇死伤千余，锐气渐消。

江浦、浦口屏蔽天京，是天京通向安徽重要粮道的战略据点。1858年5月，和春、张国梁猛犯天京，钦差大臣督办江北军务德兴阿派兵攻陷江浦，天京情势更加危急。天王洪秀全命陈玉成等从皖北回救。8月23日，前军主将陈玉成、左军主将李世贤再克庐州后，迅速回兵南下，与后军主将李秀成部会合，士气振奋，9月26日，在安徽滁州乌衣击败胜保、德兴阿军，直下浦口。27日，再败德兴阿军，打通了天京与安徽之

---

① 《李续宾年谱》，载《湘军人物年谱（一）》，湖南岳麓书社1987年出版，第178页。

② 《李续宾年谱》，载《湘军人物年谱（一）》，第180页。

间的饷道。这时，李续宾部已经在进犯桐城，指向舒城、三河。庐州、三河守将吴如孝、吴定规向陈玉成飞书告急，陈玉成接到告急文书后，深知坚守三河、庐州，收复桐城、舒城，关系到太平天国安徽省根据地的存亡。因之，随即领兵自江浦、六合，经巢县、庐江增援三河，披星戴月，昼夜奔驰，势如暴风骤雨。行前，奏调李秀成率军随后跟进。11月13日，陈玉成大军驰抵三河，与李续宾部开始接触。14日夜半，李续宾派同知金国琛、副将杨得武、运同丁锐义等部四千人发动攻势，进犯金牛镇。15日凌晨，军至樊家渡、王家祠堂一带，与陈玉成部主力发生战斗，愈演愈烈。这时，大雾弥漫，咫尺不辨。陈玉成亲督主力从左路包抄，乘雾从后杀出，直前冲击。防守湘军后路的李续焘，早已率领所部飞逃桐城。李续宾目击大势危殆，飞调各营，亲自督率加入战斗。陈玉成严令所部加强反击，金牛镇附近杀声震天，炮声轰鸣，战斗在激烈进行。在决斗的关键时刻，吴定规从三河城中杀出，协同进攻。后军主将李秀成遥闻金牛方向炮声殷殷，凭他戎马生涯的经验，判定陈、李正在开仗，立即从白石山引本部人马疾驰战场。陈玉成部见援军来到，"生力一庄〔壮〕，破李续宾阵门"。李续宾一面命令湘军顽抗，一面严令各营坚守营垒，但终究挽回不了颓势，后军仁、义等营首先不支，相继溃散，其他各营也丧失斗志，太平军连破湘军营垒，又挖断河堤，斩断湘军去路。太平军愈战愈勇，自李续宾以下湘军四千余名，悉数被歼。①

李续宾部是湘军主力，所部官兵绝大部分是湘乡人，自从湘军出师以来的四年之间，李续宾督率湘军攻占武昌、九江等城市四十余座。九江一役，屠杀太平军一万七千余人，江水为赤，血债累累，擢发难数。太平军全歼李续宾部，军心振奋，而湘军则为之士气颓丧。湘军第二号头领胡林翼悲叹："三河溃败之后，元气尽伤，四年纠合之精锐，覆于一

---

① 《李续宾年谱》，载《湘军人物年谱（一）》，第180—184页。

旦，而且敢战之才，明达足智之士，亦凋丧殆尽。"①湘系头领曾国藩特别难受，他的弟弟曾国华也阵毙三河，他哀叹："三河之挫，敝邑阵亡者将近六千人，士气大伤""人心惶扰，几于处处招魂，家家怨别。"②

三河大捷后，陈玉成、李秀成乘胜追击，连下舒城、桐城，在桐城续歼赵克彰等部千余。湘军屡败之后，闻鸣镝而股栗，迅即撤围西走，败奔宿松，安庆之围不战而解，太平军迅克潜山、太湖。三河大捷，歼灭了曾国藩、胡林翼长期培植而成的湘军主力部队，打消了猖狂一时的湘军气焰，解除了太平天国安徽省根据地的心腹大患，初步扭转了天京变乱以来急转直下的军事危机。

翌年3月中旬，陈玉成大败前署安徽巡抚、布政使李孟群于庐州官亭，活捉李孟群。曾国藩无可奈何地叹息：自洪杨内乱来，"凶焰久衰，徒以陈玉成往来江北，勾结捻匪，庐州、浦口、三河等处迭挫我师，遂令皖北之糜烂日广，江南之贼粮不绝"③。从曾国藩的悲叹中，不难看出天王洪秀全采取挽救危局的措施后，青年将领陈玉成、李秀成等的卓越战功，使太平天国逐渐出现一种可喜的新兴气象。

在任何战争中，双方的力量对比，都不是静止的，不是一个恒定的数字，而是在一定的条件下不断发生着变化。在太平天国时期，1855年1月至2月，太平军湖口、九江大捷后，曾国藩败奔南昌，标志着清方力量的消衰，太平天国力量的增长。以后，曾国藩坐窘南昌，与江西巡抚陈启迈闹矛盾，军政不和，力量进一步消衰下去，不久，出现了"破锣倒塔凤飞走"的败局。1856年夏，太平军击破江南大营后，天京领导当局派燕王秦日纲率军追击蚁聚丹阳的江南大营残兵败将；派北王韦昌辉领

---

① 胡林翼：《复胜克斋保钦使》，载《胡文忠公遗集·抚鄂书牍》（卷六十一），第6页。
② 曾国藩：《致郭雨三》《复左季高》，载《曾文正公全集·书札》（卷五），第4页。
③ 曾国藩：《遵旨悉心筹酌折》，载《曾文正公全集·奏稿》（卷二），第32—35页。

兵西上江西，进攻力量单薄、士气涣散的曾国藩部湘军；派翼王石达开率军西上增援武昌，协同武昌守军，扫荡武昌外围的胡林翼等部湘、楚军，军事形势空前大好。只要太平天国上下团结一心，歼灭江南大营清军和江西、湖北的湘、楚军，底定东南半壁，是大有希望的。就在这种关键时刻，太平天国领导集团内部发生了亲者痛、仇者快的诸王厮杀，石达开分裂出走，太平天国力量立即消衰下去。于是，和春、张国梁等重建江南大营，武昌、九江相继失守，湘、楚军直扑安庆、桐城、舒城，清方力量迅速增长上来了，太平天国发生了严重军事危机，险象环生。

1858年前后，天王洪秀全采取了挽救危局的措施，提拔青年将领陈玉成、李秀成、李世贤等执掌兵权；为东王杨秀清恢复名誉，团结东王的部属；任用洪仁玕为军师。形势又一天一天好起来了。清政府方面却由于连陷武昌、九江的军事胜利而头脑发昏，错误估计了形势，出现了军事冒险主义，具体表现为李续宾孤军进犯庐州。1858年冬，陈玉成、李秀成联兵作战，取得了三河大捷，使李续宾部全军覆没，初步扭转了天京变乱以来急转直下的军事危机。当时，清政府力量仍然相当强大，可是，1857年曾国藩与清政府的矛盾激化了，被消除兵权，勒令在籍守制，江西湘军陷入群龙无首的涣散局面，力量正在消衰下去。太平天国在石达开分裂出走后，本来危机重重，一方面由于敌人阵营内部的矛盾加剧，力量在消衰下去；又一方面，由于天王洪秀全采取了若干挽救危局的措施，太平军重整旗鼓，稳住了天京变乱以来急转直下、不可终日的军事形势。由此看来，双方力量的盈虚消长，在不断变化之中，直接影响到形势的好坏。

第九章　曾国藩东山再起

一、东山再起，重掌兵权

1857年春，曾国藩因父丧回籍，7月26日，上《沥陈下情恳请终制折》，奏请开去兵部侍郎署缺，恳请在籍守制。曾国藩本来想利用父丧在籍守制的机会，向清政府要挟给予湘军与绿营兵同等的地位与待遇，给予他总督、巡抚的官位。谁知8月8日，清政府批准了开去他兵部侍郎署缺，命令他在籍守制，实出他意计。论者每以曾国藩因争个人的地位、权力而上《恳请终制折》为不智，殊不知曾国藩所争的，不仅是他个人的权力地位，如前所说，他同时在为湘军争地位、争待遇，而争他个人的权力、地位，又是与整个湘军的地位与待遇是互为表里的。所以，他被削除兵权后，尽管受到外界的讥评、嘲笑与责骂，却激起了全体湘军官兵对他的同情与爱戴，使他在湘军中的威望空前提高。1857年8月，湘军第一员大将李续宾致书曾国藩说：一旦攻克九江后，"或剿皖省，或援豫章，先生不出，锲公（胡林翼，字润芝，或写作润之、锲之——引者）不来，续宾何敢独行前往？虽有厚庵、雪琴（杨岳斌，字厚庵；彭玉麟，字雪琴——引者）同志，而水陆途分，且不能咨商群帅，难言之情，愿先生有以教之。盖蒙先生絜我出山，仍当恳带我归里"①。曾国藩人在湘乡，所部将领与他书札往返不绝。除曾国藩外，别人指挥湘军是难以得心应手的，如1857年春督办江西军务福兴到瑞州军营视师，湘军诸将"泛以客帅遇待之。福兴还南昌，因上奏请征兵，颇言勇丁不可用"②。可见"曾家军"——湘军非一般督抚、将军所能驾驭指挥。

曾国藩被削除兵权后，成日价"格物穷理"，没有"格"出他被消除兵权的真正原因，在家中又气又恼，愤愤不平。他写信给邵懿辰发牢骚说："考经典中言夺情事，惟公羊传较详，孔子以三年之丧而从其利，微示讽戒，则固未深许也。后世夺情，大约君固留之，臣固辞之，两尽其道，未有君以为可去，臣自请夺情者也。近世官场，丁忧率不回籍，或奏、或咨留营、留省，自请夺情，习为常例。鄙人不幸，两次夺情，皆介乎可去可留之间，进退之际，茫无依据，至今惶愧。"③他在为自己父母的去世在籍守制，而咸丰帝没有命令他夺情而鸣不平。曾国藩开口忠、孝，又是什么"天，至尊也""父，至尊也"，说的比唱的还要好听，俨然是一位"理学大师"。问题是既然因父母谢世而奏请终制，又为什么要埋怨咸丰帝不命令他夺情呢？岂不是这位"理学大师"连父母的去世奏请在籍守制，也变成了他沽名钓誉的手段？说他是伪道学，不为过分。

曾国藩与清政府之间的矛盾，是奴才与主子之间的矛盾。曾国藩在家守制愤懑不平，只是问题的一个方面，问题的另一个方面是，曾国藩脱离部队后，他时刻在怀念他一手创办起来的湘军，如他所说："江右军事，刻不去怀。"④进而悔恨自己办事"有初鲜终，此次又草草去职，致

---

① 江世荣：《曾国藩未刊信稿》，中华书局1959年版，第305—306页。
② 王闿运：《湘军志·江西篇第四》，第7页。
③ 曾国藩：《与邵位西》，载《曾文正公全集·书札》（卷五），第7页。
④ 曾国藩：《与李次青》，载《曾文正公全集·书札》（卷五），第21页。

失物望，不无内疚"①。想到这些，"夜间终不能酣睡，心中纠缠，时忆往来，愧悔憧扰，不能摆脱"②。他在籍守制一共一年零三个月，在这段时间里，日夜在悔恨自己的去职失权，迫切地期待着有朝一日，咸丰帝命令他重新走上前线，重掌湘军。

曾国藩离开江西后，由于石达开的分裂出走直接削弱了江西太平军的兵力与内部团结，因此，清政府方面的军事形势有所好转，连续攻陷瑞州、临江、九江、建昌、抚州。但是，分布在江西的湘军派系复杂，有王鑫遗部的张运兰等部、江忠源系统的楚军刘长佑等部，另外有曾国藩系湘军曾国荃、李元度、刘腾鹤等部。这些统兵将领，官位相埒，派系不同，互不统属，各自为战，缺乏统一的领导与指挥。这些派系各异的湘、楚军攻陷江西各府州县后，将予解散乎？不解散由谁统率？这是清政府亟待解决的第一个难题。湘军水陆师于1858年5月攻陷九江后，移师鄂东，准备"东征"，进犯太平天国安徽省根据地。安徽方面，自石达开分裂出走后，天王洪秀全将安徽省根据地军事责之陈玉成。陈玉成以安庆为大本营，以攻为守，亲率所部数十万人，经常楔入鄂东，进攻黄梅、黄安、蕲州、麻城、罗田等县，其目的是"攻鄂保皖救浔"。陈玉成的军事攻势，使胡林翼指挥的湘、楚军备多而力分，特别是湘军水师，杨岳斌与彭玉麟不和，外江水师与内湖水师貌合神离，隐伏挫败的危机。胡林翼从鄂、赣军事全局出发，1857年11月12日，他上《起复水师统将以一事权并密陈进剿机宜疏》③，企图借此敦促朝廷起用曾国藩。他奏陈说：目前小池口、湖口相继克复，早先陷入鄱阳湖的轻快水师已经冲入大江，与外江水师相会合。鄱阳湖水师前令道员彭玉麟统辖，与外江水师总统杨岳斌原无芥蒂。惟水师万余人，江面千里，"若无总统大员节制调度"，则号令不一，心力不齐，终必危殆；且李续宾、杨岳斌、

---

①② 曾国藩：《致沅弟》，载《曾国藩全集·家书一》，第378—379页。
③ 胡林翼：《起复水师统将以一事权并密陈进剿机宜疏》，载《胡文忠公遗集·奏疏》（卷二十一），第1—2页。

彭玉麟等将领"严厉刚烈,落落寡合,亦非他省将帅所能调遣"。杨岳斌、彭玉麟等经曾国藩"识拔于风尘之中,自湘潭出师以至今日,久已分为两部。在该军本无不和,而两营弁勇,即有才力不相上下之势。是该镇、道势又不能互为统辖"。胡林翼的话很明白,湘军水师行将分裂,湘军水、陆将领非曾国藩难以指挥自如。他在奏疏的结论中提出:若许曾国藩"移孝作忠",视师九江,即日督带湘军水陆师,会合楚军,将士一心,不难攻占九江,水陆东征安徽,直捣金陵。清政府批复说:"克敌制胜之策,该署抚与官文、都兴阿、杨载福(即杨岳斌——引者)等尽可商办,正不必待曾国藩到楚方能定议。"清政府对曾国藩的猜忌已深,拒绝了胡林翼的请求。

1858年4月,翼王石达开督率所部十余万打进浙江,猛攻衢州,苏、浙震动。清政府原拟命浙江布政使李续宾领兵入浙,胡林翼借口皖、鄂军情紧张,拒绝抽调李续宾赴援浙江,实际上他在搞釜底抽薪之计,迫使清政府起用曾国藩领兵入浙。清政府又命和春领兵赴援,和春害怕与石达开作战,借口生病,拒不赴命。遇到这种大事,湘系内部是声气相通的。像石达开入浙,与湖南并无利害关系,然而湖南巡抚骆秉章上奏请求朝廷起复曾国藩统兵赴援。奏折的内容,基本上反映了胡林翼与湖南巡抚机要幕客左宗棠等湘系人物的观点。骆秉章在奏折中说:以现在的军事局势而论,"大军四集,金陵贼势已孤,惟安徽残氛未殄,浙江凶焰倏张",如果不及早定下对策,不仅江左克复费时费日,更恐残逆鸱张,酿成大患。太平军中凶悍将领仅存陈玉成与石达开。浙江为东南财赋之区,与金陵相表里。自石达开入浙以来,浙江势必不支。当前急宜"剿除"者,无过陈玉成、石达开。以李续宾等对付陈玉成,绰有裕如,惟石达开大股入浙,最难应付。目前援浙诸军,零星杂凑,"统帅无素习之将,望其指挥如意,固已为难,况石逆狡猾凶顽,十倍他贼",又且石达开善于收拾人心,又能驾驭众军,智勇俱全。欲为援浙之计,似应从江西湘军中挑选精锐,各军将领"非曾国藩之同乡,即为其旧部",应请令曾国藩统带分散于江西之湘军等援浙,"则将士一心,于大局必有所济"。①清政府迫不得已,于1858年7月1日,命令曾国藩由原籍迅速驰驿前往浙江办理军务,并命萧启江和王鑫遗部张运兰等部归曾国藩指挥②。7月13日,曾国藩在湘乡原籍接到清政府的命令,不禁感激涕零。他说:"圣恩高厚,令臣下得守年余之丧,又令起复,以免避事之责。感激之诚,匪言可喻。"此次出山,当"约旨卑思,脚踏实地,但求精而不求阔"。③7月17日,从湘乡起程,22日到达长沙,与湖南巡抚骆秉章、抚署机要幕客左宗棠等会商援浙军事,决定调用在江西的萧启江、张运兰、朱南桂、胡兼善等部,又调吴翔冈部一千二百余名湘军,拟与李续宾会晤后,从李部调拨步队一千、马队百名,以上各部总兵力已有八千左右,加上原在江西的李元度部平江勇,总兵力已超过万名。曾国荃部俟攻陷吉安后,亦移军东向,归曾国藩节制调遣,总计曾国藩的援浙兵力可达一万四五千之谱,兵力不可谓少。8月3日,曾国藩从长沙抵武昌,与湖广总督官文、湖北巡抚胡林翼等会商追击石达开等事宜,协调与湖北湘、楚军的作战部署。以后,曾国藩从武昌顺流而下,10日,至巴河,先后会晤了李续宾、李续宜、曾国华、彭玉麟、刘蓉、唐训方等旧部,商谈援浙军事。他提醒李续宾打仗必须与水师相辅而行,方能立于不败之地。19日,行抵九江,杨岳斌前来晋见,他祭扫了"塔公祠"(塔齐布),假以笼络军心。

8月23日,曾国藩得知胡林翼因母忧回籍守制,颇为惊慌,害怕鄂抚换人,则湘军军饷无着。他说:湘军、楚军"水陆数万人,皆仗胡公以生成,一旦失所依倚,关系甚重"。可是,他又为自己写的一副挽联而

---

① 骆秉章《筹议分军援浙折》,载《骆文忠公奏议·湘中稿》(卷十二),第47—51页。

② 骆秉章:《复陈曾侍郎起程赴浙日期折》,载《骆文忠公奏议·湘中稿》(卷十二),第53—54页。

③ 曾国藩:《致沅弟》,载《曾国藩全集·家书一》,第394—395页。

得意。他写信给曾国荃说：我写的胡母挽联是"武昌居天下上游，看郎君新整乾坤，纵横扫荡三千里；陶母为女中人杰，痛仙驭永辞江汉，感激悲歌百万家"。连问老九说："此对可望前五名否？"[①]8月18日，曾国藩从湖口坐湘军水师战船前往南昌，杨岳斌随船送至南康，彭玉麟率水师战船护送至南昌。9月10日，行抵贵溪。这时，浙江巡抚晏端书已保举湘军将领李元度为浙江温处道道员。曾国藩对此行非常快慰。这是因为：

第一，他在与李续宾、杨岳斌、彭玉麟等湘军将领的接触中，知道这些旧部依然效忠于他。李、杨、彭等迟早要拨归他指挥调遣。

第二，湘军将领如杨岳斌署理湖北提督、李续宾晋升为浙江布政使、李元度任浙江温处道，他的旧部得到实缺，足以鼓舞湘军士气，提高他的政治威望。

第三，李元度是他的亲信骨干，曾国藩认为过去对李保举过低，为此心有余疚。这次浙江巡抚晏端书对李元度的保举，无形中为他弥补了对李的缺憾，如他所说："苦境甘回，次青（李元度，字次青——引者）今日得蔗境矣。"[②]这是曾国藩与晏端书结交之始，也是1860年曾国藩就任两江总督，奏撤江南、江北团练大臣，江北团练大臣晏端书被曾国藩派往广东为湘军筹饷，原因在此。

曾国藩此行极为快慰，仅是问题的一个方面，问题的另一方面是曾国藩对湖北的政局非常担心，这是因为：

第一，胡林翼因母丧回湖南益阳原籍营葬，他害怕胡林翼回籍后，湘军主力李续宾、杨岳斌部水陆师调护无人，可能遭遇到意外挫折，同时，他担心钦差大臣湖广总督官文宰割湘军。

第二，按照清朝惯例，父母去世，为官者须在籍守制三年，而政局

[①] 曾国藩：《致沅弟》，载《曾国藩全集·家书一》，第412页。
[②] 曾国藩：《致沅弟》，载《曾国藩全集·家书一》，第411页。

变化靡常，万一胡林翼在籍营葬其母期间，清政府对湖北巡抚另有委任，则湘系将失去湖北这块地盘，湘军的粮饷供应，将立即发生严重危机。后来李续宾败死三河，胡林翼销假视事，既证实了他的顾虑，也消除了他怕失去湖北这块地盘的心理负担。

二、入浙、入闽追击石达开，提出进犯金陵的战略决策

1858年9月中旬，曾国藩率军进至江西东境时，石达开部主力已从浙东打进福建，清政府命曾国藩尾随追击入闽，石达开部又已盘旋于闽、赣边境。因之，曾国藩驻军建昌。后来，石达开军转进湖南，曾国藩援浙、援闽追击石达开军的任务终结。这时，太平军在皖南和皖、赣边境发动攻势，12月3日，中军主将杨辅清攻占江西景德镇；15日，左军主将李世贤督军攻取宁国，击毙浙江提督督办宁国军务邓绍良，皖、赣震动。曾国藩完成追击石达开的任务后，何去何从，清政府并无明确指示，他姑且驻军赣东，待机而动。

太平军攻克景德镇后，杨辅清扬言欲攻湖口。湖口、九江的得失，关系到湖北的安危，所以这两地是反应非常敏感的地区。自1858年李续宾覆败三河后，长江北岸的湘、楚军军心摇撼，士气不扬。李续宜移驻黄州，收拾三河、桐城溃散下来的残兵败卒。不久，胡林翼也到黄州，安抚军心，整顿军队。万一太平军攻克湖口，则九江告危，鄂东湘、楚军在三河新败之后，抵御陈玉成部太平军已难以为继，如果太平军占据湖口、九江，则长江南、北岸太平军行将合流，湖北岌岌可危。再一方面，太平军若长期占有景德镇，皖南太平军能任意出入江西，随时可能用兵湖口、九江。反之，湘军若攻陷景德镇，既足以翼护赣东，又足以屏藩湖口、九江。景德镇遂成为湘、楚军与太平军双方争夺的战略据点。曾国藩在完成追击石达开的任务后，暂未奉到新命安排他的进退出

处，他看准了景德镇是他用武之地，因为夺取景德镇既可以博得江西巡抚的好感，又能获得湖广总督官文等的欢心。因之，1859年3月，曾国藩将追击石达开的湘军移屯抚州、景德镇之间。4月，派道员张运兰、游击刘松山等进犯景德镇，杨辅清寸土必争，战况愈演愈烈。

当曾国藩派兵进犯景德镇前后，1859年2月下旬，石达开部宰制赖裕新、傅忠信等部从江西转进湖南，大败湘军总兵刘培元、参将彭定太等于湖南桂阳，攻占桂阳。3月上旬，翼王石达开率领所部主力从江西南安分道入湘，连下兴宁、郴州、嘉禾、江华。4月22日，围攻湘西要地道州。翌日，攻取东安，续攻新宁。5月下旬，转攻湘西重镇宝庆，意欲作为打进四川的前进基地。石达开的军事行动，震动湖南、湖北、江西，因为三省唇齿相依，万一湖南疏失，鄂、赣防不胜防。再则，湖南是湘军的兵源、饷源基地，湖南军事斗争的胜负，影响到湘军的士气；湖北督抚更害怕石达开入川，在湖北的后院点燃烽烟，湖北便不能高枕而卧了。6月下旬，胡林翼派遣李续宜统兵万名驰援宝庆；7月下旬，曾国藩派精锐由张运兰统率回援宝庆。石达开军因士气不足，屡战屡败，入广西。

石达开自分裂出走后，转战安徽、江西、浙江、福建、湖南，纵然他的军事行动不是从太平天国的军事全局出发，与陈玉成、李秀成等作有机配合，但他转战以上数省，客观上起了打击、牵制湘、楚军的作用。他自从宝庆战役失败，败入广西后，远征云南、四川等省，如断线的风筝，再也不能为太平天国分忧解愁了。敌人方面曾国藩却东山再起。明显地可以看出，双方力量的对比，在起着不利于太平天国的变化。

当石达开督率所部围攻宝庆时，湖北官文、胡林翼深以为忧，"湖北饷倚川盐，四川又饶富，独未被兵，议者皆以防蜀为言。且以曾国藩久治军，无疆寄，为未竟其用。林翼频说官文合奏，请诏曾国藩援蜀，冀朝命授以总督"①。1859年5月20日，清政府命曾国藩带兵迅赴夔州，惟不予总督职位。胡林翼嘱曾国藩抗不赴命，曾国藩向清政府婉辞入川，其理由是：

第一，川江水势湍急，他创建的湘军水师杨岳斌、彭玉麟等部，难以飞渡三峡，随带入川。川江滩多水急，湘军水师即使入川，也无用武之地。

第二，原湘军陆师李续宜、唐训方、鲍超等部在皖、鄂交界地区，归湖北巡抚胡林翼指挥，如果我带兵入蜀，这部分湘军难以提挈同行。

第三，领兵入川，无地方行政权力，客寄巴蜀，远离湖南、湖北，人地生疏，征兵调饷困难，难收战胜克捷之效。他在隐隐地讽示朝廷，予以总督席位。

第四，他认为欲制太平天国于死命，必须用兵于鄂、赣、皖三省，一旦取得胜利，才能从安庆水陆夹江东下，直抵石头城下，攻占金陵。

1859年6月26日，曾国藩奏称：目前景德镇战事打得难解难分，此城为我必争必得之地，因为攻占景德镇，既足以屏障湖口、九江，又能够威镇饶州、广信，近日已添派曾国荃督率吉字营官兵五千余名前往景德镇，加强攻势。虽说攻克景德镇确有把握，攻占景德镇时日则难以预计。我现在驻军抚州，所部全在景德镇前线作战，一旦攻克该城后，如果全师入蜀，赣东仅有刘于浔一军，力量单薄，万一太平军乘虚阑入江西，西上湖口、彭泽，南攻建昌、抚州，赣局危殆，"是未保将危之四川，先弃甫定之江西，实为失算"。目前，江西巡抚与我函商，请我留朱品隆、王文瑞等军续攻景德镇，我手边只此数将，若留朱品隆、王文瑞保赣，一则力量不足保赣，而我却因去此二将而兵力单薄，更难入蜀。②值得强调的是，我与石达开交手后，石达开一军"既钝于浙，钝于闽，

---

① 王闿运：《湘军志·曾军后篇第五》，第1页。
② 曾国藩：《复陈防蜀缓急折》，载《曾文正公全集·奏稿》（卷十三），第18页。

入湘后又钝于永、祁，钝于宝庆，裹胁之人，愿从者渐少，且无老巢以为粮台，粮米须掳，子药须搬运，行且自疲于山谷之间"。他说：石达开部作战，远不如昔年之狡悍，"势乱而无纪，气散而不整"①，已成"流贼"之象，不足为虑。

1859年秋，石达开败入广西后，防蜀问题缓和下来了。7月17日，道员衔候选知府曾国荃部攻陷景德镇，14日，续陷浮梁，杨辅清军退入皖南，皖南清军的压力大为增加，督办皖南军务、原革职江西巡抚张芾奏请曾国藩率军增援皖南。1858年前后，英王陈玉成指挥太平军驰骋大江北岸，大败钦差大臣胜保等军。钦差大臣袁甲三听说湘、楚军将大举进攻安徽，害怕"驱贼北窜"。淮北清军兵单饷绌，屡败于捻军，自保不暇。袁甲三、胜保奏请派曾国藩移军淮上，"遏贼北窜"。

官文、胡林翼认为陈玉成"颇知兵"，用兵莫测，所部太平军剽悍善战，时常从安徽打入湖北，打击湘、楚军，迫使胡林翼从黄州移营陈德园，以守为主。曾国藩向胡林翼献议说：两军相争，固守防御是下策，"我进，则贼自守不暇，一消一长，断无中立之理。惟目下毛羽不丰"，力量不足，不敷分配，"一入皖境，即无歇手之时"。言外之意，他既不愿入蜀，更不愿去皖南或淮上，你应奏调我入皖、鄂交界地段，与你联兵作战，湘、楚军水陆师可以图皖。胡林翼心领神会，通过湖广总督官文奏请将曾国藩移调入鄂，使湘、楚"共征安省"。②

曾国藩何去何从，实际上牵涉到清政府的战略决策。曾国藩拙于临阵指挥，优长谋略。如前所说，他的军事实践就说明了这点。1854年湖南靖港之役，他亲自指挥，以致兵败自杀。1855年春，在九江、湖口战役时，曾国藩坐在拖罟船上指挥，搞得水师大败，曾国藩再次寻死觅活。他在这个问题上有自知之明，在致书部属时说："国藩平日不善临

---

① 曾国藩：《石达开踪迹不明片》，载《曾国藩全集·奏稿二》，第921页。
② 曾国藩：《致澄弟沅弟》，载《曾国藩全集·家书一》，第499页。

阵，故友人相戒，但宜在远处调度，不宜至近处对敌，恐各统领、营官分心以护卫鄙人，转不能冲锋应变，出奇制胜也。"①他长于战略决策，如他在湘军出师前即已写信给王鑫，指出武昌在长江中游的重要性及武昌的存在与否与长沙的安危关系。又曾与夏廷樾等议论今后当与太平军决战于巴河等地。这些精辟的议论，都反映了他敏锐的战略头脑。

　　清政府接到张芾、胜保、官文等关于使用曾国藩湘军的不同意见后，一时拿不定主意，命令曾国藩、官文、胡林翼等悉心筹酌。1859年11月10日，曾国藩上《遵旨悉心筹酌折》，提出了如何用兵镇压各路农民起义军的战略，他在奏折中说：

> 自古办窃号之贼，与办流贼不同。剿办流贼，法当预防以待其至，坚守以挫其锐。剿办窃号之贼，法当翦除枝叶，并捣老巢。今之洪秀全据金陵，陈玉成据安庆，私立正朔，伪称王侯，窃号之贼也。石达开等之由浙而闽、而江、而湖南、而广西，流贼之象也。宫（指捻军首领龚得树，误写为宫——引者）、张（指张乐行——引者）诸捻之股数众多，分合无定，亦流贼之类也。自洪杨内乱，镇江克复，金陵逆首凶焰久衰，徒以陈玉成往来江北，勾结捻匪，庐州、浦口、三河等处迭挫我师，遂令皖北之糜烂日广，江南之贼粮不绝。臣等窃以为欲廓清诸路，必先攻破金陵，全局一振，而后江南大营之兵，可以分剿数省，其饷亦可分润数处。欲攻破金陵，必先驻重兵于滁、和……必先围安庆，以破陈逆之老巢，兼捣庐州……盖窃号之贼，未有不竭死力以护其根本也。现拟四路进兵，自江滨而北，第一路由宿松、石牌以规安庆，臣国藩亲自任之。第二路由太湖、潜山以取桐城，多隆阿、鲍超等任之。第三路由英

---

① 曾国藩：《与王铃峰》，载《曾文正公全集·书札》（卷五），第1页。

山、霍山以取舒城，臣胡林翼亲自任之，先驻皖、楚之交，调度诸军，兼筹运转。第四路由商、固以规庐州，调回李续宜一军任之。①

1851年1月金田起义后，天王洪秀全、东王杨秀清领导太平军转战广西、湖南、湖北、江西、安徽、江苏等省，1853年攻克金陵，建立了与清朝相对峙的政权。不久，发动北伐、西征。太平天国的军事斗争，削弱了清政府在各省的统治，吸住了清军的主力，全国各省、各族人民的起义风起云涌，其中有上海的小刀会起义，福建黄威领导的小刀会起义，广西陈开领导的天地会起义建立了大成国政权，胡有禄也在广西建立了升平天国政权。淮河流域的捻军声势日益浩大，纵横于黄淮平原，后来发展到与太平军联合作战。贵州爆发了号军与斋教农民起义，苗族英雄张秀眉领导的农民起义军声势最大。云南省爆发了杜文秀领导的回民起义、李文学领导的彝民起义。全国烽火燎原。以太平天国为中心的全国各族人民起义，把清政府打得风雨飘摇。

曾国藩提出的战略决策的要点在于：

认定太平天国是各种起义军的中心力量，"危害"最大，清政府应该集中全力绞杀太平天国，天下大乱的局面方能改观。也就是说，要恢复半封建半殖民地的社会秩序，必须首先埋葬太平天国。此其一。

针对太平天国仅存的一片安徽省根据地，发动四路进攻，夺取安徽省，孤立天京，然后使天京无可守之势。安庆是天京上游的第一重屏障，曾国藩打算统率湘军水陆师亲自进犯安庆，发挥其水师优势，水陆进攻，置防守安庆的叶芸来部太平军于死地，使其他三路易于为力。此其二。

在战术上，他汲取了李续宾孤军深入、三河战役覆败的经验教训，

---

① 曾国藩：《遵旨悉心筹酌折》，载《曾文正公全集·奏稿》（卷十三），第33—34页。

避免孤军深入，而是发动四路进攻，做到有机配合，使英王陈玉成应接不暇。曾国藩说：数路并进，"进占十里，则贼蹙十里之势，进占百里，则贼少百里之粮。即不甚得手，而上游之势既重，即下游之贼不得不以全力御我"。①曾国藩企图以四路进攻，使陈玉成分兵应战，实际上是迫使陈玉成与湘、楚军决战，湘、楚军可以利用其水陆优势，打垮太平军。他认为湘、楚军即使不能全胜，至少可以蚕食鲸吞安徽根据地，从而夺取太平天国的整个安徽省根据地。

1859年9月9日，清政府接受了湖广总督官文的建议，命令曾国藩暂缓率军入蜀，改援安徽。9月下旬，曾国藩行抵湖北黄州的巴河。11月下旬，从巴河拔营东进。12月7日，驻军安徽宿松，窥伺安庆。12月中旬，陈玉成指挥太平军与曾国藩、胡林翼部湘、楚军争战于太湖外围，开始了安庆保卫战的序战。敌人方面原拟四路入侵，因兵力不足，又害怕陈玉成领兵进攻湖北，被迫将重兵集结于鄂、皖交界地区。所以，四路进兵的计划落空，只能集中湘、楚军进犯安庆。

曾国藩满以为太平天国军势日益衰落，陈玉成虽然骁勇善战，独木难支大厦，湘、楚军兵力雄厚，挟水陆之优势，在安庆外围与陈玉成决战，可以迅速成功。他过高估计了自己的力量，过低估计了陈玉成的力量。正当曾国藩、胡林翼梦想一举夺取安庆，进而夺取安徽省时，天京领导当局亦在运筹决策，力图改变受长江上、下游夹击的不利态势。于是，在1860年发生了太平军二破江南大营的壮举；接着挟战胜之余威，东征苏、常，"收拾金瓯一片"，开辟苏福省根据地，曾国藩、胡林翼为之一派惊慌。

---

① 曾国藩：《通筹全局请添练马队折》，载《曾文正公全集·奏稿》（卷十二），第30—33页。

第十章　曾国藩出任两江总督

一、湘、楚军攻陷潜山、太湖，曾国藩招降韦俊

1857年10月上旬，翼王石达开率军从安庆进入江西后，年方二十一岁的青年将领陈玉成肩负起支援九江守军、保卫安徽省根据地的重任。他采取"攻鄂救浔保皖"的战略，主动进击湖北，屡次批亢捣虚，打进鄂东，进攻黄梅、广济、蕲水、麻城、罗田等县，打得胡林翼难以招架，只得抽调正在围攻九江的李续宾率兵来鄂作战。为了打通天京与安徽的通道，陈玉成又作战于江浦、浦口等地，1858年，他与李秀成联合作战，先后取得江浦、浦口大捷与三河大捷等辉煌胜利。在战争中，李秀成的部队也逐渐壮大起来了。三河大捷后，李秀成部太平军专顾长江下游军事，负责保卫天京，陈玉成则负责保卫安庆，抵挡曾、胡湘、楚军侵犯安徽。

经过三河战役李续宾全军覆没后，胡林翼用兵安徽胆小谨慎。他在《与各帅论兵事书》中说：兵事以逼城为下策，力戒攻坚。"当逼城攻垒之时，如雀之伺蝉，志在于蝉，不知弋人之又伺其后"[1]，更何况安徽是太平军长期占领的地区，"皖民受祸既久，迷溺尤深"，"果于从逆"，李

---

[1] 胡林翼：《与各帅论兵事书》，载《胡文忠公遗集·抚鄂书牍》（卷六十），第4页。

续宾覆败三河,可为殷鉴。他慨叹说:我"谋皖已二年,总未得势,则以兵只一路也"。胡林翼的言论,反映了他在进入太平天国安徽根据地作战时的胆怯心情。后来,曾国藩一军万余名移调鄂、皖交界地区,湘、楚军兵势顿时雄厚,曾国藩、胡林翼遂大举"东征",企图夺取太湖、潜山。

1859年12月7日,曾国藩率军从湖北黄梅侵驻安徽宿松。这时,胡林翼接到陈玉成率太平军"裹胁饥民"数十万前来安庆前线的探报,毛骨悚然。为了加强统一指挥,命湘系将领鲍超、道员蒋凝学、唐训方归副都统多隆阿指挥调遣。

曾国藩从来反对将湘军划归非湘系将领指挥,他坚决反对胡林翼将鲍超等部湘军拨归旗籍将领多隆阿指挥的决定,但又碍于情面,难于出口。当时,湘军大将李续宜因指挥各路湘军参加宝庆战役,滞留湖南。曾国藩写信给李续宜说:"此间近日军情,气机日变,人心日散,有万不能不请阁下速出来皖者。"因胡林翼在上月十七日(12月11日——引者)命鲍超、蒋凝学、唐训方三军概归多隆阿指挥。多隆阿自己驻军新仓,命蒋凝学军驻军新仓、小池之间,以断陈玉成由潜山来路;要唐训方军半守石碑,半击陈玉成军;又要我分七千人前去包围太湖。胡林翼竟听从多隆阿的谋划,以致鲍超、蒋凝学、唐训方等心含不平,"鄙人亦不以为然"。以多隆阿命鲍超驻军距潜山四十里之小池驿而论,前有潜山而来的太平军,"后逼太湖之城贼",亦非稳招。我仅统兵万名,要我派出七千人包围太湖,手中的机动部队全被用去,我不得不拒绝此一决定。将鲍超置于危地,我也坚决反对。因为兵力部署欠当,前线将领听说陈玉成领兵前来挑战,"颇形慌张"。"此次关系极大,务祈星夜前来。"①

---

① 曾国藩:《致李希庵》,载《曾文正公全集·书札》(卷五),第43页;胡林翼:《致曾涤帅》《致多鲍唐蒋四帅》,载《胡文忠公遗集·抚鄂书牍》(卷六十七),第1—2页。

曾国藩同胡林翼在军事部署问题上发生争议时,太平天国英王陈玉成已经率军到达桐城,捻军首领龚得树、张乐行等亦统率捻军前来助战,号称数十万,实有五六万①,进援陈玉成部骁将刘玱琳坚守的太湖。陈玉成以主力进围小池驿鲍超所部霆军。曾国藩认为以唐训方所部三千余名包围太湖,兵力太单,万一敌军从城中突出,袭击鲍超后路,霆军有全军覆没的危险。因之,1860年1月11日,曾国藩从宿松抽兵三千驰救鲍超,多隆阿也派兵前来助战。这时,胡林翼命原驻潜山、天堂之间的金国琛部近万,进攻太平军的侧背。潜山、太湖一带全线激战,陈玉成于潜山的地灵港,先后击败多隆阿、蒋凝学军,阵斩副都统衔协领西林布以下一千三百余名,大败唐训方部湘军,但终因腹背受敌,敌军以逸待劳,主客之势相异,战局发生波折,特别是为了回援天京,陈玉成不得不收缩攻势。

　　就当时双方的形势而论,作战于太湖、潜山之间,湘军水师不能参加作战;太平军坚守太湖,曾国藩、胡林翼既须耗费兵力包围太湖,又须于太湖、潜山诸要隘据点分兵把关,兵力因而显得单薄。相反,陈玉成却在兵力上占据优势,攻守进退,运用自如,掌握着主动权,继续打下去,虽不能全歼湘、楚军,至少可能重创湘、楚军,使之受到更沉重的打击。然而,天王洪秀全为了在长江下游发动攻势,击破江南大营,消除天京的心腹大患,严令陈玉成回兵天京。陈玉成在太湖前线打击敌军后,决定放弃太湖、潜山。2月17、19日,安庆前哨阵地太湖、潜山两城的太平军冲阵而出,陈玉成命叶芸来坚守安庆。胡林翼在奏报中大肆渲染,吹嘘连克两城。②

　　在这里,顺便提一下太平天国右军主将韦俊叛降湘军水师的事件。韦俊,在曾国藩、胡林翼、罗泽南的著作中,称他韦志俊,是北王韦昌

---

　　① 曾国藩:《致澄弟沅弟》,载《曾国藩全集·家书一》,第514—515页。
　　② 胡林翼:《克复太湖县城疏》《克复潜山县城疏》,载《胡文忠公遗集·奏疏》(卷三十九),第1—5页。

辉的亲弟弟。天京变乱韦昌辉被镇压后，韦俊心怀不满，1856年12月擅弃武昌，被天王洪秀全革职。因太平天国兵将缺乏，忠王李秀成念韦俊骁勇敢战，奏请天王洪秀全重新起用他统兵作战，天王赐予定天福的爵衔，拨归陈玉成节制调遣，长期随陈玉成作战，因不甘居于陈玉成之下，与陈玉成不睦，经常发生摩擦，同时，他对太平天国也心怀携贰。后来，天王洪秀全命令韦俊移军皖南，镇守池州。1859年下半年，他暗中与湘军水师统领福建提督杨岳斌联系乞降。曾国藩对太平军的策略是"先剿后抚"，"剿抚兼施"，"以剿为主"。曾国藩得到韦俊乞降的密报后认为："韦俊东与芜湖洪党，西与建德杨党（指辅王杨辅清——引者），北与安庆陈党（指陈玉成——引者）皆不解之血仇，地瘠人众，无所得食，穷蹙归命，理有固然。"①杨岳斌在曾国藩的指示下，决定招抚韦俊。10月22日，叛徒韦俊献城降敌，派所部将领刘官芳、赖文鸿、黄文金等前往袭取芜湖。11月7日，古、赖、刘、黄中途起义，反戈相向，进攻池州。12月24日，起义部队收复池州，韦俊狼狈逃窜。②从此，韦俊成为湘军一员得力鹰犬。他长期追随陈玉成作战，对陈部将领、兵力强弱等情况及陈玉成的策略、战术等了如指掌，在整个安庆保卫战中，陈玉成为此受累不少。

　　当胡林翼、曾国藩因攻陷太湖、潜山，收降韦俊而得意非凡时，天京外围的太平军已在进行战略集结，凝聚成了一股势不可当的强大力量。太平军的刀锋指向和春、张国梁统率的江南大营。胡林翼、曾国藩将因太平军取得新的巨大军事胜利而惊慌失措。

---

① 曾国藩：《复左季高》，载《曾文正公全集·书札》（卷五），第33页。
② 胡林翼：《奏陈逆首投诚献城旋为贼党袭踞先后剿抚办理情形疏》，载《胡文忠公遗集·奏疏》（卷三十八），第1—2页。

二、何桂清革职查办，曾国藩总督两江

　　1859年冬，江南大营清军对天京的包围愈紧，进攻日趋猛烈，天京险象环生。忠王李秀成从浦口赶回天京，向天王洪秀全力陈应该集中兵力歼灭江南大营，消除天京的心腹之患，同时使太平军摆脱受长江上、下游敌军夹击的被动态势。天王洪秀全深以为然，李秀成随即赶回浦口，领兵前往芜湖，力谋解围天京。他决定用"围魏救赵"之计，进攻江南大营的饷源重地杭州，迫使钦差大臣督办江南军务和春分兵救援杭州，然后从杭州迅速回军击破江南大营。1860年2月中旬，李秀成攻占皖南的广德，留兵镇守，然后亲督部将陆顺得、谭绍光、吴定彩等部六七千名，从泗安、武康疾进杭州，攻其不备。3月19日，谭绍光、陆顺得等率先锋一千余名攻破杭州，浙江巡抚罗遵殿兵败自杀。和春得到李秀成奇袭杭州的探报，迅派总兵张玉良等领兵驰救，24日行抵浙江省城杭州时，李秀成已先二日攻取杭州。据李秀成说：在杭州，他与张玉良军"两家会话后，知是江南和、张之兵分势，中我之计"①。次日，太平军退出杭州，经临安、孝丰山曲小径，马不停蹄，遄返皖南。4月11日，忠王李秀成在皖南建平举行诸王会议，决定首先分攻天京外围州县，迫使和春、张国梁再次从江南大营分兵救援，而后各路会齐分进合击江南大营。各王如议分攻溧阳、句容、溧水等县。这时，天王洪秀全檄调的英王陈玉成军也到达了天京外围。5月6日，忠王李秀成、英王陈玉成在局部战役上集中绝对优势兵力，总攻江南大营，江南大营立刻土崩瓦解，天京解围。和春、张国梁等败奔丹阳。

　　击破江南大营后，天王洪秀全命忠王李秀成指挥得胜之师，东征

---

① 《李秀成自述原稿注》，中华书局1982年版，第190页。

苏、常。这是英明的战略决策,因为:

第一,太平天国安徽省根据地屡经战争,已经残破不堪,元气损伤,难以承担天京军民与数十万太平军的粮饷供应,不开辟新根据地,太平天国难以支撑下去了。

第二,江南大营以苏南为腹地,不占领苏南,麇集丹阳的江南大营残兵败将,将死灰复燃,重整旗鼓,这是1856年一破江南大营后的历史所证明了的。为了对江南大营来一个犁庭扫穴,彻底消灭江南大营,只有占领苏、松、常、太,彻底歼灭江南大营清军,才能使太平军摆脱敌军从长江上、下游夹击的被动态势。

第三,太平军与湘军长期作战以来,深感湘军的优势在水不在陆,要战胜湘军,必先夺取长江的制水权。故拟在占领上海后,向洋商购买火轮船二十只,装备太平军水师,然后集中太平军主力,西上鄂、赣,把安庆保卫战转化为重开湖北省根据地的战争。

1860年5月19日,忠王李秀成指挥太平军攻克丹阳,击毙江南大营帮办张国梁等。前方败报传到两江总督何桂清的驻地常州,何桂清惊慌失措。总理粮台查文径、布政使薛焕等先意承旨,禀请何桂清退苏州筹饷。5月21日,何桂清"密约诸标兵出走",常州士绅捧香跪留何桂清守城,何桂清命亲兵殴打,继之以枪轰击,当场毙命十余人。翌日,何桂清向东遁逸,至苏州,江苏巡抚徐有壬下令"闭城不纳",誓不相见,何桂清借口"借夷兵助剿",逃遁上海。和春则逃至苏州城西二十里左右的浒墅关自缢身死。6月2日,太平军攻占江苏省城苏州。李秀成以苏州为省垣,建立了苏福省。此后,他分兵数路,一路经吴江南下,攻取浙江嘉兴。主力则经昆山东进,进攻上海,遭到外国侵略军与清军的联合抵抗,攻势受挫。太平天国企图攻克上海,向洋商购买火轮船武装太平军水师的谋划落空。9月,太平军略定苏南,基本上完成了开辟苏福省根据地的战略任务。

李秀成开辟苏福省新根据地,对太平天国后期抗击湘军以及中外联合武装的进攻，是有着非常重要的意义的。

苏、松、常、太是富庶之区，人口众多，太平天国能从苏福省根据地汲取庞大的物力、财力、人力，支援战争，直到太平天国晚期，天京军民的粮食全仗苏福省地区的供应，故有"簇簇旌旗拥上游，转粮一线仗苏州"的诗句①。

1861年9月，曾国藩、胡林翼指挥湘、楚军攻陷安庆，安徽省根据地迅速瓦解。1862年春，李秀成开辟了浙江省新根据地。从安庆失守到开辟浙江省根据地的期间，太平天国全仗苏福省的人力、财力、物力支援战争。再一方面，如果没有苏福省根据地作依托，天京城成为一个孤立据点，亦断无幸存之势。从这些方面考察，李秀成开辟苏福省根据地，不仅为安庆保卫战、为开辟浙江根据地提供了巨大的物质力量，并且关系到太平天国的生死存亡。

何桂清（1816—1862），字根云，云南昆明人。原为浙江巡抚，1859年经大学士、军机大臣彭蕴章保荐，继怡良为两江总督。太平军攻占丹阳、常州，败报雪片似地飞向北京，咸丰帝深以为忧，彭蕴章不止一次安慰他，说什么有能臣何桂清、骁勇绝伦之将张国梁等在，东南大局无妨。不旋踵间，太平军连下常州、无锡、苏州，何桂清败不能止，逃奔上海。咸丰帝将何桂清革职逮问，以彭蕴章无知人之明，下令撤去其军机大臣职务。彭蕴章一贯认为曾国藩执掌的兵权过大，易成尾大不掉之局。彭蕴章的失宠，对曾国藩的政治前途，无疑是一个极为有利的因素。

当忠王李秀成在苏南"横扫千军如卷席"、何桂清败逃上海时，曾国藩、胡林翼闻讯，痛骂何桂清"下贱无耻"。曾国藩说：太平军攻陷苏常，"非果凶悍，是官兵太不得力"。"吴事瓦解，贼无反顾之心……此时陈逆子女玉帛，志骄气盈，本年必自行犯楚。"②曾国藩、胡林翼对清政

---

① 陈庆甲：《金陵纪事诗》，载《太平天国史料丛编简辑》（第六册），第404页。
② 曾国藩：《致李希庵》，载《曾文正公全集·书札》（卷七），第2页。

府关于东南的人事布局作了一番揣测。胡林翼说:"江、浙为仓庾根本,京师性命所系,然使泛泛以寻常办理军务之人前往,则事权不属,功必不成。近十日中,必有十余人奏请涤帅往援。林翼之意,必得地方之符乃可去,非此则不可去也。设涤帅去后,秋冬之间,贼必有三四十万大股并力西犯。"①后来,曾国藩听说忠王李秀成略定苏常,惊呼:"苏常失守,杭州亦岌岌可危,东南大局决裂如此,不知尚有何术可以挽回……现奉寄谕,饬国藩往援苏、常,盖不知苏、常已失也。鄙意楚军刻不能救援下游,且当竭三省全力,御贼匪秋间之大举,如能于秋间两路大捷,然后有余力兼谋下游,目前实有不逮。"②他对自己的出处,作了一番猜测。他说:苏、常失守,"目下浙江危急之至……东南大局,一旦瓦裂,皖北各军,必有分援江、浙之命,非胡润帅移督两江,即余往视师苏州。二者苟有其一",则进攻安徽的军事布局,不能不有所变更。"余则听天由命,或皖北,或江南,无所不可。"③曾国藩、胡林翼迫切希望他们两人中有一人出任两江总督,以扩大湘系地盘。

长期以来,满洲贵族中一贯存在着满汉畛域之见,不许汉大臣掌握军政大权。自从1851年1月洪秀全在广西桂平县金田村起义以来,直到1860年期间,八旗、绿营兵由一触即溃发展到见敌即溃。自1854年春曾国藩筹建的湘军"出师东征"顽抗太平军以来,作战初期,胜负参半。从1856年至1860年期间,湘、楚军渐趋上风,先后攻陷太平天国的江西、湖北根据地,恢复了湖北、江西二省的封建统治,进而陈兵皖、鄂交界地段,企图夺取太平天国的安徽省根据地。但是,在东南战场方面,1860年以和春、张国梁为首的江南大营崩溃了,忠王李秀成指挥的东征战役,所向披靡,底定苏南。这些出敌意表的军事胜利,使清政府

---

① 胡林翼:《致彭雪琴方伯》,载《胡文忠公遗集·抚鄂书牍》(卷七十三),第1页。
② 曾国藩:《复李希庵》,载《曾文正公全集·书札》(卷六),第15—16页。
③ 曾国藩:《致澄弟》,载《曾国藩全集·家书一》,第541—542页。

感到东南大局危殆，应该调整人事布局与军事部署，才能进行有力的军事斗争。清政府中的满洲贵族囿于满汉之见，对曾国藩带领湘军作战，心存猜忌。即如汉大臣中的当权派大学士、军机大臣祁寯藻、彭蕴章等，也认为曾国藩筹建的湘军，召集湘勇为兵，独立于国家经制之兵八旗、绿营之外，害怕曾国藩湘军日益坐大，难以驾驭，日后将成尾大不掉之势，危害到清王朝的统治。1860年太平天国的军事胜利，彻底暴露了绿营兵的腐败无能，促使清政府中的满洲贵族在满汉畛域问题上发生了分化，重视汉族领兵大臣胡林翼、曾国藩在镇压太平天国中作用的肃顺用事，而力保何桂清为两江总督的大学士、军机大臣彭蕴章被撤去军机大臣职务，失宠于咸丰帝[①]，这为肃顺重用曾国藩提供了一定的有利条件。

　　肃顺（1816—1861），字雨亭，清宗室。咸丰帝即位，擢内阁学士兼副都统。1854年，授御前大臣兼工部侍郎。1858年，调升礼部尚书。咸丰十年（1860年）升任协办大学士，为咸丰帝所亲信。第二次鸦片战争期间，肃顺是主战派。1860年，英法联军侵犯天津、北京，肃顺曾经组织清军，进行了较为认真的抵抗。后来，英法联军侵入北京，清政府被迫订立了城下之盟。肃顺平素喜揽名流，"朝士如郭嵩焘、尹耕云，举人王闿运、高心夔辈皆出其门，采取言论，密以上陈"[②]。他在镇压太平天国的用人问题上，反对祁寯藻、彭蕴章的观点，主张重用以胡林翼、曾国藩为首的湘系人物，"平时与座客谈论，常心折曾文正公之识量，胡文忠公之才略。苏、常既陷，何桂清以弃城获咎，文宗欲用胡公总督两江。肃顺曰：'胡林翼在湖北举措尽善，未可挪动，不如曾国藩督两江，则上、下游俱得人矣。'上曰：'善'。遂如其议"[③]。1860年6月2日，李

---

① 薛福成：《书宰相有学无识》，载《庸庵全集·庸庵文续编》（卷下），第5—6页。
② 赵尔巽：《清史稿·列传》（下册），"肃顺"，第1329页。
③ 薛福成：《肃顺推服楚贤》，载《庸庵笔记》（卷一），光绪丁酉版，第22—23页。

秀成攻克苏州。8日,清政府以曾国藩署两江总督,着统率所部兵勇,取道皖南,恢复东南。咸丰帝、肃顺用人不疑,疑人不用。8月上旬,实授曾国藩为两江总督,并命为钦差大臣督办江南军务,所有大江南北水陆各军均归节制。又将杨岳斌、彭玉麟统率的湘军水师拨归曾国藩节制调遣。

曾国藩总督两江督办江南军务,对曾国藩与湘军将领当然是很大鼓舞。胡林翼得到曾国藩署理两江总督的消息后,亦"气息为之一壮,耳目为之一明"①。后来,胡林翼又得知曾国藩被任命为钦差大臣,并实授为两江总督,所有大江南北水陆各军悉归节制后,兴奋地说:"涤帅实授两江总督,殆如国相司马之气象。诚明之至,上感九阁,军气孔扬。"②曾国藩总督两江后,忧、喜参半。喜的是长期受压抑,现在总算熬出了头,得到清政府的信任与重用,全军欢欣鼓舞,"或者前数年抑塞之气,至是将畅然大舒乎"③。忧的是太平军占有苏南,天京与苏、常连成一片,声势重振,力量倍增,杭州、皖南岌岌可危,东南大局"糜烂",命他为钦差大臣督办江南军务,无异要他火中取栗。他在家书中道出了他的复杂心情。他说:"膺此巨任,深以为惧。若如陆(指陆建瀛——引者)、何二公之前辙,则诒我父母羞辱,即兄弟子侄亦将为人所侮。祸福倚伏之机,竟不知何者为可喜也。默观近日之吏治、人心及各省之督抚将帅,天下似无戡定之理。吾惟以一勤字报吾君……但守一勤字,终日劳苦,以少分宵旰之忧。"④在理学思想的指导下,"吾欲行仁义于天下,使凡物各得其分",维护腐朽的封建统治,是他的绝对信条。他明知政治败坏,民不聊生,"天下似无戡定之理",却无动于衷,仍然抱着非血腥

---

① 胡林翼:《致两江总督曾涤帅》,载《胡文忠公遗集·抚鄂书牍》(卷七十一),第1页。
② 胡林翼:《致左季高》,载《胡文忠公遗集·抚鄂书牍》(卷七十五),第8页。
③ 曾国藩:《致季弟》,载《曾国藩全集·家书一》,第555—556页。
④ 曾国藩:《致沅弟季弟》,载《曾国藩全集·家书一》,第560页。

屠杀太平军不可的顽固态度，而且还要蛮干到底，这就不难理解后世的一些人，为什么要大肆吹捧这个"曾文正公"了。

太平天国二破江南大营的前夕，曾国藩驻军安徽宿松，所部万余，分布于潜山、太湖、宿松一带，所部主力李续宜一军近万，驻扎桐城西南之青草塥，掩护包围安庆的曾国荃部。曾国藩既然担任两江总督，不能不遵照清政府的指示，移军皖南，遂与胡林翼商讨调整安庆前沿的军事部署与人事上的布局等。

两江辖有江苏、安徽、江西三省。曾国藩初任两江总督，力量单薄，能掌握的仅为江西一省，而且太平军经常攻入江西，纵横驰骋。苏北虽说是"完善之区"，但曾国藩鞭长莫及。上海一隅，财货千万，在何桂清系江苏巡抚薛焕掌握之中，曾国藩休想得到上海的饷银。曾国藩统辖的水陆师三万左右，粮饷不足，尚须胡林翼继续支持。从军事上说，清政府要曾国藩规复苏、常，但是，李秀成在苏南重兵布防，规复苏、常之势难成，只能望洋兴叹。为了应付清政府，他不得不移军皖南，认为欲制太平天国于死命，仍以攻取安庆为急务，然后直捣金陵，用兵江苏。因此，他在军事上提出了湖北、江西、安徽三省联防这一决策，颇具战略卓识。他致书胡林翼说："固上游以为图下游之根本，一定之理也。江北、江南总求呼吸相关。侍驻南岸，求阁下移驻宿松，相距较近，以便随时飞商一切，仍拟造渡船一百号，每号可载六七十人，置于东流、安庆之间，南、北两岸有非常之警，则渡兵过江，互相救应。"我进驻皖南祁门后，拟以李元度率平江勇前来皖南。我前往祁门，拟带绥靖镇总兵鲍超所部霆军六千，朱品隆等部二千，游击杨镇魁部一千，而以曾国荃部近万留于北岸，继续围攻安庆。①此外，拟请左宗棠募兵自成一军，前来皖、赣一带助战。胡林翼对曾国藩从鄂、皖交界地区抽兵前往皖南，完全赞同，复书曾国藩说：奉手教咨调鲍超所部霆军、礼营等

---

① 曾国藩：《复胡宫保》，载《曾文正公全集·书札》（卷六），第17—18页。

部,"均万不敢有吝啬之情,应遵示调拨。皮匠小店,非力量能不误主顾,实以昔年本钱出于老板,强撑门面,爱惜招牌也"①。

曾国藩携往皖南的部队是鲍超等部,而将曾国荃、李续宜部归胡林翼节制调遣是有深意的,因为曾国荃、曾贞干部已经包围安庆,挖掘战壕,堆筑土城,中途易将调兵,为兵家所忌;更重要的是曾国荃、曾贞干跟胡林翼打仗,易于升官,如曾国藩所说:"余为地方官,若仅带一胞弟在身边,则好事未必见九弟之功,坏事必专指九弟之过,嫌疑之际,不可不慎。"②人说一步三回头,曾国藩此人是一步三个点子,心计极深。

在经济方面,他奏请以两江总督辖区已复省份的江西漕赋归巡抚征收,全省的牙税、厘金归总督征收。拟奏派李榕、李翰章主持其事。

1860年7月,他从宿松移驻祁门,将路过黄石矶,事先致书彭玉麟说:"国藩至黄石矶,仅带幕客二李及亲丁数人,巡捕、文案数人而已,欲与阁下及厚庵及舍弟静谈二三日,千乞无迎接,无办席,无营哨官弁纷纷请安,禁吹手,禁爆竹,禁排炮。""方今东南糜烂,时局多艰,吾辈当屏去虚文,力求实际,或者保全江西、两湖,以为规复三吴之本。整躬率属,黜浮崇真,想阁下亦有同情也。"③

7月3日,曾国藩从宿松起行,28日,至祁门。皖南辖有徽州、宁国、池州、太平、广德等府,东邻江苏,南与浙江毗连,北枕长江,西接江西,是天京的后卫。在清方看来,皖南是江西的屏障,浙江的藩篱,进而窥击苏、常的前进基地。在太平天国说来,皖南是天京的前卫,是太平军进攻浙、赣的通道。因之,皖南变成了敌对双方必争的战略要地。曾国藩携军进驻祁门,加剧了皖南的军事斗争。祁门形如釜底,后不靠江,非兵家要地,曾国藩进驻祁门,论者以为他不识地理,

---

① 胡林翼:《致曾涤帅》,载《胡文忠公选集·抚鄂书牍》(卷七十二),第2页。
② 曾国藩:《致澄弟》,载《曾国藩全集·家书一》,第545页。
③ 曾国藩:《复彭雪琴》《复杨厚庵》,载《曾文正公全集·书札》(卷六),第25—26页。

殊不知曾国藩不去宁国、徽州四战之地，而进驻祁门，旨在避战，其注意力始终注视着安庆战局。皖南湘军以景德镇、浮梁为饷道，之后，太平军与湘军除了互相争夺皖南外，太平军势必力图切断祁门的粮道。太平军将在皖南、景德镇一带与湘军发生大规模的激烈战斗。

三、左宗棠随同曾国藩襄办军务，左系湘军的出现

1852年秋，太平军围攻长沙。湖南巡抚张亮基因胡林翼的推荐，卑辞厚礼聘请左宗棠为机要幕客，10月上旬，左宗棠随张亮基进入长沙城。后来长沙解围，张亮基署理湖广总督，左宗棠随行至武昌。1853年9月中旬，张亮基调任山东巡抚，左宗棠回籍避居深山。1853年4月下旬，骆秉章再次出任湖南巡抚，1854年春，慕名聘请左宗棠为机要幕客[1]，主军事，司奏笺，深得信任，一切军政大计，悉听左宗棠的谋画，骆秉章"但主画诺而已"。左宗棠自恃才学高强，在幕府中大权独揽，与幕客慷慨论事，目中无人。闲时，骆秉章常到幕客处闲坐，左宗棠议论横生，骆但谛听而已，不加可否。相传"骆公一日闻辕门举炮，顾问何事？左右对曰：'左师爷发军报折也。'骆公颔之，徐曰：'盍取折稿来一阅'……其专任左公可知。惟时楚人皆戏称左公曰左都御史，盖以骆公官衔不过右副都御史，而左公权尚过之也[2]"。左宗棠为人之好胜、跋扈，可见一斑。左宗棠在骆秉章幕府先后六年，干了不少事，如调兵遣将镇压省境农民起事，为曾国藩征兵、筹饷等。

永州镇总兵樊燮，劣迹昭彰，声名恶劣。1859年1月2日，被骆秉章

---

[1] 左宗棠：《与胡润之书》，载《左文襄公全集·书札》（卷五），第35页。
[2] 薛福成：《骆文忠公遗爱》，载《庸庵笔记》（卷二），第22页。

奏劾罢官。①当骆秉章奏劾樊燮时，贪鄙庸劣的钦差大臣湖广总督官文，已经奏请将樊燮升任湖南提督，事先并未征求骆秉章的意见，故骆秉章在奏折中说：关于樊燮劣迹，"臣近在一省，尚始知觉，督臣隔离一千数百里，匆匆接晤，自难遽悉底蕴"。这个奏折近于参劾官文无知人之明，反映了督抚不和。后来，官文又奏荐临元镇总兵栗襄署理永州镇总兵，骆秉章又参奏栗襄在营"一贯欺饰"，规避取巧。奏折中说：1854年夏，太平军攻占武昌，前湖北巡抚青麟率溃兵来南，"当臣接晤时，青麟言栗襄巧佞欺侮之状，谈次犹有余恨，后乃随赴荆州，不知何因保举，遂擢今职"。②实际上，保举栗襄的正是官文，这个奏折再次得罪了官文。骆秉章奏章多由左宗棠起草。以上两个奏折表明，骆秉章、左宗棠为了加强湖南省的统治，反对任用腐朽的绿营将领担任湖南提督或湖南永州镇总兵。1859年9月，由湘系将领周宽世出任永州镇总兵③。所以，樊燮一案，又涉及曾国藩湘系与官文的矛盾。当然，在参劾樊燮、栗襄问题上，左宗棠是起了重要作用的。

骆秉章长期担任湖南巡抚，是清政府得力的封疆大吏，官文对他无可奈何，竟迁怒于骆秉章的机要幕客左宗棠。樊燮被革职后，控诉于官文。官文从中兴风作浪，唆使樊燮上京控告，出现了闹得满城风雨的樊燮京控案。樊燮向都察院控告时，说他的革职是由于左宗棠的诬陷，"官文恭公复严劾之。廷旨下文恭密查，如左宗棠果有不法情事，即就地正法"。廷旨发出后，肃顺告幕客高心夔，心夔转告王闿运，闿运告知郭嵩焘。郭嵩焘是左宗棠的同乡，年轻时已是左的知己朋友，素来佩服左的

---

① 骆秉章：《参劾永州樊镇违例乘舆私役弁兵折》，载《骆文忠公奏议·湘中稿》（卷十三），第52—54页。

② 骆秉章：《参劾永州樊镇违例乘舆私役弁兵折》，载《骆文忠公奏议·湘中稿》（卷十三），第52—54页。

③ 骆秉章《代奏永州周镇谢恩折》，载《骆文忠公奏议·湘中稿》（卷十五），第36页。

才能，闻讯大惊，求助于王闿运。这时，王在肃顺家中教读，求计于肃顺。肃顺说："必俟内外臣工有疏保荐，余方能启齿。"①

郭嵩焘与咸丰初年大学士、军机大臣潘世恩的孙儿潘祖荫同值南书房，乃请潘疏荐左宗棠。潘祖荫的奏折右左而非官，他说："左宗棠之为人，负性刚直，疾恶如仇。该省不肖之员，不遂其私，衔之次骨，谣啄沸腾，思有以中之久矣。近闻湖广总督官文惑于浮言，未免有引绳批根之处。"甚至说："国家不可一日无湖南，即湖南不可一日无左宗棠。"仰恳饬下曾国藩等"酌量任用，尽其所长，襄理军务"。②咸丰帝果问肃顺，肃顺赞美左的才干与功绩，请再"密寄官文录中外保荐各疏，请其察酌办理。从之"。

胡林翼就任湖北巡抚后，竭力交欢官文，官文以宠妾拜胡母为义母，官、胡关系非同一般。胡林翼探知清政府命官文密查的廷旨后，致书官文说："来谕言湖南之案，并无成见，从公而断，从实而问，无甚牵连者免提，有关紧要者亦不能不指名提取，不能令罪人幸免一节，读之再四，心以为悲。此案樊……等似无好声名。正案不敢预闻，其案外之左生，实系林翼之私亲，自幼相处……且骆公与林翼不通信已二年，至去腊乃有私函相往还也。如此案有牵连左生之处，敬求中堂老兄格外垂念，免提左生之名，此系林翼一人私情，并无道理可说，惟有烧香拜佛，一意诚求老兄俯允而已。"③这时，湘、楚军陈兵皖、鄂交界地区，官文不能不考虑到湖北的安危，对胡林翼、曾国藩所指挥的湘、楚军多所依赖。他又发现："朝廷意欲用文襄，遂与僚属别商结案"，没有追究左宗棠。樊燮京控案，实际上是湘系与官文的一次较量，结果湘系获胜了，预示着曾国藩湘系的势力将继续扩张。

樊燮京控案结案后，涉及左宗棠的出路问题。左宗棠有意随同曾国

---

① 薛福成：《肃顺推服楚贤》，载《庸庵笔记》（卷一），第23页。
② 潘祖荫：《奏保举人左宗棠人材可用疏》，载《潘文勤公奏疏》，文海出版社。
③ 梅英杰：《胡文忠公年谱》（卷三），第17页。

藩攻打太平天国。1860年6月9日，清政府命兵部郎中左宗棠以四品京堂候补，随同曾国藩襄办军务。曾国藩在是否任用左宗棠襄办军务的问题上，顾虑重重，踌躇不决。他承认，长期以来左宗棠在湘抚张亮基、骆秉章幕府，大力支持他筹建湘军，湘军"出征"后，为湘军募勇、集饷，厥功甚大。1854年4月，曾国藩兵败靖港，投水自尽，湖南布政使徐有壬、按察使陶恩培准备参劾曾国藩，"罢遣湘军"。他兵败自尽的当天，左宗棠却从长沙缒城而出，赶往铜官渚，安慰、鼓励他整军再战，雪里送炭，盛情可感。但他又认为自己与左宗棠的思想基础不同。左宗棠言大志高，个性刚强，难以驾驭，虽说谋略甚深，但缺乏实战经验。他不能忘怀的是，1853年筹组湘军之初，他在向湖南士绅巨户劝捐时，拟向安化陶澍后人劝募万两。左宗棠教其婿陶桄"诉于巡抚，籍其田产文券送藩司，官士大哗，遂以得免"[1]。他与王鑫发生矛盾时，左宗棠右王而非曾。所以，清政府虽然于6月9日命左宗棠随同曾国藩襄办军务，但是曾国藩却不肯上奏表态，在任用左宗棠的问题上态度暧昧、消极。7月20日，胡林翼致书曾国藩说："左季高，谋人忠，用情挚而专一，其性情偏激处，如朝有争臣，室有烈妇，平时当小拂意，临危难，乃知其可靠，且依丈则季公之功可成。"[2]曾国藩不能不慎重考虑胡林翼的推荐。

自从1854年春湖口、九江溃败后，湘军水师主力全仗胡林翼从中护持，不仅修复了残破战船，并使水师实力得到长足发展。罗泽南领兵支援胡林翼时，兵数仅有五千，后来发展到八千，此外，尚有鲍超部霆军五六千、李续宜部三千左右等。胡林翼扩编湘军水陆师时，提拔重用湘军将领，保持了湘军营制，使湘军仍奉曾国藩为统帅，所以曾国藩东山再起时才有兵可用。1857年曾国藩被削除兵权后，胡林翼在暗中输饷，维护江西湘军，奏请起用曾国藩。曾国藩东山再起后，胡林翼利用与官

---

[1] 王闿运：《湘军志·筹饷篇第十六》。
[2] 胡林翼：《致曾涤帅》，载《胡文忠公遗集·抚鄂书牍》（卷七十五），第2页。

文的关系，为曾国藩谋位谋权。1859年曾国藩不去皖南、皖北，不去四川，而是领兵进入鄂、皖交界地段，与胡林翼联合作战，也得力于胡林翼的暗中支持。曾国藩即使当上两江总督，而依靠胡林翼之处正多。就他与胡林翼的关系，与左宗棠的交谊，以及他统率的湘军的处境而论，权衡利害得失，他不能不俯从胡林翼的请托。如果他把左宗棠拒之千里之外，不仅开罪胡林翼，并将受到湖南官绅舆论的指责。经过反复"格物穷理"后，1860年8月2日，曾国藩上奏《请留左宗棠襄办军务》，这时左宗棠已经在湖南筹建新军了。

1860年6月下旬，左宗棠遵照清政府的指示，开始在长沙大举招兵。他参照王鑫老湘营的营制，兼采曾国藩的湘军营制，共计成立四营，每营弁勇四百名，营设营官。另设四总哨，每总哨计有弁勇三百二十余人，总哨以哨长为首。总哨类似王鑫老湘营的旗，故有时亦称为旗。"别精选勇士为八队亲兵，共二百人……以奋勇著名者为队长，每队二十五人，供临阵冲堵之用"。营官、总哨哨长为李世颜、罗近秋、崔大光、黄有功、黄少春、张志超、朱明亮等。[①]左宗棠认为，"凡为统将者，必亲募人数多于增附人数，然后运调易而呼应灵"[②]。故仅吸收王鑫遗部四旗，一千四百名。此四旗"营制、旗色一遵其旧"，惟旗长四名，则由左宗棠亲自选定委派。这一千四百名沿用王鑫的称谓，称老湘营。因左宗棠筹组湘军时兼采王鑫遗制，部队中有王鑫遗部四旗，所以习惯上称左宗棠系湘军为老湘军，以别于曾国藩嫡系湘军。

左宗棠筹组的湘军，虽然也吸收了曾国藩筹组湘军的经验，但与曾国藩嫡系湘军有许多相异之处。

第一，营制有不同之点。曾国藩部湘军的编制有营而无旗，左宗棠系湘军则营、旗兼用，在指挥上较为机动、灵活。

[①] 罗正钧：《左文襄公年谱》（卷六），文海出版社。
[②] 左宗棠：《与曾涤帅》，载《左文襄公全集·书牍》（卷五），第41页。

第二，选择营官的标准不同。曾国藩选择营官的标准是："第一要才堪治民。第二要不怕死。第三要不急急名利。第四要耐受辛苦。"他说："带勇须智深勇沈之士，文经武纬之才……大抵有忠义血性，则四者相从以俱至。无忠义血性，则貌似四者，终不可恃。"①故曾国藩重用儒生为营官。左宗棠选择营官、总哨长，"多用武人，止取其能拼命打硬仗耳"，如崔大光，"粗而狡，姑取其能战，录为营官"。②不过，其能战而不受钤束者，决不收录，如湖南巡抚骆秉章推荐"冲天炮"李金旸给左宗棠，左宗棠认为李金旸虽然能战，但是"难以钤束调驯"，予以"婉辞谢绝"。③

第三，在弁勇分营问题上，曾国藩采取按照籍贯分营，如由宝庆招来的弁勇，编成一营，称为宝勇；平江招来的弁勇，编在同一个营，称为平江勇。其目的无非是利用宗族乡党、戚谊等封建关系，固结军心。左宗棠不满这种做法，他写信给胡林翼说：我部多用骁士，"名为楚军。数处尽用湘乡勇丁，无论一县难供数省之用，且一处有挫，士气均衰，非计也"④。

第四，左宗棠精选勇悍者组成八队亲兵，表明在今后与太平军发生战斗时，双方如果打得难分难解，他将督率亲兵参加战斗。曾国藩则不善临阵指挥，故没有组织这种供临阵"冲堵之用"的亲兵队。

在筹组部队时，左宗棠有自知之明，觉得自己带兵作战，顾虑甚多。他说："频年戎幕"，并无实战经验，若论规划调度，尚有几分把握。若临阵指挥，分合进退，缓急多寡之节，能合机宜与否，尚难自信。从前欲以五百人之长学战，归人统领者，原欲以增益其所不能。"今选募五千，自为统带，譬如乡居富人，弃农学贾，起手即开大店，生意

---

① 曾国藩：《与彭筱房、曾香海》，载《曾文正公全集·书札》（卷二），第24—25页。

② 左宗棠：《答刘荫渠》，载《左文襄公全集·书牍》（卷五），第58页。

③④ 左宗棠：《与胡润之》，载《左文襄公全集·书牍》（卷五），第49—50页。

虽是好做，恐不免折阅之虞"。①于是，他求助于王鑫之弟王开化。

左宗棠与王鑫兄弟的私交，非同寻常。早在1853年曾国藩筹组湘军与王鑫发生矛盾时，左宗棠即在暗中护佑王鑫。曾国藩排斥王鑫后，左宗棠支持王鑫独立成军，为该军筹粮集饷，将该军留在湖南供"防剿"之用，更兼两家是儿女亲家②。所以，1857年王鑫去世后，其部将大多亲附左宗棠。左宗棠筹建老湘军，特地邀请王开化助他一臂之力。王开化，字梅村，是王鑫之弟，长期随王鑫作战，为王鑫所倚重。左宗棠致书王开化说："亲家大人如垂念壮武旧交，不忍坐视其颠越，惠然好我，请以一军之事奉托，兄从其后而学战焉……如以行间劳苦，不乐久居，请以半载为期，待略谙打仗路数，即以安车送先生归里，断不敢藉词作无益之纠缠。"③王开化答允了左宗棠的要求，左宗棠以王开化总理全军营务，以刘典副之；以王开琳统率王鑫遗部四旗。他在长沙金盆岭训练所部一个多月后，于1860年9月22日统率全军从长沙出发，进向皖、赣交界地区，增援曾国藩。

左系湘军的骨干王开化、王开琳等，与曾国藩向来不睦。左系大将刘典、杨昌浚、蒋益澧等，曾随曾国藩作战数年，不为曾国藩所重视，对曾国藩也不满。以上这些人事上的因素，也影响到后来曾、左间关系的恶化。

曾国藩从来重视营制，一贯强调营制须划一。他在皖南因兵力、将才不足，被太平军打得窘态毕露，所以左宗棠虽然变动了营制，曾国藩也不能不略为迁就了。

---

① 左宗棠：《答涤帅》，载《左文襄公全集·书牍》（卷五），第52页。
② 王鑫：《王壮武公遗集·年谱》，文海出版社。
③ 左宗棠：《与王梅村》，载《左文襄公全集·书牍》（卷五），第40页。

第十一章　胡林翼、曾国藩指挥湘、楚军攻陷安庆

一、曾国藩进驻祁门后的军政措施，1860年安庆前沿敌对双方的军事形势

1860年6月，清政府命令曾国藩署理两江总督，并命他进驻皖南。曾国藩这时羽毛未丰，力量薄弱，提出了湖北、江西、安徽三省合防，"固上游以图下游"的战略主张。在这一战略思想的指导下，他说："安庆撤兵，恐桐城亦当同撤，不特前功尽弃，鄂之边防亦属可虞。"①现在湘、楚军必须继续进攻安庆。7月28日，他遵照清政府的指示，从皖、鄂交界地段抽调军队，进驻皖南祁门，制订了在皖南的作战方案。

"第一路由池州以规芜湖。"此路陆师与杨岳斌、彭玉麟所统率的水师协同作战。

"第二路在山内。由祁门至旌、太（指旌德、太平——引者），进图溧阳。"与督办皖南军务张芾、提督周天受等军就近联络，配合作战。

"第三路分防广信、玉山，以至衢州。"守军应与提督张玉良、浙江巡抚王有龄等就近联络。②

---

① 曾国藩：《复官中堂》，载《曾文正公全集·书札》（卷六），第16页。
② 曾国藩：《复胡宫保》，载《曾文正公全集·书札》（卷六），第17—18页；《通筹全局并办理大概情形折》，载《曾文正公全集·奏稿》（卷十三），第42—45页。

其中第一、第二路之兵，由曾国藩江北带来的部队组成，第三路之兵，拟由李元度新招湖南练勇三千暨已有平江勇五千，合为八千，"概归次青（李元度，字次青——引者）、幼丹（沈葆桢，字幼丹——引者）、饶廷选三人管辖"。①

胡林翼对曾国藩在皖南的军事部署不以为然，他致书曾国藩说："兵事须布远势，忌近谋，丈所言之三路，应并为内三路，小三枝，另筹二大枝，一出杭州，一出扬州。其内三路、小三枝则大帅之中枢也。沈、李、饶所办广信一路，竟须驰入杭州，以为平吴根本。保越人之命，取越人之财，事乃有济。拘守广信，无当也。应即请幼丹为豫章藩司，奏补次青浙江藩、臬。次青应驻杭州，杭州危，驻衢州，杭州存，移湖州。投袂即行，此为先着。"胡林翼的谋划大而无当，不切实际。浙江归闽浙总督管辖，曾国藩对王有龄岂能指挥自如、有求必应？再说布势如此之远，也是曾国藩所部有限兵力难以担当的。当然，曾国藩在皖南的军事部署，形成消极防御势态，是有其不得已的苦衷的。因为曾国藩在战略上主要着眼于攻占安庆，而不是图谋苏南，所以他的主力部队李续宜、曾国荃部留在江北。他的湘军水师游弋在安庆江面。曾国藩作战素来主张水陆师相辅而行，始能立于不败之地，他岂肯离开水师图谋苏、常或前往扬州？再说浙江巡抚王有龄是他政敌何桂清的死党，一贯倾轧湘系，他岂肯为政敌出力？曾国藩更不能不考虑督办皖南军务张芾，掌握皖南军政大权，提督周天受是绿营将领，皖南的军事、政治布局有待调整。所以，曾国藩在皖南的军事布局，是摆出图谋苏、常的空架子给清政府看的，其基本精神是保住祁门、江西。当然，曾国藩一到祁门，也就有保护苏北里下河与侵占苏、常的长远打算，所以他奏准筹建淮扬水师，以保里下河一带；在宁国成立一支水师，以备进攻芜湖，然后配合湘军水师主力，进犯金陵；筹备太湖水师，以备来日配合陆师，反攻

---

① 曾国藩：《致骆中丞》，载《曾文正公全集·书札》（卷六），第23页。

苏、松、常、太等地。后来，太湖水师也终于筹建成功了。

曾国藩到哪里就要抓权，逐走非湘系的军政人员。在祁门，他对皖南的政治、军事机构的人事进行了彻底的改组：

江南大营原来辖有吴全美、李德麟等部水师，纪律败坏，曾国藩命令他们游弋于瓜洲、焦山、狼山、福山之间，防止太平军北渡长江，其芜湖以上江面，统归湘军水师负责。

皖南本来是安徽巡抚辖地，因太平军攻占安庆沿江上、下游要隘据点，又占领了庐州以南州县，安徽巡抚侨署淮上，欲统辖皖南，鞭长莫及。1855年，清政府将皖南划归浙江巡抚管辖，设置皖南道、皖南总兵各一员，后来清政府又以革职江西巡抚张芾为督办皖南军务。安徽是两江总督辖区，浙江归闽浙总督管辖。曾国藩为了切实掌握皖南的政治、军事、经济大权，奏请清政府将皖南划还两江掌管，驻扎皖南的提督周天受归曾国藩节制调遣。参劾督办皖南军务张芾作战无能，将他撵走。起用他的学生宋梦兰主办皖南团练，以为自己的耳目爪牙。

1860年秋，曾国藩奏调统率平江勇的浙江温处道道员李元度调补皖南道道员[①]。他致书李元度说："皖南膏腴之地，大有可为，顷已奉调阁下调补斯缺。"大致以阁下主持民政，以左宗棠主持军事。[②] 又致书左宗棠说："皖南四府一州，实大有可为之地，只要军事、吏事切实讲求，每年可得银一百三四十万。"[③] 曾国藩初到祁门，鲍超、左宗棠等尚未到差，湘军兵力单薄，临阵指挥缺人，他命令各军以守为主，力谋自保。

安庆前线方面，英王陈玉成因回援天京，参与二破江南大营战役，所以他于1860年初命令安庆守将叶芸来也以守为主。1月17日，太平军放弃太湖、潜山。5月17日，曾国藩、胡林翼命道员曾国荃"领安庆

---

① 曾国藩：《李元度调补皖南道折》，载《曾文正公全集·奏稿》（卷二），世界书局版，第350—351页。

② 曾国藩：《复李次青》，载《曾文正公全集·书札》（卷六），第36—39页。

③ 曾国藩：《致左季高》，载《曾文正公全集·书札》（卷六），第36—39页。

军，屯集贤关，是为规复安庆之始"①。6月7日、8日，曾国荃军十八营陆续进入集贤关，壁安庆城。以后，曾国荃部随着安庆战役的趋向高潮而不断扩军至一万五千多人。曾国荃命令所部在安庆城三面挖掘长壕，有内壕、外壕，用挖出的泥土堆筑土城，构筑营垒，围困安庆。曾国藩命湘军水师封锁安庆江面。1860年秋，长壕、土城基本完成，安庆太平军陷入了湘军水陆师的重围。但是，安庆周围的湘、楚军兵力部署，却因曾国藩出任两江总督这一新因素而发生了较大的变化：

第一，曾国藩因从安徽宿松移驻祁门，从鄂、皖交界地段抽调鲍超部霆军、朱品隆等部湘军万名前往皖南，进攻安庆的兵力大为削弱。

第二，清政府一再严令江宁将军都兴阿从安庆前线抽兵前往江北督办军务。1860年10月上旬，都兴阿抽兵千余起程，前往扬州。

第三，1860年8月13日，清政府令湖南巡抚骆秉章即赴四川督办军务，旋任四川总督。骆秉章奏准从皖、鄂交界地区抽调萧启江及其所部湘军五六千名随同入蜀。安庆前线因抽兵前往皖南、扬州、四川而兵力削弱。②胡林翼只得招募新勇，补充部队。新勇训练不精，未经战阵，战斗力不强，使胡林翼不敢乘英王陈玉成不在安庆外围时发动攻势。在安庆前线，双方基本上保持着对峙局面。

从太平军二破江南大营到底定苏南的过程中，曾国藩、胡林翼始终关注着东南军事局势的演变。他们从江南大营的溃败中，汲取了经验教训，在战略战术上也有所改变。

在战略上，针对安庆战役的特点，强调"全军为上策"。胡林翼告诫所部将领说："用兵之计，全军为上策，得土地次之；杀贼为上策，破援

---

① 《曾国荃年谱》，载《湘军人物年谱（一）》，岳麓书社1987年版，第474页。
② 胡林翼：《奏陈筹拨招募并军情贼势缕晰情形疏》，载《胡文忠公遗集·奏疏》（卷四十），第5—6页。

贼为大功。"①不以一城一地的得失论胜败，强调保存自己的有生力量，消灭敌方的有生力量。这种战略思想，今日读来，犹觉新鲜、生动。

胡林翼说：江南大营清军败于"有备战之兵，而无备援之兵"。因此，他以多隆阿部劲旅万名，驻扎桐城之南的挂车河，深沟高垒，抗拒陈玉成部大军从桐城南下，以捌安庆围师曾国荃军之背。这是"备战之兵"。以李续宜部精兵万名驻扎桐城西南的青草塥，作为机动部队，西顾潜山、天堂，东顾挂车河，一处有急，出动救应。这是"备援之兵"。

力戒仰攻坚城，损伤精锐。多隆阿认为若能攻陷桐城，然后驻军该城，抵御陈玉成军前来营救安庆，远较驻军挂车河为得势，因此于1860年夏命令所部强攻坚城，死伤相积。1860年8月24日，胡林翼致书多隆阿说："攻坚非至谋，扒城尤非善策，驱血肉之躯与炮石相抗，精锐徒丧，士气不振。即如老兄目前攻二垒，带伤及不列等、不报者约千余人。若再以梯攻城，不知又伤多少……请老兄审察贼情，别筹良策，扒城之议，决不可行。"②

胡林翼还力主加强围点打援的兵力。他害怕陈玉成军从桐城闯进集贤关，攻击曾国荃围困安庆之师的背部，所以一方面命令多隆阿、李续宜在驻地养精蓄锐，准备迎战陈玉成；另一方面不断增强曾国荃部兵力至一万五千名以上，使曾国荃军不仅具有防御安庆城中太平军出击的能力，并且具有抗击前来救援安庆陈玉成军的能力。他在安庆、青草塥、挂车河之间集结重兵，构成了一个兵力强大的预置阵地，专候陈玉成军前来救援安庆，以逸待劳，以主待客之势，与陈玉成军决战。所以，他提出以"杀贼为上策，破援贼为大功"的战略方针。

曾国藩完全同意胡林翼在安庆外围所作的军事部署，也完全同意胡

---

① 胡林翼：《致多都护》，载《胡文忠公遗集·抚鄂书牍》（卷七十四），第4—5页。
② 胡林翼：《复多礼堂都统》，载《胡文忠公遗集·抚鄂书牍》（卷七十六），第4页。

林翼的战略战术观点。他特别强调与太平军作战，须知近年来陈玉成、李秀成作战时，"取势甚远，其谋甚狡"，比如李秀成为了击破江南大营，1860年3月攻破杭州后，却又迅速放弃杭州，回兵大破江南大营，实为"得意之笔"。①

胡林翼根据他与陈玉成作战的经验，生怕陈玉成从六安、霍山鄂皖交界的山区打进湖北，以致"后院"失火，他屡次与曾国藩反复函商讨论这个问题。曾国藩认为六安、霍山一带，崇山峻岭，羊肠曲径，不宜于大部队行军，子药难以搬运，粮食难以携带，陈玉成断不敢作此军事冒险。万一陈玉成率军闯进湖北，以青草塥李续宜部"徐起应之"，尚不为晚。曾国藩缺少与陈玉成对阵的经验，对陈玉成的战略战术认识不足；胡林翼反之，他小心谨慎，命令六安、霍山、潜山、天堂、罗田一带地方官，督率团练，协助军队，加修碉卡、碉堡。碉堡平时驻军十人，战时可驻三十人，可以存储柴、米、油、盐、饮水等，足供五天之用。②以副将余际昌、成大吉等率军数千，分别驻扎霍山、罗田等地的山中要隘，据碉扼险。以知府金国琛率军七八千作山区应援之师，辅以地主团练。1861年1月23日，胡林翼设司令部于太湖，重兵自随。这种军事部署的目的，在于猛攻战略要点安庆，用围点打援的战术，迫使陈玉成率军援救安庆，在安庆、挂车河、青草塥之间与太平军决战，消耗陈玉成的有生力量。敌人方面在处心积虑准备与陈玉成决战，消灭陈玉成大军，天王洪秀全却不能根据变化中的新形势，修正死救安庆的军事决策，安庆保卫战的前途就难以乐观了。

1860年5月6日，太平军二破江南大营。11日，干王洪仁玕、英王陈玉成、忠王李秀成、侍王李世贤等登朝庆贺，接着举行军事会议，决定乘胜东征苏、常，开辟苏福省根据地。在上海购买火轮船二十只，装备

---

① 曾国藩：《致沅弟季弟》，载《曾国藩全集·家书一》，第650—651页。
② 胡林翼：《复余会亭》《致督修碉堡各员绅》，载《胡文忠公遗集·抚鄂书牍》（卷七十四），第4—6页。

太平军水师，与湘军水师争夺长江的制水权。同时，以一支陆师沿长江北岸西上，另一支陆师沿长江南岸西进，水陆配合，进而夺取湖北，使安庆保卫战转化为重开湖北、江西根据地的第二次西征战争。[①]如前所说，1860年夏，忠王李秀成进攻上海受挫，购置火轮船装备太平军水师的计划落空，长江的制水权仍旧为湘军水师所掌握，第二次西征的兵力只剩下两支陆师了。

攻取苏南地区，建立苏福省后，李秀成所部兵力发生了新变化，但他拒绝西进参加安庆保卫战。据李秀成说：在石达开出走之初，李秀成在长江北岸作战时，手中兵力"不足五千"，而且老弱居多，难以克敌制胜，因而在安徽全椒不止一次暗暗哭泣流涕。1860年春，他奇袭杭州时，只带六七千兵，那时留陈坤书镇守皖南的广德，以为后方基地，按常理推算，此部兵力亦不会超过六七千。由此可知，二破江南大营时，李秀成所部兵力大致为一万四五千名。二破江南大营、开辟苏福省根据地时，李秀成招抚了大批降兵降将，又在苏福省大肆招兵，所部兵力迅速扩大到三十万左右。

苏福省四面临敌，特别在上海方面有"洋鬼作怪"，江苏巡抚薛焕侨设官署于上海，拥兵五六万，浙江巡抚王有龄亦拥兵数万，对嘉兴、苏州虎视眈眈。因此，苏福省各县都由李秀成派出部将镇守，如钱桂仁镇守常熟，拥兵二三万，潮王黄子隆镇守无锡，拥兵三四万众。苏福省的重要城市有十一二个，便需分派二十余万部队镇守。李秀成说：他在1860年离开苏州时，留兵十万交与部将求天义陈坤书镇守苏福省省垣苏州。[②]这样一来，李秀成手中掌握的野战兵力绝大部分用于布防苏福省了。这时，湖北、江西德安、蕲州、兴国、鄂城等地"有起义头领四十余名，具禀差使到苏，恭呈降表投军。是以将此情由具本奏复，云我招

---

① 《洪仁玕自述》，载《太平天国》丛刊第二册，第852页。
② 《李秀成自述》影印本。

集此等之人数十万,再行遵诏扫北"。天王不从,"此时亦无法处,管主从与不从,从师而上江西、湖北",收聚义民。①这样,重开湖北根据地的战争,只剩下陈玉成部一支兵力了。陈玉成兵力孤单,不可能进行重开湖北根据地的第二次西征,只可能进行单纯的安庆保卫战了。李秀成是从战火中锻炼成长起来的,天京变乱后的戎马生涯,使他深深懂得发展有生力量的重要性。他与天王洪秀全在是否参加安庆保卫战问题上的矛盾,应该说是要不要发展野战兵力的矛盾。

形势在变化。天王洪秀全沉溺于宗教迷信,思想不能适应形势的新变化。既要李秀成分兵镇守苏福省重要城市,又要他西上参加安庆保卫战,闹得"君臣隔膜",李秀成拒绝服从命令。论理,天王洪秀全既叫陈玉成进行安庆保卫战,便应根据军情敌势,保不住安庆,便救出安庆守军,然后分兵坚守桐城、舒城,同时打入湖北,在运动中捕捉战机,打击敌军。但是,他却要陈玉成硬解安庆之围,落入了曾国藩、胡林翼的圈套,铸成了无可挽回的错误。

二、曾国藩怯于抵御外侮,勇于内战

清政府在镇压太平天国期间,英、法侵略者对中国发动了可耻的第二次鸦片战争,中国所进行的是维护国家独立、民族生存的反侵略战争,对曾国藩来说,率军参战还是逃避参战,是爱国还是不爱国的试金石。

1860年9月中旬,英法联军自天津向西窜犯。18日,英法联军在张家湾击败僧格林沁。21日,再败僧格林沁、胜保军于北京附近的八里桥。翌日,咸丰帝携后妃、皇太子暨亲信大臣肃顺、载垣、端华等逃往

---

① 《李秀成自述》影印本。

热河承德。26日，侍郎胜保奏称："现在川、楚各勇均甚得力，着曾国藩、袁甲三各选川、楚精勇二三千名，即令鲍超、张得胜管带……克日赴京，交胜保调遣。"①同日，清政府发出命令，责令曾国藩即饬鲍超挑选精勇数千，"克日赴京，交胜保调遣"。10月10日，曾国藩在祁门接到命令，经过与胡林翼、李续宜等密函商量后，19日，曾国藩复奏清政府说：

第一，他表示极端痛愤，他说：收到朝廷指示，"跪读之下，神魂震越，痛愤天地……北望滦阳，惊闻君父非常之变，且愧且愤，涕零如雨"。

第二，至于命令我"饬鲍超赴京交胜保调遣"，查自徽州到北京五千余里，步队趱程，须三个月才能到京，"逆夷去都城仅数十里，安危之几，想不出八九两月之内，鲍超若于十一月（12月）抵京，恐缓不济急"，对局势无补于事。

第三，如果清军与英法联军在京郊竟成相持之局，"则楚军入援，岂可仅以鲍超应诏？应恳天恩于臣与胡林翼二人中，饬派一人带兵北上，冀效尺寸之劳，稍雪敷天之愤"。

第四，我"若蒙钦派北上，则当与左宗棠同行，皖南暂不能进兵，只能退守江西境内。胡林翼若蒙钦派北上，则当与李续宜同行，皖北暂不能进兵，只能退守湖北境内，俟该夷就抚之后，仍可率师南旋，再图恢复皖、吴"②。他在这里巧妙地托出了一个"抚"字。

胜保（？—1863），满洲镶白旗人，字克斋，举人出身。长期领兵在扬州、淮南、淮北镇压太平军。为人跋扈骄横，不善治军，屡战屡败，湘系将领都鄙视其为人，胡林翼甚至称他"败保"。1860年，英法联军从

---

① 咸丰朝《筹办夷务始末》（卷六十三，第七册），中华书局1979年版，第2359—2362页。

② 曾国藩：《复奏胜保请飞召外援折》，载《曾文正公全集·奏稿》（卷十四），第44—46页。

天津进犯北京，胜保奉命统率八旗禁军抗击英法联军，战无不败。胜保虽然长期领兵作战，但缺乏基本部队，企图利用英法联军之役，宰割湘军，使蠢悍的鲍超所部霆军归他节制调遣。清政府命令曾国藩派遣鲍超统率霆军北上归胜保调遣后，曾国藩一眼便看出了胜保妄图宰割湘军的用意。怎样应付这一难题？曾国藩经过一番"格物穷理"后，想出了对策。他在复奏时指出，如果命令鲍超率军北上，缓不济急。如若战争在北京竟成相持之局，应由曾国藩或胡林翼率军北上勤王。这在实际上拒绝了胜保企图宰割湘军，饬鲍超统兵北上的命令。关于曾国藩拒绝派鲍超北上的问题，在胡林翼致鲍超书中说得非常明白。1860年11月20日，胡林翼致书鲍超说：你不愿在皖南跟随曾国藩，意欲北来作战。要知道曾国藩对你恩重如山，今年11月7日胜保奏调你北援，"弟若北援，无论南北风气异宜，长途饷项、军火无人主持，且必为磨死而不能得功得名也。惟北援是君父之急难，不敢不遵，不可以他词推诿。其时涤帅筹思无策，只得应允自行北援，或兄北援。以兄与涤帅若能北行，则所带将士或不致十分饥困，亦不致受人磨折也。弟若知此次涤帅之恩，弟且感激流涕之不暇，涤帅待弟之恩，是天地父母之恩也"①。

曾国藩在奏折中说得慷慨激昂，对咸丰帝一片忠心，说什么："北望滦阳，惊闻君父非常之变，且愧且愤，涕零如雨。"如果他心、口一致，真有爱国心，便应立即抽调军队，统师北上。他明明知道英法联军已侵至通州以西，北京戒严，战争已到了危急关头，他却上奏探问要不要他或胡林翼领兵北上"勤王"。奏报、命令往返约需一月，一月之内战争将有定局，当然用不到他北上"勤王"了。很明显，他在用拖宕的策略，躲避北上抵御英法联军。无北援之实，掠"勤王"之美名，其心可诛。

他在奏折中还说："俟该夷就抚之后，仍可率师南旋，再图恢复皖、

---

① 胡林翼：《致鲍春霆镇军》，载《胡文忠公遗集·抚鄂书牍》(卷七十八)，第9页。

吴。"无形中点出时局应归结到一个"抚"字。

当然，他也作了万一统师北上"勤王"的准备。在上《复胜保请飞召外援折》的翌日，他写信给曾国荃说："廿五夜（10月9日）所奉寄谕，初六日（10月19日）乃恭折复奏，兹抄去一阅，不知皇上果派国藩北上？抑系派润帅北上？如系派我北上，沅弟愿同去否？为平世之官，则兄弟同省必须回避；为勤王之兵，则兄弟同行，愈觉体面。望沅弟即日定计，复书告我，无论或派我，或派润帅，皆须带万人以行。"①隔了七天，10月27日，他写信给曾国荃的调子变了，他说："安庆决计不撤围，江西决计宜保守……北援不必多兵，但即吾与润帅二人中有一个远赴行在，奔问官守，则君臣之义明，将帅之职著，有济无济，听之可也。"②之后，又写信给左宗棠说："北援专以明臣子之义，不问事之济否。润（胡林翼，字润之——引者）去则留希（李续宜，字希庵——引者），以保湖北。弟去则留公，以保江西。弟与润两人之意皆已决矣。"③他原先上奏时说，如果他北上"勤王"，将携左宗棠同行，现在变成了把第一流将才左宗棠留守，"以保江西"，准备携二三流将领同行。原来希望曾国荃一起北上"勤王"，"愈觉体面"，现在变成了不要"体面"，"安庆决计不撤围"，不要曾国荃一起"勤王"了。原来准备"勤王"时"带万人以行"，现在又忽然说"北援不必多兵"了。论理，保卫国家的独立，争取民族的生存，比什么都重要，曾国藩却说"北援不必多兵……有济无济，听之可也"。唯有攻打太平天国比什么事都重要，非"有济"不可。他的这些口是心非、出尔反尔的言论、行动，既得到了北上"勤王"之美名，足以邀恩，又无抵御外国侵略之实。曾国藩对人有"几副面孔"的老脾气，真是原形毕露了。

1860年11月3日，清政府收到曾国藩10月19日所上《复奏胜保请飞

---

① 曾国藩：《致沅弟季弟》，载《曾国藩全集·家书一》，第580页。
② 曾国藩：《致沅弟》，载《曾国藩全集·家书一》，第584页。
③ 曾国藩：《复左季高》，载《曾文正公全集·书札》（卷二十三），第13页。

召外援折》，同时，清廷发出"上谕"说："现在锐、梧两夷，已于本月十一、十二（10月24、25日）等日互换和约，抚议渐可就绪……曾国藩、胡林翼均着无庸来京。"16日，曾国藩接到清政府已与英、法侵略者互换和约的"上谕"。他致书曾国荃说："夷务和议已成，鲍军可不北上。九月初六日（10月19日）请派带兵入卫一疏，殆必不准，从此可一意图东南之事。"事物的发展，一切如曾国藩的盘算了事，他演了一出不光彩的戏，没有出动一兵一卒，却捞到了"勇于御外"的好名声。但是，仔细披阅有关资料，分析有关问题，不难发现他原来是一个勇于内战，怯于御侮的人物，是一个善于演假戏的丑角。这又从另一个角度暴露了他的伪道学。

三、胡林翼、曾国藩凶狠的军事决策，湘、楚军攻陷安庆

安庆城三面陆地，南枕长江。1860年秋，曾国荃在安庆三面挖成了长壕深沟，堆筑土城，在重要的地段建筑营垒，断绝了安庆城内太平军与外界的陆上通道。曾国藩、胡林翼命令杨岳斌、彭玉麟派水师战船，巡弋江面，防止乡官等从南岸运输粮食接济安庆围军[①]。曾国荃将菱湖口的堤坝加固筑高，提高菱湖的水位，把湘军水师战船拨入菱湖，协助安庆城东南湘军陆师作战，并防止枞阳太平军以粮食从水上接济安庆城内太平军[②]。安庆守城太平军二万上下，是陈玉成所部精锐，能攻善守。他们守御安庆最严重的问题是因长期受困而粮食供应不足，有断炊之虞。

1860年忠王李秀成率军东征，天王洪秀全命英王陈玉成分靖东主将刘玱琳、擎天义黄文金、杰天义赖文光等部归李秀成指挥作战。陈玉成

[①] 曾国藩：《复杨厚庵》，载《曾文正公全集·书札》（卷七），第3页。
[②] 光绪《安徽通志》（卷一〇五），第32页。

自己则率领所部主力运动于皖南、浙西一带，威逼杭州，钳制清军增援苏、常，策应李秀成的东征战役。

9月下旬，李秀成略定苏南，陈玉成率部从天京北渡长江。渡江后，是绕道皖北疾进桐城、安庆，还是走捷径从和州、无为直趋桐城、安庆？前者道路迂回曲折，后者行程简捷，少费时日。在这个问题上英王陈玉成是经过一番深思熟虑的。

从1860年8月上旬以后，钦差大臣督办安徽军务袁甲三集中兵力，扑犯淮河以南捻军的重要据点定远。庐州、巢县等地太平军纷纷前往救援，8月中旬到9月上旬，"无日不战"，清军屡次得手，捻军首领龚得树作战负伤，定远危急。为了稳住太平军友军捻军的重要据点定远的局势，打退敌军的进攻，陈玉成高瞻远瞩，渡江后决定北上定远，"由天长、竹镇、石梁"北进，大败清军于定远，迫使袁甲三退守淮河以北。10月14日，陈玉成联合捻军，由定远进围寿州，沉重地打击了安徽巡抚翁同书所部清军。10月中旬，进攻六安。胡林翼发现陈玉成在皖北战无不胜，又攻六安，十分惊慌。他说："六安州为鄂省东北边境入寇之道，盖贼诡计欲见形于东北，牵动我怀（怀宁即安庆）、桐大军，而因以全力解安庆之围，及见我军不动"，陈玉成乃联合捻军龚得树等部十余万南下桐城，又分兵万余进攻霍山、六安，极为可虑。①

整个安庆保卫战的军事斗争，情况比较复杂，现在根据具体战况，分成若干战役进行叙述，借以看出曾国藩及其湘军在攻陷安庆的军事斗争中所起的作用。

1. 挂车河战役（1860年11月至12月11日）

桐城至安庆之间，东南有菜子湖、菱湖等，大、小湖泊星罗棋布，非兵家用武之地。太平军欲从桐城救援安庆，须由桐城西南而下。挂车

---

① 胡林翼：《奏陈逆匪纠合捻众上犯楚军会剿大胜情形疏》，载《胡文忠公遗集·奏疏》（卷四十二），第6页。

河在桐城西南三十里左右，横亘于桐城、安庆之间，控扼太平军从桐城营救安庆的交通孔道，副都统多隆阿率领步骑兵万名驻守挂车河，其中步队多系湘军将领赵克彰等统率，凶悍能战。李续宜率军近万，驻扎于挂车河西南二十里左右的青草塥，东顾挂车河，西顾潜山。挂车河、青草塥驻军构成掩护曾国荃围安庆之师的背部屏障。

11月下旬，陈玉成部太平军与友军捻军集结桐城后，分兵占领望鹤墩、香铺街、尊上庵、棠梨山以及挂车河附近之地，"筑垒四十余座，包络山冈，占据民房"。26日，太平军、捻军开始进攻多隆阿部敌军，双方连日激战。多隆阿约李续宜分进合击，太平军与敌军鏖战不休，稍受挫损。湖北巡抚胡林翼上奏大捷，称缴获大炮二十五尊，骡马三十余匹，刀枪旗帜无数，毙伤太平军七八千名。[①]清朝大臣的奏报，从来夸张自己的战绩，每多不尽不实之词。此役太平军受挫是事实，但损失并不严重。事后，胡林翼致书阎敬铭说："前月二十八日（1860年12月10日——引者）之捷，所杀未能创艾，故狗逆尚能胁制其党而不使溃走。希庵曾密函言：'贼愈打愈多，亦愈打愈难，非亲历行间，不知甘苦也'。"[②]又致书官文说：挂车河之战后，"四眼狗尚在桐城，日夜眈眈逐逐，伺吾之衅，乘吾之暇也。希庵曾有密信寄我，此次贼多且悍，迥非昔年可比，即战胜之后，礼堂（多隆阿，字礼堂——引者）、希庵之恐惧更甚于前"。[③]可见挂车河战役太平军并未受到重大的损失。相反，倒是多隆阿、李续宜被陈玉成打得惊魂不定，不敢轻离挂车河一步，适中陈玉成准备从霍山山区打进敌方后院湖北的妙计。

1861年2月16日，清政府任命李续宜为安徽巡抚，要他为清朝

[①] 胡林翼：《奏陈逆匪纠合捻众上犯楚军会剿大胜情形疏》，载《胡文忠公遗集·奏疏》（卷四十二），第4页。

[②] 胡林翼：《复严丹初农部》，载《胡文忠公遗集·书牍》（卷八十），第6—7页。

[③] 胡林翼：《致官揆帅》，载《胡文忠公遗集·书牍》（卷八十），第5页。

卖命。

2. 陈玉成大军闯进湖北，转换救援安庆的进兵路线（1861年3月10日至4月下旬）

胡林翼最害怕太平军从霍山、六安等山区打进湖北，造成他后院失火。所以，他早已在霍山、罗田、英山、潜山、六安等山区建筑碉堡、碉卡，派副将余际昌、成大吉等部重兵凭险扼守罗田的松子关，霍山的三石岭、乐儿岭、黑石渡等要隘，反复告诫余际昌等坚守碉堡，不可轻易出战。他自以为老谋深算，防守严密，固若金汤，万无一失。当胡林翼对山区防务高枕无忧时，陈玉成的铁拳伸向湖北，无异打向他的胸膛。

太平军挂车河受挫后，陈玉成总结了失败的经验教训。他认为敌守我攻，以逸待劳，而且兵力强大，硬攻徒然损失兵员，得不偿失。于是决定绕开挂车河，另辟路径，大胆实行战略迂回，出敌意表，钻到敌军的后方，攻其必救，迫使胡林翼从安庆前线抽兵回顾湖北，从而打乱敌方在安庆前线的军事部署，然后捕捉战机，解围安庆。陈玉成的谋略，显然高过曾、胡一筹。

3月10日，陈玉成督率太平军约十万之众，从霍山的黑石渡山隘，绕出余际昌军之后，反客为主，迫使余际昌军出碉求战。两军激战四昼夜，余际昌军大败，太平军大队长驱入鄂。14日，攻占英山。① 捻军随后而来，龚得树率军五万，企图从霍山经罗田松子关楔入湖北，接应陈玉成军，在松子关遭到成大吉等部的袭击，人多路仄，兵力无法展开，龚得树牺牲，大部捻军散回安徽定远一带，尚余三四千名从英山、罗田交界山中冲入湖北，与陈玉成大军会合。

攻克英山后，陈玉成马不停蹄，星夜急驰，3月17日，攻占蕲水。兵不厌诈，太平军冒余际昌军旗帜衣帽号褂，于3月18日袭取黄州，遂

---

① 胡林翼：《奏陈大股发捻窜入英山等处现筹援剿情形疏》，载《胡文忠公遗集·奏疏》（卷四十四），第1页。

以黄州为大本营。这一招改变了敌对双方的战略态势，避开了从桐城跨越挂车河坚垒以解安庆之围的险途。之后，陈玉成以黄州为大本营，以谋勇兼备的赖文光镇守、经营该城，从黄州、宿松、石牌间道直扑曾国荃部围师之背。这是以后陈玉成大军能频频闯进集贤关，对安庆围师屡次发动进攻的根本原因。

1861年3月，英国派参赞巴夏礼与湖广总督官文订立《汉口租界条约》①。3月21日，巴夏礼会同中国地方官在汉口完成了租界的土地丈量工作，并请湖北藩司在文契上加盖钤记。22日上午，巴夏礼等乘炮艇东返，上午11时，在黄州登岸访问英王陈玉成。陈玉成接见了巴夏礼，他对巴夏礼说：我手下有兵十万，"奉天王命前来解安庆之围"。巴夏礼对陈玉成说，我们来到扬子江流域的目的，完全是商业性的。最近我们与清政府订立了条约，我们与清政府处在和平状态，清政府给了我们在扬子江流域贸易的权利，但是，太平军到哪里，便破坏哪里的商业。如果太平军占领清政府容许我们开埠的城市，将使我们的权利化为乌有。武汉三镇互相联结，形成一个大商市，通称汉口。太平军攻占三个城市中任何一个城市，不可能不毁掉整个商市的商业。所以，太平军必须远离武汉地区三个城市。②论者以为英王陈玉成从霍山打入湖北，袭取黄州，是为了实现第二次西征。事实上陈玉成攻占黄州，其目的不在西进攻占武汉，而是为了改变营救安庆的路线③。论者又以为陈玉成不进攻武汉是由于英国参赞巴夏礼之阻挠，殊不知天王命陈玉成前来解围安庆，并不

---

① 《湖北通志·经政志》（卷五十，第一册），商务印书馆民国十年版，第1369页。

② 请参考：Prescott Clarke and Gregory：*Western Reports on the Tai-Ping*, P337—339, Australian National University Press Canbera, 1982.

③ 董蔡时：《略论太平天国并无所谓第二次西征》，《太平天国学刊》第五辑，第162—177页。

是要他以有限的兵力进行第二次西征①。

据胡林翼说,陈玉成在攻占黄州的翌日,即派兵向汉口急进。黄州到汉口一百六十华里,两天可到。故巴夏礼到黄州会晤英王陈玉成的前二日,陈玉成军已到汉口、汉阳附近,武汉兵防空虚,如果20日太平军进攻汉口,唾手可得,但是太平军到达汉口、汉阳的外围后,盘马弯弓而不发,迫使胡林翼从安庆前线抽兵前来营救。

当太平军突破敌方山区防线,胡林翼得到余际昌的败报时,立刻毛骨悚然,急调驻青草塥的李续宜、舒保等部马步万余,从安庆前线回救武汉。后来,他听说太平军已袭取黄州,意识到了将要大祸临头,判定武昌将要失守。镇守武昌的湖广总督官文一旦被俘或被击毙,胡林翼不是杀头,便是革职充军,他的事业将化为梦幻泡影。胡林翼写信给左宗棠说:"霍、英破后,贼遂长驱入蕲水,假昌营号褂顶帽装束,以袭黄州、武汉,黄本无兵勇。笨人下棋,死不顾家,其林翼之谓乎?病中精力竭而志虑亦钝……处烦恼之地,得隐逸之病。病何足惜,死更不足惜,独患气根清深,欲生不得,速死不能,不能办一事,而徒贻误耳。"②又说:武昌守城兵力,只有步兵二千,"战不能战,守不能守",不知如何得了!这时,又祸起萧墙,"太湖大营武昌有眷属者居其大半,目前议论纷扰,责我不仁。若某者,可谓武汉罪人,又可谓一国非之而不顾也"。③后来得到探报,陈玉成大军虽有一部到达武汉外围,但不久即与其主力会合,转攻德安、随州等处,稍为感到轻松了一点。可是,他又为安庆外围抽出李续宜部后,挂车河、安庆外围的湘、楚军是否经

---

① 董蔡时:《略论巴夏礼阻挠陈玉成进兵武汉不是安庆保卫战失败的原因》,《宝鸡师院学报》1988年第一期,第14—21页。

② 胡林翼:《复左京卿》,载《胡文忠公遗集·抚鄂书牍》(卷八十一),第13页。

③ 胡林翼:《致李中丞》,载《胡文忠公遗集·抚鄂书牍》(卷八十一),第14—15页。

受得住陈玉成大军的冲击而焦急忧愁起来了。他写信给曾国藩说：李续宜部全军西上，救援武昌，唯恐李军兵力不足，我又调舒保率马队从下巴河渡江，"取道武昌县，驰赴省城"。李续宜、舒保已于3月20日驰至武昌，省城定可无虞，唯安庆前线抽去劲旅，"打贼无人，贼意不过欲试窜，将劲兵调远，乃直下安庆，以掷围师之背耳。欲防省城，应赖水师横截江面，或拨陆师三四营足矣，此举适中贼计，然已追之不及"。①想到这些，胡林翼"五心烧热如火炙，病势危笃，一日不如一日"，连他自己也知道已不久于人世了。

两江总督辖有江苏、安徽、江西三省，安庆原是安徽省城，攻陷安庆，曾国藩就有了驻足之地，也打开了进犯天京的门户，所以曾国藩志在必得。当胡林翼因霍山、英山等地段山区防线被突破，武昌发生严重危机，被吓得惊魂失魄，点着自己的鼻子痛骂自己是"笨人下棋"，病情加重时，4月1日，曾国藩写信给曾国荃说："群贼分路上犯，其意无非救援安庆。无论武汉幸而保全，贼必以全力回扑安庆围师；即不幸而武汉疏失，贼亦必以小支牵缀武昌，而以大支回扑安庆，或竟弃鄂不顾。去年之弃浙江而解金陵之围，乃贼中得意之笔。今年抄写前文无疑也。无论武汉之或保或否，总以狗逆回扑安庆时，官军之能守不能守，以定乾坤之能转不能转。安庆之濠墙能守，则武昌虽失，必复为希庵所克，是乾坤有转机也；安庆之濠墙不能守，则武昌虽无恙，贼之气焰复振，是乾坤无转机也。弟等一军关系天地剥复之机，无以武汉有疏而遽为振摇，须待狗逆回扑，坚守之后再定主意。"②曾贞干从安庆前线复书曾国藩说："纵使江夏或有疏失，安庆围师仍不可退。"③曾国藩在料敌决策时，半点也没有为湖北巡抚胡林翼着想。1855年春，湖口、九江溃败

---

① 胡林翼：《复曾使相》，载《胡文忠公遗集·抚鄂书牍》（卷八十一），第19页。
② 曾国藩：《致沅弟季弟》，载《曾国藩全集·家书一》，第650—651页。
③ 曾国藩：《致沅弟季弟》，载《曾国藩全集·家书一》，第654—655页。

后，没有胡林翼维护、重振湘军水师，其后果不堪设想。1857年曾国藩被削除兵权，没有胡林翼在湖北发展湖北湘军陆师，维持江西湘军粮饷，湘军将涣散瓦裂；没有胡林翼在明里暗里帮曾国藩的忙，曾国藩不可能东山再起，更不可能移军宿松，当上总督。现在曾国藩实授两江总督了，羽毛丰满了，在胡林翼"危难"的时刻，他在运筹决策时，把理学信条的什么"诚""信"等等，全都抛到九霄云外去了，半点没有为胡林翼着想。这又从另一个侧面反映了曾国藩对人"有几副面孔"。当然，这也表现了曾国藩对围点打援坚忍不拔的军事艺术，值得玩味。

3. 陈玉成回兵救援安庆的战役（1861年4月下旬至9月5日安庆失陷）

1861年3月下旬，陈玉成分兵进攻德安、随州、黄安、蕲州、云梦、孝感等县。自1856年韦俊擅弃武昌后，翌年，湘、楚军次第攻陷太平军所占领的州县，胡林翼命湖北各州县地主士绅协助地方官组织地方武装，厉行团练保甲，残害农民，进行报复，湖北农民起事趋向低潮。陈玉成军虽然在湖北打得遍地开花，但安庆守军待援孔亟，陈玉成只得咬紧牙关，掉转马头，从黄州出发，经宿松、石牌杀向安庆，闯进敌方的预置阵地作战。4月21日，陈玉成军占领广济、黄梅。22日，大军至太湖。27日，绕道桃花铺，经过石牌，直冲集贤关。安庆守将叶芸来督军出城，在集贤关内菱湖南岸筑垒五座，与安庆北门犄角。陈玉成在菱湖北岸筑垒十余座，派精锐部队七八千驻守，南、北营垒遥遥相对，以船通往来，但湘军水师在湖中来回轰击，配合湘军陆师作战，南、北岸营垒变成了互不通气的孤立据点。这时，安庆城外炮声轰鸣，杀声阵阵。

陈玉成大军进入集贤关后，随即以其主力猛攻曾国荃的长壕与营垒，城内守军也出击援应，曾国荃得到水师的不断增援，拼命顽抗。曾国荃部屡次受到陈玉成的冲击，死伤枕藉，危险万状，派人向曾国藩乞求援兵。当陈玉成军攻占黄州，分兵直迫汉口附近的滠口，武昌危急，胡林翼急得口吐鲜血时，曾国藩未曾从南岸派一兵一卒为胡林翼解危分忧，但他接到曾国荃的告急信后，却立即抽调朱品隆等营前往助战，又调鲍超率领霆军八千，由江西景德镇经下隅坂前往增援曾国荃军。他写信给曾国荃说：根据目前军事形势，你应深濠高墙，稳静主守。鲍军勇夫万余名，五月初九日（6月16日）尚未渡江完毕，各路增援你处的军队，以多隆阿、鲍超两部为主力，以成大吉等部"为后路缠扰之兵"，以朱品隆、韦俊为助守濠墙之军，兵力已厚，务望坚守数日，"待狗逆求战，气竭力衰，而后徐起应之"，方操胜算。至于你要我到安庆一叙，"惟历年以来，凡围攻最要紧之处，余亲身到场，每至挫失，屡试屡验，余偏不信，三月攻徽，又试往一行，果又验矣。此次余决不至安庆，盖职是之故"。[1]

陈玉成屡次猛攻曾国荃部湘军不胜，5月19日，留所部靖东主将刘玱琳、傅天安李四福、垂天义朱孔堂等，率领精锐上万，坚守集贤关外赤冈岭及菱湖北岸等地营垒，自率马步五六千名经马踏石回转桐城。20日，至桐城，会晤从长江下游前来增援的章王林绍璋、干王洪仁玕等。28日，陈玉成、洪仁玕、林绍璋、黄文金等联合发动攻势，拟三路进兵，直捣安庆敌军之背。翌日，攻势受挫。30日，陈玉成部先锋程学启在集贤关叛降曾贞干。以后，因陈玉成与林绍璋、洪仁玕等意见有分歧，所以太平军虽然一再发动攻势，都告失利。6月上旬，总兵鲍超、成大吉攻破集贤关外赤冈岭三垒，李四福等以下太平军三千余人悉数殉难。9日，刘玱琳所守营垒亦被攻破，守军千余名全部被杀，刘玱琳被支解枭首[2]。7月8日，湘军水陆师攻陷菱湖北岸所有营垒，太平军被俘七八千名，一天之间，全被曾国荃下令杀光[3]。赤冈岭营垒与菱湖营垒中的太平军，都是陈玉成部百战精锐，他们的牺牲，几乎使陈玉成部精锐十

---

[1] 曾国藩：《致沅弟》，载《曾国藩全集·家书一》，第692—693页。

[2] 曾国藩：《官军围攻赤冈岭贼垒悍贼歼除折》，载《曾文正公全集·奏稿》（卷十六），第32页。

[3] 朱洪章：《从戎纪略》，载《念劬庐丛刻》，民国二十年版，第28页。

去五六。

安庆城中的粮食危机愈严重，陈玉成等对曾国荃部围师的攻击愈猛烈。安庆失守前十天，英王陈玉成、辅王杨辅清等部太平军进入集贤关，于关口、毛岭、十里铺筑垒四十余座。8月25日、26日，太平军进攻安庆城东门外长壕。27日，陈玉成、杨辅清等集中兵力，进攻安庆城西北的长壕，战况空前激烈。据赵烈文《能静居士日记》载："二十二日（1861年8月27日——引者）巳刻，大股扑西北长壕，人持束草，蜂拥而至，掷草填濠，顷刻即满。我开炮轰击，每炮决血衢一道，贼进如故，前者僵仆，后者乘之。壕墙旧列之炮，装放不及，更密排轮放，调增抬鸟枪八百杆，殷訇之声，如连珠不绝，贼死无算而进不已，积尸如山。路断，贼分股曳去一层，复冒死冲突，直攻至二十三日（8月28日——引者）寅刻，连扑一十二次。"①此役，陈玉成、杨辅清躬自督阵，一度攻破安庆城外湘军第一层濠及沿江炮台，终因曾国荃部兵力雄厚，水陆协作，炮火猛烈，挡住了太平军的攻势。

9月5日，安庆城北门地道轰发，湘军猛冲入城，据赵烈文说："守贼皆饥倒，不能抵御。"湘军在城中大抢、大杀，"杀贼凡一万余人，男子髫龄以上皆死。各伪官眷属妇女自尽者数十人，余妇女万余俱为兵掠出。房屋贼俱未毁，金银衣物之富，不可胜计，兵士有一人得金七百两者。城中凡可取之物，扫地而尽，不可取者，皆毁之。坏垣刷地，至剖棺以求财物"。②曾国藩在家书中说："初一日（1861年9月5日——引者）卯刻安庆克复，城贼诛戮殆尽，并无一名漏网，差快人心。"③湘军在安庆城中抢掠、杀人如此严重，但是曾国藩却说"差快人心"，其狠毒如此。

值得强调的是，指挥湘、楚军进犯安庆的战役，从表面上看来，是

---

① 赵烈文：《能静居士日记》，载《太平天国史料丛编简辑》第三册，第200页。
② 赵烈文：《能静居士日记》，载《太平天国史料丛编简辑》第三册，第201页。
③ 曾国藩：《致澄弟》，载《曾国藩全集·家书一》，第769页。

第十一章 胡林翼、曾国藩指挥湘、楚军攻陷安庆

湖北巡抚胡林翼,实际上,胡林翼的一切谋划,是与曾国藩商量决定的,曾国藩甚至直接干预胡林翼的指挥。为什么曾国藩有这大能为呢?因为在进犯安庆的战役中,陆军有几支劲兵,其一是李续宜部近万湘军,其二是曾国荃部湘军一万五千名左右,其三是多隆阿部步骑万名,其四是金国琛部七八千名,其五是湘军水师。曾国荃是曾国藩的亲弟;李续宜是曾国藩的旧将,是曾的姻亲,又是曾提拔为安徽巡抚的;湘军水师统领杨岳斌、彭玉麟都是曾国藩一手提拔出来的湘军水师大将;金国琛本为湘军将领,原为江苏江阴人,居然能插足湘军,并占一席之地,他对曾国藩有知遇之感。曾国藩指挥曾国荃、李续宜、杨岳斌、彭玉麟、金国琛等可谓驾轻就熟,绝无问题。多隆阿虽是旗籍将领,他统率的步骑万名,其中步队居多,步队将领如赵克彰、朱希广、黄胜日等皆系湘军旧将,曾国藩指挥多隆阿也无问题,特别值得注意的是,胡林翼病重回武昌时,负责防御武汉的李续宜是湘系大将,安居武昌的钦差大臣、协办大学士、湖广总督官文,也不容许多隆阿不听从曾国藩的指挥。曾国藩凭以上这些人事关系,通过李续宜等去影响胡林翼,执行他的某些军事决策,有时,他亲自出马过问安庆战役的兵力部署问题。前者如1860年11月,他写信给李续宜说:前一阵子陈玉成分兵一部扰及六安,胡巡抚拟以驻军青草塥的贵部进援六安,后来州城解围后,才中止派你部前往的决定。"胡中丞于久经谋定之局,每至临事变其初计……本年三四月初进安庆之时,即议定远攻桐、怀,近守英、霍矣,今九月援贼将到,忽变为分救六安之计。大抵宫保德性之坚定远胜于往年,而主意不胜坚定,犹不免往年游移之见,左季翁谓其多谋少断,良为不诬。阁下当力持初议,以坚定二字,辅宫保之不逮。国藩亦当从容讽劝,勿为人言所动。"①后者如1861年5、6月间,他写信给胡林翼说:"有三事切陈于台端,必求俯从。一曰……请公不必带兵赴蕲,亲临行间。二曰

---

① 曾国藩:《复李希庵》,载《曾文正公全集·书札》(卷七),第16—17页。

希庵来谋,黄州兵力不可太薄,宜以成武臣七营还之,希与成不可分为两军……台旌宜径还省城养病,以慰众心。"[①]1861年6月19日,胡林翼离开太湖回武昌养病后,已经气息奄奄,主持湖北军事的是安徽巡抚李续宜,进犯安庆的军事完全由曾国藩负责。

陈玉成在安庆保卫战中,运用了各种战术手段来打击敌军,无奈兵力不足,而安庆城中守军粮食匮乏,迫使他不得不督率有限兵力,闯进敌人的预置阵地内作战,完全堕入了曾国藩、胡林翼的圈套,以致精锐丧失。刘玱琳等牺牲后,陈玉成部已成强弩之末,势不能穿鲁缟,但他仍旧不断闯进敌方的预置阵地作战,继续消耗所部兵力。为大将者以完军为上,陈玉成恰恰犯了不能以完军为上的大忌。后来安庆失守时,陈玉成部的主力打光了。在陈玉成说来,由湖北回救安庆时,应该以救出安庆守军为目标,然后再分兵坚守桐城、舒城等城,迫使敌军仰攻坚城,消耗敌军兵力,伺机出击,以保卫安徽省根据地,同时分兵出击湖北,打击湘、楚军。

安庆陷落时,陈玉成眼看湘军攻入安庆,"伤心泪落",率领残部"由石牌而上,黄、宿(黄州、宿松——引者)之兵尽退上野鸡河,欲上德安、襄阳一带招兵,不意将兵不肯前去。那时兵不由将,连夜各扯队由六安而下庐州。英王见势不得已,亦是随回,转到庐城,尔言我语,各有一心"。[②]论理,在陈玉成兵败将丧之际,天王洪秀全应征兵调将,补充陈玉成军,勉励陈玉成招兵买马,整军再战。但是,据陈玉成写信给部属说:"去岁(指1861年——引者)耘天燕之案,曾经兄直奏回朝,致触圣怒,复命敬王、畏王恭捧圣诏三道,圣旗一道,责兄前退太湖,复退安省……皆罪在兄。现已荷蒙圣恩,出以赏罚革黜,思处此之时,

---

① 曾国藩:《复胡宫保》,载《曾文正公全集·书札》(卷八),第29页。
② 《李秀成自述》影印本。

亦是万幸。"①陈玉成在兵败将丧之后，非但没有得到天王的慰勉与鼓励，反而受到严重的政治打击，免不了灰心消极。英王在庐州看到士气涣散，兵无斗志，"主又严责，革其职权，心繁〔烦〕意乱，愿老于庐城，故未他去，坐守庐城，愚忠于国。后多帅发兵来困，被逼不堪，又无粮草，久守不能，将兵之心，已有乱意，故未稳坚，遂失庐郡"②，心灰意乱之余，被奏王苗沛霖诱骗至寿州，"反心捉获"，解送胜保清营，不屈，慷慨赴义③。陈玉成牺牲后，再也没有一个将领能像他那样，在长江北岸组织起一支数十万大军，与敌军争战角逐了。安庆失守，只要能保持有生力量，安庆可以失而复得。陈玉成的牺牲，是太平天国不可弥补的损失。天王晚期紊乱朝政，令人痛心！

在安庆保卫战的战略决策问题上，忠王李秀成不赞成陈玉成不惜牺牲主力去解安庆之围。他追叙安庆保卫战的情况说："安省被九帅之兵克复，合城饿死而失皖城。此时英王之军在省，被九帅之兵深濠高垒困之，省城内外不通，英王来救不得，后靠湖边九帅退襄〔让〕己〔几〕营，此是九帅留其退省生路之思。不意英王陈玉成不退，将石牌及省近之民粮运入省。九帅见其未退，仍将军兵复扎此湖边，此又困实省城。英王见势不得已，内守将叶芸来、张朝爵心有忌〔惧〕意，英王心惊，解救未果。后将我部将三人调一人入省助守。此将是我名下……选吴定彩带部军千余人，入省助叶、张守省〔之助〕。"④后来，天王派林绍璋、洪仁玕、杨辅清、黄文金等至桐城、安庆间助战，俱被打败，刘玱琳、李四福等也先后捐躯。安省久困无粮，"后被九帅攻破"，"全军殉难，未

---

① 《英王陈玉成命扶正陈得才等立即酌议军机书》，载《太平天国文书汇编》，第198—199页。
② 《李秀成自述》影印本。
③ 罗尔纲：《陈玉成被擒记》，载《太平天国史料考释集》，三联书店1956年版，第294页。
④ 《李秀成自述原稿注》，第264页。

漏余人，苦而可叹"。①李秀成以上叙述反映了几个问题：

第一，陈玉成留刘玱琳、李四福等坚守赤冈岭营垒为1861年5月19日事。陈玉成会同安庆城内的叶芸来在菱湖南、北岸扎营十余座，为4月29日事。据《李秀成自述》载，曾国荃"靠湖边退裏〔让〕己〔几〕营"，疑即陈玉成、叶芸来在菱湖南、北岸扎营筑垒期间。当时，城内外太平军可以互通往来。李秀成认为这时陈玉成应该营救安庆守军脱围，保存主力。当然，曾国荃退让几营，是因受到陈玉成的猛烈攻击，在难以支撑的情况下不得已的军事策略。

第二，在安庆保卫战中，李秀成不赞成陈玉成反复闯入敌方预置阵地与敌军决战，以致主力牺牲，士气涣散，斗志丧失，一败涂地。

第三，李秀成对天王在陈玉成损兵折将之后，"严责"陈玉成，"革其职权"，表示了极端的不满。

1861年9月5日，湘军攻陷安庆；7日，攻陷桐城；11日，续陷舒城。同日，曾国藩移驻安庆，标志着安徽根据地的瓦解。于此期间，庐江、无为、铜陵相继沦陷。1862年5月13日，庐州失守。安徽的军事胜利，使曾国藩沾沾自喜，他写信给倭仁说："自去冬至今夏，几乎无日不战，无路不梗。幸坚持初议，不驰安庆之围。五月克复徽州后，事机渐转。八月间，连克安庆、池州、桐、舒、铜陵各城……大局正有起色。"②的确，安庆失守与太平天国安徽根据地的瓦解，使得湘军可以从安徽水陆逼犯天京，太平天国的军事危机日益严重起来了。

曾国藩在为攻陷安庆、设总督衙门于安庆而大为得意时，胡林翼在安庆战役的惊涛骇浪中，被磨得病情加重，气息奄奄，9月30日，在武昌寿终正寝。曾国藩连呼："可痛之至，从此共事之人，无极合心者矣。"③

---

① 《李秀成自述》影印本。
② 曾国藩：《复倭艮峰尚书》，载《曾文正公全集·书札》（卷九），第6页。
③ 曾国藩：《致沅弟》，载《曾国藩全集·家书一》，第772页。

四、安庆保卫战期间曾国藩被困皖南，乐平战役对皖南战局的影响

1860年7月28日，曾国藩从宿松移驻皖南祁门。经过对皖南的政治、军事布局作一番调整后，曾国藩独揽了皖南的军、政大权。

初到祁门，他因手中兵力不足，后续部队与高级将领尚未到齐，所以8月以前以防守祁门等地为主，兢兢自保。

如前所说，皖南是四战之地。太平天国认为控制皖南，足以屏障天京，直下浙江；皖南又是太平军的入赣要道，因之，太平天国在皖南集结了重兵。据曾国藩说：侍王李世贤管徽州、广德、嘉兴、金坛、溧阳等地；辅王杨辅清管宁国；定南主将擎天义黄文金辖有芜湖、繁昌、青阳等处；右军主将刘官芳统辖池州、旌德、泾县、石埭、太平、南陵等处。"此五大股者，每股贼党多者十余万，少者亦八九万。"[①]以上几支太平军互不统属，缺乏统一指挥，这在兵力的运用上是一个严重弱点。

曾国藩率军进驻祁门后，使皖南的军事斗争分外紧张激烈起来了。广德是浙江清军的屏障。建德位于祁门与长江之间，是祁门由水路通向安庆必经之要隘。徽州是皖南的政治、军事、经济中心。宣城、宁国是曾国藩窥伺江苏的前哨阵地。江西的景德镇、浮梁、乐平，是曾国藩祁门大营的粮运要道。以上这些据点要隘，成为湘军与太平军争夺的重点。7月以后，太平军先发制人，猛攻宁国府。曾国藩上奏说："目下军情，自以规复苏、常为要"，而由皖南进兵，必须保住宁国，收复广德，乃有进兵东下之路。如欲办到此层，则又以急援宁国，急攻广德为要着。"二者力不能兼办，则又以专救宁国为要……欲援宁郡，又以先剿旌

---

① 曾国藩：《致沅弟》，载《曾国藩全集·家书一》，第655—656页。

德、泾县、石埭（石台县——引者）三县为要。"①现在兵力未齐，俟援兵到达后，再图大举。

9月9日，张运兰率兵三千，21日，皖南道李元度率平江勇三千，先后到达祁门。10月4日，鲍超抵达曾国藩祁门大营。28日，左宗棠率军行抵江西乐平，11月2日，抵景德镇。部队、将领陆续来到江西、皖南，曾国藩的军事活动频繁起来了。张运兰抵祁门后，曾国藩命他与鲍超部将宋国永督军从旌德、泾县进犯太平，救援宁国。9月26日，侍王李世贤与辅王杨辅清等部协作，攻占宁国，击毙宁国清方守将已革湖南提督周天受，卸任皖南道、倭仁的儿子福咸。②

9月30日，英王陈玉成渡江北进，激烈的安庆保卫战即将全面展开。皖南的太平军为钳制住曾国藩部湘军，相应加强了对皖南湘军的进攻。皖南道李元度于9月21日统率新募平江勇到达祁门，30日，曾国藩命他率领平江勇三千进驻徽州。10月3日，李元度探知绩溪县属的丛山关告警，派兵由绩溪前往增援，遭到侍王李世贤部太平军的袭击，溃退徽州。李世贤督率太平军蹑踪追击，直攻徽州。9日，攻取徽州，皖南道李元度败走浙江开化。太平军在宁国、徽州的军事胜利，把曾国藩妄图"澄清皖南"的军事计划打得七零八落。曾国藩惶惶不安地奏陈："现在各股悍贼，盘跨徽郡、休宁及岭外旌、泾、太、石（旌德、泾县、太平、石台——引者）各县，有分窜浙江，上犯祁门之意。"③

两江总督辖有江苏、安徽、江西三省，江苏、安徽是太平天国的统治地区，江西是曾国藩掌握的仅有的饷源基地。为了防止皖南太平军闯

---

① 曾国藩：《钦奉四次谕旨复陈折》，载《曾文正公全集·奏稿》（卷十四），第351—353页。

② 曾国藩：《援军甫进宁郡被陷现等筹堵剿折》，载《曾文正公全集·奏稿》（卷十四），756—757页。

③ 曾国藩：《徽州被陷现筹堵剿折》，载《曾文正公全集·奏稿》（卷十四），第47—49页。

进江西，他必须在皖、赣边界重兵布防。在太平天国安庆保卫战期间，九江屏藩围攻安庆的曾国荃部湘军，他也必须在皖、赣边界重兵布防。曾国藩进驻祁门后，设总粮台于南昌，皖南湘军的粮饷由南昌渡鄱阳湖，至鄱阳县，入昌江，至景德镇，设转运粮台，由昌江及其支流运输入皖南。为了保护皖南湘军的饷道，也应在皖、赣边界驻屯强将劲兵，故曾国藩命左宗棠军以景德镇为基地，游动于景德镇、乐平、浮梁一带，保护饷道，兼顾湖口、饶州。

10月12日，太平军续克休宁。11月17日，赖文鸿等部攻克安徽南陵。大量州县相继被太平军占领，曾国藩被太平军打得一筹莫展。11月底，英王陈玉成联合捻军进至安徽桐城。12月上旬，开始对驻扎挂车河一带的多隆阿等部发起进攻。为了策应安庆保卫战，皖南各路太平军再次发动强大攻势。12月14日，定南主将擎天义黄文金攻克东流。15日，侍王李世贤、辅王杨辅清发动联合攻势，占领建德。太平军攻克东流、建德，遮断了曾国藩与围攻安庆的曾国荃部湘军的联系。20日，黄文金部攻入江西彭泽，威逼湖口、九江。22日，黄文金派营天义李远继攻克浮梁。25日，黄文金进攻湖口，李远继占领饶州。曾国藩哀叹："建德失守，而余与安庆通信之路断矣。浮梁失守，而祁门粮米必经之路断矣。现调鲍镇六千人进攻浮梁，朱、唐（朱品隆、唐义训——引者）三千进攻建德，若不得手，则饷道一断，万事瓦裂，殊可危虑。"[①]曾国藩只能困守祁门，屡濒于危。正当曾国藩在愁眉苦脸，悲叹自己的窘困处境时，1861年皖南太平军对他又发动了凌厉的新攻势。

1861年2月15日，刘官芳等部太平军自石埭分二路进攻至大洪岭、大赤岭，距祁门六十里，曾国藩祁门大营一片惊慌。"初七日（1861年2月16日——引者）进犯历口。初八日，进犯石门桥，距祁门仅十八里，经唐桂生带队迎剿，大获胜仗，追杀三十余里，直至历口，次日初九早

---

① 曾国藩：《致澄弟》，载《曾国藩全集·家书一》，第608—609页。

即追出赤岭……极大风波，顷刻即平。"①

2月18日，鲍超会同左宗棠击败定南主将黄文金等部于江西饶州、洋塘等地，曾国藩奏称：经此次痛打，"江西饶、九等属，全数肃清，转危为安"。②

随着安庆保卫战趋向高潮，太平军对曾国藩的攻势频繁而猛烈。为了切断皖南湘军的粮运大道，侍王李世贤督率宝天义黄呈忠、进天义范汝增等部猛攻景德镇。景德镇原为左宗棠驻守，为了疏通饷道，曾国藩派皖南镇总兵陈大富前往镇守景德镇，替出左宗棠前往侵犯鄱阳县。4月9日黎明，大雾迷漫，太平军先行偷越双凤桥，埋伏于敌军营垒附近。雾散后，景德镇守将皖南镇总兵陈大富自恃作战经验丰富，督队过双凤桥出击。太平军佯败，而另路太平军从景德镇东面观音阁抄出，清军分头应战，阵脚开始散乱。埋伏双凤桥附近之太平军见时机成熟，蜂拥而出，击伤陈大富，冲进敌方营盘纵火。陈大富见营盘火起，四面受敌，投河自杀，同时太平军击毙陈大富部将田应科、萧传科、熊定邦等，乘势占领景德镇，皖南湘军的粮道断绝。接着出现了曾国藩亲自督军反扑徽州的闹剧。

在太平军的强大攻势下，曾国藩被迫反扑徽州，据他自己解释，其原因如下：

第一，湘军兵勇数万人，若因粮道断绝而哗溃，岂能坐视"不为之所"？如能攻占徽州，足以通浙江之粮道。"若不能打开徽州，则四面围困，军心必涣，殊恐难支"。③这是说他进攻徽州是为了打通粮道，振作涣散之军心。

第二，是为了保全祁门。他说：我是两江总督，不能绕道进入江

---

① 曾国藩：《致澄侯弟》，载《曾国藩全集·家书一》，第632—633页。
② 曾国藩：《官军破贼黄麦辅饶九境内肃清折》，载《曾文正公全集·奏稿》（卷十六），第1—2页。
③ 曾国藩：《致澄弟沅弟季弟》，载《曾国藩全集·家书一》，第658—659页。

苏，久已为苏人所唾骂。我早已奏明从皖南进兵江苏，又曾参奏张芾接办皖南军务后，不能保全休宁、徽州二府，我若因粮道不通而放弃祁门，岂不为徽人等所唾骂？欲保全祁门，则非攻占徽州不可。①

第三，为了扩大饷源，必须攻克徽州。他说太平军占有徽州，几乎使我无立足之地。"该属地丁、盐、茶、杂厘，每年可入五十余万金，而婺源岁课二十余万，于军饷大有裨益"。②

1861年4月上旬，曾国藩调集祁门、黟县各防湘军九千余名，集结休宁。4月12日，他亲自移驻休宁城中。13日，休宁湘军分两路前进，西路以副将唐义训为主，以副将沈宝成、同知朱品隆等副之。北路以张运兰为主，副将娄云庆、参将杨镇魁等副之。14日，两路湘军进攻徽州，战于古虹桥。太平军以步兵当正面，以骑兵包抄右翼，唐义训部大败，副将衔营官叶光岳、胡玉元被击毙，弁勇伤亡二百余名。全军退回休宁。曾国藩恼羞成怒，19日，他再次督率张运兰、唐义训等从休宁出犯徽州。21日，湘军列队于大李富塌，太平军也负城站队，相持终日。当夜，唐义训所部宿槐塘，张运兰所部宿大里。是夜星月无光，二更天，太平军万余突然从西路包抄而至，势如潮涌，"焚村劫营"，杀声震天。唐义训所部惊溃八营。曾国藩在家书中说："此次伤亡虽不满百人，而士气日减，贼氛大长，目下不可言战，但能勉守，专盼左、鲍二军攻克景德镇，或两弟攻克安庆"，皖南军事方能转危为安，我始能移驻建德、东流③。经过这次失败，曾国藩从此完全丧失了临阵指挥的信心。他毫不掩饰地说，凡是我亲临指挥的战役，战无不败。事实上也确是如此，靖港溃败，九江、湖口溃败以及这两次进犯徽州的失败，都说明他像一个"败神"，他到哪里，哪里就得打败仗。所以，左宗棠讽刺曾国藩

---

① 曾国藩：《致沅弟》，载《曾国藩全集·家书一》，第706—707页。
② 曾国藩：《复汪梅村》，载《曾文正公全集·书札》（卷七），第32—33页。
③ 曾国藩：《致沅弟季弟》，载《曾国藩全集·家书一》，第663页；《进攻徽州未能得手折》，载《曾文正公全集·奏稿》（卷十六），第16—17页。

用兵拙滞，不识兵机，招招落于人后。反扑徽州败绩后，曾国藩吓得再也不敢亲临前线指挥作战了。这时，他把解救皖南军事危机的希望全部寄托到了辗战皖、赣交界地区的左宗棠身上。

1861年4月以后，定南主将黄文金与辅王杨辅清等部先后奉命北渡长江，参加安庆保卫战，皖南与皖、赣交界地区太平军兵力锐减。9日，侍王李世贤攻克景德镇后，传令东攻祁门。15日，左宗棠部湘军击败李世贤部京卫大佐将裨天义李尚扬与黄胜祥等部太平军于江西乐平桃岭塔前一带。李世贤闻讯，遂中途回兵，进攻乐平。从17日开始，太平军与湘军在乐平鏖战不休。23日，李世贤督李尚扬等猛攻乐平城池，左宗棠有团练助战，凭城顽抗，攻守异势，太平军大败，损失甚重。李世贤率军折入浙江，景德镇太平军也撤走。曾国藩说：经此一役，所有景德镇、浮梁，"凡祁门之后路，一律肃清"，"解祁、休之围困，振江皖之全局"。①因左宗棠乐平战役的胜利，扭转了皖南的军事危机，清政府擢升他为三品京堂，随同曾国藩帮办军务。

曾国藩在皖南屡经风波，特别在进犯徽州不逞后，惊魂不定。曾国荃来信劝他移居东流，夜宿水师战船，以策安全。②曾国藩认为，4月下旬陈玉成有可能从黄州率军回援安庆，攻击曾国荃部湘军。长期以来，他驻扎祁门，重兵护卫。如果他离开祁门前往东流，可以腾出兵力，增援曾国荃部湘军。5月初，他派张运兰守休宁，朱品隆守祁门，提督江长贵、副将唐义训、沈宝成等分守岭隘，嘱咐他们以守为主，然后移驻江滨。5月10日，行抵东流，随即命令鲍超统率霆军八千，从景德镇经下隅坂北渡长江。③15日，鲍超部霆军抵石牌，不久，投入攻扑集贤关外赤冈岭营垒，增加了陈玉成军救援安庆的困难。

---

① 曾国藩：《致澄弟》，载《曾国藩全集·家书一》，第673页；《官军破贼乐平鄱景浮乐一律肃清折》，载《曾文正公全集·奏稿》（卷十六），第24—26页。

② 曾国藩：《致沅弟季弟》，载《曾国藩全集·家书一》，第667—668页。

③ 曾国藩：《近日军情片》，载《曾文正公全集·奏稿》（卷十六），第30页。

第十一章 胡林翼、曾国藩指挥湘、楚军攻陷安庆

　　1860年10月下旬，忠王李秀成率军从天京出发西进。12月上旬，从芜湖经繁昌、石埭，由羊栈岭、新岭、桐木岭进向黟县，据曾国藩说：祁门大营"距贼仅八十里，朝发夕至，毫无遮阻。现讲求守垒之法，贼来则坚守以待援师，倘有疏虞，则志有素定，断不临难苟免"，[①]因为李秀成志在西上鄂、赣招聚义民，并不在于进攻祁门，曾国藩才死里逃生。在黟县、休宁，李秀成军遭到鲍超等部的袭击，无心恋战，改道由屯溪进抵江西婺源。3月8日，李秀成军围攻建昌，"守兵不满千"，李秀成军因新兵居多，战斗力薄弱，连攻半月有余，竟不能打下建昌。23日，撤建昌之围，进攻抚州。李秀成军围攻建昌期间，正是英王陈玉成军踏破胡林翼的霍山防线，李续宜、舒保等督率马、步回救武昌的时候。这时，曾国藩密切关注着李秀成的军事行动，他说李秀成军围攻建昌，若建昌有失，恐其径犯省城。若建昌幸保无恙，"亦恐其由樟树以犯瑞、临（瑞州、临江——引者），一至瑞、临，则九江、兴国、武宁、义宁、通山、通城处处震动"，局势殊难收拾。[②]6月8日，鲍超等部攻破集贤关外赤冈岭营垒。11日，李秀成分军蔡元隆攻克兴国。翌日，占领大冶。15日，续克鄂城，李续宜自省城武昌派蒋凝学率军前来救援未遑。这时，英王陈玉成已一再率军闯进敌方预置阵地作战，损失极大。李秀成"得悉英王如此而为。悉其省不能保也"。他既然不同意陈玉成不惜牺牲主力死救安庆的军事决策，乃于7月下旬从湖北的咸宁、通山撤军，8月，招齐了湖北、江西三十万左右的义民后，随即回师东返，撤入江西。曾国藩派鲍超率领霆军衔尾追击，李秀成一路避战，摆脱了曾国藩的前堵后追。8月30日，李秀成部自丰城继续向东挺进，指向抚州。9月5日，安庆陷落。16日，李秀成在江西河口、铜山会合脱离石达开部"万里回朝"的童容海、朱衣点、汪海洋等部太平军十余万，凝聚成一股强

[①] 曾国藩：《致沅弟季弟》，载《曾国藩全集·家书一》，第599页。
[②] 曾国藩：《致沅弟季弟》，载《曾国藩全集·家书一》，第641—642页。

大的军事力量,准备全面进击浙江,为开辟浙江省新根据地而战斗。曾国藩始终没有发现李秀成的战略企图,他致书左宗棠说:安徽省城安庆攻下后,大江南、北两岸皆有进兵之路,"惟忠、侍两逆及闽汀数股皆在金、衢、信、饶一带,江西之后患方长。阁下……屯驻广信附近,保河口之厘金,固江西之腹地,且俟饷源有著,积欠稍清,再图进取"。①当曾国藩在担心"江西之后患方长"时,忠王李秀成已于1861年10月对浙江发动了强大的攻势,揭开了开辟浙江根据地战争的幕帷。

---

① 曾国藩:《复左季高》,载《曾文正公全集·书札》(卷九),第3页。

第十二章　曾国藩节制四省军事，中外反动势力加强勾结

一、清政府中央出现洋务派，曾国藩向洋务派转化

英国是世界上的老牌资本主义国家，具有丰富的殖民经验，一贯在遍布世界的殖民地、半殖民地国家运用其全部政治的、军事的、经济的力量，着意拉拢、培植投降势力，作为它侵略殖民地、半殖民地的助手。1860年第二次鸦片战争结束后，清王朝统治集团从中央到地方都分化出了洋务派，奕䜣、曾国藩等即是代表。洋务派的产生，主要由于在第二次鸦片战争中英法联军显示了他们海、陆军新式武器的威力，同时也是英、法侵略者对奕䜣、曾国藩等拉拢、扶植的结果。

1860年9月21日，英法联军侵至通州八里桥，北京风声鹤唳，咸丰帝命其同父异母弟恭亲王奕䜣为钦差大臣，向英、法侵略者接洽求和事宜。22日，他则率领后妃、皇子、宠臣等逃奔热河行宫。10月6日，英法联军侵入圆明园，大肆洗劫后，放起一把大火，焚毁了东方艺术宝库、园林胜地圆明园。10月，英法联军要挟奕䜣交出北京城的安定门、德胜门。[①]13日，英法联军侵入北京，奸淫掳掠，无恶不作，但是基本上

[①]《奕䜣桂良文祥奏英法照会带兵守安定门请派大员统带诸军以一事权折》，载咸丰朝《筹办夷务始末》（卷六十五），中华书局1979年版，第2445页。

保全了清王朝的宫殿与某些衙门官署、仓库,示意清政府只要及时与英、法当局订立不平等条约,英、法两国无意妨碍清朝的统治。在英、法侵略者的软硬兼施下,圆明园的余烬未熄,24日、25日,奕䜣先后与英、法侵略者订立了中英、中法《北京条约》。不平等条约签订后不久,11月,英、法军队如约从北京撤兵,这无异再次示意奕䜣,只要清政府按照订立的条约办事,英、法将尊重清朝的统治。与此同时,法、俄方面向清政府表示愿意出兵"助剿发逆"。英、法驻京公使在京积极展开政治活动,频频与奕䜣发生私人交往,馈赠礼物,对奕䜣渗透其政治影响,处处使奕䜣觉得英、法和蔼可亲。①

奕䜣既看到英、法的坚船利炮而心有余悸,又感到英、法联军虽然侵入北京,但是并未毁伤清朝的宫殿、宗庙。英法联军侵占北京城后,"所有城内仓库及各衙门,彼亦深知",未加破坏,亦未"据为己有","其为甘心愿和,不欲屡启衅端,似属可信"。②奕䜣、文祥等把太平天国及英、法侵略者对清朝的利害关系权衡得失后,异口同声说:英、法"志在通商",无意妨碍我朝统治,"发逆"与我不共戴天。他们首先从封建统治集团中分化出来,转化成为洋务派。

清政府中出现了以奕䜣、文祥等为首的洋务派与以载垣、端华为首的顽固派的对立与斗争。两派的对立与斗争,集中反映在两个问题上:

第一,回銮问题。实际上,这是由两派对待外国侵略者的不同态度引起的。第二次鸦片战争结束后,英、法侵略者迫切希望咸丰帝能及早从热河回銮北京,使北京成为统治中国的实际政治中心,以便外国公使驻京后,能通过正常的外交活动对清政府进行政治渗透,左右清朝的政治。奕䜣等顺应了英、法的要求,英、法军一经撤出北京,便上奏请求

---

① 《奕䜣等又奏与英法互送礼物并法使求在天主堂超度亡兵片》,载咸丰朝《筹办夷务始末》(卷六十七),第2542页。

② 《奕䜣桂良文祥奏亲递国书已饬设法消弭揣英法词意亦属不欲启衅折》,载咸丰朝《筹办夷务始末》(卷六十九),第2581页。

咸丰帝迅速从热河回銮北京。在第二次鸦片战争中，顽固派对英、法的侵略，有着抵抗的一面。现在战争虽然结束，但是肃顺等对英、法的疑惧未解，暂时不愿咸丰帝回銮北京。咸丰帝在第二次鸦片战争中也是坚决主张反抗侵略的，结果他挨了痛打，余痛未息，也不愿回銮北京，与驻京英、法公使握手言欢。

第二，战争一经结束，俄、法向奕䜣等提出愿意为中国"出兵助剿"，在这个问题上，奕䜣与肃顺、载垣等又产生了分歧，发生了争议，奕䜣倾向于借洋兵"助剿"，另一派则反对。

1861年8月下旬，咸丰帝奕詝病死热河行宫，遗命立其长子载淳为皇太子，以载垣、端华、肃顺等八人为赞襄政务大臣。不久载淳即位，以明年为祺祥元年。西太后（1835—1908）利用两派的矛盾斗争，拉拢洋务派奕䜣等，在英国等的支持下，11月下旬，她成功地发动宫廷政变，打倒了政敌载垣、端华、肃顺等，由两太后垂帘听政，以明年为同治元年，大致取义于母子同治天下。这次政变，发生在1861年，按照中国纪年的方法，这年为辛酉年，故称"辛酉政变"，或称"北京政变"。

西太后深知她之所以能回銮北京顺利发动宫廷政变，是同外国的支持分不开的。她专擅朝政后，在发布惩办载垣、肃顺等的谕旨中，厚颜无耻地讨好外国侵略者说："上年海疆不靖，总由在事王大臣等筹画乖方所致，载垣等复不能尽心议和……以致失信于各国，淀园被扰……嗣经总理各国事务衙门王大臣等将各国应办事宜妥为经理，都城内外，安谧如常。皇考屡召王大臣议回銮之旨，而载垣、端华、肃顺朋比为奸，总以外国情形反复，力排众论……实天下臣民所痛恨者也。"[①]在这里，西太后、奕䜣等人，信口雌黄，颠倒是非。他们在斥责第二次鸦片战争中的抵抗派，表彰洋务派头子奕䜣妥协退让有理，签订不平等条约有功；为英法联军抢光、烧光圆明园，侵占天津、北京开脱罪责，肯定英、法

---

① 同治朝《筹办夷务始末》（卷二），影印本，第9—10页。

侵略者诚信可靠。西太后认贼作父的无耻行径，果然得到外国侵略者的喝彩。英国驻华公使卜鲁斯兴高采烈地报告英国政府说："此次谕旨，在邀得普遍好感和舆论的支持上面却有这样的宣示，实是我们和中国有关系以来最为有利的文件。"[1]外国侵略者在上海的喉舌《北华捷报》直言不讳地说："我们不要忘记，在这个特别的关头，我们要比我们同中国发生联系的其他任何时期更有必要去支持帝国的现政府。"[2]这就意味着北京政变为中外反动势力勾结起来共同对付太平天国铺平了道路。

洋务派头领奕䜣既然在北京政变中为西太后上台立下如此大的"功劳"，所以西太后专擅朝政后，在权力再分配时，清政府中央重用奕䜣等，晋封奕䜣为议政王，由他掌握军机处与总理各国事务衙门。在地方上，则重用正在向洋务派转化的曾国藩。

早期洋务派的特点是恐洋媚外，对内坚决镇压太平天国，甚至不惜"引鬼入门"，"借夷兵助剿"，购买洋枪、洋炮来屠杀人民，而曾国藩正是这号人物。早在第一次鸦片战争时期，如前所说，曾国藩已认为清政府订立《中英江宁条约》，是"以大事小，乐天之道，孰不以为上策哉"。从1853年冬到1854年春，曾国藩在筹办湘军水师时，特别重视购买洋炮装备湘军水师；长沙整军后，湘军水师拥有洋炮千尊以上，曾国藩说："湘潭、岳州两次大胜，实赖洋炮之力。"[3]他正是依仗湘军水师控制湘江、长江的制水权，在1861年9月以前屡次打败太平军，取得湘潭战役、岳州争夺战，攻陷武昌、半壁山、田家镇、九江以至安庆战役胜利的。所以，曾国藩产生崇洋思想由来已久。当洋务派奕䜣与顽固派肃

---

[1] 严中平译：《1861年政变前后中英反革命的勾结》，载《历史教学》1952年4期。

[2] 马士著、张汇文译：《中华帝国对外关系史》（第二卷），三联书店1957年版，第68页。

[3] 曾国藩：《请催广东续解洋炮片》，载《曾文正公全集·奏稿》（卷一），第55页。

顺等在借洋兵"助剿"问题上发生争议时，把东南沿海的地方督抚都卷进了这场斗争。

关于"借夷兵助剿"的问题，1860年夏太平军东征苏常时，两江总督何桂清已陈奏于先。事实上，在《北京条约》订立之前，忠王李秀成率军进攻上海时，上海的英、法侵略军，以华尔为首的"洋枪队"早已协助清军抗击太平军对上海的进攻。所以，《北京条约》订立后，奕䜣提出"借俄、法兵助剿"时，咸丰帝命令东南沿海各省督抚妥议具奏。1860年12月19日，钦差大臣督办江南军务的两江总督曾国藩在《复陈洋人助剿及采米运津折》中说：我在12月7日接到军机大臣寄来11月23日"上谕"，《北京条约》订立后，法、俄两国使臣均先后向恭亲王奕䜣面称：愿派水师、陆师为我"助剿发逆"，又称美商等愿领价采办台米、洋米从海道运往天津，以"为天庚正供"，"着曾国藩、薛焕、王有龄酌量情形"，妥议具奏。就我所知，俄国与英国、法国一样，水师炮船犀利异常，"其请用兵船助剿发逆，自非别有诡谋"。惟"官军之单薄，在陆而不在水，金陵发逆之横行，亦在陆而不在水"。应请"传谕该夷酋，奖其效顺之忱，缓其会师之期"。至于法国愿出陆师"助剿"，"亦可奖而允之，许其来助，示以和好而无猜，缓其师期，明非有急而求救"。关于美商等愿意采米运津，"即可因而许之"。接着又说：自古"外夷"帮助中国，成功之后，每多意外要求，到时操纵失宜，反而别生嫌隙，"似不如先与纳定兵船若干只？雇价若干？每船夷兵若干？需月饷若干？军火一切军费若干"？一切议论明白，将来"助剿"时均由上海粮台支应，"庶可免竞争而杜衅端"。[①]他的意思很明白，原则上赞同"借夷兵助剿"，不过须在事前做好准备，与洋人一切议论明白，以免日后的纠葛。现在这些准备工作还没做好，"借夷兵助剿"的时机尚未成熟。曾国藩对朝廷内

---

① 曾国藩：《复陈洋人助剿及采米运津折》，载《曾文正公全集·奏稿》（卷十五），第7—10页。

部矛盾斗争的行情是熟悉的,他的奏折既以"奖而允之,示以和好而无猜"的说法,表达了自己的愿望,赞助了洋务派奕䜣"借夷兵助剿"的建议,又以"缓其师期"敷衍了朝中当权的载垣、肃顺等等。事后,湖北巡抚胡林翼对这个奏折大加赞赏,曾国藩复书胡林翼说:"承奖赞借夷兵助剿一疏,系左季翁捉刀为之,鄙人不办此也。至于大败之后,力不能拒,和好之初,情不宜拒,此则鄙见与季翁相同。此时以甘言德我,我乃峻辞拒之,异时以恶言加我,我反哀辞求之,不亦晚乎?似宜虚与委蛇,与之为婴儿,与之为无町畦,犹为少足自立之道。"[1]曾国藩这番议论,颇多阿Q精神胜利法的意味。江苏巡抚薛焕、浙江巡抚王有龄更是迫不及待地希望能及早实现"借夷兵助剿"的建议。曾国藩或薛焕等赞成"借夷兵助剿"的奏折,咸丰帝一概搁置不理,表明咸丰帝、肃顺等对英法联军"痛打"他们的余恨未消,疑惧未解。

奕䜣等在地方实力派湘军头领曾国藩等赞成"借洋兵助剿"的支持下,向肃顺等紧逼一步,1861年1月上旬,他向朝廷建议设立总理各国事务衙门,同时端出了全面的内政、外交方针。他在奏折中说:"自换约以后,该夷退回天津,纷纷南驶,而所请尚执条约为据,是该夷并不利我土地人民,犹可以信义笼络,驯服其性,自图振兴……臣等就今日之势论之,发、捻交乘,心腹之害也。俄国壤地相接,有蚕食上国之志,肘腋之忧也。英国志在通商,暴虐无人理,不为限制,则无以自立,肢体之患也。故灭发、捻为先,治俄次之,治英又次之。"[2]奕䜣在颠倒是非,英国侵吞香港、九龙司,怎能说英国"并不利我土地人民"?俄国侵吞了黑龙江以北、乌苏里江以东一百多万平方公里的中国领土,怎能说仅有"蚕食上国之志"?他明明是用出卖祖国领土主权的手段,暂时填满了外国侵略者的欲壑,却说:"犹可以信义笼络。"民族灾难如此深重,

---

[1] 曾国藩:《复胡宫保》,载《曾文正公全集·书札》(卷七),第33页。
[2] 曾国藩:《奕䜣桂良文祥奏统计全局酌拟章程六条呈览请议遵行折》,载咸丰朝《筹办夷务始末》(卷七十一),第2674—2675页。

他提出的内政、外交方针,却是"以灭发、捻为先,治俄次之,治英又次之"。这是典型的对内加紧镇压人民起义,对外妥协投降的"安内攘外"的施政方针。在这一方针的指导下,1861年7月上旬,奕䜣又提出购买外洋船炮以镇压太平军的建议。曾国藩在《复陈购买外洋船炮折》中说:第一,购买外洋船炮,是"安内攘外"之要着。第二,今日和议既成,中外贸易有无交通,购买外洋器物,尤属名正言顺。他在呼应奕䜣提出的"安内攘外"的外交方针。

1861年9月5日,曾国藩、胡林翼指挥湘、楚军攻陷安庆。11日,曾国藩从皖南祁门移驻安庆,由于奕䜣的倡导,出于军事斗争的需要,12月,他在安庆设立了安庆军械所,"分设谷米局及制造火药、子弹各局",又设"内军械所",修造洋枪、洋炮。①从安庆"内军械所"能够"制造火药、子弹",修造洋枪、洋炮看,大致曾国藩已从外国进口了简单的近代工业机器。

曾国藩赞成购买洋枪、洋炮,设立安庆军械所,赞成"借夷兵助剿",从这些方面考察,他已经转化为洋务派了,难怪西太后、奕䜣在"北京政变"后,在权力再分配时,地方督抚中曾国藩得到的权力最大,命令他节制苏、浙、皖、赣四省军事。

二、曾国藩节制四省军事,逃沪苏、常士绅"安庆乞师"

1861年11月11日,同治帝载淳行登极礼,20日,清政府命钦差大臣督办江南军务的两江总督曾国藩节制苏、浙、皖、赣四省军事,所有四省巡抚、提镇以下各官悉归节制,并命太常寺卿左宗棠速赴浙江"剿办",该省提镇以下各官均归调遣。曾国藩、左宗棠是肃顺一手重用提拔

---

① 黎庶昌:《曾文正公年谱》,载《曾文正公全集·年谱》(卷七),第20页。

起来的，为什么西太后擅权后，竟进一步重用起她的政敌肃顺所重用的曾国藩呢？这是值得深入探讨的问题。

首先，曾国藩在第二次鸦片战争的和战问题与"借夷兵助剿"等问题上，他的观点基本上与奕䜣相吻合。1860年8月下旬，英法联军攻陷大沽炮台前后，他写信给胡林翼说："惠缄敬悉，天津之事决裂至此，惊心动魄，可为痛哭。"① "可为痛哭"，哭什么？从他的"决裂至此，惊心动魄"的行文用词上，表明他在为朝廷当权派没有及早向英、法妥协投降，没有处理好中英、中法关系，消弭战端而哭。这段文字，与"北京政变"后西太后发布惩办载垣、肃顺等的谕旨，有异曲同工之处。第二次鸦片战争的第二阶段，原拟抽调湘军鲍超部霆军北上"勤王"，后来，曾国藩准备北上督师"勤王"。还没有北上之前，曾国藩得到《北京条约》订立的消息后，他写信给胡林翼说："钞示密寄，知款议已成，此间亦奉到寄谕，言抚议就绪，鲍军可不北行，初六日请派人入卫之疏，殆不准行。""吾辈得以一意筹议南事，岂非至幸。"② 这就反映了他认为发、捻乃"心腹之患"，外国侵略者是肢体之患的观点。他恐洋媚外的思想，早已与奕䜣心心相印。英法联军陆续撤出北京时，曾国藩致书江西巡抚毓科说：近来接到湖北巡抚胡林翼转来京信一件，欣悉京城尚属安稳，夷氛已退，圣驾不日可还，不胜欣慰。在思想上，他是主张咸丰帝及早回銮的。只是朝廷在这个问题上不征求他的意见，他落得站在政治斗争的圈子外面。在"借夷兵助剿"的问题上，如前所说，他复奏时尽管对肃顺、奕䜣敷衍得两面光，不过明眼人一看便知这个奏折立论的基调是赞成"借夷兵助剿"的。奕䜣在与肃顺他们斗争时，孤立无援，处境狼狈，能得到地方督抚实力派曾国藩的支持，当然要引曾国藩为知己了。这是西太后擅权后不到二十天，便命令曾国藩节制四省军事的重要

---

① 曾国藩：《复胡宫保》，载《曾文正公全集·书札》（卷七），第4—5页。
② 曾国藩：《复胡宫保》，载《曾文正公全集·书札》（卷七），第19—20页。

原因之一。

第二，既往清政府中的当权派祁寯藻、彭蕴章等未尝不知道八旗、绿营兵在镇压农民起义的过程中，或是一触即溃，或是不战而溃，不过他们认为八旗、绿营兵毕竟是经制之兵，至少在政治上比由湘勇组成的湘军可靠，反对把军政大权交给湘军头领曾国藩，甚至一度把曾国藩削除兵权，把镇压太平天国、攻陷天京的希望寄托在由绿营兵组成的江南大营身上。1860年夏，李秀成二破江南大营，攻取苏南，"收拾金瓯一片"，和春、张国梁先后败死。事实证明，他们把镇压太平天国的希望寄托到绿营兵身上，完全落空了。第二次鸦片战争中，僧格林沁、胜保的部队已经败不成军，只有湘军先后攻陷武昌、九江，甚至攻陷了太平军占领八年之久的安庆，兵锋指向天京，对进犯太平天国进行了全面军事部署，使西太后、奕䜣不能不进一步重用钦差大臣督办江南军务的两江总督曾国藩。更何况曾国藩正在向洋务派转化，奕䜣早已把曾国藩引为知己了呢！

第三，英国侵略者的推荐，有力地推动了西太后、奕䜣迅速将镇压太平天国的军政大权，全部托付给曾国藩的决策。1861年春，英国海军提督何伯率领英国兵舰沿长江西上·"考察"，直到武汉，英国参赞巴夏礼随行，沿途访问了天京，开辟了汉口为通商口岸，与湘、楚军有所接触。他们发现曾国藩所统率的湘军的战斗力，远非八旗、绿营兵所能比拟，要想把太平天国迅速镇压下去，非湘军莫属。1861年5月，巴夏礼前往北京，向总理衙门大臣奕䜣等"历言贼情断无成事之理，而官文、曾国藩、胡林翼等水陆各军，纪律严明，望而生畏。惟饷项不足，船炮不甚坚利，恐难灭贼"。① 言下之意，他们愿意扶植曾国藩部湘军，清政府应该重用曾国藩、胡林翼。这也与北京政变后不到二十天，清政府即

---

① 《奕䜣桂良文祥奏请购外国船炮以期早平内患折》，载咸丰朝《筹办夷务始末》（卷七十九），第2914页。

命令曾国藩节制四省军事有着密切的内在联系。

1861年12月6日,曾国藩接到清政府命他统辖四省军事的命令。他饱历宦海风波与人情的冷暖,知道"树大招风""功高震主"。他弄不清西太后、奕䜣等为什么这样重用他。再说,汉大臣掌握这样大的军政大权,在清朝历史上是罕见的,特别在三藩之役后更是如此。所以,他在接到朝命后,既兴奋,又惶恐,立即上奏恳辞节制四省军事的重任。他奏陈说:浙江军事我"必与左宗棠竭诚合谋,不敢稍有畛域"。我现在总督两江,辖及三省,官位已高,权力已大,责任綦重,且"用兵之道,贵得人和,而不尚权势,贵求实际,而勿争虚名",请收回节制四省军事的成命,"在微臣亦得稍安愚昧之分"。1862年2月8日,再次上《钦奉恩谕再辞节制四省折》,奏称:浙江军事,我决不敢稍存推诿之心,"所以不愿节制四省,再三渎陈者,实因大乱未平,用兵至十余省之多。诸道出师,将帅联翩,臣一人权位太重,恐开斯世争权兢世之风,兼防他日外重内轻之渐,机括甚微,关系重大。区区愚忱,仰祈圣明鉴纳"。这个奏折,一方面反映了他死心塌地的忠君思想;另一方面又透露了他邀恩固宠的手段高明。这番议论,果然得到了西太后等的赞赏,1862年11月,晋升曾国藩为协办大学士。

清政府任命曾国藩节制四省军事时,李秀成、李世贤正以锐不可当之势用兵浙江,太平军将奄有浙江是不可避免的了。太平天国将以苏、浙为腹地抗击清军,也在清政府的意料之中。闽浙总督庆端老耄昏庸,所部兵力薄弱,株守福建,尚难自保,哪有余力兼顾浙江?如果不将浙江军事划归曾国藩节制,左宗棠必须事事请示庆端,山路崎岖,往返不易,势必贻误戎机。现在将浙江划归曾国藩节制,左宗棠本来随同曾国藩帮办军务,同属湘军系统,曾、左能把苏、浙军事作全局一盘棋的谋划、部署,指挥灵捷。

曾国藩奉命节制四省军事不到两个月,1861年12月底,李秀成攻克杭州,太平军基本上完成了开辟浙江省新根据地的战略任务。曾国藩面对新的军事形势，为了把太平天国镇压下去，他首先从调整苏、浙、皖、赣人事入手，1861年1月17日，清政府接受曾国藩的推荐，任命准湘系人物沈葆桢为江西巡抚。早在1861年2月15日，曾国藩已推荐李续宜为安徽巡抚。1862年1月23日，清政府以湘系大将左宗棠为浙江巡抚。1862年4月25日，清政府任命李鸿章为江苏巡抚。四省的这一人事布局有如下特点：

第一，四省巡抚多是湘系人物，具有比较丰富的政治、军事经验。因为他们与曾国藩的关系比较密切，曾国藩对他们指挥颇为方便。

第二，左宗棠、李续宜是率领湘军主力的大将，作战凶悍。

第三，四省巡抚都是曾国藩推荐的，在他看来，无论公义私情，他们都能服从他的命令，向太平天国的苏、浙根据地进攻时，能收如身之使臂，臂之使指的效果，各路攻势可以桴鼓相应，足以使各路太平军自顾不暇，难以互相救应。

西太后、奕䜣等命令曾国藩节制四省军事，自是胜招，不仅加强了对付太平天国的军事部署，并且直接巩固了宫廷政变后垂帘听政的统治。曾国藩经过西太后几次安抚后，对西太后感激涕零，他在家书中说："自新主继序以来，八、九两月，英夷退出广东省城，楚军克复安庆省城，又江西、湖北两省肃清，气象颇好，闻大行皇帝梓宫于九月二十三日（1861年10月26日——引者）奉移进京，新主于十月初九日登极。从此否去泰来，寰宇乂安，则中外臣民之福也。"①前半段在为奕䜣办理外交唱赞歌，后半段在讴歌血腥的宫廷政变。他是善于随风使舵的。1862年1月，他致书曾国荃说："京师十月以来，新政大有更张。皇太后垂帘听政……中外悚肃。余……连接廷寄谕旨十四件，倚畀太重，权位太尊，虚望太隆，可悚可畏。"②他既能对腐朽的清朝竭尽忠心，又懂得

---

① 曾国藩：《致澄弟》，载《曾国藩全集·家书一》，第790—791页。
② 曾国藩：《致澄弟沅弟》，载《曾国藩全集·家书一》，第799—800页。

持盈保泰、明哲保身。所以，封建文人等吹捧他，不是偶然的。

这时，他的眼光注视到了上海。1861年11月中旬，他致书在湘乡原籍补募湘勇的曾国荃说："江苏上海来此请兵之钱调甫（钱鼎铭，字调甫，太仓人——引者），即前任湘抚钱伯瑜（钱宝琛，字伯瑜——引者）中丞之少君也，久住不去，每次涕泣哀求，大约不得大兵同行，即不还乡，可感可敬。"我担任两江总督以来，已经两年，朝廷责我恢复苏、常，但是迄今尚无一兵一卒进入江苏，上负朝廷之托付，下负吴民之厚望，寸心难安。上海是富庶之区，我决心命你带兵前往上海，作为恢复苏、常之根本，希望你迅速在湘将兵员缺额，招募齐全，交杏南表弟带来，你自己应尽先扁舟回皖，共商进兵大计。①

苏南地区的封建剥削非常残酷，土地高度集中，封建势力特别强大，太平军攻克苏南，常州、苏州、太仓等地大地主大多逃亡上海，成为上海滩上一股强大的势力，钱鼎铭就是这股势力的代表人物之一。

苏南无锡县以东的地区，普遍盛行永佃制。租田有田底、田面之别。田面权是使用权，田底权是产权。地主购进土地后，佃农租种他的土地，须先出田价的4/10购进田面权——使用权。田面权可以传之子孙，故名永佃制。佃农购进田面后，每亩每年须交纳租米一石左右，有的甚至须交纳至一石四五斗。如果欠租太多，地主即以田面价抵偿租额，如欠租多至与田面价相等时，地主即撤去佃农的田面权。②所以，苏、松地区的租额之重甲天下。

残酷的封建剥削，使土地高度集中，而且占有大量土地的大多是大官僚。咸丰（1851—1861）初年大学士潘世恩的长子潘曾沂，为了筹建丰豫义庄，一次捐田二十五顷③。潘世恩有子女十人，拥有的土地量到达

---

① 曾国藩：《致澄弟沅弟》，载《曾国藩全集·家书一》，第796—798页。
② 陶煦：《租核》，光绪刊本，第1—4页。
③ 冯桂芬：《功甫潘先生暨严宜人合葬墓志铭》，《显志堂稿》（卷八），光绪二年校邠庐版，第10页。

了惊人的程度。进士潘遵祁先后捐田二十顷,筹建义庄和丰备仓[1]。吴县探花冯桂芬有田十顷。道员汪堃仅在长洲县即拥有土地四十顷[2]。其他如吴江侍郎殷兆镛、常熟大学士翁心存等,无不田连阡陌。农村中也有大地主,如长洲县徐佩瑗(字少蘧)家族,拥有土地六七千亩[3]。大官僚兼大地主构成了苏州地区地主经济特色。他们交通督抚,力过吏势,势力强大。太平军未来苏州之前,苏州地区农民有"奚为我后"之叹。1860年6月,太平军攻克苏州,农民闻风而动,纷纷响应,大学士潘世恩的儿子潘曾玮、探花冯桂芬、曾任湖南巡抚的太仓钱宝琛的儿子钱鼎铭、常州大族周腾虎等都逃到了上海。他们日夜盼望江苏巡抚薛焕能及早收复苏南。但是,薛焕拙于军事,在上海拥兵五六万,自保不暇。逃沪苏州士绅冯桂芬、潘曾玮等对薛焕大为不满,把及早反攻苏州的希望,寄托到了攻陷安庆的两江总督曾国藩身上。

长洲县东永昌大地主徐佩瑗,伙同他的兄弟佩瓀、佩璋等,早在太平军于1853年攻取金陵时,就已经在东永昌附近强迫农民组织团练。太平军占领苏州,苏州城区有些地主士绅逃避到东永昌,如进士陈倬即成为徐佩瑗的谋主,团练势力更加强大。后来,太平军坚决镇压农村中的团练武装,徐佩瑗眼看四周团练被歼,势孤难存,遂假意投诚太平天国,窃取了抚天豫的封号,暗中则与江苏巡抚衙门往还不绝,互通声气,奉命腐蚀、拉拢太平军将领,组织叛变集团,屡次阴谋暴动,袭陷苏州。[4]

费秀元,又名玉成,元和县周庄镇(今属昆山市)人,是一个素具恶名的枪匪头子。太平军攻占苏州后,苏州士绅、官僚韩崇、吴大澂,江南团练帮办大臣吴江杨庆麟等蚁聚周庄,与费秀元打成一片,使枪匪

---

[1] 潘遵祁:《潘君家传》,《西圃集》,第1—4页。
[2] 汪堃:《蠡湖异响序》,载《寄蜗残赘》(卷十四),不惧无闷斋版,第10页。
[3] 沈守之《借巢笔记》吴中文献小丛书之十八,第22—23页。
[4] 董蔡时:《太平天国在苏州》(第六章第二节),江苏人民出版社1981年版。

变成团练，与江苏巡抚薛焕、督办江南团练大臣庞钟璐挂钩，打起了团练招牌。后来因周围团练被太平军次第歼灭，费秀元感到"枝叶翦除，势孤难支"，遂假意投诚太平天国，窃取了镇天豫的封号。①

华翼纶，字笛秋，原江西革职知县。太平军进攻苏、常时，他在家乡金匮县（当时无锡分为无锡、金匮二县——引者）的荡口镇组织团练，设立团练局，后来也假意归顺太平天国，暗中继续扩充团练。1861年，华翼纶出走上海，惟荡口团练局依然存在，与徐佩瑗勾串一气。②这些团练、枪匪也不满于薛焕未能及早反攻苏州。因此，1861年湘军攻陷安庆后，麇集上海的苏、常逃亡地主士绅冯桂芬、潘曾玮、钱鼎铭、华翼纶等倡议"安庆乞师"，1861年11月中旬，钱鼎铭、徐佩瑗的代表张瑛、华翼纶等联袂西上安庆，敦请曾国藩分兵出师上海，钱鼎铭带了冯桂芬写的《公启曾协揆》，文中强调曾国藩应及早出兵上海，并向曾国藩指陈苏、沪一带的形势说：目前吴中情况，"有可乘之机而不能持久者三，有仅完之地而不能持久者三"。所谓"有可乘之机而不能持久者三"，是指：

现今长洲县东永昌徐佩瑗拥有水陆团练纵横三十里，附近乡团一呼四应，不下数万名。徐佩瑗与上海官府一气，"大军一至，必可为些许之助"，迟则难以久存，"此不能持久者一"。

枪匪头目费秀元、孙四喜③，"亦实受中丞密檄"，"委心于我，大军一至，必可为向导之助"，久后必且生变，"此不能持久者二"。

太平军将领送款中丞者不少，李绍熙至以母子为质④，"大军一至，或可为倒戈之助，迟之又久，亦必中变。更易贼将，益发牢固，不可收拾"，"此不能持久者三"。

---

① 陶煦：《贞丰里庚申见闻录》（卷上），光绪七年版，第1—7页。
② 华翼纶：《锡金团练始末记》，载《太平天国资料》，第123—124页。
③ 孙四喜：或名少裹，又名孙金彪，吴江县盛泽镇枪匪头目。
④ 吴云：《复李某》，载《两罍轩尺牍》（卷十二），光绪版，第39—40页。

所谓"有仅完之地而不能持久者三",是指:

镇江冯子材军欠饷巨万,危守孤城,兵心已摇,有溃败之虞,"此不能持久者一"。

兵单饷匮之杭州、湖州,四面受敌,"终于溃散决裂而后已","此不能持久者二"。

上海是饷源重地,然溃兵残卒,兵多而不敢战,疲软无能,一旦"逆匪"大至,难以久守,"此不能持久者三"。①

总之,冯桂芬在劝说曾国藩应利用"可乘之机""仅完之地",及时出兵上海。

三、曾国藩湘系与上海士绅、买办的合流,中外会防局的成立

攻陷安庆后,曾国藩踌躇满志,本来想以曾国荃率领湘军,进迫天京;以李鸿章募集淮勇,组织淮军,进驻镇江,侧击天京,援应曾国荃部湘军;曾国藩自己亲率鲍超、张运兰等部从皖南楔入高淳,进窥苏、常;以左宗棠部湘军扑犯浙江。1861年12月29日,李秀成指挥太平军攻克浙江省城杭州,旋即完成了开辟浙江省根据地的战略任务。太平天国占有浙江全省的军事胜利,完全出乎曾国藩意料,他惊呼:"现在浙、苏两省膏腴之地,尽为贼有,窟穴已成,根柢已固。贼数号称五十万,溃勇乱民,裹胁日多。既得逞志于浙,势必上窜皖南,内犯江西,以扰我后路,而分我兵力。东南大局,收拾愈难。"②李秀成开辟浙江根据地的军事胜利,打乱了曾国藩的既定军事部署,他说:李秀成占有浙江,形

---

① 冯桂芬:《公启曾协揆》,载《显志堂稿》(卷五),第3—6页。
② 曾国藩:《浙省失守徽郡被围通筹全局折》,载《曾文正公全集·奏稿》(卷十七),第41—42页。

势不变。李鸿章去镇江,一面临江,三面皆敌,孤军深入,即使能支撑镇江,惟不足言战守攻取。曾国荃督军进逼天京,离开镇江二百里左右,互相隔绝,当此"贼"势浩大之际,非兵家所取。他决定调整军事部署:

第一,坚守徽州、衢州、广信,使成掎角之势,防止太平军从浙江闯进江西。以左宗棠负责广信、衢州一路,徐图反攻入浙。以鲍超、张运兰等部负责徽州等地防务,切实控制皖南。

第二,以曾国荃部进犯巢县、和州等县,沿江东进,切实占据安徽沿江各县,然后进薄金陵。

第三,太平天国苏、浙连成一片,若湘军从江西打入浙江、曾国荃进迫金陵、李鸿章进驻镇江,而太平军腹地宽广,两军相争,难操胜算。湘军唯有从苏、浙腰胁插上一刀,即用兵上海,方为上策。曾国藩虽然有这种盘算,但他认为"上海僻处东隅,论筹饷为要区,论用兵则为绝地,假使无洋人相助,发匪以长围裹我,官兵若少而弱,则转瞬又成坐困之势,若多而强,则不宜置此无用武之地"[①]。他认为出兵上海,关键是有无洋人相助,这涉及"借夷兵助剿"的问题。

曾国藩针对太平军奄有苏、浙,声势大振的新形势,在是否进兵上海的问题上犹豫不决时,上海滩上的逃沪苏、常士绅一片鼓噪,竭力制造"借夷兵助剿"的舆论,为曾国藩分兵东下上海搭桥铺路。首先是逃沪苏、常士绅的班头冯桂芬,炮制了《借兵俄法议》《善驭夷议》等文章。

冯桂芬(1809—1874),字林一,号敬亭,或作景亭,江苏吴县人。1840年考中进士,曾任编修等职。太平军攻克金陵,他回籍办理团练。1860年秋,从苏州逃亡上海,继续与太平军为敌。《北京条约》签订后,

---

① 曾国藩:《遵旨通筹全局折》,载《曾文正公全集·奏稿》(卷十八),第29页。

奕䜣提出"借俄法兵助剿",上海有识之士纷纷反对。冯桂芬在沪上却连续写了《借兵俄法议》与《善驭夷议》等文章,企图制造借兵舆论。在《善驭夷议》中说:"今国家以夷务为第一要政,而剿贼次之,何也?贼可灭,夷不可灭也。一夷灭,百夷不俱灭也……一夷为一夷所灭,一夷弥强,不如不灭也。此夷弱,彼夷盛,夷务仍自若,然则驭夷之道可不讲乎?"这是说"夷"总是强大的,是推不倒、打不垮的。因此,在中国不应讲抗"夷"之术,而应讲"驭夷之道"。在《善驭夷议》中,提到太平军必用"剿"字、"灭"字,提到外国侵略者必用"驭"字,充分说明了他对太平军和对"夷"的态度。在《善驭夷议》中,第一个论点是"夷必驭","贼必剿";第二个论点是"诸夷"与我国既已议和,"宜一于和,坦然以至诚待之"。①这和西太后惩办载垣、肃顺的谕示如出一辙。冯桂芬衡量了国内外形势,把"夷情""贼势"两相比较,他认为"剿贼"的关键在于"借夷兵助剿"。所以,他又写了《借兵俄法议》,可见他强调"夷必驭",是为了"借夷兵助剿"开路。他在《借兵俄法议》中提出的观点,具体包括以下数端:

第一,他批评反对借俄、法兵"助剿"的有识之士是"不识夷情",不顾大局。他说要知道"夷"之乐于"助剿","非有它也,贴饷必以百万计,利在官;逆贼积年劫掠,可攘而有之,利在兵;上年贸易十减三四,事平可复其旧,利在商;且中华为百国之望,事成又可夸远以为荣,如此而已"。总之,昨天还在洗劫、火烧圆明园,强迫中国订立割地、通商、赔款的英、法强盗,总比中国造反的百姓要好,应该"坦诚"相待,引为知己。为了挽救清朝的垂危统治,应该请"夷兵"到中国"助剿"。

第二,有人反对冯桂芬说:借俄、法兵"助剿",无异"引鬼入

---

① 冯桂芬:《善驭夷议》,载《校邠庐抗议》(卷下),光绪戊戌版,第40—42页。

门"。冯桂芬被驳斥得气急败坏、语无伦次，竟说"鬼能自入门，何待引"？"鬼又已入门，何必引"？如果害怕需索不已，不借兵"庸能免乎"？

第三，他说今日国家形势危急，太平天国"久踞金陵"，占有苏、浙，肃清无日。"东南财赋重地，神京兵食之本……将弃之如遗哉"。借俄、法兵"助剿""固非常道"，不失为权宜之策，且有二便，"可克期蒇事，一也。饷需先许后偿，虽多不害"。以收复之地的岁入抵饷需，"有益无损，二也"。①可见在《善驭夷议》中说的"今国家以夷务为第一要政，而剿贼次之"，其真义是朝廷当局应以办好妥协外交为第一要政，才能借助"夷兵"以"灭贼"。

1861年底太平军攻占杭州后，兵锋转向上海，"借夷助剿"的鼓噪声一浪高过一浪。常州逃沪士绅、曾国藩派在上海的耳目周腾虎甚至叫嚷："至上海一隅，又赖其保持之力，以至于今，故东南士君子至黎庶，无不颂其惠，慑其威，心悦诚服，共忘仇耻。"为今之计，"惟有坦然示以大公……勉之以辅助我国家……为我驱除蟊贼"。②在一片"借夷兵助剿"声中，中外会防局成立起来了。

1862年1月，忠王李秀成奉命自杭州挥师北上，进击上海，发布《谆谕》：

兹因东南舆图附近归我版籍，而惟有尚□□□□□逼处，此乃我必收之地，而□□苏、浙之屏藩，故特分师五路，水陆并进，而进攻尚海、松江，恐尔人民惊恐……为是特颁谆谕，先行令人前来张贴。仰尔尚海、松江一带人民兵勇知悉。尔等试看我师一路而来，抚恤各处投诚之人，着即放胆，亦照该等

---

① 冯桂芬：《借兵俄法议》，载《显志堂稿》（卷十），第16—17页。
② 周腾虎：《餐芍华馆杂著》（卷二），光绪版，第17页。

急早就之如日月，归之如流水，自当于纯良之百姓加意抚安，其于归降之兵勇留营效用。至于在尚海贸易之洋商，去岁□□□□成约，各宜自爱，两不相扰。自谕之后倘不遵我王化，而转助逆为恶，相与我师抗敌，则是飞蛾扑火，自取灭亡，无怪本藩师到而大肆杀戮之威，有伤天地之和也。其宜凛遵毋违！□□。

太平天国辛酉十一年十一月二十八日①

1860年李秀成曾督兵进攻上海，遭到英、法侵略者的突然袭击，后来，因急于西进湖北、江西，不得不从上海撤兵。吃一堑，长一智，这次进攻上海，汲取了一打上海的经验教训，严厉警告在沪洋人不得"助逆为恶"，切勿"自取灭亡"。这一《谆谕》，理直气壮，义正词严，充满了爱国精神，显示了民族尊严，表示了太平军将领官兵的无畏气概，与西太后、奕䜣、曾国藩、冯桂芬之流对外国侵略者的阿谀谄媚，形成了尖锐而鲜明的对照。太平军全体将士，正是抱着武松打虎那种"有我无虎"的精神进击上海的。

上海的外国侵略者和麇集上海的买办、逃亡官绅等，面对太平军的凌厉攻势，惊慌万分。1862年1月3日，上海"纳税人"举行会议，筹商防卫策略，推选浩格、韦伯、斯密士等人组成一个委员会。后来，逃沪苏州士绅刑部郎中潘曾玮、主持薛焕营务处的原苏州知府吴云、候补知州应宝时、丁忧湖北盐法道顾文彬等也参加了这个委员会，取名中外会防局。潘曾玮、冯桂芬等提出华、洋兵《会防章程若干条》，主要是：

防上海以固根本。

---

① 《忠王李秀成告上海松江人民清朝兵勇及外国侵略者谆谕》，载《太平天国文书汇编》，第155—156页。又太平天国辛酉十一年十一月二十八日为公历1862年1月7日。

乘空虚以取苏州。

会曾兵以攻南京。

酌兵数以定饷需。

留寇资以犒兵勇。

设公所以便会议。

中外军务既相联络，所有应商应办事宜，难以日计，必须在洋泾浜设一公所，酌派清正官绅数员，逐日与贵国办事之人商议集饷、调兵、设探报、备供应诸务，有应贵国照会抚、藩署者，有应抚、藩署照会贵国者，均由公所派定官绅及贵国派办军务之人承办。[①]

从这个《章程》看，中外会防局是上海清军与外国侵略军协同作战抗拒太平军的联络、参谋、情报、后勤等方面的中间机构，主要由中国方面的官僚、买办、逃沪苏南士绅等主持实际工作。中外会防局在冯桂芬等一片"借夷兵助剿"的叫嚷声中成立了，但尚须江苏巡抚薛焕上奏请求清政府的批准。对借兵"助剿"，本来是薛焕求之不得的，不过他发现苏州士绅派钱鼎铭等西上"安庆乞师"，敦促曾国藩分兵东下上海，意味着对他的不满，要撵他下台，因此，对请求批准中外会防局一事态度消极。随着太平军对上海的攻势日趋猛烈，绝非外军或清军任何一方所能抵御，英国参赞巴夏礼向江苏藩司吴煦表示愿意出兵"助剿"。上海滩上的买办、士绅等兴头十足，冯桂芬纠合潘曾玮、侍郎殷兆镛等，联合向薛焕施加压力，催促他上奏借英、法兵"助剿"，同时敦请清政府及时批准已经成立的中外会防局。1862年2月下旬，薛焕以苏、浙士绅要求"借夷兵助剿"的名义上《代江浙绅士奏请借师助剿折》[②]。潘曾玮赶往

---

① 赵烈文：《上海会防局资料及其它》，载《太平天国史料丛编简辑》（第六册），第167—169页。

②《吴煦档案选编》（第一辑），第64—65页。

北京，利用其父已故大学士潘世恩的旧关系，游说总理各国事务衙门，催促及早批准中外会防局的成立。巴夏礼也到总理各国事务衙门为此推波助澜。中外会防局的成立，完全体现了奕䜣、曾国藩"借夷兵助剿"的愿望。1862年2月，清政府批准了中外会防局的成立。这就为曾国藩解决了出兵上海，必须由洋兵相助，才能保住这片"论筹饷为要区"的饷源基地的难题。可以毫不夸张地说，在中外反动势力合流，共同镇压太平天国的过程中，苏、常逃沪士绅是起了穿针引线、搭桥铺路的作用的。一切条件成熟了，4月，曾国藩派李鸿章率领淮军数千，从安庆东下上海，这标志着曾国藩湘系与东南买办、士绅的合流。在上海买办、士绅的撮合下，曾国藩指示李鸿章与英法方面达成了具体的合作，组成了由李鸿章指挥的中外联合武装。

四、曾国藩命李鸿章招募淮勇，淮军的出现

在中国近代史上，李鸿章是一个极为重要的政治人物，他手中掌握着淮军与中国的近代军事工业，从1870年开始担任直隶总督兼北洋通商大臣，先后二十五年，官至大学士，是清政府中的重要决策人物，隐操清政府中的军事、政治、外交大权，中国对外的不平等条约如1876年的《中英烟台条约》、1895年的《中日马关条约》和1901年的《辛丑和约》等，都是由他谈判或签订的，而创建淮军，则是他起家的开始。

李鸿章（1823—1901），安徽合肥东乡大兴集人，字少荃。父文安，字愚荃，与曾国藩同年进士，官刑部郎中。1845年李鸿章入京会试，受业于曾国藩，讲求义理之学，颇受器重。1847年考中进士，授编修。吕贤基，字羲音，号鹤田，安徽旌德人，官工部侍郎。1853年2月，太平军自武昌沿江顺流东下，吕贤基奉命回皖会同巡抚办理军务，奏调李鸿章襄办军事。3月，李鸿章随同吕贤基离京回皖。5月，李鸿章奉命协办

团练。①

1853年冬，太平天国西征军以石祥贞等部屯驻黄州，钳制武汉清军，以护国侯胡以晃、检点曾天养等率西征军主力进击庐州。11月14日，胡以晃等部攻克桐城。李鸿章率领团练数百，从吕贤基守舒城。29日，西征军攻占舒城，督办安徽团练工部侍郎吕贤基兵败自杀，李鸿章踉跄逃窜庐州，协助巡抚江忠源办理防守事宜。1854年1月14日，太平军一举攻取庐州，李鸿章败退农村，随父李文安继续办团，勒索乡里，"乡人为之揭贴云：'翰林变作绿林'"②。

1854年1月22日，福济奉命出任安徽巡抚。福济，李鸿章之"座主"也，李鸿章父子遂归福济节制。之后，福济与江南提督和春等集中兵力，百计反扑庐州。李鸿章联络庐州城中的士绅纠集内应，1855年11月10日打开城门，清军乘机攻陷庐州，李鸿章论功"奉旨交军机处记名以道府用"。翌年，以攻陷无为、巢县等地，赏加按察使衔。

李鸿章"病官军之退避也，力请大举一战，是时郑军门魁士为总统，谓贼强如此，君既欲战，如何保其必胜，愿书军令状否？傅相毅然书之。官军与贼战而大败，贼漫山遍野而来，合肥诸乡寨皆被蹂躏，傅相所居寨亦不守"③。1857年10月，福济命李鸿章回籍补行守制。李鸿章发现自己在安徽落落寡合，无所作为，企图另谋出路。他随福济办理团练，一贯与太平军为敌，取得了一些战胜太平军的经验以及被太平军打败的惨痛教训。他骄傲自负，"几不能自立于乡里"。李鸿章的胞兄李瀚章（？—1888），字筱泉，长期追随曾国藩办理粮台事务，1859年在江西为道员。1859年1月，李鸿章走谒曾国藩于江西建昌，留为幕客，"初掌书记，继司批稿。数月后，文正谓之曰：'少荃天资于公牍最相近，所

---

① 窦宗一：《李鸿章年（日）谱》，文海出版社，第4776页。
② 刘体仁：《异辞录》，第9页。
③ 薛福成：《李傅相入曾文正公幕府》，载《庸庵笔记》（卷一），光绪丁酉版，第18—21页。

拟奏、咨、函、批，皆有大过人处。将来建树非凡，或竟青出于蓝，亦未可知'"。李鸿章说："从前历佐诸帅，茫无指归，至此如识南针，获益匪浅。"①他们两人，可算气味相投了。旋实授福建延邵建道，"留幕，不之任"②。

1860年，李元度兵败徽州，曾国藩欲参劾李元度，李鸿章"率一幕人往争"，不遂，乃辞职移居江西数月。1861年秋重入曾国藩幕府，曾对李"礼貌有加于前，军国要务皆与筹商"。③

1861年11月20日，钦差大臣督办江南军务两江总督曾国藩奉命节制苏、浙、皖、赣四省军事，以左宗棠负责浙江军事，准备以曾国荃统率湘军陆师，辅以湘军水师进犯天京，以李鸿章领兵进驻镇江，与曾国荃军遥为呼应，但李鸿章手中无兵，对此，曾国藩犹豫不决。11月下旬，曾国藩与李鸿章商决，由李鸿章募集淮勇，组建新军。曾国藩从来不肯以兵权轻托于人，湘军的派系门户之见甚深，怎么会在湘军中成立一支淮军？这是一个值得深入探索的问题，推其原因，有下列数端：

第一，大量招募湖南勇丁另组新军，存在着具体困难。从1854年湘军出省作战以来，弁勇死亡相继。例如，太平军三河大捷，全歼李续宾以下湘军四千余名，续克桐城，歼灭湘军一千余名，以至湘乡县"处处招魂，家家怨别"。再如，鲍超部湘军攻陷赤冈岭营垒，死伤亦三千余名。④长期以来，湘军不断回湘募勇，补充伤亡，湖南人力消耗甚多。此外，刘长佑部楚军、王鑫部老湘营、萧启江部湘军、左宗棠系老湘军等，也都是招募湖南勇丁组成，长期作战，死伤甚众，补充甚多，湖南省的兵源逐渐枯竭。1860年下半年，曾国藩致书原湖南巡抚骆秉章说："湘中弁勇，朝取夕取，网罗殆尽，不特将领难得，即招募精壮勇丁，亦

---

① ③ 薛福成：《李傅相入曾文正公幕府》，载《庸庵笔记》（卷一），第19—22页。
② 李书春：《李文忠公年谱》，咸丰九年，文海出版社。
④ 曾国藩：《复李少荃》，载《曾文正公全集·书札》（卷八），第31页。

觉难以集事。"①1861年，曾国藩又致书新任湖南巡抚毛鸿宾说："敝乡近年以来，兵勇遍布数省，颇有人材渊薮之称，实则崖收谷催，楚材晋用，而故山反为之一空，倘有大股阑入，殊恐无以应敌。"②更何况安庆战役后，湘、楚军伤亡重大，尚须派员回湘搜罗炮灰。以湖南的兵勇情况而论，不宜、也不可能招募大量湘勇另组新军。

第二，曾国藩认为李鸿章是他的可靠得意门生，1860年参劾李元度一事，连胡林翼、曾国荃都认为曾国藩做得忒嫌过分，而李鸿章敢于力争，是有胆有识，是对他的一片忠心。李鸿章离开祁门大营后，凭他的才学、资历，到处可以谋得一官半职，他却在江西闲居近年，说明他留恋曾国藩。

第三，李鸿章曾受业于曾国藩，两人之间有师生之谊。李鸿章的父亲李文安是曾国藩的同科进士，李鸿章又是他的年侄。这种关系，足以保证李鸿章能够效忠于他。曾国藩更欣赏李鸿章的理学修养、文字功夫与才干。

第四，曾国藩发现湘军暮气日深。他认为打下太平军后，尚须血腥镇压驰骋中原的捻军，淮勇生长北方，"刚劲"狠斗，风土亦宜，筹组淮军，足以代替湘军"为中原平寇之用"。

基于以上这些原因，他筹思再三，决定打破湘系的框框，命令李鸿章募集淮勇，组建淮军，并与李鸿章约定，"以来年二月济师"。

李鸿章奉命组建淮军后，利用他在安徽办理团练的旧关系，仅仅花费了一二个月的时间，便召集了刘铭传、张树声、潘鼎新、吴长庆等部团练，每人各一营，每营正勇五百名，外加营官一员，哨官四名，共计五百零五名。另外，每营配有长夫一百八十名。各营淮勇陆续集中安庆，已经联系而因故未能及时集中安庆的尚有周盛波、周盛传、刘秉璋

---

① 曾国藩：《致骆中丞》，载《曾文正公全集·书札》（卷七），第3页。
② 曾国藩：《复毛寄云中丞》，《曾文正公全集·书札》（卷余），第24—25页。

等部团练。其后，李鸿章到沪上不久，上述诸将亦皆率勇来沪会合。李鸿章为什么能在短时期内募集淮勇四营二千余名呢？其原因是：

第一，湘军组建时规定曾国藩选择营官，由营官选挑哨官，哨官选挑什长，什长挑选勇丁。所以，李鸿章组建淮军，他只消挑选营官一级如刘铭传、吴长庆、张树声、潘鼎新等。刘、吴、张、潘等本来是团练头目，他们奉命后只消就所部挑强去弱，或是补募部分精壮，可以迅速办成。故李鸿章能于短时间内募集淮勇成军。

第二，刘铭传、吴长庆、潘鼎新等这些团练头领，大部分在咸丰初年便组织团练，长期与太平军作战，保持着部队编制。奉到李鸿章命令后，精选一营参加淮军，不费周章。

以下对淮军初期的骨干略作介绍：

张树声，字振轩，其弟张树珊，字海轲，安徽合肥人。咸丰初，太平军入安徽，张树声兄弟组织团练。李鸿章之父回乡办团练，张树声兄弟曾受李文安节制。①李文安死后，张树声兄弟继续与太平军为敌，转战于六安、无为、巢湖、霍山、寿州一带，张树声因功擢知府，树珊擢都司。张树声兄弟曾为李文安旧部，与李鸿章的关系非同寻常可比。

刘铭传，字省三，安徽合肥人。1854年1月，太平军攻克庐州，刘铭传开始筑堡寨，办团练，其父为另部团练头目所辱，刘铭传追杀仇人于中途，其凶狠好斗，可见一斑。刘部团练初成立时横行乡里，后来随军作战于六安、寿州等地，刘铭传奖叙千总。②

吴长庆，字筱轩，安徽庐江人，父廷香在籍治团练，1854年被太平军击毙，吴长庆继续率领团练与太平军作战于庐江、舒城、三河等地，官至守备。吴长庆与刘秉璋、潘鼎新是同乡，是世交，关系颇深。③

潘鼎新，字琴轩，庐江人，举人出身，1857年投效军营，官至同

---

① 《平寇纪略》，载光绪《续修庐州府志》（卷九十六），第1—2页。
② 赵尔巽：《刘铭传》，载《清史稿·列传》（下册），第1375页。
③ 赵尔巽：《吴长庆》，载《清史稿·列传》（下册），第1376页。

知。其父因办团练顽抗太平军被击毙。①

周盛波，字海舲，周盛传，字薪如，周氏兄弟为合肥人。太平军攻占庐州前，周盛波等兄弟五人在乡筑堡团练，以后随军作战于寿州等地，周盛波被擢为守备，周盛传擢为千总。在镇压太平军的过程中，周家兄弟五人被击毙三人。②

李鹤章，字季荃，廪贡生，李鸿章之弟。1853年，太平军由武昌东下，李鹤章在乡办团练，"谋之守令，编东北一乡曰保和"。以后，随父文安作战于无为、巢县，升州同。1859年，曾国藩檄调李鹤章入营，管文案，1860年，调入曾国荃军营，"觇贼情"，备咨询。以后至赣南，随其长兄李翰章办团，保湖北知县。1862年秋，曾国藩命李鹤章率马队千名赴上海李鸿章军营。③

以上这些淮军将领，都是地主家庭出身，多数是合肥人，是李鸿章的小同乡，潘鼎新是李鸿章的门生。同乡、世交、门生等封建社会关系，在这些淮军将领与李鸿章之间织成了一副坚实的关系网。这些将领，长期与太平军为敌，有些与太平军有血仇，他们有着丰富的战斗经验。不问可知，淮军将是一支凶狠残暴的武装力量。

派谁率军前往上海，曾国藩是经过一番深思熟虑的。因为上海为何桂清系的江苏巡抚薛焕所盘踞，领兵前往上海的将领将接替薛焕为江苏巡抚。上海华洋杂处，领兵作战有"夷兵"相助，故派去将领要有作战的经验、外事的才能。上海是富庶之区，上海的岁入，远较一省富裕，这是一个大肥缺。他反复思考，选中了他的老弟曾国荃领兵前往沪渎。1861年12月15日，曾国藩致书在湖南招勇的曾国荃说：原湖南巡抚钱宝琛之子钱鼎铭从上海前来请兵，每次见面，涕泣哀求，大约不得大兵同行，不肯东返。"余前许令沅弟带八千人往救，正月由湘至皖，二月由皖

---

① 《潘鼎新》，载《清史列传》（卷五十五），中华书局民国十七年版，第26页。
② 赵尔巽：《周盛波》《周盛传》，载《清史稿·列传》（下册），第1376页。
③ 光绪《续修庐州府志》（卷四十八），第11页。

至沪，实属万不得已之举。务望沅弟于年内将新兵六千招齐……吾家一门受国厚恩，不能不力保上海重地。上海为苏、杭及外国财货所聚，每月可得厘捐六十万金，实为天下膏腴"。①12月25日，忠王李秀成正在猛攻杭州，旦夕可下，曾国藩致书曾国荃说："浙江危急，上海亦有唇齿之忧。务望沅弟迅速招勇来皖，替出现防之兵，带赴江苏下游，与少荃、昌歧同去。亦八千陆兵、五千水师，必能保朝廷膏腴之区，慰吴民水火之望。"②

从以上两封信看，曾国藩原来打算派曾国荃统师东下的，唯恐曾国荃思虑不周，后来又请李鸿章同行。很明显，曾国藩有意要按察使曾国荃去接替薛为江苏巡抚，道员李鸿章当曾国荃的助手。但是，一种新的政治因素，使曾国藩不得不改变此一决策。

1862年1月7日，清政府发出"上谕"称：军兴以来，制兵不足，更议招募，战场上勇多于兵，湖南弁勇又常居十分之七八。"用兵之道，择将为先，求将之道，当量其识之短长，才之大小，以为器使……何地无才？不必湖南之人充勇，湖南之人始能杀贼。嗣后各直省督抚及各路统兵大臣，务当认真选将，就地取材，各就各省按照湖南募勇章程妥为办理。"③

这道"上谕"，使曾国藩敏感到朝廷对"无湘不成军"、湘军将帅遍天下的忌讳。因此，他临时变计，决定派李鸿章率师东下，不再派曾国荃与李鸿章同去。1862年1月13日，曾国藩致书曾国荃说："浙江省城竟于十一月二十八日（1861年12月29日）失守……上海一县，人民千万，财货万万，合东南数省，不足比其富庶，必须设法保全，拟令少荃带水陆各五千人前往。"④我是江督，保不住上海，说不过去。

---

① 曾国藩：《致澄弟沅弟》，载《曾国藩全集·家书一》，第797—798页。
② 曾国藩：《致澄弟沅弟》，载《曾国藩全集·家书一》，第799—800页。
③《清实录·穆宗毅皇帝实录》（卷十二），第53—54页。
④ 曾国藩：《致澄弟沅弟》，载《曾国藩全集·家书一》，第803—804页。

曾国藩认为李鸿章召集到安庆的吴长庆、刘铭传、潘鼎新、张树声四营，连同长夫在内不足三千，兵力太弱，难以独当一面。因之，他将早已参加湘军的李鸿章旧部张遇春淮勇一营，他的亲兵营韩正国营、周良才营，曾国荃部的程学启两营，滕嗣武、滕嗣林各一营等九营湘军拨归李鸿章，又以曾国荃部将郭松林、鲍超部将杨鼎勋归李鸿章指挥。他认为这样配备兵力后，李鸿章部才堪打大仗、恶仗。

1862年3月3日，李鸿章随同曾国藩校阅淮勇，标志着淮军的正式成立[①]。当曾国藩在积极准备派兵东下时，逃沪苏州士绅与上海滩上的买办等欢天喜地，竭力准备交通工具迎接淮军东下。为了巩固自己的政治地位，薛焕百方阻挠士绅、买办迎接曾军东下，但江苏藩司吴煦和薛焕的营务处吴云看风使舵，支持士绅、买办迎接李鸿章率军前来淞沪，并得到英国侵略者的支持。英国提督何伯批准士绅、买办等租用英国轮船数只，作为迎接淮军的交通工具，英国轮船乃鼓轮西上，装载淮军前来上海。1862年4月5日，程学启、韩正国等部乘轮顺江东下。4月6日，李鸿章随军乘轮顺江而下，有英国兵舰护航，"太平军隔岸相望，无可奈何"[②]。5月2日，李鸿章统辖的淮军全部到达上海，正勇六千五百人，长夫二千三百四十名，加上李鸿章的营务处等人员，合计约九千人。英商乘机敲诈，从安庆到上海，平均每人运费为二十两，上海士绅、买办所付运费达十八万两之谱。7月，黄翼升率淮扬水师四营来沪。8、9月间，李鹤章率马队一千及周盛传、周盛波等部从庐州出发，经海门渡江东来会师，兵势愈厚。[③]

李鸿章率军到达上海后，得到英、法等国的协助，发动全面进犯太平天国苏福省根据地的战争，随着战争的扩大，李鸿章不断扩军。他吸收的部队大约有如下几种类型。

---

① 窦宗一：《李鸿章年（日）谱》，第4801页。
② 窦宗一：《李鸿章年（日）谱》，第4802页。
③ 光绪《续修庐州府志》（卷四十八），第11页。

第一种类型，招纳太平天国叛将。1862年5月，太平军叛徒吴建瀛、刘玉林等，在南汇县降于都司刘铭传、同知潘鼎新，叛军精壮者被挑选成营①。1863年春，招抚太平军太仓叛将钱寿仁（叛降李鸿章后更名周寿昌）。不久，又在常熟收抚太平军叛将骆国忠等部，将骆国忠部挑选精壮，改编为忠字八营。②

第二种类型，大量裁汰薛焕遗部时，收编了部分安徽将领部属如郑国魁等部编入淮军。郑国魁，安徽合肥人，原为东坝盐枭头目，后来被两江总督何桂清收编入营。太平军东征苏、常，郑国魁败逃上海，为薛焕部下。李鸿章将郑国魁收编为亲兵水师营统领。③

第三种类型，收编太平天国苏福省根据地内无恶不作的残存团练徐佩瑗部为巡湖水师营，又收编作恶多端的吴江县枪匪头子费金绶部枪匪为抚标水师新后营。④

与此同时，李鸿章不断派员回淮南招募淮勇，淮军迅速扩大。李鸿章初到上海时，不足万名，到了1863年4月，李鸿章写信给左宗棠时已称"敝军水陆近三万"⑤。1864年6月11日，李鸿章致书曾国荃说："贵部艰窘如此，忝为地主，当筹犒劳，无如所部七万余人……沪中罗掘殆尽，供输久竭，实自顾不暇。"⑥淮军全部使用近代化的新式枪炮，其战斗力在湘军之上。在清政府看来，淮军已与湘军"双峰并峙"，而李鸿章

---

① 李鸿章：《招抚南汇城贼并克复川沙厅折》，载《李文忠公全书·奏稿》（卷一），光绪乙巳金陵版，第16—18页。

② 李鸿章：《克复福山常昭折》，载《李文忠公全书·奏稿》（卷三），第20—22页。

③《清史列传·郑国魁》（第五十六册），第43—44页。

④ 董蔡时主编：《太平天国史料专辑》，第291—295页；董蔡时主编：《何桂清等书札》，附录第87—89页。

⑤ 李鸿章：《复左季高中丞》，载《李文忠公全书·朋僚函稿》（卷五），第12—13页。

⑥ 李鸿章：《复曾沅帅》，载《李文忠公全书·朋僚函稿》（卷五），第12—13页。

是新进,其权位尚低,资望尚浅,羽翼未丰,远不能与曾国藩兄弟相比拟。这就伏下了太平天国失败后,清政府重用李鸿章,压抑曾氏兄弟与曾国藩嫡系湘军的因素。

五、曾国藩、李鸿章与列强达成勾结,太平军太仓、嘉定、青浦大捷

1862年1月中旬,太平军对上海的攻势全面展开,日益猛烈。薛焕所部兵勇,"星罗棋布于金山、嘉定、青浦各境上者凡二十余军,众四五万人,贼至不约同溃。入夜境上火光不绝,人无固志"。[①]1月14日,慕王谭绍光部进逼上海。16日,太平军攻克奉贤。翌日,续克南汇。20日,慕王谭绍光、纳王郜永宽、忠二殿下李容发等部太平军三万余人猛攻吴淞,占领高桥,进迫宝山、上海,致书英、法军统领,警告切勿帮助清军作战。21日,太平军攻占周浦镇。在太平军的炮火声中,上海的地主士绅、买办等急忙提出"借英、法兵助剿"。在一片喧嚣声中,成立了中外会防局。中外反动势力的勾结在紧锣密鼓地进行。2月上旬,清政府命曾国藩出兵上海,并命曾国藩"筹议借洋兵剿贼"。这时,他已答应钱鼎铭分兵东下沪渎。他复奏说:上谕"以洋人与发匪仇隙已成,情愿助剿,在我亦不必重拂其意。臣处搜获伪文,亦知金陵洪逆词意不逊,与洋人构衅甚深。在洋人有必泄之愤,在中国为难得之机,自当因势利导,彼此互商,嘉其助顺,听其进兵,我中国初不干求,亦不禁阻。或乘洋人大举之际,我兵亦诸道并进,俾该逆应接不暇,八方迷乱,殆亦天亡粤逆之会也。惟地形有远近,兵势有次第,仍请饬下总理衙门照会英、法公使,目前若进攻金陵、苏、常,臣处尚无会剿之师,庶几定议

---

① 冯桂芬:《沪城会防记》,载《显志堂稿》(卷四),第19页。

于前,不致贻讥于后。其或芜湖、梁山一带,官兵战守之处,恰与洋兵会合,臣当谨遵谕旨,加意拊循,胜必相让,败必相救,不敢稍乖恩信,见轻外国"。①有人认为曾国藩不愿洋人"助剿金陵、苏、常",可见爱国之心并未完全泯灭。事实上不是这么一回事儿,他说得很清楚,他不赞成洋人"助剿"苏、常、金陵,是因"无会剿之师",难道说苏、常、金陵是中国地方,是两江总督的辖境,芜湖及东、西梁山就不是中国的土地,不属两江范围?!

曾国藩经过深思熟虑,决定派他的得意门生、福建延邵建道道员李鸿章,统率淮军近万前往上海。1862年4月上旬,李鸿章率领淮军到沪。

世界历史证明,西方殖民主义者总是运用政治、财政、军事等力量,培植殖民地半殖民地腐朽落后的反动势力,使他们成为既是巩固殖民地半殖民地秩序的得力打手,又是列强扩大侵略殖民地半殖民地的有力助手。在中国,这种可耻的侵略政策,开始于扶植奕訢、湘系军阀曾国藩、淮系军阀李鸿章。李鸿章率领淮军到达上海后,列强以大量洋枪、洋炮卖给李鸿章,武装淮军,并派英国教官训练淮军,使用近代化武器以及近代的战略战术等。同时,外国侵略者又将洋枪卖给湘军,既推销了他们的残次商品,又改善了曾国藩部湘军的武器装备,提高了淮军与湘军的战斗力,增加了太平军的压力。

1862年初,忠王李秀成对上海外围各县的攻势凌厉,一路势如破竹,清军"不约同溃"。李秀成发布的檄文庄严声明,上海是必攻必得之地。上海是列强侵略中国东南沿海的巢穴,列强为了保住上海,于2月从天津抽调英、法军队前来沪上。据《中华帝国对外关系史》载:"史迪佛立将军率领了他的军队从天津抵达之后,一支挺进队成立了……其中有四百八十名英国陆军,八百名印度兵,四百名法国陆军和水手",另有大

---

① 曾国藩:《筹议借洋兵剿贼折》,载《曾文正公全集·奏稿》(卷十八),第43—45页。

炮许多,加入了上海抗击太平军的外国军队的行列①。英国提督何伯还竭力支持华尔统率的"常胜军"扩大编制至二千余名,以后发展至四千名左右,以最新式的武器配备这支臭名昭著的中外混合武装。这支武装归江苏巡抚李鸿章指挥。

为了使李鸿章为湘系夺取地盘,铲除何桂清集团的势力,切实掌握上海,曾国藩密荐李鸿章"才大心细,劲气内敛,堪胜江苏巡抚之任"。李鸿章抵沪不到一个月,便代替何桂清集团的骨干薛焕为江苏巡抚。上海的政治、军事形势复杂,论政治,江苏巡抚薛焕虽然去职,但仍以钦差大臣的身份办理洋务,江苏巡抚衙门的官员,大多是薛焕的班底,掌握江海关财政大权的是权理江苏藩司原上海道吴煦;论军事,情况也很复杂,在上海有英国的海陆军,法国的海陆军,华尔统率的"常胜军"(由"洋枪队"改名),薛焕所部清军五六万,李鸿章统率的淮军,而当时的淮军是由淮军与湘军拼凑而成。李鸿章既要处理好淮军的装备与训练问题,又要处理好薛焕所部五六万溃兵散勇,使他感到最难处理的问题是怎样与原江苏巡抚薛焕、藩司吴煦等相处,以及怎样与洋兵、"常胜军"协作进攻太平天国等涉外问题。在以上这些问题上,曾国藩像对子弟一样,手把手地教育李鸿章,对他一一作了详细指示。

第一,关于如何对待薛焕的问题。薛焕(1815—1880),字觐堂,或写作觐唐,四川兴文人,举人出身,长期在江苏为官,是两江总督何桂清的死党。1860年夏,忠王李秀成挥师东征,兵锋指向常州,何桂清派布政使薛焕到上海借"夷兵助剿"。李秀成迅速攻占苏州,江苏巡抚徐有壬城破自杀,清政府遂以薛焕为江苏巡抚,侨设巡抚衙门于上海。1860年到1862年初,五口通商大臣原由江苏巡抚薛焕兼任。薛焕撤去巡抚职务后,论理五口通商大臣应由新任苏抚李鸿章兼理,清政府却更改章程,命薛焕专任五口通商大臣,驻扎上海。曾国藩半生浮沉宦海,老于

---

① 马士著、张汇文等译:《中华帝国对外关系史》(第二卷),第81页。

世故，感到这中间关系微妙，经过"格物穷理"，深知薛焕驻沪，难保不是议政王奕䜣在上海的耳目。他致书李鸿章说："薛公之于夷务，往岁事不可知，自庚申冬以来，大事秉承恭邸，小事委吴道（指上海道兼理江苏藩司吴煦——引者），似无所短长。"薛焕已经卸去抚篆，专职办理外交，与江南军、政事务已无关系，对他既往的政治、军事不必深论深究。总之，要李鸿章对薛焕尊而不亲，尤其不可得罪薛焕。

第二，处理好与江苏藩司吴煦的关系。吴煦（1808—1873），字晓帆，或字晓舫，浙江钱塘人，由捐纳历任江苏地方官。薛焕出任江苏巡抚后，以上海道吴煦兼署江苏藩司。吴煦是薛焕的亲信，掌握着上海首先是江海关的财政大权。李鸿章认为江苏藩司必须立即更换新人，以便掌握上海的财经大权。曾国藩认为吴煦是"洋枪队"（后更名"常胜军"）的创始人，1861、1862年协助成立中外会防局，资助苏、常士绅租用英国轮船到安庆迎接淮军东下，表明他不是湘系的反对派，而是湘系的同路人。他指示李鸿章说：吴煦"广交洋商，厚结华尔，吴煦之进退，与华尔全军略有关系"。自苏、常失陷后，上海屡濒于危，吴煦联络洋人，保全要地，具有微劳，故"吴公关道一席，目下断不可换"。①

第三，关于处理薛焕所部兵勇问题。曾国藩指示李鸿章说："坏营劣勇，不可不裁，民怨夷谤均不可不顾。惟须忖量撤去之勇万一滋事，吾力足以制之否耳。"②或可于裁汰薛部兵勇时，挑选数营回沪，按照湘军营制改编，在沪勤加训练后调赴战场。③至于你准备在"薛公各营挑选二三千人，随同夷兵操练、驻扎一说，亦断断不可"。④

第四，关于训练军队的问题。曾国藩最重视这一问题，他反复叮嘱李鸿章应当刻苦自励，努力学战。曾国藩的政治、军事经验比较丰富，

---

① 曾国藩：《复李少荃》，载《曾文正公全集·书札》（卷九），第42页。
② 曾国藩：《复李少荃》，载《曾文正公全集·书札》（卷九），第43页。
③ 曾国藩：《复李少荃中丞》，载《曾文正公全集·书札》（卷十），第5—6页。
④ 曾国藩：《复李少荃》，载《曾文正公全集·书札》（卷九），第44页。

阅历也多，对待不同部将的要求，自有他的规格。他告诫李鸿章说：到沪接任苏抚，大事安排停当，约需一二十日，之后，先派三四千人进驻周浦镇，你应随军同去，居住军营，其原因有三：初当大任，应学习当年的湖北巡抚胡林翼和初任浙江巡抚时的左宗棠，他们"都从学习战事、身先士卒处下手，不宜从牢笼将领、敷衍浮文处下手。一也"。湘军、淮军营官志气甚好，论战守，除程学启外，其余将领难当大敌。一年之内，阁下与各营官"必须形影不离，卧薪尝胆，朝夕告诫，俾淮勇尽成劲旅"，"将可恃淮勇以平捻匪而定中原。阁下若与各营离开，则淮勇万不能有成。二也"。军队"一部分留在上海训练，另一部分可随同阁下进驻周浦镇，此其张本矣。三也"。他勉励李鸿章立志镇压农民军，效忠清朝："大难未平，吾辈当为餐冰茹檗之劳臣，不为脑满肠肥之达官也。"①我们必须承认，当农民军与湘军、淮军进行阶级搏斗时，封建地主阶级不尽是纸糊的灯笼。

第五，曾国藩有意发展淮军，使之成为湘军的兄弟部队。他认为李鸿章是他一手培养提拔出来的，将来是可以控制得住他的。淮军是他一手扶植发展起来的，他对淮军当然也能指挥如意。要发展淮军，关键是一个军费问题。在这方面，曾国藩对江西巡抚沈葆桢与江苏巡抚李鸿章采取了不同的态度。他对沈葆桢诛求无度，不仅掠取江西的部分漕折、茶叶落地税、牙厘，九江关月入五万两左右，还每月掠走三万两。对李鸿章则不然。上海江海关月入六十万两左右。当时苏、浙地主士绅、硕腹巨贾纷纷逃避上海，托庇于外国侵略者的保护，人口众多，商市繁盛，捐税极多，如1857年何桂清初任两江总督，派按察使王有龄至上海一行，先后八日，"诸事办妥"，何桂清致书京中好友说："前奏关税、各捐共得四百万，现在已有四百五十万。"②可见上海之富裕。曾国藩在经

---

① 曾国藩：《复李少荃中丞》，载《曾文正公全集·书札》（卷十），第6页。
② 董蔡时主编：《何桂清等书札》，第53页。

济上对李鸿章分外优惠。他指示李鸿章说："上海所出之饷，先尽沪军。其次则解济镇江，又次乃及敝处。"李鸿章正是依靠上海雄厚的财力，在1862年4月到1864年4月的两年之间，将数千淮军扩充至七八万名的。至此，淮军与湘军几乎双峰并峙。

第六，关于与洋人打交道的问题。曾国藩认为：英法联军虽然进入北京，"不毁伤我宗庙社稷，目下在上海、宁波等处，助我攻剿发匪，二者皆有德于我，我中国不宜忘其大者，而怨其小者"①。在这种恐洋、崇洋、亲洋思想的指导下，他指示李鸿章说："与外国相交际，尤宜和顺"，根本不外乎孔子所说的"主忠信，行笃敬""忠者无欺诈之心，信者无欺诈之言，笃者质厚，敬者谦谨。此二语者，无论彼之或顺或逆，我当常常守此而弗失"。②以后，李鸿章办理外交时，他的身上好像罩着一层曾国藩的影子，处处、事事妥协退让不能不说深受他老师的影响。

第七，关于与英、法军队联合作战，共同进攻太平军的问题。曾国藩对此筹划已久，自有其老谋深算。1861年天王洪秀全答允太平军一年之内不进攻上海、吴淞附近百里以内之地。1862年初，李秀成奉命从杭州移得胜之师进击上海，英、法侵略者等悍然宣布"保卫"上海周围百里以内之地。曾国藩指示李鸿章说："会防上海则可，会剿它处则不可，近而嘉定、金（金山）、南（南汇），远而苏、常、金陵，皆它处也。"曾国藩认为：英、法军队进入内地作战，并未得到总理衙门的指示；再则，他对英、法军队无法亦无能驾驭控制。因此，他坚持"会防"上海，而不"会剿"内地。他对李鸿章说：万一洋人"缠䰀"不休，要求"会剿腹地，吾亦勉为允应，但说明无人可派往会剿耳"。

他指示李鸿章说：你与"洋提督何伯……会叙略节均尚妥协，其必欲阁下派兵会剿浦东者，意在觇楚师之强弱，察阁下之胆智"。与洋兵一

---

① 《曾文正公手书日记》（第十三册），同治元年五月初七日条。
② 曾国藩《复李少荃中丞》，载《曾文正公全集·书札》（卷十），第5—6页。

起作战,力求"先疏后亲",即"务求我之兵力足以自立,先独剿一二处,果其严肃奋勇,不为洋人所笑,然后与洋人相亲,尚不为晚"。①"与他军相处,惟胜则让功,败则救急二事,最足结人欢心,处洋兵尤宜如此。"要之,"西兵危险之际,我兵亦宜妥为救护,进剿则邀约而不会,救护则不约而往会,西人必渐亮我之信义"。②李鸿章对这些言论,一听就进,心领神会,复书曾国藩说:"定遵师训忠信笃敬四字与之交往",并已"密令我营将弁随从学其临敌之整齐严肃,枪炮之施放准则,亦得观感之益"。③

有一次赵烈文到上海,这时李鸿章"犹未即真苏抚,邀烈坐炕,固问老师(指曾国藩——引者)处有人议鸿章者否?意甚惴惴"④。所以,李鸿章在上海,对曾国藩的指示奉行唯谨,揣摩着曾国藩的意志办事;处理人事关系的安排等,尤其小心翼翼,对逃沪苏、常士绅,上海滩上的买办等,均一一作了适当的安排。他以逃沪苏州士绅的班头冯桂芬主持营务处,罗致锡金(当时无锡县析为无锡、金匮二县)团练头子华翼纶、杨宗濂等为幕宾,使淮军与苏、常地主士绅发生了血肉的联系;以潘曾玮统率团练武装,不仅使淮军与苏、常团练武装发生联系,并且加深了与中外会防局的关系。吴煦依然担任江苏藩司,与大买办杨坊主持华尔统率的"常胜军"。与英国士迪佛立将军谈判,达成了"常胜军"的指挥权归属于李鸿章的协议⑤,认可由英、法军等"进剿"上海周围百里以内的太平军。李鸿章在上海的军事、政治措施,果然得到外国侵略者的赞赏,于是英国侵略者等以大量洋枪、洋炮武装淮军,并派英国军官

---

① 曾国藩《复李少荃中丞》,载《曾文正公全集·书札》(卷十),第5—6页。
② 曾国藩《复李少荃中丞》,载《曾文正公全集·书札》(卷十),第10、13—14页。
③ 李鸿章:《上曾相》,载《李文忠公全书·朋僚函稿》(卷一),第29页。
④ 赵烈文:《能静居士日记》,载《太平天国史料丛编简辑》(第三册),第419页。
⑤ 李鸿章《整饬常胜军片》,载《李文忠公全书·奏稿》(卷二),第55—56页。

训练淮军。为什么曾国藩、李鸿章之流对昨天横行津京，奸淫我妇女，杀戮我军民，焚毁我村庄，强迫我订立不平等条约的外国侵略者，要按照他的理学信条，与他们"言忠信，行笃敬"，而对太平军却非痛加诛戮，"草薙而禽狝之"不可呢？因为从奕䜣、曾国藩、李鸿章到杨坊、潘曾玮、冯桂芬等人，"已经撤去了民族的界线，他们的利益同帝国主义的利益是不可分离的"①。为了维护垂危的清朝统治，维护腐朽没落的地主阶级的利益，他们不惜认贼作父，"借夷兵助剿"。在中国近代史上，首开其端的正是恭亲王奕䜣和一切封建文人所顶礼膜拜的"曾文正公"与"李文忠公"。

江苏巡抚李鸿章在上海直接指挥的部队有淮军、湘军、华尔统率的"常胜军"，另有英、法侵略军协同作战。如果说1861年"北京政变"后清政府与列强原则上达成了共同绞杀太平天国的默契，那么，曾国藩派李鸿章到上海组成中外联合武装，则标志着中外反动势力具体勾结的完成。李鸿章满以为他指挥的中外联合武装，用洋枪、洋炮武装到牙齿，又有英、法等国的洋兵助战，一旦发动对太平军的进攻，定然旗开得胜。上海的英、法军主力大多来自天津，自以为无敌于天下，气焰嚣张，根本不把以大刀、长矛、土枪为主要武器的太平军放在眼里，积极准备对太平天国苏福省根据地发动攻势。然而他们估计错了！惨败在等待着他们。

1862年1月上旬至下旬，太平军猛攻吴淞、宝山，直捣上海、松江。上海三面挨打，战火燎原。2月下旬，英国提督何伯、法国提督卜罗德督率英、法军，会同"常胜军"，携带大炮，反扑浦东高桥，谭绍光等部太平军受挫。敌军续陷七宝、泗泾，太平军节节阻击，挫伤敌军锐气。4月4日，慕王谭绍光、凛王刘肇钧、忠二殿下李容发等部太平军，在龙珠庵、王家寺一带勇猛抗击来犯敌军，击伤英国提督何伯，杀伤大

---

① 《毛泽东选集》（第一卷），人民出版社1967年版，第130页。

量敌军。①5月1日，英国提督士迪佛立率领英、法、淮军攻陷嘉定。目击者黄宗起写下了嘉定失守后不胜愤慨的纪事诗：

  一星当天炮炸开，贼营夜呼鬼子来。此门贼走南门死，头颅横击飞尘埃……寇粮充积几家屋，朽者狼藉生莓苔。牵羊缚豕满街走，蛮靴橐橐声喧逐。鬼奴不知何等级，乱箠官吏如舆抬。红旗急报大府捷，城外浩荡官军来。

  官军来，城门闭……生者急髡死者瘗。鬼官馆谷何王第，鬼兵拉人等儿戏。征牢日馈牲牵饩，役夫奔走旋如蚁，显者十辈董其事，县官鞭扑无皂隶。城门挂榜召胥吏，乡兵捉人声如沸。伪官缧绁无逃避，县令录之付监系（此处疑缺一字——引者）。此事急呼乡董议，修葺城池有常例，明朝阅城抚军至。

  ……

  鸠形鹄面卧道旁，流民安得归故乡？屋宇尽灰灭，十家尘釜炊烟凉……官兵札营城西北，村中剩屋当柴烧，身上短衣亦遭劫；城门杀人鬼子兵，蛮语格磔难为听；昨日文官入城里，头上拔去双貂尾。

  贼复来，城之西，四野杀人风凄凄……明朝鬼子弃城走，县令在前民在后。君不见，县令走，马如狗。②

12日，联军续陷清浦，逆焰大张。薛焕旧部李庆琛，为了保住自己的知府职衔，谄媚李鸿章，妄图乘势攻陷太仓。5月中旬，李庆琛率领薛焕旧部五六千，直扑太仓。

太仓南倚昆山，西望常熟，是苏州外围的战略要地。李秀成得到敌

---

① 董恂：《洋兵纪略》，《太平天国》第四册，第541—542页。
② 黄宗起：《鬼子来五章（纪壬戌四月事）》，载《太平天国史料丛编简辑》（第六册），第414—415页。

军侵犯太仓的紧急探报,亲督太平军精锐驰援,猛攻太仓近郊的板桥、六渡桥,连下敌军营寨数十座。5月7日,除姜德率领少数敌军溃窜外,其余自李庆琛以下悉数被歼。①当李庆琛部在太仓被太平军围歼时,李鸿章按兵不动,坐山观虎斗,利用太平军的刀矛消灭异己。同日,南桥守军击毙来犯的法国海军上将卜罗德②,英、法军等士气沮丧。

太仓大捷后,李秀成挥军直趋嘉定,5月18日,分兵包围该城,命听王陈炳文等部占领南翔,阻截上海前来的援军。士迪佛立知道援军被阻击,心慌意乱,"焚城逃命"。5月26日,太平军收复青浦,活捉"常胜军"副领队法尔思德。

攻占青浦后,李秀成大军"将松江困紧",松江朝不保夕,李鸿章如坐针毡,惶惶不安,报告清政府说:"嘉定复失,逆焰大张,西兵为贼所慑,从此不肯出击贼。"③英国驻沪领事麦华陀报告英国驻华公使卜鲁斯说:如果再不大力帮助清军,太平军"不久便可夺取松江"④。李秀成回叙当年打败英、法军的声威说:"我十二年在省,往〔住〕有四月之久,然后有巡抚李鸿章到尚海接薛巡抚之任,招集洋鬼与我交兵。李巡抚有尚海正关,税重钱多,故招鬼兵与我交战",发兵来占我嘉定、青浦,进逼太仓、昆山等县。前方告急前来,我在苏州挑选精锐万余,亲自督率驰救太仓,一战大败清军,乘胜收复嘉定、青浦。从太仓到青浦、松江,沿路清营一百三十余座,全部被我攻破,"松江城外之营亦已攻开,独松江一城是鬼子所守。次日又有上海来救之鬼用舟装洋药、洋炮千余条而来,经我官兵出队迎战,鬼败我胜,将其火药、洋炮、枪为我所

---

① 王祖畲:《太仓州志·兵防》(卷十四),光绪版,第20—21页。
② 董蔡时主编:《江浙豫皖太平天国史料选编》,江苏人民出版社1984年版,第456页。
③ 李鸿章:《西兵退出嘉定折》,载《李文忠公全书·奏稿》(卷一),第19—20页。
④ 王崇武、黎世清编译:《太平天国史料译丛》,神州国光社1954年版,第40页。

有。那时洋鬼并不敢与我见仗,战其〔则〕即败"。他抨击李鸿章用"洋鬼"助战说:李鸿章用"洋鬼"帮同打仗,攻占城市后,"鬼兵"把守城门,"凡见清官兵,不准自取一物,大、小男女任其带尽,清官兵不敢与言,若尔清朝官兵多言者,不计尔官职大小,乱打不饶。我天王不肯用鬼兵者,因此之由也。有一千之鬼,要押制我万人,何人肯服?故未用他也"。[1]太平军将领的民族气节,与奕䜣、曾国藩、李鸿章之流相比真有天渊之别。

太平军太仓大捷、嘉定大捷与青浦大捷,把当年横行天津、北京的英、法侵略军与"常胜军"打得不敢与太平军见仗,维护了民族尊严,使中华儿女扬眉吐气。曾国藩、李鸿章等坚持"借夷兵助剿",对外国侵略者讲"忠信笃敬",卑躬屈膝,哪有什么国家观念与民族气节。

---

[1]《李秀成自述》影印本。

第十三章　曾国藩湘系与何桂清集团的矛盾斗争

一、曾、何派系矛盾的开始，两派争夺浙江地盘的明争暗斗

曾国藩建立起湘军后，形成了一支独立于八旗、绿营之外的军阀队伍，到处闹矛盾，搞摩擦，如前所述，在筹建湘军的过程中，因为曾国藩揽权跋扈，干预地方军政事务，侵越官权，在长沙与地方官不睦，与湖南提督鲍起豹闹矛盾。从1854年曾国藩驱使湘军出省镇压太平军后，对地方官颐指气使，更加专横。在江西，他与江西巡抚陈启迈闹矛盾，直到把陈启迈参劾而去。1855年，他碰上了一个别有来头、骄横不堪的浙江巡抚何桂清，偏不买他的账。1857年5月，何桂清以大学士、军机大臣彭蕴章等为奥援，被清政府擢升为两江总督。不久，清政府便将曾国藩削除兵权，命令他在籍守制，不许他返回江西重掌兵权，这意味着清政府准备抛弃曾国藩，把攻陷金陵，绞杀太平天国的希望寄托到了两江总督何桂清与江南大营绿营兵的身上。1858年曾国藩东山再起，重掌湘军，何桂清更不把曾国藩放在眼里。曾国藩是争权夺利的老手，当然不能容忍何桂清的所作所为。从此以后，曾国藩湘系与何桂清集团争权力、抢地盘的明争暗斗日益激烈起来了。

1855年2月湘军水师溃败于湖口、九江江面后，曾国藩败奔南昌，

局促江西。何桂清与大学士彭蕴章的交谊颇深，气味相投，1854年出任浙江巡抚后，与彭蕴章书函往返不绝，在对待曾国藩等组湘军的问题上，他与彭蕴章、祁寯藻的观点相吻合。1855、1856年，曾国藩部湘军在江西屡次受挫。浙、赣两省毗连，何桂清对曾国藩在江西损兵折将，了如指掌。他写信给彭蕴章和京中好友说："浙江为邻封所害"，江西"南昌城外一二十里即有贼"。咸丰六年二月十八日（1856年3月24日），周凤山部大败于江西樟树镇。二月二十二日（1856年3月28日），"发逆"攻陷抚州后，"大股即围省城"。"江右误于涤生之胆小，竟是坐观，一筹莫展。中丞又不敢独任仔肩，各路俱是客兵自办，惟围攻抚州系西省之事，并无悍贼，数月不开一大仗。九月中旬（1856年10月下旬）不过数百贼出来，全军已皆逃矣。"①从这些书札中的措辞，可知何桂清把曾国藩及其统率的湘军轻视到了什么程度！他向彭蕴章等密报曾国藩湘军打败仗的情况，直接影响到朝廷对曾国藩的好恶。事实上，曾国藩及其湘军在江西已无足轻重，王闿运在《湘军志》中评论说：自从1855年春九江、湖口湘军水师战败后，湘军水陆师分而为四，李孟群等率水师回援武昌，塔齐布留攻九江，曾国藩收水师数营屯南康，罗泽南奔命复弋阳，克广信，收景德，战守攻取，"非东南安危之所系"②。

何桂清在浙江巡抚任内，竭力筹饷，每月供给江南大营军饷六万两。皖南方面，江南大营派来的邓绍良部驻军发展到一万名以外，也全由浙江供饷。这完全符合彭蕴章、祁寯藻等打击湘军、抬高绿营兵的政治需要。1855年，曾国藩坐窘南昌，军饷不继，穷愁不堪，奏请户部拨给浙盐三万引，由他招徕富商，"自行运至江、楚两省而销售之"③，可

---

① 董蔡时主编：《何桂清等书札》，第36—39页。
② 王闿运《湘军志·曾军篇第二》，第13页。
③ 曾国藩：《请部拨浙引用盐抵饷折》，载《曾文正公全集·奏稿》（卷一），第138—139页。

获净利十万两。惟行销浙盐，"先须成本十余万"①，故特地派郭嵩焘前往杭州，商借盐本。据许瑶光《谈浙》载："时王壮愍（王有龄死后谥壮愍——引者）为杭守，以全善之区而丝毫未允，阳借金陵为推辞，实因来函有'平昔挥金如土'一语芥蒂其间。"②何桂清之骄横跋扈不下曾国藩，曾国藩既来借饷，先责备浙江挥金如土，何桂清、王有龄当然分文不给了。这是曾国藩湘系与何桂清集团直接发生矛盾的开始。

1856年10月中旬，抚州太平军守将经略余子安，出兵攻击抚州城外湘军李元度大营，阵斩湘军将领林源恩以下四百余人，抚州大营湘军溃散，大半逃窜南昌，省城一夕数惊。抚州大营溃败后一个月，曾国藩才奏报朝廷。11月20日，清政府发出"上谕"，申饬曾国藩说：抚州湘军溃败已久，未见曾国藩等及时入奏。据江、浙奏报，天京内讧，各路太平军多回转金陵，现在安徽巡抚福济已经收复巢县、和州，不日即可进攻桐城、安庆；湖北水陆兵勇亦有胜仗。"著曾国藩等乘此贼心涣散之时，赶紧克复数城，使该逆退无所归，自不难穷蹙就擒，若徒事迁延，劳师糜饷，日久无功，朕即不遑加该侍郎等以贻误之罪，该侍郎等何颜对江西士民耶"。③以后，曾国藩在江西的军事实践，证明他已被排挤。1856年12月19日，湖北巡抚胡林翼督率湘军水陆师攻陷武昌，湖广总督官文督军攻占汉阳，长江上游的军事日有起色。1857年春，曾国藩假父丧之名奔丧回籍，向清政府争地位，争权力，争湘军的政治待遇，愈加增加了清政府对曾国藩的恶感。

何桂清就任浙江巡抚后，在经济上有力地支援了江南大营。1855年皖南划归浙江管辖后，何桂清派浙军进入皖南，会同江南大营驻军邓绍

---

① 曾国藩：《致澄弟温弟沅弟季弟》，载《曾国藩全集·家书一》，第310—312页。

② 许瑶光：《谈浙》，载《太平天国》丛刊第六册，第590页。

③ 曾国藩：《江西近日军情如实复奏片》，载《曾文正公全集·奏稿》（卷十），第39页。

良等部驻军,稳住了皖南的阵脚,又派提督饶廷选带兵入赣助守广信。每年征收大量漕米从海道输送天津,转解北京。在清政府看来,何桂清当然是个能臣了。他自己也一再向京中好友和彭蕴章等吹嘘:"东南半壁似非鄙人不能支持。""若将江、浙兵勇归弟一人调度,两省大吏能筹饷接济,定能迅奏肤功。"[1]当曾国藩与清政府争权力闹矛盾时,1857年春,两江总督怡良告病乞休,彭蕴章全力保荐何桂清继怡良为两江总督。同年5月,清政府命令何桂清总督两江。何桂清接到新命时,正在赴京途中,随即返棹南下,接篆视事前,先去镇江、句容,视察江南大营清军。他写信给京中好友说:我去镇江、句容视察大营军队时,和春、张国梁等"皆远接道左"。"弟未赴任,即先至江、镇各大营,此中作用,高明自知之"。[2]就任总督后,他筹措大量军费供给江南大营,改善大营清军的武器装备。因此,何桂清到任四十五日内,江南大营清军连陷溧水、句容,东攻镇江。同年6、7月间,湖北巡抚胡林翼也把前线从武汉推向广济、黄州。8月8日,清政府命曾国藩在籍守制,削除他的兵权。从这些情况看,清政府已把长江上游战事寄希望于官文、胡林翼,把攻陷金陵、绞杀太平天国的希望,寄托到何桂清与江南大营的身上了。

1856年秋,曾国藩东山再起,重掌湘军兵权,因追击石达开而率军入浙、入闽。石达开一意避战,转进湖南。1859年秋,曾国藩移军入皖、鄂交界地区,会同胡林翼进犯安徽。论理,曾国藩湘系与何桂清集团天各一方,不应该发生什么纠葛与矛盾了,然而,两派却在争夺浙江地盘的问题上发生了激烈的明争暗斗。

早在浙江巡抚任内,何桂清就已写信给京中好友说:若将"江、浙兵勇归弟一人调度,定能迅奏肤功"。现在他当上两江总督了,当然渴望

---

[1] 董蔡时主编:《何桂清等书札》第40、44页。
[2] 董蔡时主编:《何桂清等书札》第49页。

夺取浙江这块地盘。两江总督辖有江西、江苏、安徽三省。1858年9月，湘军水陆师攻陷九江以后，曾国荃等部继续攻陷吉安、景德镇，江西完全恢复了封建统治。浙江介于江苏、江西之间，如果何桂清控制了浙江政权，并且控制皖南，他便掌握了从皖南、浙江到江西的通道，便能将其政治势力向江西伸展。再说，浙西是膏腴之区，筹饷要地。在曾国藩、胡林翼看来，如果湘系能控制浙江省的政权，兼可控制皖南，更足以防止太平军从皖南、浙江阑入江西，并且浙江是富庶之区，控制浙江省政权，足以为湘军开辟饷源。于是，围绕着争夺浙江省这块地盘，两派的明争暗斗激化起来了。

1858年，清政府任命胡兴仁为浙江巡抚。胡兴仁，字恕堂，湖南保靖人，拔贡出身，早年为湘军办过粮台事务，是一个准湘系人物。何桂清对胡兴仁出任浙江巡抚，大为不满，他写信给京中好友痛骂胡兴仁是"一个昏天黑地人物"，以致"浙江公事大变，可虑之至。即如采买大米二万石，已报放洋，其实止有八千四百石，年内尚短饷银五十万两"。[①]论理，浙江属闽浙总督管辖，与两江总督何桂清根本没有什么关系，他却偏要对浙江巡抚评头品足，暴露了他企图控制浙江政权的野心。何桂清在江苏重用其死党王有龄，将他从杭州知府提拔为江苏按察使，兼署江苏布政使，倾轧排挤江苏巡抚赵德辙，准备保荐王有龄升任江苏巡抚。1859年1月，赵德辙不安于位，负气告退。清政府以徐有壬为江苏巡抚。何桂清失望之余，眼睛盯着浙江。

由于何桂清的倾轧，胡兴仁在位一年就下台了。1859年10月，出乎何桂清的意料，清政府竟以湘系的罗遵殿继任浙江巡抚，王有龄再次落空。罗遵殿，字淡村，安徽宿松人，进士出身，长期担任湖北地方官。因镇压地方农民军、襄办粮台事务，得到胡林翼、曾国藩的激赏，在湖

[①] 董蔡时主编：《何桂清等书札》，第60页。

北由道员而按察使、布政使。①罗遵殿出任浙江巡抚，何桂清极为不满，暗中算计他。

　　1860年春，为了击破江南大营，李秀成用"围魏救赵"之计，奇袭杭州。3月5日，罗遵殿发现太平军企图进攻杭州，一方面向胡林翼请兵求援，同时向江南大营告急。杭州是江南大营的饷源重地，钦差大臣和春随即派总兵张玉良统兵驰援。张玉良路过常州，何桂清指示张玉良到苏州听候王有龄的指示。15日，张玉良率军至苏州，王有龄请张玉良巡视苏州城垣，"留二日"，然后请他赴援湖州。19日，谭绍光等率先锋一千余名攻入杭州，罗遵殿城破自杀。23日，总兵张玉良率军抵达杭州大关、武林门。《李秀成自述》中说："和、张两帅果派江南救兵来救杭州，即令张玉良统带，到杭郡武林门，两家会话，知是江南和、张之兵分势，中我之计。"次日，即收兵返奔皖南。李秀成用兵杭州，其目的不在于占有杭州，而在于声东击西，攻敌之必救，迫使江南大营分兵救援杭州，分散大营的兵力，然后在局部战役上，集中太平军，以绝对优势的兵力，一举击破江南大营。如果不是何桂清、王有龄有意阻滞张玉良的军事行动，张玉良应该在李秀成军攻占杭州前一日到达杭州，罗遵殿何至送命？所以，长期在浙江为官的许瑶光在《谈浙》中说：张玉良于二月十四日（1860年3月16日）到苏州，"张虽受命于何督，而何督嘱张商之苏藩王壮愍，壮愍曾任湖守，左右湖州人居多，请张提督阅苏城后，遂促张率师救湖，不必救杭。时署粮道何绍箕赴苏乞援，争于壮愍之前，不获命，乃密函三次催张援杭。三月初一日（3月22日），张坐小船携六百人，初二日至武林门"。这时，太平军已破杭州四日。"然壮愍令其救湖不救杭，亦不知何心也？"②当时人只知道何桂清、王有龄阻滞了张玉良的军事行动，或者以为王有龄曾任湖州知府，故命张玉良救湖

---

① 《清史列传》（卷四十三），第23—24页。
② 许瑶光：《谈浙》，载《太平天国》丛刊第六册，第572—573页。

州后再救杭州,他们哪里知道这是何桂清集团同湘系争夺浙江地盘的明争暗斗,是何桂清、王有龄在暗算罗遵殿。

李秀成于攻破杭州的"次日午时,将杭新制造的旗帜以作疑兵,此是兵少退兵之计,不意张玉良果中我计,退出一日一夜,未敢入城,我故而得退不碍"①。事后,何桂清以收复杭州"调度有方归功于王有龄,请以王有龄抚浙"②。1860年4月2日,清政府以江苏布政使王有龄署理浙江巡抚。何桂清等借太平军的刀子杀死了罗遵殿,从湘系手中夺取了浙江地盘。湘系怀恨在心,伺机报复。以后,王有龄又唆使御史高延祜奏参罗遵殿守城无方,撤销了罗遵殿的恤典。这明明是何桂清、王有龄等向湘系示威,更加激化了湘系与何桂清集团的矛盾。

罗遵殿死后,他的儿子罗少村在杭州觅得其父的尸骸,得到胡林翼、曾国藩的资助,运回宿松原籍。曾国藩致书罗少村说:"得来书,知已抵丧次,应少[稍]停住,候料理就绪,择日由舟次扶榇至宿城一宿,次日至乡,仆出城八里郊迎,设席路祭,府县迎毕,至城设祭,次日均送出城外。到乡后一切布置,仆再至乡恭吊,候尊信约期可也。"③曾国藩、胡林翼耳目众多,对何桂清、王有龄阻滞张玉良的军事行动,致罗遵殿于死地,不是无所知晓的。因此,曾国藩吊唁罗遵殿的挽联是:"孤军失外援,差同许远城中死;万马迎忠骨,新自岳王坟上来。"④挽联很工,寓意深刻。他说罗遵殿是岳飞,那么,秦桧何所指呢!?这就值得玩味了。丧事料理完毕,忽然传来罗遵殿被撤销恤典的消息,曾国藩更加愤怒,写信给胡林翼说:"罗淡翁事,鄙人亦甚悯不平,以效死勿去,慷慨赴义为罪为非,则必以弃城逃避者为功、为是矣。待皖南时势稍有起色,当从阁下及官、骆(官文、骆秉章——引者)之后,四衔会

---

① 《李秀成自述》影印本。
② 许瑶光:《谈浙》,载《太平天国》丛刊第六册,第572—573页。
③ 曾国藩:《致罗少村》,载《曾文正公全集·书札》(卷六),第11页。
④ 许瑶光:《谈浙》,载《太平天国》丛刊第六册,第574页。

奏，为淡公申理，兼表其生平清廉之操……敬求大笔主稿为之。"①胡林翼也愤愤不平，致书罗少村说：令尊"明德正人，愠于群小，将申于天地"②。这里的"群小"，当然是指何桂清、王有龄等了。湘系与何桂清集团为了争夺浙江这块地盘，在明争暗斗中结下了深仇大恨。曾国藩的涵养功夫是很深的，在不利的条件下，他懂得尺蠖之屈，然而，他的心胸狭窄，在派系斗争中决不肯吃亏，睚眦之怨必报。

二、王有龄拉拢湘系将领，曾国藩参劾李元度

李元度，字次青，湖南平江人，举人出身，1854年参加湘军，长期追随曾国藩抗击太平军。不论曾国藩1854年大败靖港，还是1855年湖口、九江江面水师溃败，李元度都竭力维持湘军，劝慰曾国藩。李元度优长文史，尤为曾国藩所赏识。1857年曾国藩被削除兵权后，在籍守制，闲居家乡，感怀故旧，写信给李元度说："自维即戎数载，寸效莫展，才实限之，命实尸之，即亦无所愧恨。所愧恨者，上无以报圣主优容器使之恩，下无以答诸君子患难相从之义。常念足下与雪芹（彭玉麟，字雪芹——引者），鄙人皆有三不忘焉。雪芹当岳州溃败时……由龙阳、沅江偷渡，沉船埋炮，潜身来归。一不忘也。五年春初……率破船数十号，絜涓滴之饷项，涣散之人心，上援武汉。二不忘也。冬间直穿贼中，芒鞋徒步，千里赴援（指彭从武汉绕道前来江西统率鄱阳湖水师事——引者）。三不忘也。足下当靖港败后，宛转护持，入则欢愉相对，出则雪涕鸣愤。一不忘也。九江败后，特立一军。初志专在护卫水师，保全根本。二不忘也。樟镇败后，鄙人部下别无陆军，赖台端支持东

---

① 曾国藩：《复胡宫保》，载《曾文正公全集·书札》（卷六），第34页。
② 胡林翼：《致罗少村》，载《胡文忠公遗集·抚鄂书牍》（卷七十九），第8页。

路，隐然巨镇，力撑绝续之交，以待楚援之至。三不忘也。生也有涯，知也无涯，此六不忘者，鄙人盖有无涯之感，不随有生以俱尽。"①又在《复李次青太夫人书》中指天誓日，不忘李元度长期相随，历尽艰险，维护曾国藩与湘军的恩德与苦心。信的结尾说："闻次青有两儿，不知有女几人，或平辈，或晚辈，有相当者可缔姻而申永好，以明不敢负义之心。"②曾国藩无权时怀念故旧，一旦掌权，即使是故旧行事，与他利益矛盾抵触时，他会翻脸不认"友"，以至欲置"友"于死地而后已。他与李元度关系的破裂，便是一个典型事例。

1858年2月，李元度因功升任道员，同年3月，湖北巡抚胡林翼上《密陈浙江紧要军情请调员防剿疏》，李元度旋即奉命带兵入浙，这是湘系势力渗透入浙的开始。曾国藩东山再起，率领江西湘军追击翼王石达开入浙，保荐李元度，李得按察使衔，赏巴图鲁勇号。1860年5月，清政府命李元度赴浙江交王有龄差遣委用，7月，王有龄授予浙江温处道道员。李元度以所部平江勇三千交浙江提督饶廷选统率，自己回湖南另行招募平江勇。当时，太平军奄有苏南，王有龄所部大半为江南大营的残兵败将，扰民有余，作战无能。王有龄企图分化湘军，把李元度从湘军中拉过来，作为保护浙江的军事力量。如上所说，王的拉拢工作已初见成效，李元度犹浑然不觉。曾国藩已经敏感到了这个问题，他记恨李元度，不能容忍湘军被分化，更不能容忍湘军将领被分裂出去维护其政敌何桂清集团的地盘。曾国藩与王有龄在旧恨之外，又结下了新仇。曾国藩与王有龄、李元度之间的矛盾激化起来了。

1860年6月，曾国藩继何桂清总督两江后，7月，从安徽宿松进驻皖南祁门，立即奏调李元度为皖南道道员，对王有龄作釜底抽薪之计。李元度率新募的平江勇三千抵达祁门不到十日，曾国藩竟命他率领平江勇

---

① 曾国藩：《与李次青》，载《曾文正公全集·书札》（卷四），第21—22页。
② 曾国藩：《复李次青之太夫人》，载《曾文正公全集·书札》（卷四），第25页。

进驻徽州，接防战火迫在眉睫的徽州。曾国藩明知李元度长于文史，拙于军事，却命令他督率新集之平江勇，进驻湘军与太平军争夺的战略要地徽州，岂非有意借太平军之刀，除去李元度，以泄其对李元度分裂湘军的私愤？10月3日，侍王李世贤进攻绩溪的丛山关，李元度分兵防御被击败。不久，太平军进攻徽州，大败李元度。10月9日，侍王李世贤攻克徽州，李元度不逃奔曾国藩祁门大营，却败窜浙抚王有龄统辖的浙江开化。对此，曾国藩非常恼怒，"将具疏劾之。傅相（指李鸿章——引者）以元度尝与文正同患难，乃率一幕人往争，且曰：'果必奏劾，门生不敢拟稿。'文正曰：'我自属稿。'傅相曰：'若此，则门生亦将告辞，不能留侍矣。'文正曰：'听君之便。'傅相乃辞往江西"[1]。这段对话，反映了曾国藩对李元度不知固结湘系的憎恨。曾国藩在上《徽州被陷现筹堵剿折》中说：李元度"甫经到徽，竟不能支持数日以待援师，实堪痛惜"[2]。李元度因此被革职。王有龄乘虚而入，派人跟踪李元度，百般笼络，企图再次把李元度拉过去。胡林翼以好友的姿态致书李元度说：近来知你有"愤激深焉者矣"。"兄以仓卒召募之师，跛倚而疾入徽城，谓锐于行义则可，谓精于治军则不可"。涤生参劾你，太过分是事实，但你也不是没有过错。"林翼之敬兄，谓其爱才如命，嫉恶如仇，其诚心可以共谅，而知人之明，则尚未敢以相许，然要不至于随人指嗾而因失所亲。乃近闻右军（王羲之，晋人，王导从子，善书法，官右军将军，后世因称王羲之为王右军；这里的右军，隐射浙江巡抚王有龄）欲勾致阁下，遣人由祁门而江西，如苏秦以舍人随侍张仪故事，其用计亦巧，而兄不之却，何耶？岂未免动心耶！大抵吾儒任事，与正人同死，死亦得附于正气之列，是为正命。附非其人，而得不死，亦为千古之玷，况又不能不死耶！处世无远虑，必陷危机，一朝失足，则将以薰莸为同臭，

---

[1] 薛福成：《李傅相入曾文正公幕府》，载《庸庵笔记》（卷一），第21页。
[2] 曾国藩：《徽州被陷现筹堵剿折》，载《曾文正公全集·奏稿》（卷十四），第47—48页。

而无解于正士之讥评。右军之权诈,不可与同事,兄岂不知,而欲依附以自见?则吾窃为阁下不取也。兄之吏才与文思过人,弟与希庵兄均扫榻以俟高轩之至。如可相助为理,当亦涤帅所心许,何尝不欲酬复前劳……弟以与兄有素日之雅,故敢尽情倾吐之"。①

1861年2月,王有龄上奏请调李元度援浙,"诏如所请"。李元度回湘募勇,取名"安越军",曾在湘北、鄂南、江西等地抗拒太平军。胡林翼为了争取李元度,固结湘系,与官文会衔上奏李元度功绩,奉命赏还按察使衔,加布政使衔,但李元度是硬汉子,已经横下一条心,不与曾国藩共事,没有改变"安越军"的名称。10月,率领"安越军"到浙、赣边境。这时,李秀成已经开始进攻杭州,左宗棠奉命节制援浙诸军,李元度归左宗棠节制指挥。同年12月,太平军攻克杭州。1862年1月22日,清政府命左宗棠为浙江巡抚。2月,左宗棠以李元度为盐运使,兼置布政使,3月,擢按察使。曾国藩对李元度打出"安越军"的旗帜,继续分裂湘系,越想越生气,越忌恨,3月22日,再次参劾李元度,加给他的罪名是:第一,私求王有龄调赴浙江。并且不向我请示而擅自回湘募勇,取名"安越军"。第二,李元度的"安越军"在江西、湖北所得胜仗,多系"冒禀邀功"。第三,李元度于1861年10月到衢州,"节节逗留,任王有龄羽檄飞催,书函哀恳,不一赴杭援救。是该员前既负臣,后又负王有龄,法有难宽,情亦难恕",请予革职,"安越军"应予遣散。②曾国藩明明把王有龄看作死敌,存心置王有龄于死地的不是李元度,而是曾国藩(容下文讨论),他却在奏折中为王有龄的死鸣冤叫屈起来,把杭州失守与王有龄兵败自杀的责任推到了李元度的身上,必欲置李元度于死地而后快,可称阴险狠毒。后来,清政府命浙江巡抚左宗棠查复。左宗棠是当事人,对曾、李关系恶化的奥妙看得一清二楚。李元

---

① 胡林翼:《致李次青》,载《胡文忠公遗集·抚鄂书牍》(卷八十),第7页。
② 曾国藩:《参李元度片》,载《曾文正公全集·奏稿》(卷三),世界书局版,第464—465页。

度从湖南率"安越军"到浙、赣边境后,奉命归左宗棠节制调遣。左宗棠本来奉命节制援浙诸军、速赴浙江"剿办",如果要追究杭州不保,王有龄兵败自杀,援救不力的责任,首当其冲的不是李元度,而是左宗棠。当杭州被围,王有龄呼救不迭时,曾国藩指示左宗棠"舍浙保赣"。所以,真正置王有龄于死地的,既不是李元度,也不是左宗棠,而是曾国藩自己。曾国藩把这桩罪名栽到李元度的头上,使他自己见轻于左宗棠,种下了曾、左分离的因素。对于浙江战事等情况,左宗棠身历其境,了然于胸,因此,他在复奏李元度一案时说:杭州被围时,太平军已深入浙江腹地,散驻各郡县。所有赴杭路径,均皆梗塞,李元度势难赴援杭州,"实非有意逗留"。惟李元度驭勇过宽,营制不整。现将"安越军"十五营挑强汰弱,照湘军编制编成五营,由我节制,仍归李元度统率。李元度"在时流中亦为难得之选,应免治其罪",归我差委。①后来,清政府将李元度革职遣戍。问题是为什么曾国藩过去念念不忘李元度的"三不忘"的恩德,今天却虚捏他的罪名,必欲置他于死地而后快呢?

李元度在浙江将所部平江勇五营交浙江提督饶廷选指挥,已经引起曾国藩的不满。后来,他又接受浙江巡抚王有龄的委派,赴任温处道,引起了曾国藩的忌恨。太平军攻占徽州,李元度不赴祁门,而是直奔浙江开化,这是李元度有意向曾国藩示威。被革职后,李元度接受王有龄的委托,回湖南招募"安越军",公开打出了从湘军分裂出去的旗号,转到曾国藩的政敌一边,曾国藩就怒不可遏,意欲置李元度于死地了。如果说过去曾国藩对李元度有"三不忘"的恩德,是因为李元度在曾国藩穷途末路时,维护了湘军的团结与生存,那么,今天由"三不忘"一下子转变为必欲置李元度于死地而后快,其根本原因是因为李元度犯了分

---

① 左宗棠:《甄汰安越军存留五营片》,载《左文襄公全集·奏稿》(卷二),第11—12页。

裂湘军、准备为曾国藩政敌卖命的忌讳。曾国藩参劾李元度，充分暴露了他专横跨扈的军阀性格。

曾国藩参奏李元度，下笔如刀，不择手段，乱扣罪名，不能不使左宗棠等为之寒心，对曾国藩存有戒心，反而增加了湘军内部的离心力。李元度被革职遣戍并未成行，因为后来李鸿章上奏为他转圜。李鸿章、沈葆桢、李续宜、彭玉麟、鲍超等代缴台费①。李元度被赦免回籍。后来，在中法战争时期，李元度转化为抵抗派，随彭玉麟至广东赞襄抗法事宜，多所建白，并向清政府建议台湾设省，移福建巡抚于台湾②。沈葆桢等愿为李元度等缴纳台费，这是他们对曾国藩军阀作风的抗议。

三、曾国藩夺取苏、浙地盘，何桂清集团的消灭

1860年5月，太平军二破江南大营后，忠王李秀成乘胜东征，攻克丹阳。咸丰帝"虑苏、常必危，彭相辄奏云：'何桂清驻常州，筹画精详，又有张国梁、张玉良骁健绝伦之将，文武协力，战守有余，寇奚能为？'不数日，警报押至，苏、常相继陷矣。上讶彭相言不雠，且无知人之明，解彭相军机大臣。寻自陈衰病，请致仕，许之"③。6月2日，太平军攻取苏州，江苏巡抚徐有壬投水自寻。苏州失守前，徐有壬"参奏何桂清弃城逃窜一疏，得达圣聪，系出自毗陵（常州古称毗陵——引者）周弢甫（名腾虎，字弢甫，赵烈文之妹夫——引者）之手，语甚激

---

① 赵尔巽：《李元度》，载《清史稿·列传》（下册），第1407页。
② 《清史列传》（卷七十六），第33—34页；连横：《台湾通史·职官志》（上册），第96页。
③ 薛福成：《书昆明何帅失陷苏常事》，载《庸庵全集·海外文编》（卷四），第19—20页。

切。朝廷震怒，著即革职拿问"①。何桂清逃匿上海，得到他的亲信骨干江苏巡抚薛焕的庇护，高卧沪上。

何桂清出任两江总督后，对薛焕甚为器重，将他从知府拔擢至布政使。1860年6月，太平军攻克苏州，江苏巡抚徐有壬城破自杀，清政府以薛焕为江苏巡抚，设巡抚衙门于上海。薛焕与浙巡抚王有龄一再奏请准许何桂清暂留军营效力。朝廷不准。

薛焕在上海拥兵五六万，自保不暇，无力反攻苏州，但又想重整何桂清集团的门户，于是转而派遣特务潜至太平天国苏福省省城苏州，拉拢、腐蚀隐藏在太平军内部的异己分子熊万荃、李文炳、钱桂仁，以及周庄枪匪头子费秀元、长洲县（今属苏州市）团练首领徐佩瑗等，组成了一个庞大的叛变集团，李文炳甚至送母、子到上海为质。1861年冬，太平军猛攻杭州，苏州城防空虚，在薛焕的策动下，叛徒们准备在苏州城区发动叛变。负责策动叛变具体工作的吴云，致书李文炳说："阁下所犯过重，非他人可比。前此薛觐宪将阁下被陷苦情，现在纠集同志血诚反正，并办内应各事，代为详晰密奏。昨已奉旨一一允准，并根公（何桂清，字根云——引者）亦有转机矣，现在根公喜甚。想阁下得此信，必更喜不可支也。从此去逆归顺，有出头之日。"令郎南官与尊堂在此，俱各安好，决不亏待。②后来，叛徒们企图在苏州城区暴动，袭陷苏州的阴谋不逞。从吴云给李文炳信中说的"并根公亦有转机矣，现在根公喜甚"等语看，薛焕企图利用策动叛变，袭陷苏州，为何桂清翻案，是显而易见的。因此，两江总督曾国藩，要想真正巩固自己的政治地位，必须夺取浙江、江苏两省的政权，才能彻底铲除何桂清集团的势力。

1861年冬，忠王李秀成指挥太平军猛攻浙江，包围杭州。浙江巡抚

---

① 沈守之：《借巢笔记》，第23页。
② 吴云：《复李某》，载《两罍轩尺牍》（卷十二），第38—40页。

连连向朝廷告急求援。清政府命令曾国藩设法解围杭州。曾国藩看准了这个时机是他为罗遵殿报仇雪恨，夺取浙江地方政权的绝好机会。王有龄阻滞张玉良救援杭州，借刀杀人，夺取了浙江巡抚。曾国藩"以其人之道，还治其人之身"。1861年12月25日，他在《左宗棠定议援浙节制诸军折》中，首先提出以左宗棠援浙，节制浙江诸军。次之，他向清政府指陈浙江"贼势浩大"，非数千兵力所能解救。左宗棠现驻江西广信，督军布防浙、赣边境，防止"贼匪"阑入江西，故援浙必先保赣。①他既造成了援浙非左宗棠莫属的形势，又为左宗棠不能及时救援杭州作了注脚。他在上奏《左宗棠定议援浙节制诸军折》前，调集鲍超、张运兰、朱品隆等部坚守皖、浙交界地区诸要隘。他写信给左宗棠说："在国藩之意，即虑春霆一入浙境，面面皆贼，全无方略，四顾失措，不足救浙，适足害鲍也……鲍既不能由衢州入浙，则东隅仅有阁下一军，仅此七八千人，援浙保江，不可得兼，故弟为舍浙守江之陋策。请阁下开重镇于广信、河口之间，极知以浙委贼之非计，特无可如何耳。若大力能毅然援浙，而又不至逼贼回窜江西，则请台旌竟为浙中之行，仍求蔽护广信、抚、建一路。若江西再遭蹂躏，则弟与阁下之饷源断矣。"②一句话，叫左宗棠不要援浙。他在用当年王有龄、何桂清逼死罗遵殿的办法，来收作王有龄。

当时，曾国藩有没有力量援浙呢？答案是肯定的。1861年9月5日，湘军、楚军攻陷安庆。9月下旬，李秀成发动对浙江的攻势，10月下旬，进攻杭州。如果王有龄是湘系大将，他可以抽调李续宜、曾国荃、鲍超等部主力移军入浙，配合左宗棠部挡住太平军对杭州的攻势。问题是他为了夺取浙江这块地盘，报罗遵殿一箭之仇，才定下"舍浙保赣"的军事决策的。在"舍浙保赣"这一思想指导下，左宗棠、鲍超在浙、赣边

---

① 曾国藩：《左宗棠定议援浙节制诸军折》，载《曾文正公全集·奏稿》（卷十七），第33—34页。

② 曾国藩：《复左季高》，载《曾文正公全集·书札》（卷九），第15—16页。

境勒马观变。1861年12月29日，李秀成军攻破杭州，王有龄和罗遵殿一样，穷蹙自杀，在敌方派系矛盾重重的情况下，忠王李秀成、侍王李世贤迅速完成了开辟浙江根据地的战略任务。曾国藩湘系则达到了逼死浙江巡抚王有龄、铲除何桂清集团在浙江势力的目的。

早在1861年11月18日，清政府命曾国藩查复浙江巡抚王有龄的参款，他复奏说：王有龄"不谙军情"，"冒奏以饰功"，"袒庇私党"。"以掊克贪缘为事"，现今杭州被围，"即使杭省幸而保全，而数万败军，亦非王有龄所能管辖"。[①] 其实，王有龄除治军不如曾国藩外，其他各种毛病如掊克聚敛、"袒庇私党""冒奏饰功"等，不比曾国藩更严重。曾国藩这个奏折是要王有龄下台，换一个懂军事的能臣去当浙江巡抚，不言而喻，这个能臣只有在湘军将领中挑选了。12月29日，王有龄自杀。1862年1月23日，清政府接受曾国藩的推荐，以左宗棠为浙江巡抚。曾国藩在《请优恤罗遵殿王有龄片》中，首先为罗遵殿昭雪冤抑，请求清政府"从优赐恤"。在议及王有龄时，他想起了罗遵殿被撤销恤典的故事，所以在议及王有龄的恤典时夹雪夹雨，他说：王有龄"迭被参劾"，唯有坚守杭城一役中，"粮尽援绝，见危授命，臣断不敢以一眚掩其忠节。该抚平昔苛派捐饷，严劾士绅，杭州之人，感其死守，绍兴之人，恨其暴敛"，唯仍应表扬忠烈，赐予恤典。左一个"苛派"，右一个"暴敛"，即使王有龄死了，曾国藩瞪他一眼，骂他一句，也感到舒服些。在湘系与何桂清集团的派系斗争中，曾国藩做到了睚眦之怨必报、无毒不丈夫的地步。

王有龄死后，何桂清的死党、亲信骨干又少了一个，浙江省的地盘也被曾国藩湘系抢去了。对曾国藩来说，剩下的问题只有如何夺取江苏地盘，彻底铲除何桂清集团势力了。如前所述，钱鼎铭等西上"安庆乞

[①] 曾国藩：《查复江浙抚臣及金安清参款折》，载《曾文正公全集·奏稿》（卷二），世界书局版，第436—439页。

师"，曾国藩毅然分兵东下淞沪，除了觊觎上海是饷源重地外，更重要的是想夺取江苏这块地盘。1861年12月6日，他在《查复江浙抚臣及金安清参款折》中说：江苏巡抚薛焕募兵数万，不能"专办一路之贼"。薛焕所部兵勇，纪律废弛，到处扰掠，"商民怨愤"，"沪城绅民，既畏贼踪之环逼，又虞兵勇之肆掠，日夕惊惶，不获安处"。其所援引之人，类多夤缘之辈。"薛焕偷安一隅，物论繁滋。苏、浙财赋之区，贼氛正炽"，该员"不谙军事"，难以胜此重任，"应否降革之处，出自圣主鸿裁"。所以，李鸿章率领淮军前来上海不到一个月，清政府便以李鸿章代替薛焕为江苏巡抚。曾国藩施展了两面三刀、阴谋陷害等手法，夺取了浙江、江苏两省的地方政权。他一边在辞让节制四省军事，说什么"臣一人权位太重，恐开斯世争权竞势之风，兼防他日外重内轻之渐，机括甚微，关系甚大"。然而，他同时又在攫取苏、浙两省地方政权，这就又从一个侧面暴露了他的伪道学。苏、浙、皖、赣四省都是湘系将领，曾国藩的权势空前膨胀，政治地位空前提高。问题是何桂清还活着，曾国藩很不放心。他在盘算着如何置他于死地。这一天终究来到了。

李鸿章就任江苏巡抚后，迅速逮捕何桂清，押解北京。何桂清被捕以前，已经"潜令心腹，以重赀入都，遍馈要津，凡有言责者，鲜不受其沾润。自谓布置停当，放胆而行，于同治元年春到京"[1]。1862年5月，入刑部狱。"是时，苏常绅民憾桂清尤甚。总办秋审处刑部直隶司郎中余光倬，常州人也，实司定谳，引封疆大吏失守城池，斩监候秋后处决律。谓桂清击杀执香跪留父老十九人，忍心害理，罪当加重，拟斩立决。爰书既定，诏大学士、六部九卿翰詹科道会议，皆佥如刑部谳。谕旨复以何桂清曾任一品大员，用刑宜慎，如有疑义，不妨各陈所见"[2]。

---

[1] 沈守之：《借巢笔记》，第23页。
[2] 薛福成：《书两江总督何桂清之狱》，载《庸庵全集·海外文编》（卷四），第50页。

刑部已经根据何桂清的罪行，判定拟斩立决，循理朝廷应批准执行。为什么在处死何桂清的问题上枝节横生，始而命大学士、六部九卿等会议，继而又提出一品大员用刑宜慎，要臣下各陈所见呢？明明是西太后、奕䜣有意开脱何桂清，为什么奕䜣等要为何桂清减罪？主要是何桂清曾会同桂良、花沙纳等到上海订立了《善后通商章程》，体现了主张妥协退让的桂良等的意旨。此外，他早在1859年便提出了"粤逆之患急而大，夷务之患缓而深"。1860年太平军攻克苏州，何桂清上奏"借洋兵助剿"，他说："大营兵勇，溃败决裂，至于此极，而夷务之无可挽回，景象业已毕露……臣之本意重在消弭此衅，而即以……借兵助顺……以分其势，而系其心。"①所以，奕䜣等引何桂清为知己。再说何桂清早已派遣心腹，"以重赀入都，遍馈要津"，恭亲王奕䜣首当其冲。这是朝廷有意对何桂清网开一面的根本原因。

清政府命大学士、六部九卿等"各陈所见"后，据薛福成说：上疏申救何桂清者十七人，"大学士衔礼部尚书祁文端公寯藻为之首，疏引仁宗睿皇帝谕旨，刑部议狱不得有加重字样为辞"。祁寯藻等群吠力争，措辞横蛮，甚至说："国人皆曰可杀，臣亦国人，未敢谓其可杀。"②"又有工部尚书万青藜，通政使王拯，顺天府尹石赞清，府臣林寿图，九卿彭祖贤、倪杰，给事中唐壬森，御史高延祐、陈廷经、许其光、李培祜等，或一人自为一疏，或数人合具一疏，其余五人，则余忘之矣"③。可见何桂清奥援势力之雄厚。后来，刑部审讯何桂清时，何桂清辩解说："退至苏州，从江苏司道之请，欲保饷源重地也。因引薛焕等四人禀牍为证。"清政府命钦差大臣、两江总督曾国藩查复。

曾国藩在京师的耳目众多，对祁寯藻等申救何桂清一案，当然了解

---

① 《何桂清奏时势紧迫请求外援折》，载《吴煦档案选编》（第一辑），第14页。
② 沈守之：《借巢笔记》第25页。
③ 薛福成：《书两江总督何桂清之狱》，载《庸庵全集·海外文编》（卷四），第51页。

第十三章　曾国藩湘系与何桂清集团的矛盾斗争 / 289

得详详细细。申救的大臣愈多，曾国藩的压力愈大，愈加害怕，就越要置他的政敌何桂清于死地。因此，当清政府责令他查复关于薛焕等四人的禀牍问题时，他抓准了这个机会，复奏说："臣在外多年，忝任封疆，窃见督抚权重，由来已久。黜陟司道，荣辱终身，风旨所在，能使人先事而逢迎，既事而隐饰，不特司道不肯违其情，即军民亦不敢忤其意。十年七月（1860年8月——引者），嘉兴大营将弁，联名数十，具呈请留何桂清在苏暂不解京，求臣转奏，由王有龄移咨到臣。臣暗加察访，不过通知军中数人，并非合营皆知，是以未及代奏，而王有龄已两次具奏。观营员请留之呈，则司道请移之禀，盖可类推，无庸深究。"接着他挥舞起理学绝对忠君思想的杀手锏，他说："疆吏以城守为大节，不宜以僚属之一言为进止，大臣以心迹定罪状，不必以公禀之有无为权衡。"①这道催命符到北京后，1862年12月，何桂清即被弃市。曾国藩、何桂清同为朝廷镇压太平天国的鹰犬，本质上是一丘之貉。从何桂清的被杀，反映了在何桂清集团与曾国藩湘系的派系之争的过程中，曾国藩心计之深，用心之狠，手段之毒。曾国藩一天到晚挂在嘴上的诚、信等等，充其量只讲"派诚""派信"，对别的派系，没有诚、信之可言，只有踢脚、陷害。

何桂清被杀后，何桂清京中党羽对红极一时的曾国藩莫可奈何，他们对余光倬却"旋摭他案劾之，撤销记名御史暨京察一等，竟废不复用"②。

1861年春，彭蕴章重入政府，署兵部尚书。同年秋，兼署都察院左都御史。是年冬，《密陈事务六条》，"大旨谓楚军遍天下，曾国藩权太

---

① 曾国藩：《查复何桂清退守情形折》，载《曾文正公全集·奏稿》（卷十六），第71—72页。
② 薛福成：《书两江总督何桂清之狱》，载《庸庵全集·海外文编》（卷四），第52页。

重，恐有尾大不掉之患，于所以撤楚军，削曾公权者，三致意焉"[1]。这就埋下了曾国荃攻陷天京后，曾国藩兄弟遭到政治打击的伏笔。

曾国藩湘系与何桂清集团明争暗斗了五六个年头，结果何桂清集团被打得烟消云散。作为中国近代史上的第一个大军阀，曾国藩为本派系唯权是夺，有利必争。他是善于搞派系斗争的。

---

[1] 薛福成：《书宰相有学无识》，载《庸庵全集·庸庵续编》（卷下），第9页。

第十四章　曾国藩指挥中外联合武装绞杀太平天国

一、天京会战中曾国藩"胆已惊碎"，李秀成进兵淮南受挫

1861年9月，布政使曾国荃部湘军攻陷安庆，经过休整，补募湖南勇丁后，循江东下，1862年4月，连陷无为、铜城闸、巢县、和州、裕溪口、南陵等地，于5月28日攻陷秣陵关。29日，续陷大胜关、三汊河，逼扎雨花台，进犯天京。与此同时，侍郎彭玉麟统率湘军水师攻陷头关、江心洲、蒲包洲，进泊江宁的护城河，应援曾国荃部湘军陆师。天京的军事形势一天比一天紧张、严重起来了，天王洪秀全为之坐卧不安。

1862年5、6月，忠王李秀成创造了太仓、嘉定、青浦大捷后，乘胜猛攻"洋枪队"的基地松江，眼看松江指日可下，天王洪秀全"一日三诏"，严令李秀成回救天京。李秀成被迫收缩对上海、松江的攻势，遣返苏州。6月22日，李秀成于苏州召集听王陈炳文、纳王郜永宽、慕王谭绍光、孝王胡鼎文、航王唐正才、相王陈潘武、主将蔡元隆和吉庆元等举行诸王会议；8月6日，召集补王莫仕葵、襄王刘官芳、堵王黄文金、首王范汝增、来王陆顺得等再次举行诸王会议，商讨援救天京以解金陵之围的策略。据《谈浙》载：此次会议，李秀成"拟合侍逆、护逆共十三伪王，号称六十万，于闰八月二十日（1862年4月13日）至十月初五

日（11月26日）拚死环攻我湘军大营，以图解金陵之围"。会议后，刊有《会议辑略》一书，针对太平军诸王各自为战，缺乏统一指挥的分散主义倾向，李秀成提出："如欲奋一战而胜万战。须先联万心作一心。"①会议上决定以护王陈坤书率军数万，从皖南的太平府进攻金柱关，切断曾国荃部的饷道；以辅王杨辅清、匡王赖文鸿、襄王刘官芳、堵王黄文金等部进攻宁国，进窥徽州，钳制皖南的鲍超、张运兰、朱品隆等部；以慕王谭绍光为苏州佐将，率军镇守苏福省；以听王陈炳文为杭州佐将，镇守杭州。9月上旬，忠王李秀成率军西进，指挥天京会战。10月，李秀成指挥诸王所部主力，轮番猛攻曾国荃部湘军，东起方山，西至板桥，五六十里内一片战火，枪炮之声轰鸣不绝，杀声此起彼落。太平军进攻雨花台前湘军营垒的攻势最为猛烈，敌军屡濒于危，曾国荃的面颊中枪伤，抵死不退。

  曾国荃部湘军军情危急的战报，雪片似地飞向安庆两江总督衙门，曾国藩向江西、湖南催解协饷、火药、军械、帐篷，解送曾国荃军营；命江北的都兴阿拨军数营增援天京外围湘军；商请浙江巡抚左宗棠拨出王文瑞率军数千增援皖南；又请左宗棠猛犯严州，防止侍王李世贤继续从浙东抽兵增援李秀成。天京会战半个多月后，曾国藩致书李续宜说："近日警报迭至，伪忠王率大股十余万，攻扑金陵官军，闻凶悍实过于狗逆，洋枪、洋炮极多，滨江各营，系舍季弟所带，营数较稀，士卒又弱，贼现将在该处扎垒，截我粮道，万分危急。黄、胡、李一股自东坝窥窜宁国，宋国永派六营至新河庄迎剿，小挫，退回宁郡。春霆自芜湖力疾回营，而水师既已退出宁国，粮道已断，安能保全？两月以内，久知其大有奇变，无法预防将来，变故已成之后，尚求阁下大力挽回，能保徽州固好，否则亦须保全江西，如咸丰十年之局，亦是支一日算一

---

① 许瑶光：《谈浙》，载《太平天国丛刊》（第六册），第594页。

日……鄙人心已用烂，胆已惊碎，实不堪再更大患。"①

1861年9月22日，"常胜军"统领华尔在浙江慈溪被击毙，统领一职由美国人白齐文继任。江苏巡抚李鸿章向曾国藩建议派"常胜军"增援曾国荃。曾国藩、曾国荃原意是希望李鸿章派程学启前来，后来听说派"常胜军"来，颇为不悦。曾国藩致书李鸿章说："白齐文军果于何日成行？前次约法二条，祈于便中预订之。"又说："白齐文之来，非鄙意所愿，然既自尊处建议，伊又欣然乐从，此时断无尼止之理，惟有二事须与约定：一则舍弟困于长濠之内，极不得势，'常胜军'不可再入濠内，或从下游之下关、九洑洲进兵，或从上游之采石、太平进兵，庶收夹击之效。一则事机倘顺，收复金陵，则城中财货，白军不得大肆掳掠，须一一查封，以一半解京，余一半各军匀分，白军酌多一倍亦可。若不严禁抢掠，则分财之时，必且各军互斗，此虽必无之事，而亦不可不预约，不可不预防者也。"②曾国藩一贯吹嘘教育湘军官兵，行军打仗，"以爱民为第一要义"。从上面他与李鸿章的书札中议论分赃等问题看，再联系到1864年湘军攻破天京后，在天京城中的烧杀抢掳等考察，雄辩地说明他的行军打仗"以爱民为第一要义"，纯属欺人之谈。

在天京会战的四十余日中，太平军云集天京外围，因赴援天京太急，没有足够的物资准备，粮食供应困难。11月下旬，苏南进入初冬季节，寒风凛冽，太平军战士们犹身穿单衣。陈坤书进攻金柱关受挫，湘军的运道畅通无阻。曾国荃依仗湘军水师，源源不断运来兵员、粮食、弹械，湘军虽然受困已久，但依然能战。11月13日，苏州太平军在上海外围四江口一役，损失甚重。曾国藩说："苏、昆腹地空虚"，李秀成不得不"分贼六七万人回顾老巢"。③11月26日，天京会战告一段落，曾国荃部湘军逃脱了被歼的厄运。

---

① 曾国藩：《致李希庵中丞》，载《曾文正公全集·书札》（卷十），第34页。
② 曾国荃：《复李少荃中丞》，载《曾文正公全集·书札》（卷十），第36、38页。
③ 曾国藩：《复方存之》，载《曾文正公全集·书札》（卷十），第109页。

会战结束后，曾国荃致书郭昆焘说："弟自去年秋在安庆经过恶风巨浪，以为贼不足以制我，敢于悬军深入，不意事与愿违，多、鲍大军皆不能并集于二百里内，初则以为可以自强，不望他人来援，亦可自立……倏来强寇，实数满二十万，实所难堪，竟遂为贼所制，寸步难行，占地五六十里，前后左右皆贼环伺，智尽能索，肆应不暇，濒危者屡矣。"[①]惊天动地的天京会战，李秀成虽然没有能达成歼灭曾国荃部湘军的战略任务，但沉重地打击了逼扎雨花台的湘军，把湘军逼攻天京的时间推迟了半年。李秀成说：因天京会战未能扫除曾国荃军营，"我主严责革爵，当展[殿]明责，即饬我进兵北行，不得不由"[②]。

进兵淮南之前，1863年1月11日，李秀成随带卫队，前往苏州部署防务，谁知17日早已向李鸿章密递降表的骆国忠叛变于常熟，苏福省的侧翼被打开了一个缺口。李鸿章调令"常胜军"、淮军等溯江而上，进犯福山，援应常熟叛军，而以其主力扑犯太仓。慕王谭绍光等部投入了征讨叛军、保卫福山、太仓战斗，苏福省保卫战全面展开。苏福省是富庶之区，太平天国的饷源基地，太平天国得之则生，失之则亡，李秀成深知此中利害关系。所以，为了指导、部署苏福省保卫战，李秀成推迟至3月11日才督率忠二殿下李容发等部渡江北上。他说，我先派兵收复江浦、浦口，打通了从江南到江北的通道，然后亲督大军北渡长江，向含山、和州、巢县进兵，此地一带百姓，全被抢光，生活极端为难，"当令手下属员汪宏建带银两买粮、买谷种而救于民。兵由巢县进发，到石岗[涧]铺[埠]，偶[遇]中堂发来人马，安扎营垒十余个，当即排阵迎战，此[彼]不出军，专守为稳，以逸代[待]劳，攻数日未下。天连降大雨不息，官兵困苦，病者甚多，一夜至天明，合[阖]管[馆]病倒，见势为难，攻又不下，战又不成……后扯兵由庐江而上舒城，到六

[①] 曾国荃：《致郭昆焘》，载《咸同中兴名贤手札》，文海出版社，第249—253页。

[②]《李秀成自述》影印本。

安州……正逢青黄不接，那时想去会陈德才之军，此地无粮，不能速去，不得不由迎［回］军返佩［辔］，由寿春边近而回"。后来，回军至天长等处，曾国荃已指挥湘军攻占雨花台营垒（1863年6月17日事），"京内慌乱"。苏福省的常熟、太仓、昆山也已相继失守，苏福省保卫战已趋向高潮。那时，天王洪秀全"差官捧诏诏［召］我回京，当即分军回转。斯时正逢长江水涨，道路被水冲崩，无处行走。那时，和州又败，江浦失守，官兵纷乱。然后将舟只先渡将官、战兵、马匹过江……此［时］九洑洲又被水没，官兵无栖身［之所］，有米无柴煮食，饿死甚多"。我回到江南，天京城外要点雨花台已经失守，湘军在那里构筑了坚垒深濠，难以收复。渡江南回的官兵极多，因缺乏军粮，纷纷散向苏州、浙江。进兵淮南一役，先后失去我官兵数万人。李秀成回忆这段历史，极为痛心地说："因我一人之失锐，而国之危也。"①

1861年9月，安庆失守，英王陈玉成牺牲后，李秀成说：天王洪秀全命令所有陈玉成的部队，全归忠王李秀成节制调遣。后来"调陈得才来到苏省，当面订分"，令其前往西北招兵买马，二十四个月回来解围天京。论理，扶王陈得才如约而回，应在1864年秋冬之际。天王既未得到陈得才军活动的确切探报，忽然命令李秀成进兵淮南，"接陈得才之军"，开辟淮南战场，这显然是战略错误。因为李秀成统率大军北进，使曾国荃得到了喘息的机会，迅速恢复元气。当天王命李秀成用兵淮南时，李秀成坚决反对，他认为苏、浙根据地是太平天国心腹之地，苏、浙失守，天京万无幸存之理，当殿力争，天王不从，"一味蛮为，云称：'有天所定，不必尔算，遵朕旨过此，接陈得［才］之军，收平北岸，启奏朕闻'。启奏不入，实佞臣之所由，惑主而行"。实践证明，用兵淮南，打无准备的仗，其结果落得损兵折将，元气大丧。等到1863年6月中旬李秀成渡江南回，苏、浙根据地保卫战都发生了极不利于太平天

---

① 《李秀成自述》影印本。

国的变化,特别是苏福省战场的败报,雪片似地飞向天京。

二、苏、杭失守,天京陷落

从1863年1月骆国忠在常熟叛变开始,太平天国根据地保卫战全面展开,战斗日趋激烈,规模日益庞大,战争形势越加复杂。大致说来,太平军是在苏福省、浙江战场与天京战场同时作战,而以主力投入苏福省保卫战。三个战场战斗的基本形势如下:

天京战场方面。天京会战后,李秀成奉命进兵淮南,天王洪秀全强令侍王李世贤率领浙东太平军一部出击宁国、太平、芜湖等地,袭击曾国荃部湘军后路,钳制皖南湘军;调集常州佐将护王陈坤书指挥所部主力,转战于天京、镇江外围,俟机攻击敌军,威胁围城湘军,使湘军常常有狼顾之虞。天京附郭曾国荃部湘军,在钦差大臣、两江总督曾国藩的全力支持下,招募新勇,重点配备后,经过半年的休整,元气恢复,对天京的攻势重新开始了。1863年6月中旬,攻陷紧靠天京城的重要据点雨花台和聚宝门外太平军的营垒。天京保卫战又重新紧张起来了。

浙东战场方面。浙东太平军一开始就陷入了敌军夹击的被动态势。1862年1月,左宗棠出任浙江巡抚后,率军从江西入侵浙东,攻陷江山,进犯包围衢州的太平军营垒。5月,江苏巡抚李鸿章利用英、法海军和宁波一带的清军,于14日攻陷宁波。以后,又组成中英、中法混合武装,配合清军,续犯余姚、慈溪等县,不断向东进攻。12月,进犯绍兴。1863年3月,攻占绍兴。早在1862年秋,天王洪秀全严令李世贤抽调浙东太平军一部参加天京会战。天京会战告一段落后,天王续命李世贤辗战皖南、金柱关一带。自从李世贤抽兵参加天京会战后,浙东战场兵力锐减,缺乏统一指挥,中英、中法混合武装从宁波向绍兴东进,无异为清军开辟了第二战场,使浙东太平军陷入两线作战。正是在这样情况下，左宗棠才能先后攻陷汤溪、龙游、金华、桐庐。1863年5月，湘军迫犯富阳，并调中法混合武装"常捷军"助战。9月中旬，利用"常捷军"的洋炮，摧毁了太平军的工事，左宗棠部湘军才攻陷富阳，进逼杭州、余杭。

苏福省战场方面。苏福省保卫战，是太平天国晚期防御战的主战场，面对敌人最为凶恶强大，战斗之激烈，规模之庞大，都是空前的。

1863年1月，骆国忠在常熟叛变后，慕王谭绍光立即统兵讨伐，李鸿章派"常胜军"、淮军组成的中外联合武装进犯福山、太仓。李秀成调杭州佐将陈炳文前来增援。后来，因左宗棠进犯富阳，陈炳文被迫从福山等地前线回兵浙江，增援富阳。慕王谭绍光因兵力不足，放弃讨伐叛军的计划，分兵增援太仓。此后，太仓、昆山相继失守。6月，李鸿章命李鹤章统兵从常熟扑犯江阴，企图迂回苏州。7月，李鸿章部攻陷吴江，切断了苏、浙间的陆上通道。同时，江阴方面的敌军南下，楔入无锡、金匮（今无锡），逐渐形成合围苏州的态势。9月20日，左宗棠部攻陷富阳，进逼杭州。曾国藩早已针对太平天国开辟根据地的战略思想，提出"进占十里，则贼蹙十足之势，进占百里，则贼少百里之粮"的应对方针[①]。现在李鸿章、左宗棠的军事攻势正是贯彻这一方针，拼命在侵削太平天国的苏、浙根据地，收缩太平军作战的回旋余地，切断天京的粮饷来路。自从左宗棠部湘军进攻杭州后，李秀成苏、杭、天京三角防御体系全面紧张。由于李鸿章得到英国的重点扶植，经济力量雄厚，指挥着不断扩充的淮军与强大的"常胜军"，所以苏福省太平军的压力最大，迫使李秀成以主力投入苏福省保卫战。李秀成设计的苏、杭、宁三角防御体系各线均有敌军紧逼，难以互相应援，易于被敌军各个击破。

苏州是饷源重地，当时天京有"簇簇旌旗拥上游，转粮一线仗苏

---

① 曾国藩：《通筹全局请添练马队折》，载《曾文正公全集·奏稿》（卷十二），第32页。

州"的诗句①。当李鹤章部敌军楔入无锡东北境后，李秀成奏调侍王李世贤、章王林绍璋等部数万，在无锡、金匮境内的坊前、梅村、茅塘桥一线布防②，拒止敌军跨越百渎港，占领运河沿线重要据点望亭等市镇，在无锡、金匮境内发起了猛烈的锡金反击战，由于敌强我弱，纳王郜永宽等心怀异志等原因，如大桥角等战役都遭到严重挫折。11月下旬，锡、金反击战告一段落。12月3日，叛徒郜永宽等刺杀慕王谭绍光，献城降敌，苏州失守。苏州失陷，苏福省根据地大部陷敌，标志着李秀成三角防御体系的瓦解。

锡、金反击战鏖战不休时，9月，曾国荃为了策应李鸿章进犯苏州的军事行动，猛攻天京附郭，先后攻陷上方桥、江东桥。11月，攻陷高桥门、秣陵关、中和桥，进至孝陵卫，力图合围天京。这时，左宗棠督军猛攻杭州、余杭，苏、浙根据地战事全面失利，李秀成被打得疲于奔命，穷于应付。曾国藩眉飞色舞地写信给左宗棠说："自少荃攻克昆山，分道图苏，沅弟攻克雨花台各垒，忠逆调群贼南渡，远救苏州，近救金陵，于是下而天长、六合、仪征、来安，次第解围，上而桥林、江浦、浦口，亦皆不战先溃。于是，杨、彭乘机力攻，将九洑洲、草鞋峡、燕子矶贼垒、贼舟一律扫除……现调春霆南渡，扎孝陵卫，作合围之势。忠逆本意援苏，洪逆强留共守金陵，现于东北城外赶修石垒。"③他致书李鸿章说：贵军在"顾山（江阴东南乡——引者）以西攻破贼营七八十座，从此进逼苏垣，群贼当无固志。金陵城大贼多，鲍、萧诸军尚不能扎孝陵卫。百战剧寇，困守死斗，以古法论之，本不宜遽谋合围，恐援贼大至，一蚁溃堤，全局皆震。以机势论之，又似宜迅图合围，使金陵、苏、杭之贼同时危急。该逆备多力分，或者鏖兵于金陵，收效于

---

① 陈庆甲：《金陵纪事诗》，载《太平天国史料丛编简辑》（第六册），第404页。
② 董蔡时：《李秀成自述中的马塘桥即茅塘桥考》，载《中华文史论丛》1979年第三辑。
③ 曾国藩：《复左制军》，载《曾文正公全集·书札》（卷十一），第38—39页。

苏、浙。厚庵、沅浦力主合围之说，鄙人亦不敢过尔持重"①。1864年3月上旬，曾国荃部湘军合围天京城。天京陷落，只是时间问题。

1863年12月3日，苏州失守。同月12日，无锡沦陷。李鸿章指挥中外联合武装扑犯常州。护王陈坤书婴城固守，"欲与金陵犄角"。1864年5月1日，李鸿章利用戈登的洋炮，轰开常州城墙，常州又告陷敌。常州失守前一个多月，3月11日，左宗棠指挥"常捷军"、湘军攻陷杭州。苏、杭失守，太平军在太湖地区失却了回旋余地，各路太平军如李世贤、刘肇钧、陆顺得、陈炳文、汪海洋等部，只得就食江西，准备在秋收时裹粮前来营救天京。

苏州失守后，李秀成心情沉重，赶回天京，向天王提出"让城别走"，放弃天京，作战略大转移。天王洪秀全自己创造了上帝，却拜倒在上帝的脚下，一味靠天，思想脱离实际，保守、僵化，不识大势，不顾大局，严词拒绝，这就决定了天京陷落的悲剧不可避免。领导者的决策，往往会影响到国家的兴衰成败。曾国荃合围天京后，天京飞鸟不入，粮食匮乏，天王命军民等以百草果腹，自己带头吞食百草充饥。1864年6月1日，天王病逝天京。6日，忠王李秀成等扶幼主洪天贵福即位。这时，天京外围州县已经全部丧失，天京完全变成了一个孤立据点，形势危殆，朝不保夕。

7月19日中午，浙江巡抚曾国荃督军在天京太平门城墙所挖地道内用火药轰发，炸塌城墙二十余丈，湘军如狼似虎，潮涌入城。李秀成说：那时"我军不能为敌……破城之时，个个向我流凄〔涕〕。我由太平门败转，直到朝门，幼〔幼〕主已先走到朝门及天王两个小子并到，向前问计。斯时，我亦无法处，独带幼〔幼〕主一人，其余不能提理，幼〔幼〕主又无马坐，将我战奇〔骑〕交与其坐，我奇〔骑〕不力之奇

---

① 曾国藩：《复李少荃中丞》，载《曾文正公全集·书札》（卷十一），第39—40页。

[骑]……带主而上清凉[山]避势，斯时亦有数千余人。文武将官具[俱]而护往……虽天王气满懑尘，误国失邦，我受过其恩，不得不忠，尽力而救天王这点骨血，是尽为愚忠而为。是日将夜，寻思无计"①。时近傍晚，暮色苍茫，李秀成欲冲北门而出，湘军营寨重重。随行文武将官士卒等乱麻一团，哭泣不止。李秀成凭戎马生涯的经验，于四更天舍死领头冲锋，幼天王紧跟在后，从湘军轰倒的城墙缺口冲出。出城之后，冲过湘军营寨，"叠叠层层，濠深垒固"，湘军军营，营营发炮，处处喊声不绝。李秀成与幼天王被乱兵冲散，两下分离。曾国荃得到报告，一部分太平军从城中冲出，随即命伍维寿、黄万鹏等统率马队追击。李秀成说：幼天王是一个"十六岁孩童……定言[然]被杀矣"②。李秀成因坐骑不力，赶不上队伍，在南京附近的方山被俘。7月22日，被押解至湘军大营，"中丞（指浙江巡抚曾国荃——引者）亲讯，置刀锥于前，欲细割之。或告余（指曾国荃的机要幕客赵烈文，字惠甫——引者），余以此人内中所重，急趋至中丞处耳语止之。中丞盛怒，于座跃起，厉声言：'此土贼耳，安足留，岂欲献俘耶！'叱勇割其臂、股，皆流血，忠酋殊不动"③。天京城破后，石头城里瞬间风云变色，出现了烧杀抢掠、惨不忍睹的残酷情景。湘军冲入天京城后，太平军奋战不休，喊出了"弗留半片烂布与妖享用"的悲壮战斗口号。有的太平军占领巷口，勇猛抵抗，挡不住时，转入住宅作战，后来撤入内室，点燃埋藏的火药，轰然一声，焰火冲天，与湘军同归于尽。据目击者赵烈文写的《能静居士日记》载：地道火发，总兵朱鸿章、武明良等冒死冲进缺口，太平军蜂拥抢堵，拚死抵拒。傍晚，其他各路湘军也缒城得手，分路攻入天京，到处搜杀太平天国军民，"计破城后，精壮长毛除抗拒时被斩杀外，其余死者寥寥，大半为兵勇扛抬什物出城，或引各勇挖窖，得后即

---

①②《李秀成自述》影印本。
③ 赵烈文：《能静居士日记》，载《太平天国史料丛编简辑》（第三册），第373页。

行纵放。城上四面缒下老广贼匪不知若干,其老弱本地人民,不能挑担,又无窖可挖者,尽遭杀死。沿街死尸十之九皆老者,其幼孩未满二三岁者,亦砍戮以为戏,匍匐道上,妇女四十岁以下者,一人俱无,老者无不负伤,或十余刀,数十刀,哀号之声,达于四远,其乱如此,可为发指"。于大肆杀戮的同时,又大肆放火,提督萧孚泗在天王府抢到金银无数,"即纵火烧屋以灭迹"。赵烈文又说:"傍晚闻各军入城后,贪掠夺,颇乱伍。余又见中军各勇留营者皆去搜括,甚至各棚厮役皆去,担负相属于道。"诸委员则争购赃物,"各贮一箱,终日交相夸示,不为厌。惟见余至,则倾身障之"。具有讽刺意味的是:曾国荃禁杀良民、掳掠妇女的皇皇告示,遍贴城中,破城的第二日,赵烈文请求曾国荃"封刀"止杀,曾国荃断然拒绝①,将领们也认为赵烈文要求"封刀"是不识时务。赵烈文只能摇头叹气。长期以来,湘军将领以奸淫掳掠来鼓励士气,在天京城中的所作所为,是湘军官兵纪律败坏的一贯表现。王闿运在《湘军志》中揭发说:湘人"争求从军,每破寇,所卤获金币珍货不可胜计。复苏州时,主将所斥卖废锡器至二十万斤,他率以万万数。能战之军,未有待饷者也"。"湘军于饷艰难,其后人人足于财,十万以上赀殆百数。"②

  湘军明明是一伙吃人血肉的豺狼,是一伙有组织的强盗,曾国藩却在《金陵湘军陆师昭忠祠记》中吹嘘它是仁义之师,大言不惭地说:"嗟我湘人,锐师东征,忠义是宝。"③曾国藩平时吹嘘的忠义、仁爱,充其量只行于官僚士绅与湘系中间,还有就是行于外国侵略者之间,对农民,只有杀掠,杀掠,还是杀掠。看来,湘军尽情屠杀天京城内军民,

---

① 赵烈文:《能静居士日记》,载《太平天国史料丛编简辑》(第三册),第376页。
② 王闿运:《湘军志·筹饷篇第十六》,第4页。
③ 曾国藩:《金陵湘军昭忠祠记》,载《曾文正公全集·文集》(卷二),第28—29页。

上自白发老叟，下至襁褓幼儿，无一幸免，拼命抢掠天京财物，这全在他笔下"忠义是宝"的范畴之内。这就是他"吾欲行仁义于天下，使万物各得其分"的实践。天京破城后，湘军把天京城内的钱财、妇女抢光了，天京军民杀光了，湘军抢饱了，曾国荃所得独多，"老饕"之名遍天下。

1867年8月19日，赵烈文与曾国藩谈起湘军攻陷天京时的所作所为，"师（指曾国藩——引者）狂笑，继又曰：'吾弟所获无几，而老饕之名遍天下，亦太冤矣'"[1]。听了湘军在天京城中惨绝人寰的烧杀抢掠而"狂笑"，继而为曾国荃赖账，说什么曾国荃"所得无几"，反得"老饕"之名而为之辩解，其无耻也，其残忍也，到了什么程度！这就把他崇奉理学，"笃行仁义"的画皮剥得精光了。

三、曾国藩满口仁义道德，推行残酷的"三光"政策

曾国藩对造反民众残忍好杀，上文有所论述，特别在太平天国晚期，他指挥所部湘军、淮军进犯太平天国的安徽、浙江、江苏省根据地时，明确训示部属，必须大量屠杀太平天国军民。安庆战役期间，守卫菱湖岸边营垒的太平军八千名降敌，曾国荃命部将朱洪章将俘虏全部杀光[2]。事后，曾国荃为此而心神不安。曾国藩写信给曾国荃说："既已带兵，自以杀贼为志，何必以多杀人为悔？此贼之多掳多杀，流毒南纪；天父天兄之教，天燕、天豫之官，虽使周、孔生今，断无不力谋诛灭之理。既谋诛灭，断无以多杀为悔之理。"[3]他得到曾国荃攻陷安庆的军报

---

[1] 赵烈文：《能静居士日记》，载《太平天国史料丛编简辑》（第三册），第411页。
[2] 朱洪章：《从戎纪略》，载徐氏辑：《念劬庐丛刻》第一册。
[3] 曾国藩：《致沅弟季弟》，载《曾国藩全集·家书一》，第737页。

后，在家书中说：安庆克复，"城贼"一万数千，"并无一名漏网，差快人心"。①他以多杀人为快。

曾国藩也承认，陈玉成治理下的安徽省根据地内，"粗有条理，颇能禁止奸淫，以安裹胁之众。听民耕种，以安占据之县。民间耕获，与贼各分其半。故取江南数郡之粮，运出金柱关，取江北数郡之粮，运出裕溪口，并输金陵……傍江人民，亦且安之若素"②。自从湘军攻陷安徽省后，却"烟火断绝，耕者无颗粒之收"，饿殍载道，死亡相继。所以，当李秀成在1863年进兵淮南时，沿途所过州县，"百姓被劫为难，当令手下属员汪宏建带银两，买粮、买种谷而救于民"。③由于淮南各县"实实无粮"，太平军也饿死不少，李秀成被迫收兵回南。李秀成进兵淮南时，曾国藩根据淮南农村的破落情况，已料定李秀成在淮南无所作为，他得意地说："贼行无民之境，犹鱼行无水之地；贼居不耕之乡，犹鸟居无木之山，实处必穷之道，岂有能久之理。"④这就透露了曾国藩推行惨绝人寰的烧光、杀光、抢光的"三光"政策，其目的在于防止太平军卷土重来。其部将李鸿章等对曾国藩的"三光"政策是心领神会的。

李鸿章指挥中外联合武装进犯苏福省根据地时，学着曾国藩的调子，分析太平天国的军情说："金陵是发逆老巢"，而"苏、杭、常、嘉又为金陵根本"，太平军定然"死守而力争之，以成犄角之势，以护粮饷之源"。⑤李鸿章率军进犯嘉定、太仓、常熟地区时，厉行曾国藩的"三光"政策。在他准备进一步进犯苏州地区时，他奏陈说：已经收复的松

---

① 曾国藩：《致澄弟》，载《曾国藩全集·家书一》，第769页。
② 曾国藩：《沿途察看军情贼势片》，载《曾文正公全集·奏稿》（卷二十一），第43—45页。
③《李秀成自述》影印本。
④ 曾国藩：《沿途察看军情贼势片》，载《曾文正公全集·奏稿》（卷二十一），第43—45页。
⑤ 李鸿章：《分路规取苏州折》，载《李文忠公全书·奏稿》（卷三），第53—54页。

江、太仓等地，已被太平军破坏得不成样子，"向时著名市镇，全成焦土，孔道左右，蹂躏尤甚……连阡累陌，一片荆榛……虽穷乡僻壤，亦复人烟寥落，间于颓垣断井之旁，遇有居民，无不鹄面鸠形，奄奄待毙……已复之松、太如此，未复之苏州可知"①。在这里，李鸿章把烧杀抢掠的罪行全推到太平军的头上去了。其实，他在用栽赃的手法，以掩盖他在今后进一步扑犯苏州时，要继续推行其惨无人道的"三光"政策。太平天国的浙江地区，在被敌军侵占后，也是一片白骨黄茅、炊烟断绝的凄惨情景。

　　曾国藩、李鸿章之流纵兵杀掠，他们对付时论的惯技是一个"赖"字，然而口碑俱在，事实俱在，赖是赖不了的。如上所说，湘军在天京城中大烧、大抢、大杀，坏事做尽。然而，曾国藩只字不提曾国荃部湘军的暴行，反而将湘军把天京付诸一炬的罪行，说成是太平军抵死抗拒，"至聚众焚毁而不悔"②。湘军攻破天京城时的目击者赵烈文说：南京城中"王府多自焚，官军进攻亦四面放火，贼所焚十之三，兵所焚十之七"③。曾国藩则说："近年从事戎行，每驻扎之处，周历城乡，所见无不毁之屋，无不伐之树，无不破之富家，无不欺之穷民，大抵受害于贼者十之七八，受害于兵者亦有二三。"④

　　据吟唎著《太平天国亲历记》载：苏州未失陷以前，"在白齐文到南京去的时候，南京和苏州之间一带乡间是可爱的花园，运河两岸十八里内全都排列着房舍，居民像蜂群似的忙碌着，处处显示出这些人民有理由可以预期到的繁荣景象，自苏州复归于清军之手后，这些房舍以及无

---

① 李鸿章《裁减苏松粮赋浮额折》，载《李文忠公全书·奏稿》（卷三），第58页。
② 曾国藩：《金陵克复全股悍贼尽数歼灭折》，载《曾文正公全集·奏稿》（卷二十五），第24—26页。
③ 赵烈文：《赵惠甫年谱》，载《太平天国史料丛编简辑》（第三册），第376页。
④ 曾国藩：《复刘詹崖》，载《曾文正公全集·书札》（卷七），第7页。

数桥梁全都消失了……举目荒凉。人民畏清兵如豺虎，一见就惶惶逃命……在通往无锡的路上，遍地荒芜，荆草蔓生……沿途布满了数不清的白骨骷髅和半腐的尸体，使人望而生畏。这里……商业绝迹……到常州府，沿途九十五里，仍旧是一片荒芜凄惨的景象，不见一个做工的人，遍地荒蒿，杂草没胫……我还来调查什么桑树！一株桑树也见不到"。我不禁想到现在我要去寻找在太平天国治理下的繁荣产丝地区中的桑树是徒劳的。① 太平天国苦心经营的锦绣江南，已被曾国藩指挥的军队，破坏成白骨荒冢，万户萧疏鬼唱歌了。

华翼纶，荡口团练局头领。1861年曾参加"安庆乞师"，敦请曾国藩分兵东下沪渎。李鸿章部攻占常熟、江阴，楔入无锡，委华翼纶、杨宗濂等为常熟、无锡等五邑团练总办，他老家所在的荡口镇便是李鸿章部烧毁的。华翼纶慨叹说："余本家亲仁堂藏书为一邑之冠，付之一炬。前数年贼来未毁一椽，至是而不能保，岂非劫数耶！"②

1861年11月，同情太平天国的国际友人呤唎，从嘉兴乘火轮船前往无锡一带寻找忠王的部队，他说："当我们在太湖西岸的一个太平军小据点停泊时，我非常高兴地见到了兵士们对许多贫苦乡民的仁爱行为，这些乡民是在清军进犯时由扬子江下游逃往南京去的。此地驻军不满一百五十人，他们把自己的口粮，仅有的大米和咸鱼，仁慈地去救济五百饥民。这决不是无稽之谈，我的全体同伴也都在场，他们也都亲眼见到兵士把大米配给饥民。我曾经到这支军队的五艘炮艇上去看了一下，发现他们的存粮即将用尽。军队的首领告诉我，粮食一旦告竭，就不得不放弃此地，留下来的不幸人民只有活活饿死……谁见到清军的官吏做过同样的事情呢。"

呤唎到了无锡城，他说："我在这座城市见到六千以上的饥民，全都

---

① 呤唎著，王维舟译：《太平天国亲历记》（下册），中华书局1961年版，第544—545页。

② 华翼伦：《锡金团练始末记》，载《太平天国资料》，第126—127页。

依靠守军供养。附近一带的清军把他们从家中驱出，使他们陷入了贫苦无告的境地。城里的主要官员每天总有一人前来监督分粮。这些饿坏了的人争先恐后的领取粮食的惨象，使人不忍卒睹。"[1]1863年12月12日，李鸿章督军攻陷无锡，首先洗杀全城军民，接着抢掠财物，掳掠妇女，"各营兵见城中粮食充足，争先封大宅子，每为势力大者所夺，遂负气放火焚之。各处火起，赴救不及，塌屋之声如除夕爆竹，相续不绝，大帅下令亦不能禁，五昼夜火始熄，而城中之屋去其大半"。教谕施建烈说："邑城（无锡城——引者）克复后，计民居什不存一，城中贼毁其二，土匪毁其一，留防勇丁之所毁，殆不啻十之六也。"[2]从曾国藩的得意门生、曾国荃的机要幕客赵烈文、五县团练总办华翼纶、国际友人吟唎到教谕施建烈的记载，在太平天国根据地内推行绝灭人性的"三光"政策的是曾国藩及其部将。他们要想赖掉杀烧抢掠的罪行是不可能的，事实俱在，赖，徒然表明他们是惯于编造谎言的骗子。

经过湘、淮军惨无人道的破坏后，苏、浙、皖、赣数省人口锐减，以苏州府九县一厅而言[3]，1831年，实在人丁为三百四十余万名，经过敌军烧杀抢掠后，1865年，仅存人口一百二十八万[4]，锐减将近三分之二。

安徽的情况是："用兵十余年，通省……杀戮之重，焚掠之惨，殆难喻言，实是非常之奇祸，不同偶遇之偏灾。纵有城池克复一二年者，田地荒芜，耕种无人，徒有招徕之方，殊乏归来之户……查安徽全省，贼扰殆遍，创巨痛深。地方虽有已复之名，而田亩多系不耕之土，其尤甚者，或终日不过行人，百里不见炊烟。"撰写地方志的地主士绅，总是把

---

[1] 吟唎著，王维舟等译：《太平天国亲历记》（下册），第531—532页。
[2] 施建烈：《纪无锡县城失守克复本末》，载《太平天国》（丛刊第五册），第267页。
[3] 据赵尔巽《清史稿·地理志》载：苏州府的九县一厅，指吴县、长洲、元和（通称长、元、吴），常熟、昭文（通称常昭），昆山、新阳（通称昆新），吴江、震泽（通称江震一厅，指抢）。
[4] 同治《苏州府志·田赋二·户口》（卷十三），同治版，第9—10页。

地方遭受破坏的原因推到太平天国头上。

浙江省的情况，同安徽、江苏的情况类同，据浙江《孝丰县志》载：太平天国失败后，孝丰县因人口锐减，田地大多荒芜。其情况如下表：

1867年浙江孝丰县荒熟田地比较表[①]

单位：亩

田地类别	原额田地	原熟田地	新垦田地	抛荒未垦田地
共计	762737	77159	9091	676626
田	119539	66513	9091	93934
地	57338	8659		44178
山	584340	52311		532028
荡	1520	36		1486

资料来源：刘濬等：《孝丰县志》光绪四年，卷四，第8—15页编制。

编者注：1. 原额田地，指太平天国前应征田地；2. 原熟田地，指太平天国失败后应征熟田。

曾国藩、李鸿章等，怀着对太平军的强烈仇恨，筹建了湘军、淮军，搜罗笃信孔孟之道的儒生等为部队骨干。湘军、淮军有着以屠杀太平天国军民为快的曾国藩、曾国荃、李续宾、李鸿章之流的统率人，有着那样思想反动的骨干，才可能命令或放任所部官兵，实施其极端残酷的"三光"政策。苏、浙、皖三省特别是太湖地区是我国商品经济比较发达的地区。曾国藩的"三光"政策，严重地摧残了这一带的社会经济，阻滞了中国社会生产力的发展。

[①] 转引自李文治：《中国近代农业史资料》。

四、太平天国时期敌对双方力量对比的变化，湘军攻陷苏、浙、天京的原因

1864年7月19日天京陷落，标志着太平天国运动的失败。整个太平天国运动时期，太平军在天王洪秀全开辟根据地的战略思想指导下，建立了湖北、安徽、江西、天浦、江南、浙江、苏福省等根据地，尽管是不巩固的根据地，然而太平天国的盛衰，却随着根据地的盈亏得失而转移。太平天国政权所以能坚持长达十四年，其根本原因就在于能从自己的根据地不断汲取物质力量，支援战争；同时，能以根据地为依托，强有力地抗击敌军。所以，在1862年后，太平天国仅凭苏、浙两省根据地，就抗击凶悍的中外联合武装长达三年之久。太平天国败亡前，转移到江西的太平军有侍王李世贤、凛王刘肇钧、来王陆顺得、康王汪海洋、听王陈炳文、忠二殿下李容发等部三四十万人，可见太平天国的败亡，不是由于兵力不足。因此，在探讨敌军绞杀太平天国的原因时，不应单纯着眼于军事斗争的胜败得失，更重要的是应该从当时两个相对峙的政权在不断变化中的政治、经济、阶级力量的对比着眼，来说明清政府为什么取胜了，太平天国为什么失败了。

就政治上说，从1851年太平天国起义爆发，到1861年的北京政变期间，清政府经历了从不信任汉族地主官僚到逐渐信任汉族地主官僚的变化。北京政变后，西太后、议政王奕䜣等干脆把镇压太平天国的军、政大权交给湘系军阀曾国藩，起到了团结、调动汉族地主阶级积极性的作用。1861年北京政变前，在太平天国与清政府双方的军事斗争中，可以说清政府方面的军事胜负，是同清政府是否信任曾国藩湘系有一定内在联系的。

金田起义爆发前，1850年10月，咸丰帝命鸦片战争中横遭满洲贵族

穆彰阿、琦善等政治打击的抵抗派首领林则徐为钦差大臣驰往广西，镇压农民军。不久，咸丰帝发出惩办穆彰阿的命令。这一政治措施，不仅消弭了鸦片战争中以满洲贵族为主的投降派与抵抗派的矛盾与裂痕，同时，还起到了团结汉族地主官僚，使之支持清政府对付农民起义的作用。

1853年，清政府命"邻贼各省"官僚士绅举办团练，组织地主武装，进一步起到了调动汉族地主官僚对抗太平天国革命的积极作用。于是，各省地主官僚纷纷举办团练，他们在磨刀擦枪，准备"剿杀"地方起事农民与太平军。曾国藩正是在这样的情况下，从举办团练到组织湘军，由"保固省境"，到出省作战的。曾国藩是善于打起别人的旗号，营建自己的山头的。他扯起了江忠源的旗号，筹建湘军水陆师。清政府对湘军作战，也不为遥制，对曾国藩是基本信任的。因此，曾国藩能在1854年10月14日指挥湘军攻陷武汉，初步扭转了清政府的军事危局。

湘军攻陷武昌，反而引起了咸丰帝对曾国藩的猜忌，既授他湖北巡抚于先，又收回成命于后。曾国藩当然敏感地领会到他受到了清政府的歧视与打击，从此他对清政府产生了委曲情绪，作战时急于求胜以邀宠。在这种情绪的支配下，从武昌东下江西后，指挥湘军陆师奔命作战于长江南、北两岸，仰攻坚城，精锐暗销，最后发生了湖口、九江水师溃败，曾国藩败奔南昌的被动局面。如果曾国藩是湖北巡抚，可以湖北为基地，运用湖北的人力、财力、物力，迅速恢复湘军水陆师的元气，整军再战。因为他逃奔南昌，"寄人篱下"，反而与江西巡抚不断闹矛盾，以至参奏陈启迈。陈启迈虽然被革职，可是也增加了清政府对曾国藩的恶感。这些错综复杂的因素，导致1857年曾国藩被削除兵权，江西湘军陷入了群龙无首的混乱状态。太平军正是在敌方矛盾重重的情况下，于1855年4月三克武昌的。1856年秋，太平天国发生了天京变乱，直到1858年春石达开分裂出走，太平天国军事力量大为削弱，军事形势急转直下，武昌、九江相继失守。但是，陈玉成、李秀成利用湘军涣散的时机，重整旗鼓，创造了三河大捷，全歼湘军主力李续宾以下五六千名，乘胜收复舒城、桐城、潜山、太湖，巩固了安徽根据地，初步扭转了天京变乱以来急转直下的军事危局。清政府方面军事形势的起落，与曾国藩的起落是有着很大关系的。

在清政府信用汉族地主、官僚湘系首领曾国藩的问题上，1860年是一个转折点。1857年曾国藩被削除兵权后，清政府把镇压太平天国、攻陷天京的希望，寄托到了两江总督何桂清与江南大营绿营兵的身上。形势的发展，表明这种想法是不现实的。1860年夏，太平军二破江南大营，李秀成指挥得胜之师乘胜东征，迅速略定苏南，建立了苏福省根据地。太平天国对江南大营犁庭扫穴的军事胜利，使咸丰帝不得不改变对曾国藩的偏见，头脑冷静下来，接受肃顺的建议，重用曾国藩，授他为两江总督、钦差大臣督办江南军务。曾国藩为之精神一振。1857年他对清政府《沥陈办事艰难仍吁恳在籍守制折》中的要求，全都实现了，湘系将领弹冠相庆，出现了湘军围绕着曾国藩重新集结起来的新局面。从曾国藩担任两江总督的1860年下半年到1861年9月湘、楚军攻陷安庆期间，曾国藩基本上在皖南站住了脚跟，起了屏蔽江西的作用，并与湖北巡抚胡林翼通力协作，派遣鲍超等部增援安庆围师曾国荃部湘军，使英王陈玉成部主力受到严重的损失。1861年湘军之所以能攻陷太平天国重镇安庆，是和清政府信用曾国藩、胡林翼等湘系人物，有着密切关系的。清政府信用曾国藩等湘系人物，基本上反映出满洲贵族与汉族地主官僚间关系的初步协调，标志着清方在双方力量的对比方面开始发生深刻的变化，逐渐超过了太平天国，从这个角度来说，太平天国方面安庆失守，是有其必然性的。

我们必须看到，中外反动势力勾结，使清政府与太平天国力量的对比迅速逆转，清方的力量远远超过了太平天国，这是太平天国丧失苏、浙根据地，天京迅速陷落的根本原因。1861年11月北京政变后，开始了西太后专擅朝政的局面，她在朝廷里，重用洋务派恭亲王奕䜣等。在东南沿海，她重用正在向洋务派转化的曾国藩等。她甚至继承了她的政敌肃顺的用人方针，干脆将镇压太平天国的全部权力，交给了湘军巨魁曾国藩，命令他节制苏、浙、皖、赣四省军事，四省巡抚、提镇以下悉受节制，对曾国藩信任专一，言听计从，有求必应。这样，曾国藩才能从容布置，奏荐湘系将领为苏、浙、皖、赣四省巡抚；根据军事斗争的需要，将他指挥的湘军扩充至十万内外；派遣李鸿章统率淮军等近万人前往上海，开辟了从上海进犯苏福省的新战场，这无异在太平天国苏浙根据地的腰胁插上了致命的一刀。

值得强调的是，如果说北京政变后西太后专擅朝政，洋务派奕䜣等当权，为中外反动势力的勾结铺平了道路，那么，曾国藩派遣李鸿章率领淮军到上海，组成中外联合武装，则是中外反动势力达成具体勾结的标志，而在李鸿章与列强达成具体勾结的过程中，曾国藩是始终在其中起着主导作用的。因为得到列强的支持，曾国藩才定下从浙江、上海、南京三路进犯太平天国的凶狠的军事决策。

太平天国在晚期的苏、浙保卫战中，遭遇到最凶悍的敌军是李鸿章统率的中外联合武装，这支部队包括淮军、湘军与"常胜军"。淮军等也全部使用了洋枪、洋炮，淮军中还附有洋教练率领的洋炮队；"常胜军"全部使用洋枪、洋炮，自不待言。在上海附近百里以内作战时，有英、法、俄等国侵略军协同李鸿章部作战，很快地巩固了其饷源基地上海，使李鸿章无后顾之忧，又迅速攻占了上海外围州县。李鸿章攻占太仓、昆山后，企图兵分两路，一路进犯吴江，另一路进犯江阴，但因须分兵驻守已占的城池而深感兵力不足。于是，英军派兵分驻太仓、昆山，还派兵"往各处巡查，经过南翔、嘉定、外冈、黄寺桥、六渡桥、浏河等处"。[①]1863年9月，浙东失守后，李秀成原命令所部坚守苏州、杭州、天京，构成三角防御体系。曾国藩相应定下了三路进犯太平天国的军事

---

① 静吾等：《吴煦档案中的太平天国史料选辑》，三联书店1958年版，第270—273页、359页。

对策。首先，由于李鸿章在外国侵略者的有力支持下，于1863年12月4日攻陷苏州，击破了李秀成的三角防御体系。苏州失守，杭州侧翼暴露，遂无可守之势。1864年4月，杭州失守。5月11日，常州失守。至此，苏、浙根据地腹地完全丧失，终于出现7月19日天京陷落的悲剧。

只看到列强在军事上对湘军、淮军的协助，还不足以说明他们在干涉太平天国运动中的作用。众所周知，江海关、粤海关、江汉关、厦门关、九江关、宁波关、天津关等海关的关税收入，逐渐变成了清政府财政的重要来源，淮军的军饷、军火等，主要依靠江海关每月六十万两以上的收入，另外，江海关还拨款协济镇江冯子材军及天京外围的曾国荃部湘军等。左宗棠部湘军，从进犯富阳开始，其军粮、军械等，则主要依靠宁波海关的关税收入。[①]1862年后，九江关每月收入五万两左右，成为江西巡抚沈葆桢发放该省军饷的重要来源之一。海关关税，是随着中国半殖民地程度的加深，列强对华经济侵略的加强而增加的，这也反映了曾国藩、李鸿章等为什么会产生崇洋媚外思想的一个方面。

在1862年曾国藩、李鸿章与外国侵略者达成具体勾结以前，双方力量的对比，尽管太平天国方面屈居下风，但是，对清政府方面的军事进攻，不仅有招架之功，并且有还手之力，如1860年太平军二破江南大营，戡定苏南；1861年安庆失守后，李秀成、李世贤却开辟了浙江省根据地。可是，自从曾国藩、李鸿章与外国侵略者达成勾结后，就有能力对苏浙根据地全面发动攻势，而太平军始终处于被动挨打的局面了。

不可忽视的是，湘军、淮军作为一支装备精良、训练有素的武装，具有相当大的战斗力，这也是太平天国失败的重要原因之一。湘军、淮军作战是非常凶悍的，如1857年10月26日，鄱阳湖中的内湖水师闻外江水师开到了九江、湖口江面，是日拂晓，内湖水师统领彭玉麟亲自督师

---

① 董蔡时主编：《江浙豫皖四省太平军资料·史氏家藏左宗棠手札》，江苏人民出版社1984年版，第231—251页。

猛扑湖口，太平军勇猛还击，发炮如雨，"玉麟舢板先出，大船继之"。太平军大炮连中湘军水师战船，"前船都司罗胜发毙，玉麟令回船，后者进，有死者，复回船。后者迭进，伤死相继，莫敢退。或谏曰：'今驱士卒与飞火争命，非兵法也。'玉麟曰：'自水陆用兵，至此五年，精锐忠勇之士毙命于此数千矣……若不破此险，无生理，今日固死日也。义不令士卒独死，亦不令怯者独生矣。'"①后来，湘军攻陷湖口，内湖水师终于冲进了长江，与外江水师会合，湘军水师力量得以倍增。再如，1863年6月30日，湘军水师攻陷江浦九洑洲一役，太平军全力抗争，杀敌甚众，而湘军"皆冒炮争上，践尸而进"。此役，湘军水师伤亡二千名以上。②淮军在攻陷常州城的巷战中，亦伤亡近二千名③。尽管在太平天国晚期，湘、淮军日趋腐败，内部矛盾重重，但是，与太平军作战时，其凶悍之气未尝稍减。

湘军等在太平天国晚期仍旧有一定的战斗力，其原因是多方面的。

首先，湘军、淮军是用理学思想武装起来的队伍。在湘、淮军头领曾国藩看来，他绝不允许封建秩序被打乱。筹建湘军之初，他致书江忠源、左宗棠说："今日百废莫举，千疮并溃，无可收拾，独赖此精忠耿耿之寸衷，与斯民相对于骨岳血渊之中，冀其塞绝横流之人欲，以挽回厌乱之天心。"④理学思想铸就了他的世界观，因而在作战中，一再兵败自杀而不悔。湘军的骨干如罗泽南、李续宾等，大多是儒生，他们的思想，基本上与曾国藩是一个模子里浇铸出来的。他们以自己的理学思想去欺骗、麻醉士兵。因此，在一些关键性战役中，湘、淮军将领肯为曾

---

① 王闿运：《湘军志·水师篇第六》第13页。
② 王闿运：《湘军志·水师篇第六》第21页。
③ 李鸿章：《克复常州府折》，载《李文忠公全书·奏稿》（卷六），第47页。
④ 曾国藩：《与江岷樵·左季高》，载《曾文正公全集·书札》（卷二），第1页。

国藩等送死卖命。

第二，湘军重要将领如罗泽南、李续宾、李续宜、彭玉麟、杨岳斌、曾国荃等，都是曾国藩精心挑选独当一面的统领，然后由统领挑选营官，由营官挑选哨官，哨官挑选什长，什长招募勇丁，层层节制。故"平日既有恩谊相孚，临阵自能患难相顾"①。在编制上，湘军按籍贯分营，利用宗族乡党的宗法、地域观念，维系官兵关系。不仅如此，曾国藩与将领、将领与将领之间，都有着不平常的关系，如曾国藩与李鸿章是师生关系，与曾国荃、国华、国葆（即贞干）是嫡亲的兄弟关系，与彭毓橘是表亲关系。左宗棠与胡林翼、王鑫、王开化等是姻亲关系。罗泽南与李续宾、续宜兄弟及蒋益澧是师生关系。这些由师生关系、姻亲关系、宗族乡党关系等等构成的千丝万缕的人际关系，都成为固结湘军的纽带。这也说明了为什么只有曾国藩能指挥湘军，为什么在一个短时期内，曾国藩能把湘军将领团结在自己的周围。

第三，每逢重大战役后，湘军基本上都进行整顿部队的工作。整顿时大量裁遣抢饱掳足，或是久役思归的弁勇；对溃散过的弁勇，也一律裁遣，然后由统领回湘招募新勇，重新编组成营。这样，客观上起到了使湘军始终处在不断更新之中的作用。

第四，曾国藩、胡林翼在提拔将领时，重战功，不重资历，如罗泽南、左宗棠、李元度、李续宾、李续宜、唐训方、蒋益澧等，或是举人，或是秀才，有的还是连青一衿都没捞到的童生，如鲍超更是目不识丁的粗汉，却都因战功而被保举至巡抚、提督、总兵、监司一级。不拘一格用人，客观上起了鼓励所部将领为他卖命的作用。无可否认，曾国藩在用人问题上，眼光锋利，能做到知人善任，他提拔的将领如左宗棠、李续宜、李鸿章等都才具出众，不仅能运筹帷幄，并且能临阵指

---

① 曾国藩：《复议直隶练军事宜折》，载《曾文正公全集·奏稿》（卷三十四），第15—16页。

挥。他们在攻打太平天国过程中，起了很大的作用。

第五，曾国藩长于谋略，在绞杀太平天国的过程中，也是起了很大作用的。湘军筹组过程中，他已向王鑫指出要保长沙，必须与太平军力争武昌。1859年11月，他权衡全国各地农民起义军的形势后，提出应该集中全力进攻有首都、有国号，兵力强大，影响巨大的太平天国。[①]战略上应该顺江东下，攻陷安庆，然后直捣金陵；在战术上提出"进占十里，则贼蹙十里之势，进占百里，则贼少百里之粮"[②]。这是一种蚕食鲸吞般地侵削太平天国根据地的险恶的军事策略，收效甚著。

出于对太平天国与农民群众的仇恨，曾国藩在指挥所部进犯苏、浙、皖等省的过程中，厉行惨绝人寰的"三光政策"，使太平军转进敌后时如"鱼游无水之境""鸟居无木之山"，难以发动农民，获得兵源、饷源，并扩大"天国"的影响。"三光政策"在军事上起了限制太平军活动的重要作用。

值得强调的是在太平天国晚期，外国侵略者从军事上、经济上支持湘军、淮军，进一步加强了他们的战斗力，曾国藩及其所部将领的气焰益加嚣张。上文多所论述，兹不赘。

我们除了从以上几方面说明清军所以能迅速攻陷苏、浙、天京的原因外，还应该看到长江中、下游地区的湖南、湖北、江西等省的封建统治秩序也得到了加强和巩固，这就进一步限制了太平天国势力的卷土重来，消除了湘军的后顾之忧。

1862年后，太平天国只能从苏、浙两省根据地汲取物质力量，支援战争。敌方方面则不然。湖南省的封建统治相当巩固，源源不断地为湘军输送人力、物力、财力，是曾国藩湘军的兵源、饷源基地。湖北省半

---

① 曾国藩：《遵旨悉心筹酌折》，载《曾文正公全集·奏稿》（卷十三），第32—34页。

② 曾国藩：《通筹全局请添练马队折》，载《曾文正公全集·奏稿》（卷十二），第32页。

数州县的封建秩序没有受到太平天国的冲击，只有三十余州县的封建秩序被太平军所打乱。1857年，湖北巡抚胡林翼把战线推向安徽境内后，他在湖北整顿财政，征收漕赋、捐税、厘金等等，仅征收川盐盐税一项，"岁溢银至百余万两"[①]。胡林翼又在湖北推行保甲，组织团练，在湖北与安徽的交界山区，择险修建碉寨，起事农民大量被屠杀，团练武装当道，湖北的封建秩序重新恢复起来了。在安庆保卫战期间，湖北俨然成为湘军的又一个饷源基地。以后，江西省也像湖北省一样，巩固了封建统治，变成了湘军第三个饷源基地。1862年以前，即以湘系控制的湖南、湖北、江西三省的人力、物力、财力而论，已经远远超过了太平天国辖有的苏、浙两省。实际上，在1862年4月曾国藩在安庆分军东下上海前，太平天国无论在军事上、经济上都已屈居劣势。李鸿章率淮军到达上海，与外国侵略者达成勾结，在军事上、经济上得到列强的大力支持后，双方力量的对比，就相差悬殊了，因而清军才能迅速转入全面反攻，绞杀太平天国。

　　在太平天国战争期间，战争双方的力量始终在不断变化之中。太平天国领导者本应冷静观察，分析不断变化中的形势，及时采取增强自己、削弱敌人力量的措施，即使不能打败比自己远为强大的敌人，至少可以阻滞或遏止敌方的攻势。然而，由于受到战略眼光的局限与时代条件的限制，外加太平天国天王的失政，朝政紊乱，军事上思想保守，苏州失败后，拒绝李秀成"让城别走"即进行战略大转移的英明建议，这就从内部决定了天京陷落，太平天国迅速败亡的命运。

---

① 王闿运：《湘军志·筹饷篇第十六》，第3页。

第十五章 太平天国失败后曾国藩的狼狈处境

一、攻陷天京后曾国藩兄弟的狼狈处境，曾国藩裁撤嫡系湘军

1864年7月19日，曾国荃督率湘军攻陷天京。24日，曾国藩关于攻陷天京的奏报送达北京。28日，曾国藩从安庆乘船抵达南京，看到了湘军在南京的"战绩"，"万室焚毁，白骨山积"。[①]8月3日，清政府发出命令说：钦差大臣、协办大学士、两江总督曾国藩率先倡办湘军，屡建殊勋，兹又攻占金陵，"逆首诛锄"，著赏给太子太保衔，锡封一等勇毅侯爵，赏戴双眼花翎。浙江巡抚曾国荃锡封威毅伯爵，记名提督李臣典、江南提督黄翼升、福建陆路提督萧孚泗等均各有封赏。不久，闽浙总督左宗棠、江苏巡抚李鸿章等分别晋封为恪靖伯、肃毅伯。曾国藩等踏着太平天国军民的枯骨，爬上了总督、巡抚、提督或侯爵、伯爵等高官显位。在此前后，清政府与曾国藩兄弟之间的矛盾，也激化起来了。

早在清军攻占苏州、杭州前后，太平天国颓势已成，曾国藩即已敏感到自身的危机而不安起来了。他写信给朋友说：我"入世已深，居位过高，中宵默念，但觉世味日多，天机日泄，若不早谋引退，将来斗智

[①] 曾国藩：《复冯鲁川》，载《曾文正公全集·书札》（卷十二），第2—3页。

竞力，日入俗吏功利之途而不自觉"，倘若攻克金陵，"决计引退"。①又写信给他的亲信李鸿章说：我掌权太久，"长江三千里，几无一人不张鄙人之旗帜，外间疑鄙处兵权过重，利权过大，盖谓四省厘金络绎输送，各处兵将一呼百诺"②。1864年春，他与户部发生矛盾，气恼之余，上奏说：户部奏陈曾国藩军营各省每月协饷约计数十万两，"不知户部以何处奏咨之据？"殊不知各省协饷长期欠解或少解，以至我部十万余官兵欠饷累累，几至"无以自存"，而户部却奏臣"收支六省巨款，疑臣广揽利权。如臣虽至愚，岂不知古来窃利权者，每遭奇祸？外畏清议，内顾身家，终夜悚惶，且忧且惧"。臣所居职位，当六人之任，曾经两次奏请简派大臣来南会办，未蒙允准。"今兵弱饷绌，颠覆将及，而发、捻巨股，大举东犯"。我识见愚陋，殊乏善策，请饬将皖北西路责成乔松年，东路责成吴棠、富明阿，"共筹防剿"。③他用推卸防区的办法来压户部，清政府就只有慰勉曾国藩之一途了。

太平天国愈失势，清政府对曾国藩兄弟的猜忌愈甚。攻陷天京前夕，曾国藩兄弟与清政府之间的矛盾的确激化起来了。1864年3月，曾国荃合围天京后，久攻不下，官绅舆论多所指责，清政府命李鸿章统率淮军前往"会剿"。曾国荃企图独吞天京城中的金银财宝，拒绝淮军助战；而清政府也觊觎着天京城中的金银财宝。真是螳螂捕蝉，殊不知黄雀之伺其后了。这是曾国藩兄弟与清政府之间的矛盾之一。其次，在镇压太平天国的问题上，清政府既不放心曾国藩独揽四省军政大权，又迫于形势，不得不将四省军政大权交给曾国藩。如前所说，1861年彭蕴章东山再起时，一再提醒清政府，曾国藩兵权太重将成尾大不掉之势。天京陷落后，清政府当然不容许曾国藩重兵在握。

---

① 曾国藩：《复李竹崖》，载《曾文正公全集·书札》（卷十二），第36页。
② 曾国藩：《致李宫保》，载《曾文正公全集·书札》（卷十二），第40页。
③ 曾国藩：《沥陈饷绌情形片》，载《曾文正公全集·奏稿》（卷二十四），第44—47页。

第十五章 太平天国失败后曾国藩的狼狈处境

1864年7月19日，曾国荃部湘军攻陷天京。7月22日，江宁将军富明阿奉科尔沁亲王僧格林沁之命来到南京城，"查访忠酋真伪及城内各事"。船泊水西门，见城上吊出木料、器具纷纷，"颇有违言，逢人辄询：'伪忠王是否的确'云云"。①富明阿又写信责备曾国荃所部兵勇霸占民房②。僧格林沁命富明阿到天京城来查询察看，显然是反映了朝廷的意旨，曾国荃当然也意识到这点，所以他对富明阿指责等，只好低头称是，这才算把富明阿应付过去。问题是：曾国荃在攻陷金陵时，立即飞书上奏告捷，非但未受到上赏，反而受到申饬，这就引起了曾国荃等的满腹愁云。

论理，曾国荃捷报攻入金陵，在清政府看来，是"劳苦功高"，应予褒奖。这次竟事出意外，清政府却在报捷奏折的字眼上挑剔。据赵烈文的《能静居士日记》载：8月3日（阴历七月初二日——引者）"下午，见二十六日（7月29日）廷寄，以未见续报攻陷伪城，恐有中变，且以中丞大局粗定之时，不当遽返老营，辞气颇严"③。曾国荃从来性气骄傲，个性刚愎，受到朝廷的申饬后，迁怒于奏折的起稿人赵烈文。赵烈文喊冤枉说：不错，奏折是我起的稿，不过，"原奏稿寥寥数语，并未叙及回营一层，中丞亲笔稿逐细详叙，始有赶回老营之说。及后又嘱删定。余力言此四字可去，中丞艴然，以为不必取巧。余安能固争？"赵烈文毕竟是师爷，心窍多。后来，他已领悟到朝廷申饬曾国荃的真正原因。他在日记中写道："此次廷寄，忽加厉责，其中别有缘起，余知其约略，而未敢臆断。"④事态的发展，揭穿了曾国荃受申饬的谜底。

---

① 赵烈文：《能静居士日记》，载《太平天国史料丛编简辑》（第三册），第386页。
② 曾国荃：《复富明阿将军》，载《曾忠襄公全集·书札》（卷八），文海出版社。
③ 赵烈文：《能静居士日记》，载《太平天国史料丛编简辑》（第三册），第378页。
④ 赵烈文：《能静居士日记》，载《太平天国史料丛编简辑》（第三册），第378—380页。

8月22日（阴历七月二十一日——引者），赵烈文"见七月十一日（8月12日——引者）廷寄，内称：御史贾铎奏，请饬曾国藩等勉益加勉，力图久大之规，并粤逆所掳金银，悉运至金陵，请令查明报部备拨等语。曾国藩……自能慎终如始，永葆勋名。惟所部诸将，自曾国荃以下，均应由该大臣随时申儆，勿使骤胜而骄，庶可长承恩眷。至国家命将出师，拯民水火，岂为征利之图？惟用兵久，帑项早虚，兵民交困。若如该御史所奏，金陵积有巨款，自系各省脂膏，仍以济各路兵饷、赈济之用，于国于民，均有裨益。此事如果属实，谅曾亦必早有筹画布置。惟该御史既有此奏，不得不令该大臣知悉"。同时，朝廷又发出一道"上谕"，对曾国藩在同治三年三月（1864年4月——引者）以前未经办理军务报销的账目，准许"免其造册报销"。[①]这又说明，曾国藩害怕清政府，清政府也害怕执掌兵符的曾国藩。清政府很可能想用"免其造册报销"，作为曾国藩劝说曾国荃等上缴在天京抢掠到的大部金银的交换条件。

长期以来，曾国藩部湘军转战各省，所部军饷来源复杂，有各省协饷，有收捐抽厘，有江西的漕折。经管粮饷的人事也屡有变更。外加湘军将领腐败，贪污冒领，无所不用其极，致有"顶红心黑"之谣。军需紊乱，账目不清，无法清理。现在清政府容许曾国藩变通办理，准予报销，曾国藩如释重负。他写信给长期为他办理粮饷的李翰章说："各路军营免办报销，近日皇恩浩荡，尤为出人意表……闻此恩旨，有直如罪人遇赦，大病将愈，感激涕零。因阁下经手多年，特将部文行知。"[②]军需报销问题解决了，湘军掳掠天京的金银问题如何了账呢？

曾国荃所部将领弁勇，大多是湘乡人，其中曾家的亲戚故旧尤多，连曾国藩也说："沅浦不独尽用湘乡人，且尽用屋门口十余里之人，事体

[①] 赵烈文：《能静居士日记》，载《太平天国史料丛编简辑》（第三册），第385—386页。

[②] 曾国藩：《致李筱荃》，载《曾文正公全集·书札》（卷十三），第5页。

安得不糟？"①大掠天京金银的正是曾国藩的亲戚故旧，或是同乡，或是同宗，而首先坐地分赃，所得最多是"老饕"曾国荃。曾国藩、曾国荃是同胞手足，曾国荃抢到的金银是曾家的财产，因此公事变成家事。朝廷希望追回这笔金银，曾国藩只得豁出老命硬着头皮顶过去，同时百般抵赖。他奏陈说："中外纷传洪逆之富，金银如海，百货充盈。臣亦曾与曾国荃论及城破之日，查封贼库，所得财物，多则进奉户部，少则留充军饷，酌济难民。乃十六日克复以后，搜杀三日，不遑他顾，伪宫贼馆一炬成灰。迨二十日查询，则并无所谓贼库者。讯问李秀成，据称：昔年虽有圣库之名，实系洪秀全之私藏，并非伪都之公帑。伪朝官兵向无俸饷，而王长兄、次兄且用穷刑峻法，搜刮各馆之银米。苏州存银稍多于金陵，亦无公帑积储一处。李秀成所得银物，尽数散给部下，众情翕然。此外则各私其财，而公家贫困等语。臣弟国荃以为贼馆必有窖藏，贼身必有囊金，勒令各营按名缴出，以抵欠饷。臣则谓勇丁所得贼赃，多寡不齐，按名勒缴，弱者刑求而不得，强者抗令而遁逃。所抵之饷无几，徒损政体而失士心。因晓谕军中，凡剥取贼身囊金者，概置不问。凡发掘贼馆窖金者，报官充公，违者治罪，所以悯其贫而奖其功，差为得体。然克复老巢，而全无货财，实出微臣意计之外，亦为从来罕闻之事。"②他在这个奏折中用赖与推的手法，硬赖没有金银，继而推到李鸿章的头上去，说"苏州存银稍多于金陵"。即是说若要硬追天京的金银，应从李鸿章追起。在紧要关头上，他耍起了痞子手段，连本派系内也无诚、信可讲了。他既然硬赖，清政府对他这个统兵大臣，也就无可奈何了。

曾国藩长期宦海浮沉，如他所说，尝到的"世味"日多，他知道赖

---

① 赵烈文：《能静居士日记》，载《太平天国史料丛编简辑》（第三册），第410页。

② 曾国藩：《贼首分别处治粗筹善后事宜折》，载《曾文正公全集·奏稿》（卷二十五），第29—32页。

是赖过去了，清政府随时随地可在别的问题上找他的碴儿，出他的花样。他经过"格物致知"，觉得"功高震主"，"树大招风"，为了医治朝廷对他们兄弟的心病，为了保全身家，他上奏清政府，提出：

第一，大量裁撤嫡系湘军，解除清政府对他重兵在握、尾大不掉的顾虑。

第二，假口曾国荃有怔忡症，身体虚弱，为他奏请开缺回籍调理，以免一门高官显爵，隐操兵权的嫌疑。

1864年7月，湘军攻陷天京时，曾国藩统辖的湘军计有鲍超部霆军二万左右；左宗棠部老湘军五万左右；李鸿章部淮军七八万名；在皖南的刘松山等部一万余名；曾国荃部湘军五万五千余名；李续宜遗部毛有铭、蒋凝学等一万余名，总计二十万名左右。其中鲍超部霆军已拨往江西，协助江西巡抚沈葆桢防守该省。鲍超是由胡林翼一手提拔起来的，霆军是胡林翼命令鲍超募勇组成的。鲍超自从拨归曾国藩指挥后，在粮饷分配上远不能与曾国荃部吉字营相比，但打硬仗、恶仗总有他的份，所以鲍超对曾国藩貌恭而心不敬。而且，该部已入江西作战，归督办江西皖南军务杨岳斌指挥，鲍超霆军显然不在清政府猜忌之列。1864年清政府命令杨岳斌总督陕甘，杨拟调蒋凝学部随同入陕；毛有铭部调湖北，归湖北统辖，这两部湘军当然也不在清政府猜忌之列。左宗棠与曾国藩意见相左，以致不通音问，断绝交往，左系湘军已成为清政府依靠的对象。李鸿章部淮军已经自立门墙，与曾国藩湘军渐成双峰对峙之势，也已成为清政府依靠的对象。很明显，曾国荃部陆师五万五千余名，是曾国藩的嫡系湘军，这才是清政府真正猜忌的对象。曾国藩对以上这些情况是心中有数的。他决心裁遣曾国荃部湘军。1864年，他裁遣曾国荃部湘军二分之一，因守御南京、皖南、金柱关等地的需要，暂留该部半数。1865年曾国藩奉命赴山东进攻捻军，在进攻捻军需要大量部队的情况下，他仍照原议全部裁撤了吉字营湘军。曾国荃部湘军裁遣时，发足了欠饷。曾国藩对鲍超部霆军的欠饷则不予解决，坐视其哗变，再调兵屠杀。鹰犬的日子并不好过，这是应有的下场。经过裁撤嫡系湘军并使曾国荃开缺回籍后，曾国藩与清政府的矛盾缓和下来了。

1864年9月20日，曾国荃四十一岁生日，即将整装从南京返回湘乡原籍，他想不开，愁云满腹，怒容满面。曾国藩作诗致贺："童稚温温无险巇，酒人浩浩少猜疑。与君同讲长生诀，且学婴儿中酒时。"①诗中劝说曾国荃应该懂得目前的危险处境，学得天真些，字里行间，流露出鹰犬的悲哀。

曾国藩不仅与清政府有矛盾，随着对太平天国作战的节节胜利，湘系内部控制与反控制斗争也在煎熬着他。

二、鹰犬之间争权夺利，湘军内部的控制与反控制斗争

派内有派，各树门墙，自古已然。湘系的内部矛盾由来已久，如前所说，早在曾国藩筹组湘军时，即发生了王鑫与曾国藩之间的控制与反控制的斗争。后来，又发生了李元度企图挣脱湘系羁绊的斗争，在湘系内部引起轩然大波。曾国藩曾感慨地说："昔麻衣道者论《易》云：'学者当于羲王心地上驰骋，无于周、孔脚下盘旋。'"前湘军如罗罗山、王璞山、李希庵、杨厚庵辈（指罗泽南、王鑫、李续宜、杨岳斌——引者），皆思自立门户，不肯寄人篱下，不愿在鄙人及胡、骆脚下盘旋。②在太平天国晚期，湘军内部的控制与反控制斗争，最突出的是江西巡抚沈葆桢与曾国藩之间的矛盾斗争，以至发展到了上奏互讦的地步。此外，左宗棠与曾国藩、左宗棠与李鸿章之间的矛盾斗争，也非常激烈。争权夺利，是他们之间矛盾的根源。

---

① 曾国藩：《沅浦弟四十一初度》，载《曾文正公全集·诗集》（卷四），第16页。

② 曾国藩：《复李宫保》，载《曾文正公全集·书札》（卷十三），第41页。

曾国藩与沈葆桢的矛盾,是由争夺江西漕折、厘税与九江洋关关税引起的。据曾国藩说:咸丰十一年(1861),在江西巡抚毓科任内,奏定江西漕折拨解曾国藩部湘军粮台每月五万两。同治元年(1862)夏,改为奏拨每月四万两归曾国藩湘军粮台。江西全省厘金、茶叶落地税等,亦归湘军粮台,由曾国藩派员在江西各城镇设卡征收。中英、中法《北京条约》订立后,1862年春,九江被迫开辟为通商口岸,中国方面设立了九江关,起初,每月收入约四五万两,九江关归九江道蔡锦青管辖。1862年夏,曾国藩奏准九江关月拨关税三万两归湘军粮台。[1]此外,还要抽收茶叶落地税等。江西的利源绝大部分被曾国藩囊括而去。

曾国藩派到江西管理厘卡的人员狐假虎威,飞扬跋扈,仗势欺人,激起众怒,群起殴打,以至打死厘卡官员的事层见叠出。凡遇闹事,均须地方官出面料理,曾国藩也承认"江西厘务,近于苛虐之行"。[2]

曾国藩素来惯于揽权争利,而江西巡抚沈葆桢也是一个会打算盘、善于争权夺利的人物。沈葆桢认为,两江总督辖有江西、安徽、江苏三省及江宁布政司所属的苏北地区,奏定江西漕折拨解湘军粮台,是1861年夏天以前的事,当时安庆尚在太平军手中,江苏巡抚薛焕把持着江海关的收入,两江总督实际上仅仅辖有江西一省,奏拨江西漕折,尚在情理之中。到了1862年夏,上海江海关月入六十余万两,曾国藩许将江海关收入,先尽其门生江苏巡抚李鸿章使用,有余再接济曾国藩部、冯子材部。[3]九江关收入微薄,远不能与江海关相比拟,竟大部为曾国藩提走,是厚此而薄彼。这是沈葆桢不满曾国藩的原因之一。

1863年6月20日,杨岳斌等部湘军水师攻陷南京江面的九洑洲后,从扬州到汉口,千里长江通航无阻,帆樯如织,淮盐运销两湖,道路畅

---

[1] 曾国藩:《复吴竹如侍郎》,载《曾文正公全集·书札》(卷十二),第17页。

[2] 曾国藩:《与程尚斋》《范云吉》,载《曾文正公全集·书札》(卷十二),第18、21页。

[3] 曾国藩:《复李少荃》,载《曾文正公全集·书札》(卷九),第41—42页。

通，两江总督新辟利源极大，曾国藩仍然要江西按月解拨漕折，坐视江西财政窘困。这是沈葆桢不满曾国藩的原因之二。

为了屏藩湖南，防止太平军从浙江、皖南楔入江西，席宝田等部湘军长期驻守江西，归江西巡抚沈葆桢节制调遣；此外，尚有刘于浔等组织的省军，江西军费支出甚巨。江西的漕折、关税、厘金等大多为曾国藩囊括而去，沈葆桢在江西，经济上左支右绌，入不敷出。这是曾、沈之间发生矛盾的原因之三。

有此三者，沈葆桢忍无可忍，1862年10月，他向朝廷提出停解湘军粮台漕折。他奏陈说：江西省进款三宗即厘金、漕折、地丁等项，"厘金收数较赢，尽输皖、浙军饷，漕折提京饷四十万，又提皖饷每月四万，"通省漕折六七十万，去掉京饷、皖浙之饷，所余无几，而江西军饷尽出其中，安得不穷？为救江西燃眉之急，"请饬部将江西应提京饷，暂由他省匀拨，同时停解皖、浙漕折"。①清政府批准了沈葆桢的请求。曾国藩从来有利必争，专横跋扈。沈葆桢停解湘军粮台漕折，并未向曾国藩请示，对此曾国藩切切于心。

1863年5月4日，沈葆桢上奏将九江关关税拨解浙江巡抚左宗棠军四万两，其余关税收入归江西本省使用。同年7月13日，奏准九江关税先尽江西省驻军充作军饷。②他在奏片中说：过境之兵，每需济饷，在本省作战之湘军，自当为之筹粮供饷，以致江西财弹力竭。所幸闽浙总督左宗棠派兵前来江省作战，左宗棠极谅江省苦情，派来刘典援师，血战于江，转饷于浙。现在军饷拮据，万难支出，不得已，只得将九江关税尽数提本省军营之用。③曾国藩眼见他在江西的财源不断丧失，极为气恼。

---

① 沈葆桢：《请留漕折接济军需折》，载《沈文肃公政书》（卷一），光绪庚辰版，第33—35页。
② 沈葆桢：《吁提洋关税以济援师折》，载《沈文肃公政书》（卷二），第22页。
③ 沈葆桢：《洋税尽数解营片》，载《沈文肃公政书》（卷二），光绪庚辰版，第26页。

1863年6月，在《近日军情并陈饷绌情形片》中指责沈葆桢违反定章，拒拨漕折等。①

1863年10月2日，为了抵制曾国藩的指责与控制，沈葆桢上奏"吁请开缺"②。1864年1月7日，清政府发出"上谕"说："沈葆桢与曾国藩意见不合，朝廷早有所闻，此奏不为无因。曾国藩办理东南军务，需饷孔亟，而沈葆桢地方凋敝之余，心存抚字，或致觕缓多而益协未能如数。用人一项，沈葆桢为地方大吏，甄刻不得不严，而曾国藩因军营需材，菽菲无弃，亦恐耳目难周之蔽。"曾国藩、沈葆桢皆贤能卓著之臣，仰"共济时艰"。③这道"上谕"，明显地袒沈而非曾。沈葆桢大为得意，立即到任销假视事。

曾、沈之间矛盾激化时，左宗棠也卷了进去，他去信指责曾国藩直接指挥的湘军将领唐义训、朱品隆等部人数不足，仅止半数，畏葸避战，你却反以"浪战申儆"朱、唐二将④。又去信责备曾国藩说：淮盐之利甲天下，湖北是淮盐销引之地，你竟提出销盐"论辖境，不论引地之说，先资话柄何也"？徽州、广信，本为浙盐引地，际此军饷拮据之际，我亟欲在该两地广销浙江盐引，又泥于论辖境不论引地之说，是否向广信、徽州销售浙盐，使我犹豫不决。"公与弟均尚气好辩，彼此争论，更涉形迹，于大体多所窒碍"，我也只好默而息之了。以后讲话，总须依理而说。办理盐务，贵在得人，而你"惟知变置督办之员，责其不能有所裨益而詈之斥之，不特无益，而且有损"。景德镇、河口厘务较旺，是因敝处"委办之员认真综核所致……现在由尊处接办，虚实自明，无须置

---

① 曾国藩：《近日军情并陈饷绌情形片》，载《曾文正公全集·奏稿》（卷二十二），第21—23页。
② 沈葆桢：《吁请开缺片》，载《沈文肃公政书》（卷二），第59页。
③ 沈葆桢：《恭谢天恩折》，载《沈文肃公政书》（卷二），第72—73页。
④ 左宗棠：《答曾节相》《与曾节相》，载《左文襄公全集·书牍》（卷六），第17—18、57页。

辩……用人不宜独断"。现在郭嵩焘出任广东巡抚,沈葆桢又吁请开缺,"一益一损,且幸且惧"。①左宗棠笔下夹雨夹雪,或明或暗地批评曾国藩,支持沈葆桢。沈葆桢遂与左宗棠成莫逆之交,自立宗派。

1864年4月,沈葆桢上《将江西税厘仍归本省经收折》,奏陈说:自从1860年两江总督曾国藩奏请将江西通省牙厘归他所设立的东征局征收,已经历时三年。现今时异势迁,安徽已经收复,江苏已经收复苏、松、太二府一州之地,上海尤为税收重地。江西连年战争不断,今春以来,入境太平军有增无减,"殆将十万",是以江西不得不募勇成军七千余名,移调前来江省各军,总兵数在二万以外,外加各府添募守勇五百名左右,各军待饷孔殷。"如为将不得其人,兵勇亦同虚设。理财不得其道,厘税适以病民。是则抚臣失职,督臣当劾之而去,不当遥为之谋,令其安坐伴食也。方今各营枕戈杀贼,悬釜待炊……深虞哗溃"。请准予将茶税、牙厘等款仍归江西省支用,"其督臣征饷,酌量江省力能所及者,钦派每月协济数万金,俾征防两无贻误"。②

曾国藩从来有利必夺。江西厘税收入,每年百余万两,利源所在,岂肯甘心丧失?上疏驳复说:沈葆桢到江西巡抚任后,先于同治元年(1862年——引者)秋奏明截留漕折。1862年夏,奏留九江洋关关税。对以上二事,我都宽容忍受下来了。此次截留牙厘,不能不缕陈力争。因我统兵太多,月饷需五十余万,"饷需奇绌,朝不保夕,安得不争江西之厘,以慰军士之心"?接着,他摆出总督的面孔、军阀的架势说:我细绎《会典事例》,大致吏事应由巡抚主政,兵事应由督臣掌管。就江西饷项论之,丁漕应归沈葆桢主政,以其与吏事相关;厘金应归总督主政,因其与兵事相关。"臣忝督两江,又绾兵符,凡江西土地所出之财,臣皆得奏明提用,即丁漕洋税三者,一一分提济用,亦不为过,何况厘金?奏

---

① 左宗棠:《答曾节相》,载《左文襄公全集·书牍》(卷六),第45—46页。
② 沈葆桢:《江西厘税仍归本省经收折》,载《沈文肃公政书》(卷三),第1—3页。

定之款，尤为分内应筹之饷，不得目为协饷，更不得称为隔省代谋"。他又说：同僚交际，不外分、情两字。沈葆桢受我节制，"分也"；同寅之患难相恤，有无相济，"情也"。沈于我处军饷，论分、论情，皆应和衷熟商，不宜不顾情理。接着，他以威胁、挟制朝廷的口吻说："臣处自闻截去江西厘金之信，各军人心惶惶，转向告语，大局实虞决裂。合无吁恳天恩，饬谕江西厘金，仍全归臣处经收。"①

当曾国藩与沈葆桢的控制与反控制的矛盾激化时，左宗棠与李鸿章、曾国藩的矛盾也尖锐起来了。左宗棠从来瞧不起曾国藩，认为他师心自用，拙于用兵，器量狭窄，不能容物。所以，如前所说，左宗棠屡次去信指谪曾国藩，支持沈葆桢。至于李鸿章，更不在他的眼里。1863年12月攻陷苏州后，李鸿章兵分两路，一路由李鸿章亲自指挥，进犯无锡、常州；另一路由总兵程学启统率，收降浙江乍浦、澉浦、海盐、嘉善、平湖，进犯嘉兴。收降的县城，江苏巡抚李鸿章全都委派地方官吏。左宗棠大为不满，他致书曾国藩说：李少荃是你的门生，我与他本无交谊，后来，郭嵩焘向我称道李鸿章，总以为此公有过人之处。近来看他的所作所为，令人慨叹。进攻浙江嘉善的西塘一役，纵火大掠，据闻是他的六弟李昭庆未能禁戢士卒，少荃反而迁怒于嘉善县令汤成烈，将汤成烈撤职。汤成烈是"少荃所委，咨弟下札者"。湖丝盐利，皆浙江应得之收入，少荃竟全部囊括而去。嘉属富户、"土匪""地棍"曾充乡官者，则诱捕而后逼勒罚捐。湖北协济浙饷每月万两，湖广总督官文、湖北巡抚严树森拨江海关洋税抵偿，少荃亦置诸不顾。"沪饷不欠一月，浙饷已欠一年，尚复专谋挹注如此。岂浙亡而沪独存耶？"②

李鸿章一贯志骄气盈，是一个老虎屁股摸不得的人物。他写信给曾国藩诉说委屈情绪说：嘉兴等地为松江、上海之门户，不得不出兵收

---

① 曾国藩：《江西牙厘请照求经收折》，载《曾文正公全集·奏稿》（卷二十四），第19—23页。

② 左宗棠：《答曾节相》，载《左文襄公全集·书牍》（卷六），第54—55页。

取。乍浦、海盐等县之"贼"求降,断无固拒不纳之理。至于暂委署浙江平湖、嘉善等县地方官,是奏请朝廷批准的,左宗棠居然因此衔怨愈深。"如浙江有兵,有官前来嘉善一带,我岂敢在太岁头上动一撮土耶!"①听他说来振振有词,唯独于嘉善西塘一役纵火大掠一事,讳莫如深。他又讽刺左宗棠说:"左公意气虽盛,兵力实不能强,黄老虎(指太平天国堵王黄文金——引者)专打浙军,日夕苦缠,已为贼所轻。"②

一波未平,一波又起。1864年5月11日,李鸿章督军攻陷常州,上《克复常州折》吹嘘战功说:此次攻克常州"悍逆全股扑灭,实无漏网,重贻他省之患,江南大局全定"③。左宗棠则上奏揭露李鸿章奏报不实说:此次大股逆贼分窜江西,东南垂成之局为之一变。而湖城踞逆黄文金、李远继、杨辅清等尚坚持未下,常州、丹阳诸如林彩新、矮崽陈又由东坝、溧阳交界处源源而来。顷据杨昌浚等禀报,长兴、泗安境上,近两日内,续来常州、丹阳巨股,"如蚁如蝇",不胜其数。④

曾国荃攻陷金陵,曾国藩奏称:城破后,有假冒官军号衣、号褂的太平军千余,溃逃出城,曾国荃即派马队追击,在湖塾地方逃出之"发匪"全部被围,"全行斩刈,未留一人","城中悍贼全数歼灭"。幼主洪福瑱⑤,"纵未毙于烈火,亦必死于乱军之中"⑥。1864年8月7日,左宗棠奏称:昨日接到孝丰守军战报,据金陵逃出难民供称"伪幼主洪福瑱于六月二十一日(7月24日——引者)由东坝逃至广德,六月二十六

---

① 李鸿章:《上曾相》,载《李文忠公全书·书牍》(卷六),第54—55页。
② 李鸿章:《上曾相》,载《李文忠公全书·书牍》(卷六),第7页。
③ 李鸿章:《克复常州折》,载《李文忠公全书·奏稿》(卷六),第45—47页。
④ 左宗棠:《逆贼分窜江西敕杨岳斌督办江皖军务片》,载《左文襄公全集·奏稿》(卷九),第8—9页。
⑤ 洪福瑱,指幼主洪天贵福,登极后玉玺上于名字下刻"真主"二字,故被误为洪福瑱。
⑥ 曾国藩:《金陵克复全股悍贼尽数歼灭折》,载《曾文正公全集·奏稿》(卷二十五),第29页。

日，堵逆黄文金迎其入湖州府城"。查湖州由黄文金据守，尚有杨辅清、李远继等部群集该城，约计十余万名，将来一旦与李世贤部会合，隐忧甚大。①曾国藩认为左宗棠奏报幼主已经逃出天京，是捕风捉影，乘曾氏兄弟因天京金银纠葛之机，投井下石，从此，曾国藩与左宗棠结下不解之怨，断绝彼此间的书信往来，对左宗棠恨之切骨，俟机报复。到了1864年8月下旬，外界虽然纷传幼主已经逃过广德，进入湖州，惟查无实迹。曾国藩断定幼主已逃至湖州之说，纯属无稽之谈。他在《裁撤乡勇查洪福瑱下落片》中说：左宗棠、杨昌浚等寄来禀函，都说伪幼主已经逸出南京。所由金陵至广德、湖州一带，县县皆有驻军，早已严令提防"逸贼"，各城驻军皆未禀报有"逸贼"窜境之说，故"洪福瑱果否尚在"，迄无端倪。"至防范不力之员弁，是夕贼从缺口冲出，我军巷战终日，并未派有专员防守缺口，无可指之汛地，碍难查参"。曾国藩草拟奏章到这里，笔锋一转，指向了左宗棠。他说："且杭州省城克复时，伪康王汪海洋、伪听王陈炳文两股十万之众，全数逸出，尚未纠参。此次逸出数百人，亦应暂缓参办。"这是说应先参办左宗棠，再议及参办曾国荃。左宗棠在《杭州余匪窜出情形片》中，与曾国藩来一个针锋相对。他奏称：金陵与杭州迥异。攻占金陵时，金陵已经合围。攻占杭州前，我曾在奏折中声明杭州并未合围。我部兵力本来单薄，攻占杭州前又调派刘典一军助剿皖南。言下之意，曾国荃围攻金陵，湘军为数五六万，岂能与进攻杭州之军相提并论？左宗棠说：所谓杭州、余杭的"窜贼"有十万之众，纯属海外奇谈。过去，我奏报我军与杭州、余杭之"贼"交战，从来未有踞"贼"十万之说，仅说"每与交战，逆多不过一万数千而止"。杭州、余杭的陈炳文、汪海洋均于3月30日五鼓弃城逃走，陈炳文从武林门逃走，汪海洋率部于余杭东门出走。我军于黎明时入城，

---

① 左宗棠：《攻剿湖郡吉安踞逆迭次苦战情形折》，载《左文襄公全集·奏稿》（卷十），第4页。

两个城门于几小时内岂能逃出十万之众？这是不辩而明的问题。"金陵报杀贼尽净，杭州报首逆实已窜出，臣乌得而纠参之乎"？这是说既奏陈"杀贼尽净"，又逸出千余太平军，应纠参的是曾国藩兄弟。左宗棠任气好辩，他进一步指责曾国藩说："广德有贼不攻，宁国无贼不守，致各股逆贼往来自如，毫无阻遏。臣屡以为言，而曾国藩漠然不复介意。然因数而疏，可也。因意见之蔽，遂发为欺诬之词，似有未可。臣因军事最尚质实，故不得不辩，至此后公事，均仍和衷商办。"清政府对左宗棠的奏片批示是：该督入告"洪幼逆入浙"，复派兵追击，"均属正办。所称此后公事，仍与曾国藩和衷商办……深堪嘉许"。[①]在这次矛盾斗争中，因幼主的确逃入湖州，曾国藩彻底输掉了。从清政府对左的奏片批示看，袒左非曾，用意显然。

曾国藩、李鸿章、左宗棠、沈葆桢之间，或是为了争权夺利，或是为了争功邀宠，或是为了反对曾国藩的专横控制，相互之间唇枪舌剑，矛盾重重，演出了一幕幕鹰犬之间互讧的闹剧，为清政府所求之不得。清政府本来对这些颇具才能的鹰犬，既害怕又不得不加以利用，还没有找到驾驭、调驯他们的办法。现在他们之间既然闹矛盾，朝廷里一百个称愿，抓住这种机会，在曾国藩的头上抚摩一下，在左宗棠、沈葆桢的头上抚摩得更长久些，决不打击任何一方。清政府企图利用他们之间的矛盾，驾驭而控制之，借以削弱曾国藩的兵权，隐消尾大不掉之患。总的说来，凡是顶撞曾国藩、反对曾国藩控制的有力人物，清政府便升他的官，保他的位。1862年1月，左宗棠刚升任浙江巡抚，1863年5月便又升任他为闽浙总督，这正是清政府对曾国藩节制浙江军事的釜底抽薪之计，因为曾国藩奉命节制苏、浙、皖、赣四省军事，四省巡抚、提镇以下悉归节制，左宗棠既升任闽浙总督，曾国藩对他就难以节制了。

---

① 左宗棠：《杭州余逆窜出情形片》，载《左文襄公全集·奏稿》（卷十），第43—45页。

曾国藩、左宗棠、沈葆桢、李鸿章交讧不已之时，彭玉麟与曾国藩、曾国荃之间的矛盾也激化起来了。

柳寿田，早年曾经充当过曾国藩的戈什哈，后来转入曾国藩的亲兵营，又转入彭玉麟统率的水师，是曾国藩的心腹耳目。他深知彭玉麟与曾国荃积不相能，常散布右曾非彭的言论。1864年秋冬之际，彭玉麟借故将柳寿田割耳撤职，并且不许他离营前往金陵。曾国藩对此十分气恼，去信诘责彭玉麟说：我现在尚有兼辖水师之职，你不请示我，即将柳寿田撤职，故意"重责割耳，谓非有意挑衅，其谁信之""此等举动，若他人以施之阁下，阁下能受之乎？阁下于十一年（1861年——引者）冬间及此次皆劝鄙人大义灭亲。舍弟并无管、蔡叛逆之迹，不知何以应诛？不知舍弟何处开罪阁下，憾之若是"？你还到处攻讦我"将兵则紊乱。鄙人在军十年，自问聋聩不至于此"。[①]

曾国藩与彭玉麟本来交谊最深，如前所说，曾国藩对彭玉麟有"三不忘"的恩德。但是，长期以来在曾国藩的袒护下，曾国荃嚣张跋扈，盛气凌人，所部吉字营无恶不作，在天京城中烧杀抢掠是一个典型事例。从彭玉麟两次建议曾国藩大义灭亲，杀掉曾国荃的事实，可见他们之间的矛盾之深。再从曾与左、沈之间的对立情况看，不难看出，太平天国革命失败前后，曾国藩湘系已经到了分崩离析的阶段了。

---

① 曾国藩：《复彭宫保》，载《曾文正公全集·书札》（卷二十九），第6页。

第十六章　倡导洋务运动

　　一般说来，洋务运动开始于湘、淮军镇压太平天国时期。太平天国运动失败后，洋务运动趋向高潮，而洋务运动的倡导者则是曾国藩。

　　1860年第二次鸦片战争刚刚结束，《北京条约》的墨渖未干，俄国驻华公使伊格那提业福向恭亲王奕䜣面称，愿意派遣水师"会剿"太平天国。清政府征求沿海督抚的意见，责令妥议核奏。12月19日，两江总督曾国藩复奏说：俄国"紧接大西洋"，船坚炮利，与英、法相埒，自应"奖其效顺之忱，缓其会师之期，俟陆军克复皖、浙、苏、常各郡后，再由统兵大臣约会该酋派船助剿"。他在这个奏折中提出了一个值得注意的新观点，"将来师夷智以造炮制船，尤可期永远之利"。①魏源在其所著《海国图志》中的《筹海篇》中大声疾呼"师夷长技以制夷"，这是民间舆论首先倡议"制夷"之道，首在"师夷长技"；而曾国藩则是当时清统治集团当权派在奏折中提出"师夷智以造炮制船"的第一人。

　　1861年春，奕䜣奏陈法国愿意向中国出售枪炮。7月7日，奕䜣奏请购买外洋船炮以"剿贼"。8月22日，曾国藩在复奏中首先赞成购买外洋船枪，接着他郑重其事地说："今日和议既成，中外贸易有无交通，购买外洋器物，尤属名正言顺。购成之后，访募覃思之士，智巧之匠，始而演习，既而试造，不过一二年，火轮船必为中外官民通行之物，可以剿

---

① 曾国藩：《复陈洋人助剿及采米运津析》，载《曾文正公全集·奏稿》（卷十五），第11—14页。

发逆，可以勤远略。"①

1852年以前，曾国藩在担任京官期间，与倭仁等以理学相标榜，思想迂腐陈旧，故步自封，只知"夷""夏"之分，对世界形势则一无所知。到了六十年代开初，他与倭仁的思想已颇有异同了。相同之点是曾国藩仍然吹捧理学，相异之点是对待西方近代科学技艺与机器工业的态度大相径庭。倭仁把西方的科学技术视为洪水猛兽，认为学习、引进西方科学技术与机器工业，是"用夷变夏"。他说："立国之道，尚礼义不尚权谋，根本之图在人心不在权谋。"②这是孟子的"王何必曰利，亦有仁义而已矣"的翻版。那么，为什么以理学相标榜的曾国藩对西方科学技术、西方的制船造炮不是深闭固拒，相反，不仅要购买洋枪洋炮，还要进一步"访募覃思之士，智巧之匠，始而演习，继而试造"船炮呢？这是一个值得探讨的问题。

曾国藩从筹组湘军开始，就不能不考虑部队的武器装备问题。他的幕府中不乏精通火器的幕客，如黄冕对制造火器就很有研究。战争的胜负不决定于武器的犀利与否，但战争不能没有武器，有犀利的武器更好，这是尽人皆知的常识。一个军事领导者，在对部队武器的配备问题上，一般是采取求实的态度的。所以，曾国藩坚持湘军水师必须配备大量洋炮。湘军水师正是凭借洋炮的炽盛火力，在1854年10月大破太平军水师而攻陷武昌的。湘军水师的胜利，又为曾国藩验证了使用西方火器的威力。当然，1840年的鸦片战争与以后的第二次鸦片战争中，即使僧格林沁的精锐马队，也抵挡不了英法联军的枪炮，这些事实不能不给曾国藩留下深刻的经验教训。这些是促使曾国藩要募"覃思之士，智巧之匠，始而演习，继而试造"的根本原因。

在封建社会里，官权大，官势重，人民无权，权在当权派手里。既

---

① 曾国藩：《复陈购买外洋船炮折》，载《曾文正公全集·奏稿》（卷十七），第4—6页。

② 同治朝：《筹办夷务始末》（卷四十七），影印本，第24页。

然要购买洋枪洋炮，就牵涉到容许中外通商的问题；既然要试造船炮，则又牵涉到"开放"即进口外国机器的问题。曾国藩提出的新观点，涉及面很广，问题很多，而首先倡议"师夷智以造船制炮"的，正是曾国藩。

为了达到"造船制炮"的目标与修理枪炮以适应战事的需要，1861年冬，曾国藩札饬司道在安庆设立"制造火药、子弹各局，委员司之。又内设军械所，制造洋枪、洋炮"[①]。1862年7月30日，中国代近科学家徐寿、华蘅芳所造火轮船名"黄鹄号"演试江面，曾国藩"激赏之"。同年，安庆军械所已能制造子弹、有脚劈山炮、小劈山炮等。安庆军械所的创建，吹响了洋务运动即将来到的号角。

1863年秋，曾国藩在安庆接见了美籍华人容闳。容闳说：接见前，我已知道"总督有建立机器厂之意"。会见时，乃建议建立机器厂，"大致谓应先立一母厂，再由母厂以造出其他各种机器厂。予所注意之机器厂，非专为制造枪炮者，乃能造成制枪炮之各种机械者也。而以今日这时势言之，枪炮之于中国较他物尤为重要，故于此三致意焉……二星期后，华君若汀（华蘅芳，字若汀——引者）告予，谓总督已传见彼等四人，决计界予全权……建立机器厂之地点，旋决定为高昌庙"。[②]由此看来，早在1863年曾国藩已经决定并命令李鸿章派员在上海高昌庙筹建江南制造总局了。上海的江南制造总局是中国近代化的、规模最大的军事工业。这个军事企业建立的发轫者与决定者，不是李鸿章，而是曾国藩。李鸿章不过是该企业的经办人。

曾国藩创建安庆军械所与江南制造总局，其目的在于制造枪炮，改善湘军、淮军的武器装备，更有力地攻打太平天国，就其创办这些军事工业的目的考察，其动机是并不纯正的。但是，这不等于说曾国藩引进

[①] 黎庶昌：《曾文正公年谱》，载《曾文正公全集·年谱》（卷七），第20页。
[②] 容闳：《西学东渐记》，商务印书馆民国四年版，第89—98页。

西方近代工业机器与科学技术也是错的。十九世纪六十年代前后，西方资本主义国家的生产力汹涌发展，把整个世界都卷进了资本主义的浪潮，在当时，横在落后的中国面前的问题是：要么像倭仁那样，对西方的科学技术与机器工业深闭固拒，自我陶醉于仁义、王道，使中国永远停滞在刀矛弓箭、锄犁车耙的落后状态，置国家的前途、民族的生存于不顾；要么像曾国藩那样从西方国家引进与资本主义生产力有直接联系的科学技术与机器工业，学习西方，赶上去。二者必居其一，没有中间道路可走。在这个问题上，曾国藩是强者，站到了时代潮流的前列。清政府中的洋务派官僚从购买西方枪炮，发展到设厂修理、制造枪炮，是大势所趋。创办近代军事工业，部队接受西方近代化的军事训练等，如果说这些都是属于早期洋务运动范畴的活，那么从十九世纪六十年代开始，太平天国内部也已经开始了"洋务运动"。曾国藩说，李秀成部拥有洋枪甚多，在1862年的天京会战期间，曾国荃的面颊曾受洋枪子伤。李秀成还用"西瓜炸炮"轰击曾国荃部营垒。1863年，白齐文带了一批洋人投入苏州太平军慕王谭绍光的麾下，训练太平军使用洋枪、洋炮，这是太平军接受西方近代化军事训练的开始。太平天国坚持独立自主的方针，慕王谭绍光只给白齐文对太平军的训练权，不给他统率大权。据白齐文部下的军官马惇说：太平军中有"四分之一的兵士佩带步枪与来福枪"[①]。因为太平军中使用洋枪、洋炮的数量与日俱增，故护王陈坤书部的兵册记事簿中有"本阁送双响洋枪炮一条，交洋炮官修整"的记载[②]。既然太平军的部队编制中有专门修理洋枪、洋炮的洋炮官，便应有规模或大或小的修械所。事实也正是这样。1863年6月1日，李鸿章指挥中外联合武装攻陷昆山城，"城内有制造大炮、炮弹和开花弹的军火工

---

① 王崇武、黎世清编译：《太平天国史料译丛》，神州国光社1954年版，第65、78—79页。

② 北大文科研究所：《太平天国史料》，开明书店1951年版，第191页。

厂"①，所以太平天国丧失昆山，其损失是惨重的。由上看来，洋务运动的发生，在清政府和太平天国方面几乎是同步的。

形势在发展，时代在转换。1864年太平天国失败后，中国社会的主要矛盾逐渐发生了新变化，中华民族与资本主义列强之间的民族矛盾日益尖锐激化起来了，洋务运动也迅速发展起来了。

洋务运动的发展，本来是西方列强对中国长期冲击特别是反面冲击的结果。在第一、二次鸦片战争中，外国侵略军"扰乱村庄，抢我耕牛，伤我田禾，坏我祖坟，淫辱妇女，鬼神共怒，天地难容"。②第一、二次鸦片战争，都以外国侵略者强迫清政府订立城下之盟而结束，条款之苛刻，令人发指。在这种赤裸裸的反面冲击下，中国人民逐渐觉醒了。第一次鸦片战争期间，林则徐被革职后，他在《密陈夷务不能歇手片》中指责道光皇帝说："广东利在通商，自道光元年至今，粤海关已征银三千余万两，收其利者必须预防其害。若前次以关税十分之一制炮造船，则制夷已可裕如。"③以后，他广泛宣传制炮造船为"制夷"必不可少之物。魏源总结了林则徐的抗英经验，《中英江宁条约》订立时，他在所撰《海国图志》中提出了"师夷长技以制夷"的爱国主张。从林则徐到魏源的爱国言论，显然是外国侵略者依仗坚船利炮，从反面冲击中国的必然反应。除了反面的冲击外，还同时存在着正面冲击的一个方面。西方机器工厂生产的布匹，质细而软，价廉物美，远非中国土布所能与之匹敌。西方的火车、轮船、望远镜、经纬仪、挖泥船等生产工具，也引起了中国有识之士的浓厚兴趣。魏源在论述"师夷长技以制夷"时说：我们可在广东设立船厂、火器局，除造战舰、火器外，有余力时，

---

① 北京太平天国历史研究会编：《太平天国史料译丛》（第三辑），中华书局1985年版。

② 《三元里痛骂鬼子词》，载《鸦片战争》（第四册），上海人民出版社1967年版，第16页。

③ 林则徐：《密陈夷务不能歇手片》，载《林则徐集·奏稿中》，第885页。

可造商船、"量天尺、千里镜、龙尾车、风锯、火轮机、火轮舟、自来火、自转碓、千斤秤之属，凡有益民用者，皆可于此造之"①。1861年，冯桂芬在上海写成了《校邠庐抗议》，"抗议"中国的落后、故步自封，不探讨西方"制器尚象"之术。他说："今欲采西学，宜于广东、上海设一翻译公所"，挑选十五岁以下文童，聘西人课以诸国语言文字，又请内地名师，课以经史，兼习算学。由是而历算之术，格致之理，制器尚象之法，"兼综条贯，轮船火器之外，正非一端"。即如"农具、织具，百工所需，多用机轮，用力少而成功多，是可资以治生。其他凡有益于国计民生者皆是"。②总之，采西学，向西方学习制器尚象之术不可缓，唯应以"中国之伦常名教为原本，辅以诸国富强之术"，"夫而后内可以荡平区宇，夫而后可以雄长嬴寰"。③冯桂芬的这些理论，基本上适合了曾国藩倡导洋务运动的需要。曾国藩读过《校邠庐抗议》后，在1862年10月31日的日记中记有："冯敬亭，名桂芬，寄《校邠庐》初稿二册，共议四十二篇，粗读十数篇，虽多难见之施行，然自是名儒之论。"④两次鸦片战争对中国的正反面的冲击，促使中国在战后逐渐出现了一股学习、引进西方科学技术、近代机器工业的思潮。太平天国失败后，随着中外民族矛盾的上升与激化，各个阶级、阶层的人们，带着各自不同的目的，投入了这一运动，其中有爱国派与对外妥协派。曾国藩属于哪一派？没有比较，就没有鉴别。现在先谈一下爱国派投入洋务运动的目的、观点。

1866年，地主阶级改革派左宗棠也投入了洋务运动，创办了福州船政局。他在《拟购机器雇洋匠试造轮船先陈大概情形折》中说明创办福州船政局的意图时说，创办船政局，是为了以下目的：

第一，加强沿海防御，抵御外国的侵略。

---

① 魏源：《海国图志·筹海篇》（卷二），光绪二年版，第5—15页。
②③ 冯桂芬：《校邠庐抗议·制洋器议·采西学议》（卷下），光绪戊戌版，第35—39、43—45页。
④ 曾国藩：《曾文正公手书日记》，同治二年九月十七日条。

第二，船局除造战舰外，将来更添机器，触类旁通，凡制造枪炮、炸弹、铸钱、治水，有关民生日用者，均可次第为之。

第三，为了抵御外国的经济侵略，也必须制造轮船。用轮船运转漕米，千里如在庭户，"以之筹茂迁，则百货萃诸廛肆，匪独鱼盐蒲蛤足以业贫民"。自从《北京条约》签订以来，允许洋船装载北货行销各口，北方货价腾贵，江、浙富商以海船为业者，往北方购买货物，因"费重行迟，不能减价以敌洋商，日久销耗愈甚"，以致亏本歇业，"富商变为窭人，游手驱为人役"。故不能不于造军舰之外，兼造轮船。①洋务派中的左宗棠，可以说是近代具有商战思想的第一人。

单凭曾国藩、左宗棠等关于洋务运动的言论，是难以判别他们中间谁是洋务运动中的爱国派，谁是对外妥协退让的妥协派的，主要还应考察他们举办军事工业，是否重在引进西方的科学技术，是否为了"制夷"而"师夷长技"。现在将左宗棠、曾国藩办理洋务企业的指导方针以及政治实践作一比较，谁个优，谁个劣，谁个是洋务运动中的爱国派，谁个是妥协派，便一目了然了。

1866年6月，左宗棠上奏拟办福州船政局。9月25日，清政府命闽浙总督左宗棠调任陕甘总督。12月16日，左宗棠自福州起行，前往西北。行前，他敦请沈葆桢为福州船政局船政大臣，负责办理福州船政局，并制订了办理船政局的章程。②从他奏办福州船政局到制订船政局章程，始终以"师夷长技以制夷"为指导方针，从"师"字着眼，落实到一个"制"字。他在西北致书船政大臣沈葆桢说：西洋火器，过去"无人讲求，彼族得以所长傲我"。船政局成立后，望锐意经营制船造炮，学习、

---

① 左宗棠：《拟购机器雇洋匠试造轮船先陈大概情形折》，载《左文襄公全集·奏稿》(卷十八)，第1—6页。

② 左宗棠：《详议创设船政章程购器募匠教习折》，载《左文襄公全集·奏稿》(卷二十)，第62—64页。

研究西洋火器原理，将来定然"鸦片之患可除，国耻足以振矣"。①他非常重视培养人才，规定船政局设立学校与船厂两个部分。学校招收青年学生，学习的课程有外语、数学、物理、化学、几何等，务必做到"尽其所长，归之中土，相衍于无穷"，②他规定福州船政局内办理海军学校、造船工程、艺徒学校（实际上是技工学校）等，培养出了大批海军将领与造船工程师、高级技工等，以至北洋舰队的骨干高级将领如邓世昌、林永升、刘步蟾、林泰曾等，还有严复等，都是福州海军学校培养出来的。福州船政局培养出来的造船工程师与技工，在十九世纪六十年代末和七十年代初，便能自行设计、制造出一二千吨的兵舰或商船。1875年造成的艺新号兵舰，其舰身、轮机等，"均系前堂学生吴德章、罗臻禄、游学诗等自绘"③。马尾造船厂制造出来的兵舰，组成了中国第一支近代化的海军舰队，水师兵舰全由船政局培养出来的海军将领驾驶、指挥。该厂为中国培养海军人才与造船、造舰事业开创了新局面。沈葆桢深有体会地说：左宗棠"创始之意，不重在造，而重在学"④。

1865年5月，清政府以曾国藩为钦差大臣前往山东督师"剿捻"，由江苏巡抚李鸿章署理两江总督。6月，两江总督曾国藩卸任离开金陵北上，此时，上海高昌庙的江南制造总局已经粗具规模。该局的规模远胜于福州的马尾造船厂，设备也比较齐全。论条件，江南制造总局经济来源充沛，上海各方面的条件都比福州优越，可是，曾国藩与李鸿章在规划江南制造总局时，没有"师夷长技以制夷"的指导方针，没有着着实实地从"师"字入手。所以，该局仅设立一个翻译机构，当然，它在引进西方科技知识方面，也起了些作用，但总局始终未设立一所培养中、

---

① 左宗棠：《答沈幼丹中丞》，载《左文襄公全集·书牍》（卷十一），第8—9页。
② 左宗棠：《上总理各国事务衙门》，载《左文襄公全集·书牍》（卷八），第63页。
③ 孙毓棠：《中国近代工业史资料》（第一辑），科学出版社1957年版，第423页。
④ 沈葆桢：《续陈各船工程并挑验匠徒试令自造折》，载《沈文肃公政书》（卷四），第59—60页。

高级工程技术人才的工程学校或是培养海军将校的海军学校,以达到"尽其所长归之中土,相衍于无穷"的爱国目标。

曾国藩、李鸿章一再吹嘘举办军事工业是为了求强,如曾国藩所说办理军事工业,"可以剿发逆,可以勤远略",后一句话,显然是指可以抵御外国侵略。然而,每遇中外交涉事件,他们一贯恐洋媚外。从十九世纪七十年代到九十年代,中国边疆普遍发生危机时,曾国藩、李鸿章从来舍不得运用创办军事工业的成果抵御外敌。1870年,曾国藩办理天津教案时,恐洋媚外,一意对法国妥协退让,大刀阔斧地镇压天津爱国人民。天津教案结案时,曾国藩判处无辜爱国人民死刑,他无耻地宣称:此案"共得正法之犯二十人……办理不为不重,不惟足对法国,亦堪遍告诸邦"①。左宗棠批评曾国藩说:此次天津教案是由丰大业所激起,曾国藩反而答允赔偿恤金,甚至以民命抵偿,"独何心欤"?办理军事工业等洋务,"数年以来,空言自强,稍有变态,即不免为所震慑,洵可忧也"。②从曾国藩在办理天津教案时的恐洋媚外、妥协退让看,他创办军事工业,为了"可以剿发逆"是真,"可以勤远略"是假。左宗棠不像曾国藩那样,他始终认为自从创办军事工业以来,各省的防务有所加强,对外交涉事关国家的领土主权,应该据理力争,办理强硬外交,必要时不惜决之以战阵。1871年7月,俄国悍然出兵强占中国领土伊犁,陕甘总督左宗棠写信给部将刘锦棠说:俄国从侵占黑龙江以北中国领土后,"形势日迫,兹复窥吾西陲,蓄谋既久,发机又速,不能不急为之备……俄人战事与英、法略同,然亦非不可制者。本拟不久后乞病还乡,今既有此变,西顾正殷,断难遽萌退志,当与此房周旋"。③十九世

---

① 同治朝:《筹办夷务始末》(卷七十九),第19页。
② 左宗棠:《答夏小涛》《答沈幼丹中丞》,载《左文襄公全集·书牍》(卷十一),第6—18页。
③ 左宗棠:《与刘毅斋京卿》,载《左文襄公全集·书牍》(卷十一),第47—48页。

纪七八十年代，他冒着与英、俄帝国主义发生直接冲突的危险，取得了讨伐阿古柏匪帮的胜利，戡定南疆，收拾金瓯一片；为了进一步收复伊犁地区，他命令南、北疆清军全面备战，准备打仗，将他的司令部从甘肃酒泉移设哈密，一路命弁勇"舁櫬以行"，军心悲壮，沙俄帝国主义遂知所戒惧。在他的实力支持下，曾纪泽在中俄伊犁谈判中，才能迫使俄国吐出了特克斯河流域，收回了伊犁地区。他的反侵略爱国活动，与曾国藩的妥协外交，恰恰成为尖锐的对照。如果说左宗棠是洋务运动中的爱国派，那么，曾国藩则适得其反，是妥协派。

曾国藩恐洋媚外，在对外交涉时妥协退让是事实。但是，事物是一分为二的。我们通常所说的洋务运动，是指曾国藩、李鸿章、左宗棠等从举办军事工业到民用工业，涉及中国资本主义的产生，影响到中国民族资本主义的发生发展。如果把十九世纪六十年代曾、左、李等举办的军用工业，到后来发展为举办民用工业，加上七十年代中国民族资本主义的发生、发展，将以上这些联系起来加以统一考察，那么，不难发现，从六十年代到1894年中日甲午战争期间，中国半殖民地半封建社会近代工业化道路的轨迹，也不难发现当时中国军事工业的发生发展与中国民族资本主义的发生发展，有相辅相成、相反相成的关系。所以，更确切地说，我们通常所说的所谓洋务运动，应该正名为早期的中国近代化运动。这个运动是畸形的，其道路又像羊肠小道那么迂回、狭窄、曲折，因为这是一条被帝国主义扭曲了的道路。然而，洋务运动终究不失为中国近代工业化运动。尽管如前所说，曾国藩在洋务运动时期存在着这样那样的缺点与错误，但是无可否认，当中国处在近代工业化运动的前夕，在当权派中，他排除了顾虑与干扰，率先倡导引进与西方资本主义生产力联系在一起的近代科学技术与工业机器，开社会风气之先。对这一点，是应该予以肯定的。

第十七章　镇压捻军

一、"征剿"捻军，连遭败北

据《湘军志》载："捻之为寇，盖始于山东。游民相聚，有拜幅、拜捻，盖始于康熙时。其后，捻日益多，淮、徐之间，因以一聚为一捻。或曰：其党明火劫人，捻纸燃脂，因为之捻。"[1]这是说捻党起源于山东，出现于康熙（1662—1722）年间。起初是一种游民组织，后来从山东发展到淮、徐地区。他们打劫富豪，并无明确的政治目标。捻，是捻军的先驱。

1853年3月，太平军攻取金陵，改名天京，定为首都，全国震动，人心振奋。5月，太平天国出师北伐，连克临淮关、凤阳、亳州，插入豫东，占领归德，进攻开封。北伐军所过之处，摧毁官府衙门，打击地主富豪，沉重地打击了皖北、豫东的封建势力，削弱了清朝的封建统治，给捻党创造了发展的有利条件。捻党在其活动中心凤阳、亳州一带，声势尤为大振。1855年，各路捻党齐集雉河集，共推张乐行为盟主，拥戴他为"大汉明命王"，各旗统领将官都接受他的指挥，组织加强了，战斗力强大了。此后捻军从分散向集中发展，人们称捻党为捻军。1857年，张乐行等领导捻军加入了太平天国，开始与太平军联合作战，天王洪秀

---

[1] 王闿运：《湘军志·平捻篇十四》，第1页。

全授张乐行为征北主将，后来又晋封张乐行为沃王。1862年，僧格林沁统率的蒙古骑兵等攻陷亳州、宿州诸地，捻军遭到重大损失。翌年春，张乐行被俘牺牲。从1855年到1864年的太平天国运动期间，捻军一贯保持着"居则为民，出则为捻"的状态。总的说来，因受到乡土观念、安土重迁等农民习性的影响，捻军还没有形成一支浩浩荡荡、足以东西驰骋的大军。这是捻军不能有力地抗击清军，以致遭遇到严重失败的根本原因。但是，形势的变化，促使捻军成为历史舞台上的主角。

1864年7月，太平天国失败，长江以北的太平军将领遵王赖文光等率领太平军加入捻军，江南的太平军将领如首王范汝增等也相继北渡长江，加入了捻军的行列。当时，捻军原来控制的皖北地区几乎全部丧失，在"黑云压城城欲摧"的形势下，1864年冬，捻军首领梁王张宗禹、鲁王任化邦、魏王李蕴泰、荆王牛宏升等，公推智勇双全的遵王赖文光为统帅，"誓同生死，万苦不辞"。赖文光按照太平天国的兵制、兵法，组织、教育捻军，提出"披霜踏雪，以期复国于指日"的战斗口号，以恢复太平天国为战斗目标。在战术上，易步为骑，以骑兵为主，步兵为辅，"以走疲敌"，在运动中伺机歼敌。经过这番整顿教育，捻军"旧貌换新颜"，变成了一支有理想、有组织的军队，以崭新的姿态投入了反清战争，掀起了华北、中原地区燎原战火。

自从僧格林沁部侵入皖北，1863年张乐行牺牲后，捻军皖北根据地几乎全部丧失。太平天国失败前后，僧格林沁部蹂躏皖北，成为捻军的死敌。僧格林沁（？—1865），蒙古科尔沁旗（今属内蒙古自治区）人。嗣父索特纳木多布斋系嘉庆帝额驸。1825年，僧格林沁袭封郡王。1855年因镇压太平天国北伐军有功，晋封亲王。僧格林沁为人跋扈刚愎，敢战好杀。太平天国失败后，清政府害怕曾国藩兵权太大，蓄意扶植僧格林沁与湘系颉颃，僧格林沁遂与湘军势如水火。他说：论战斗力，"皖军为上，豫军次之，楚军（这里指曾国藩系湘军）为下"①。

　　1864年冬，赖文光统率捻军后，捻军的战斗力大为提高，作战时计谋多端，僧格林沁对太平军加入捻军犹懵然不知，与捻军作战时，依然运用横冲直撞的蛮牛战术，对捻军穷追猛打。1864年秋冬之际，僧格林沁在湖北被捻军牵着鼻子走，接连损兵折将。清政府命曾国藩率军增援，曾国藩正在为曾国荃被驱逐回籍以及裁撤嫡系湘军而满腹骚愁，态度消极。他认为湖北有亲王僧格林沁、钦差大臣湖广总督官文指挥"剿捻军事"，他们都是朝廷的心腹股肱，如果他统兵前往作战，与素来轻视湘军、刚愎骄横、不谙谋略的僧格林沁难以共事，打仗时湘军送死有份，论功行赏靠边。他上奏说：临阵指挥，非我所长。如果一定要我西上助战，须调淮军随同出征。言下之意，湘军已经大量裁撤，无兵可用，其真意则是拒绝西上湖北。最后他提醒清政府说：如我与"僧格林沁、官文同驻蕲、黄（蕲水、黄州——引者）四百里之内，以钦差三人萃于一隅，恐启贼匪轻视将帅之心"②。他话中有刺，实际上是讥笑四百里之内的两个钦差大臣，不能解决战斗。这时捻军挥师北上河南，湖北情形渐趋缓和，曾国藩不再援鄂，清政府仍以僧格林沁为"剿捻"主帅。

　　捻军摸透了僧格林沁的脾性，掌握了他的战术，挑逗得僧格林沁昼夜穷追。然后，捻军在运动中抓住战机，或是在退却途中利用有利的地形地势，回军反扑，"以劲骑张两翼抄袭我军，马呦人欢，剽疾如风雨"；或是运用步骑联合作战的战术，冲击敌阵，克敌制胜。僧军在河南作战时，一败于邓州，再败于南阳，损兵折将，逗得僧格林沁暴跳如雷，气急败坏，以至"击折总兵顶翎"，恨不得一口吞掉捻军。③他的死

---

① 王闿运：《湘军志·平捻篇第十四》，第8页。
② 曾国藩：《遵旨驰赴皖鄂交界督兵剿贼折》，载《曾文正公全集·奏稿》（卷十六），第32—33页。
③ 潘守廉等：《南阳县志·兵事》，载《捻军》第六册，上海人民出版社1957年版，第108页。

期近了。

1865年1月，捻军在鲁山三败僧军，击毙其得力部将恒龄、舒伦保等。4月，捻军闯入山东曹县，牵着僧格林沁的鼻子跟着奔跑，拖得清军精疲力竭，士气涣散，斗志消失。僧格林沁气得丧失理智，"令军士橐馈饵，日夜追贼……辄数十日不离鞍马"，他自己也疲乏得"手疲不能举缰索，以布带束腕系肩上驭马。贼知僧军疲，益狂奔，或分东西走，牵我军"。[①]杀僧的时机成熟了！赖文光、张宗禹等在山东曹州布下了天罗地网。5月18日，将僧军包围于高楼寨。僧格林沁疯狂突围，伏兵四起，僧军大败，全军一万余名悉数被歼。阵毙僧格林沁。败报传至北京，西太后、奕䜣等如丧考妣，"辍朝三日"。曾国藩在两江总督衙门暗暗称愿。

歼灭僧格林沁一役，捻军缴获战马、军械无数，声势益加浩大，纵横河南、山东，威逼直隶、津京。23日，清政府火急命令两江总督曾国藩携带钦差大臣关防，率军北上"剿捻"，由江苏巡抚李鸿章署理两江总督。28日，命曾国藩督办直隶、河南、山东三省军务，所有三省八旗、绿营及地方文武员弁均归节制。6月2日，曾国藩奏陈"剿办捻匪"万难迅速，其原因是：湘军、淮军过去在长江流域作战，缺乏马队。现在到中原地区作战，而捻军又以骑兵为主，故必须添练马队，但非短期可成。湘军已大部裁遣，分驻江南之湘军愿跟随北征者仅三千余人，另外拟调宁国之刘松山随军征战，惟所部兵数不足三千，俟到徐州再行招募补充，成立新营。淮军归我调遣者，仅有刘铭传、周盛波等部。拟办黄河水师，亦非四五个月难以集事。最后他提出：因兵力有限，剿办捻军必无力兼防直隶。他总结了僧格林沁"剿办捻匪"的失败原因，向朝廷指出：僧格林沁统兵追击捻军，日行七八十里或一百余里，步队追赶不及，势必参错不齐。中原地区兵荒马乱已久，僧王行文州县备办供应，州县难以为力，大多避匿，"将士饥饱不均，有连日不得一餐者，其队伍

---

① 王定安：《求阙斋弟子记·剿捻上》（卷十一），第2页。

难整"。僧格林沁随捻尾追五省，终于为捻所乘，全军败没。湘军、淮军行军时伙食自办，每日行军不过四十里或二三十里，因此，我非但不能兼顾五省，即如山东、河南、江苏、安徽，亦不能处处兼顾。为此，他提出了重点设防于四省十三府、州的战略方针。四省十三府州，指安徽的庐州、凤阳、颍州、泗州；河南的归德、陈州；江苏的淮安、徐州、海州；山东的沂州、兖州、曹州、济宁等地。他说只有重点设防才能改变"尾追之局"，以"有定之兵，乃足以制无定之贼"。①他又进一步提出：山东以济宁、江苏以徐州、河南以陈州府属的周家口、安徽以凤阳府属的临淮关为大营，大营所在地坚筑工事，每处储米万石，草料、弹药、军械也应多加储藏。各大营重兵驻扎，一省有警，三省往援，援军粮械取给于大营。

为什么要重点设防于这四省十三府之地？据曾国藩说，这十三府之间纵横千里，是捻军经常出没之区，俟其来而击之，是变"尾追之局""以有定制无定"的要着。此其一。捻首张宗禹、任化邦、陈大喜等及其部队，大多是安徽蒙、亳之人。捻军东西"窜扰"，动辄千里，是流寇之象。然而，"流寇如无源之水，听其所之，而此贼尚眷恋蒙、亳老巢……斯又不甚似流寇"。捻军既不能忘情故土，势必有时前来，利于拦击、"堵剿"。此其二。重点设防济宁，是为了防止捻军从山东打入直隶，又且鲁西南物产丰富，捻军经常出没此一富庶地区，以便筹粮。此其三。曾国藩于重点设防的同时，奏请清政府命令苏、鲁、豫、皖、鄂五省的总督、巡抚亦择要设防保境。②他对捻军情况的分析，是言之有据的。重点设防，以达到改变尾追之局，是一着狠毒的棋子。

在重点设防时，他命令地方官清查圩寨。规定各乡村设立圩寨，圩

---

① 曾国藩：《遵旨赴山东剿贼并陈万难迅速情形折》，载《曾文正公全集·奏稿》（卷二十七），第31—35页。

② 曾国藩：《钦奉谕旨复陈折》，载《曾文正公全集·奏稿》（卷二十八），第9—12页。

设圩长，办理如下事项：

第一，坚壁清野。坚壁是指圩寨外高筑墙，深挖沟，才能凭墙"击贼"。清野是指人丁、牲畜、粮米、柴草等一一搬入圩内，使"贼来全无可掳"。壮丁须勤加操练，是固守圩寨之要着。

第二，分别良莠。他说："捻匪蒙、亳之人最多，宿州、永城次之。"圩长应编造良民册与莠民册，"倡乱及甘心从捻者，入莠民册"。凡属倡乱者，"宜戮其身，屠其家，并掘其坟墓""从逆者杀无赦。"

第三，圩长发给执照，负责检查圩内有无莠民。圩内居民实行连环保结。①

1865年6月18日，曾国藩亲率湘军三千，从金陵北上徐州。他离开金陵时，张宗禹已指挥捻军围攻据守雉河集的皖军。安徽布政使英翰在雉河集连忙向曾国藩告急求救，曾国藩被迫进驻临淮关，指挥湘军、淮军与豫军等陆续增援雉河集。张宗禹发现仰攻不利，而且敌方援军云集，乃下令撤围。从此，捻军加强了"以走疲敌"的战术。雉河集解围后，曾国藩继续北上徐州，捻军则兵分两路，转进河南。张宗禹率领的一路捻军打至河南南阳、卢氏，兵锋扫及湖北襄阳；赖文光、任柱率领另路捻军于1866年1月19日从河南光州闯至湖北麻城，清军成大吉部哗变，"烧营北应群捻，大吉跳而免"。赖文光以麻城为中心，分兵四出，收取黄安，南至黄陂、黄州，西至孝感，"所屯居五百余里，武昌戒严"。②曾国藩分兵增援湖北，捻军已转进河南。4月上旬，张宗禹重来山东，4月下旬，赖文光军也打进曹州、开州，与张宗禹部会合。5月，赖、张两军西回，分道进入河南。

自从曾国藩重点设防以来，捻军东征西讨，纵横自如。山东、河南官绅"习见僧王战，皆怪曾国藩以督师大臣安居徐州，谤议盈路"。曾国

---

① 王定安：《求阙斋弟子记》（卷十一），第11页。
② 王闿运：《湘军志·平捻篇第十四》，第10页。

藩也发现重点设防不足以制服捻军，1866年5月20日、27日，奏陈于重点设防之外，设防运河、沙河与贾鲁河，在这三条河的河岸，增筑堤墙或木栅，择要分兵驻守，防止捻军跨越沙河、贾鲁河、运河。很明显，曾国藩现在已发展为用点线结合的办法，以控制豫东、山东与徐淮地区，逐步收缩、限制捻军的活动范围。这一军事计划的实施，补充了重点设防之不足，显然是更为凶恶的一手。

沙河、贾鲁河、运河防线初建立时，特别是沙河、贾鲁河堤墙一再倒塌，再三修补，勉强建成。1866年9月24日，正是中秋时分，月明星稀，开封以南数十里之地，瞭望隐隐有火光出现，"渐迤而北，逼近豫军长墙……二更时贼股拥而至，抚标三营所守堤墙当被冲破"，赖文光、张宗禹率众万马奔腾而来。①捻军突破贾鲁河、沙河防线后，挺进到了山东运河以西的郓城地区。一时又物议纷起，指责曾国藩劳师糜饷两年，捻势反而益张。捻军突破沙河、贾鲁河防线的军事胜利，地主官僚的攻讦，使曾国藩"病盗汗舌蹇之症"加剧。1866年10月1日，曾国藩奏请调李鸿章移驻徐州以当东路，以新任湖北巡抚曾国荃驻军南阳以当西路，自己则驻扎周家口以当中路。②清政府批准了曾国藩的请求后，申饬曾国藩说：各省巡抚自应协商防务，联络声势，"……曾国藩总理师干，尤宜统筹全局，毋得专诿地方督抚，致军事漫无纪律"③。曾国藩"惭惧己甚"，上奏请求开缺。事实上曾国藩被捻军打败了，这主要是由于捻军的英勇善战；次之，与清方营垒中存在着一时无法克服的种种矛盾也有密切的关系。

在"对敌"战争的紧张时刻，清政府内部也是矛盾重重。曾国藩就

---

① 曾国藩：《捻股东窜河防无成现派军追剿折》，载《曾文正公全集·奏稿》（卷三十），第42—43页。

② 曾国藩：《请饬李鸿章暂驻徐州调度军务片》，载《曾文正公全集·奏稿》（卷三十），第45—46页。

③ 王定安：《求阙斋弟子记》（卷十二），第22页。

任钦差大臣以来，遭遇到棘手难办的问题很多，其中主要的矛盾是：

第一，与地方督抚的矛盾。曾国藩设置重兵于济宁、徐州一带，直隶总督、山东巡抚比较满意。惟河南是四战之地，幅员辽阔。曾国藩布置河防与重点设防的战略部署，在河南巡抚吴昌寿看来是"以豫为壑"，即是将捻军驱入豫西地区。曾国藩与吴昌寿素无交谊，吴昌寿处处给曾国藩以难看。曾国藩要坚壁清野，吴昌寿说冬天可以坚壁清野，夏天农忙季节，"野不可清"。曾国藩要在周家口大营囤米万石，同时囤储大量草料，吴昌寿说：河南长期为兵勇所骚扰，"烽燹所余，则求一升之米，一束之刍，必不可得"。①曾国藩要设防沙河、贾鲁河，吴昌寿认为困难重重，即使沿河筑成了墙、栅，处处驻军，毕竟兵力单薄，不足以限制捻军的马蹄，是徒劳无功。所以，曾国藩抱怨说："河南公事不甚顺手"，吴昌寿的奏疏，"颇侵伤余处"。②捻军也正是在沙河、贾鲁河一举突破清军防线的。

第二，曾国藩指挥的军队有山东、河南、安徽的东军、豫军、皖军；有僧格林沁遗部陈国瑞军；有李鸿章的淮军；还有自己统带前来的湘军。湘军力量微薄，他依靠的主力部队是淮军。东军、豫军、皖军都是为防御本省而募集训练成的地方部队，能在本省作战，不愿赴援邻省。捻军作战，动作飘忽，莫测所向，一日之间，往往跨越二省，时而山东，时而江苏、河南，各省省军株守本省，易于为捻军各个击破。陈国瑞性情暴戾，骄横不堪。刘铭传也年少气盛，勇于私斗。1865年6月，刘铭传部调防济宁。陈国瑞觊觎铭军洋枪，"私嫌互斗，杀伤甚众"。曾国藩将陈国瑞部调至皖北，又与英翰、郭宝昌等部互斗。曾国藩调停乏术，只好将陈国瑞部调入河南。敌人营垒中的内部矛盾，减轻了捻军的压力。以上这些矛盾，若隐若现，是曾国藩短期内所难以克服的。

---

① 王定安：《求阙斋弟子记》（卷十一），第27—28页。
② 曾国藩：《致澄弟沅弟》，载《曾国藩全集·家书二》，第1222、1226页。

第三，最使曾国藩伤心的是，他一手提拔、栽培出来的得意门生、署理两江总督李鸿章也与他为难，闹矛盾，扯他的腿，企图将他的钦差大臣取而代之。（容下文讨论）

第四，最使曾国藩害怕的是，他镇压捻军的一系列残酷措施，激起了众怒。他在家书中说："蒙、亳、宿、颍一带人心甚坏，亲近捻匪，仇视官兵，亦大乱之气象也。""此贼已成流寇行径，殊难收拾。"[1]他已失去"剿捻"的信心。

1866年9月下旬，捻军踏破了曾国藩设下的沙河、贾鲁河防线，曾国藩自己也被迫承认对捻军"无术制之"了。捻军的打击，内部矛盾的煎熬，人民群众的反对，使曾国藩"剿捻"的军事行动彻底失败了。

二、曾国藩"剿捻"期间与李鸿章的矛盾，曾、李争夺两江总督席位的斗争

众所周知，李鸿章与曾国藩有师生之谊，李鸿章是曾国藩一手栽培、提拔出来的。如前所说，1864年春，李鸿章利用进攻太平天国的时机，将淮军扩充至六七万人，他已从湘系中分裂出来，独树门墙，成为淮系。李鸿章对曾国藩也感恩戴德，1872年曾国藩去世，李鸿章挽联中有"师事近三十年，薪尽火传，筑室忝为门生长"之语。论者每以为曾、李之间的关系充满着协调合作，如水乳之交融，风平浪静。其实，仔细披阅他们的奏稿、书札以及有关史籍，可以发现在曾国藩"剿捻"期间，他们之间的关系是不平静的，屡次出现拍岸惊涛。

曾国藩在"剿捻"期间，发现他重点设防的战略，对付捻军的纵横驰骋无能为力，于是倡议设防沙河、贾鲁河，倒守运河，在这些河流的

---

[1] 王定安：《求阙斋弟子记》（卷十二），第16页。

沿岸筑堤墙或木栅。李鸿章大不以为然。他不写信给曾国藩探讨沿河设防的得失，相反却写信给为曾国藩襄办军务的淮军将领刘秉璋，热讥冷嘲说："古有万里长城，今有万里长墙，不意秦始皇于千余年后遇公等为知音。"后来，刘秉璋"将万人渡河，得文忠（李鸿死后谥文忠——引者）牍，言缺饷，不得增兵，事事干涉，诸如此类。且时上章条陈军务"。①李鸿章一方面假口缺饷，不许曾国藩增兵，同时向朝廷"条陈军事"，以显其谋略之高深，其用意显然，是在觊觎曾国藩的钦差大臣。李鸿章甚至直接干预曾国藩的"剿捻"军事部署。

"剿捻"期间，曾国藩以李鸿章的六弟李昭庆部为游击之师，李鸿章知道后，惊慌不已。1866年春，连忙去信向曾国藩求情，要求将李昭庆部调守山东济宁，而以驻扎济宁之潘鼎新部作游击之师。早先李鸿章不利于曾国藩"剿捻"的所作所为，曾国藩不是一无所知。他抓住这次机会，摆出老师的架子，于4月30日去信教训李鸿章说：你提出调李昭庆部作驻守济宁之师，而以原驻济宁的潘鼎新部作游击之师，"目下风波危险，不能遽改。以私事而论，君家昆仲开府，中外环目相视，必须有一人常在前敌担惊受苦，乃足以稍服远近之心，而幼泉之才力器局，亦宜使之发愤自强，苦挣立功，不必藉诸兄之门荫以成名。以公事而论，目下淮、湘诸军……若非仆与阁下提振精神，认真督率，则贼匪之气日进日长，官军之气日退日消。若淮勇不能平此贼，则天下更有何军可制此贼？大局岂复堪问？吾二人视剿捻一事，须如李家、曾家之私事一般。舍沅弟（曾国荃，字沅浦——引者）抵鄂任后②，已议定驻扎襄阳，出境剿贼。若六、七月毫无起色，国藩当奏请阁下北征剿捻，盖鄙人不能上马督战，阁下能匹马当先，不过督率一、二次，而士气振兴百倍矣"。③曾国藩既已对李鸿章表示"若六、七月毫无起色"，便推荐李代替他当钦

---

① 刘体仁：《异辞录》（卷一），第46页。
② 指曾国荃当湖北巡抚事。
③ 王定安：《求阙斋弟子记》（卷十二），第4—5页。

差大臣，论理，李鸿章应对曾国藩言听计从，不再掣制于后了，事实上却不然。当时，曾国藩设防沙河、贾鲁河，防守沙河的主将是号称能战的刘铭传。8月下旬，曾国藩巡视到安徽临淮关，忽然接到李鸿章的书札，诉说铭军苦状，"请予休息"。曾国藩大为恼怒，板起面孔，去信训斥李鸿章说："省三自元年（指同治元年——引者）夏赴沪，今仅四年有奇。三年冬，曾回籍小住数月，亦不为甚劳甚久。凡教人当引其所长，策其所短。如省三之所长，在果而侠，其所短，在欠壎蓄。琴轩之所长，在坚而慎，其所短，在欠宏达。国藩责令省三主持防守沙河一事，而教之以坚忍，正所以勉其德量进之于壎蓄也。今若听其告假回籍，则沙河必办不成，在大局无转机，在省三无恒德矣。目下淮勇各军既归敝处统辖，阁下当一切付之不管，则号令一而驱使较灵。以后鄙人于淮军除遣撤营头必先商左右外，其余或进或止，或分或合，或保或参，或添募，或休息假归，皆敝处径自主持。自问衰年气弱，但恐失之过宽，断无失之过严，常存为父为师之心肠，或责之，或激之，无非望子弟成一令名，作一好人耳。"①

1866年9月4日，捻军踏破曾国藩的沙河、贾鲁河防线。10月1日，他在河南周家口奏请命李鸿章携带总督关防驻扎徐州，防止捻军闯入江苏，兼可以策应山东方面的"剿捻"军事。这是他有意推荐李鸿章接替他钦差大臣的讯号。11月19日，曾国藩上《病难速痊请开各缺仍留军中效力折》《请暂注销侯爵折》②，他在奏折中奏陈说：近来我"病势日重，惮于见客"，连幕宾代拟之信稿，亦难核改，稍长之公牍皆难细阅，实不胜"剿捻"之任，请开去协办大学士、两江总督实缺，请另简钦差大臣接办军务，臣以散员留营，不主调度赏罚之权，但以维系将士之心。既然病重，"病难速痊"，又何以能"仍留军中效力"？既然他的去

---

① 王定安：《求阙斋弟子记》（卷十二），第16—17页。
② 曾国藩：《曾文正公全集·奏稿》（卷三），第787—788页。

留，足以影响军心，可见他在湘、淮军中中流砥柱的作用。这明明是他贪恋禄位，要求回任两江总督的暗示。

11月26日，清政府发出"上谕"，曾国藩"著再赏假一月，在营中调理，钦差大臣关防著李鸿章暂行署理"，"上谕"说得很明白，曾国藩续假一月，在营调理，李鸿章仅是暂行署理钦差大臣，曾国藩并没有失去他钦差大臣与两江总督的官位。李鸿章野心勃勃，12月3日，他在向朝廷上《谢署钦差大臣沥陈大略折》中竟说：

第一，"带兵剿贼，非督抚手有理财之权者，军饷必不应手"，我暂行署理钦差大臣后，若不兼任总督，"军需稍有掣肘，斯功效全无，溃败立见"。

第二，"曾国藩老病侵寻，自萌退志。臣每谆切恳劝，谓若不耐军事之劳顿，即请回任坐镇要区，彼总以精力衰惫相谢，然亦以剿捻全军专恃两江之饷，若经理不得其人，全局或有震撼"。

第三，"今谕旨并未令人接办江督与通商要件……若仍令臣兵饷兼筹，须以驻徐州而止"，不宜前往河南周家口。

曾国藩的耳目众多，对李鸿章的排挤，知道得一清二楚。12月8日，他上奏说：

第一，"统兵大员非身任督抚有理财之权者，军饷必不应手，士卒即难用命"，故李鸿章或兼任江督，或兼任苏抚，必有实缺一席，始能担当"剿捻"重任。

第二，李鸿章因公务繁重，难以离江苏前来周家口大营指挥作战，请于李鸿章外另简钦差大臣"来豫接办""剿捻"军事。[①]

曾国藩这个奏折貌似仁慈，骨子里非常凶狠，他说统兵大员必须兼任督抚，李鸿章兼任江督，或兼任苏抚。实际上，这里的兼任江督是陪

---

① 曾国藩：《奉到谕旨先行复陈片》，载《曾文正公全集·奏稿》（卷三十一），第15—16页。

衬，兼任苏抚是真话，无形中为自己回任两江总督留有余地。李鸿章既然不顾师生情面，在奏折中直言不讳排挤曾国藩，曾国藩就使出了杀手锏——请朝廷另简钦差大臣来豫接办"剿捻"军事。李鸿章想不到他的老师下出这一着狠棋。钦差大臣官大、权大，正是他立功升官的绝好机会。为了杜绝钦差大臣职位的变卦，他派员前往河南周家口曾国藩军营索取钦差大臣关防。据《异辞录》载："文忠继为帅，文正愧弗忍去，自请留营效力。文忠至军，亟取钦差关防于文正所。文正曰：'关防，重物也，将帅受代，大事也，彼弗自重，亟索以去，无如之何，然吾弗去也。'"①

12月7日，清政府命令曾国藩回任两江总督，江苏巡抚李鸿章"授为钦差大臣专办剿匪事宜"。12月23日，曾国藩复奏说："跪诵之下，无任钦感，遵即于十九日饬派江苏候补道林桐芳、衡州协副将胡正盛，谨赍钦差大臣关防驰赴徐州，交李鸿章祗领。"这时，曾国藩仍未拿到两江督篆，所以复奏时依然谦辞两江总督，并说李鸿章兼署两江总督二三个月无碍大局，二三个月后，"或请另简两江总督，或请另简钦差大臣"，至于我个人，仍留军营效力。这是继续对李鸿章施加压力，杜绝李鸿章对两江总督职位的觊觎。问题是曾国藩不离开周家口军营，势必形成"一国二公"的局面，李鸿章将如何指挥湘军、淮军的"剿捻"军事？"文忠遣客百端说之回任，弗许。或为调停曾、李计，言乾隆时西征之师，以大学士管粮台，位与钦差大臣相埒。文正故作不解曰：'何谓也耶？'文庄（刘秉璋死后谥文庄——引者）曰：'今回两江之任，即大学士管粮台之职也。'文忠又私告曰：'以公之望，虽违旨弗行可也。九帅之师屡失利，不惧朝廷谴责欤？'"②

李鸿章一方面敦促曾国藩回任两江；另一方面继续排挤曾国藩。12

---

① 刘体仁：《异辞录》（卷一），第45页。
② 刘体仁：《异辞录》（卷一），第44—45页。

月19日，他在《谢授钦差大臣沥陈下情折》中奏称：朝廷授我钦差大臣专办"剿匪"事宜，同日，又奉"上谕"，"本日已明降谕旨令曾国藩回两江总督本任""臣熟知曾国藩积劳久病，时形衰惫，其前奏不能见客及畏阅公牍等语，皆系实情。屡接来函，深以地方公务烦重，精力不支，必欲坚辞回任。臣虽专函商恳，但既迭请开缺在先，亦自恐贻误于后。其素性耿介，量而后入，固久在圣明鉴照之中"。说来说去，应由李鸿章兼任总督。李鸿章企图抢夺两江总督的席位，已经到了死皮赖脸的程度。

曾国藩因受到李鸿章的排挤，于1867年1月8日依然上奏谦辞两江总督，但继续强调"留周口军营调养病体，暗中商酌军务"①。这表明他不回任两江总督，不拿到两江总督关防，决不罢休的决心，也是他对李鸿章的排挤最有力的反击。1月14日，清政府命曾国藩迅速离开周家口军营，前往徐州，接受总督关防。曾国藩统率过的湘军官兵遍天下，他的进退，足以影响大局，其两江席位，显然非李鸿章所能撼动得了。

为了使湘、淮军出死力与捻军作战，1867年2月，清政府以李鸿章为湖广总督，调李瀚章为江苏巡抚，为湘、淮军筹饷。6月12日，授曾国藩为大学士，留任两江总督。李鸿章发现曾国藩恩宠不衰，去信道贺，吹捧曾国藩是中流砥柱。曾、李关系毕竟非同寻常，有着互相依靠、互相利用之处。曾国藩复信李鸿章说："来示谓中外倚敝人为砥柱，仆实视淮军与阁下为转移，淮军利，阁下安，仆则砥柱也；淮军钝，阁下危，则仆累卵也。"②李鸿章之安危、淮军之利钝，不至于影响曾国藩的既有地位，实际上，他在把"权经"传授给李鸿章，点明李鸿章之荣枯，实系于淮军之利钝。这也说明了为什么李鸿章要始终紧紧掌握江南制造总局、金陵机器局与天津机器局等军事工业，要牢牢掌握淮军与后来由他一手筹建起来的北洋海军。因为他拥有了这些强大的政治资本，后来终于使他稳坐直隶总督交椅二十五年。

---

① ② 曾国藩：《致李宫保》，载《曾文正公全集·书札》（卷十四），第13页。

总的说来，曾、李之间一生的关系是比较融洽的。曾、李的政治、外交观点也是一致的。如果说他俩一生有过不愉快的事儿，那就是在进攻捻军期间，在争夺两江总督席位方面的明争暗斗。然而这种矛盾，仅似小河上的风波，瞬息消逝，俩人又言归于好了。

1868年9月，曾国藩调补直隶总督。

第十八章　办理天津教案

第一次鸦片战争前，圣经和鸦片几乎同时来到了中国。美国传教士曾大言不惭地说："传播基督教的工作，很适当地被比作军队的工作。军队的目的，不单是尽量杀伤和擒获敌人，乃在征服全部敌人……基督教的工作目标也是一样，它不单在尽量招收个别信徒，乃在征服整个中国，使之服从基督。"①外国侵略者企图通过传教活动，对中国人民灌输忍受苦难，听候上帝的安排等观念，借以麻醉中国人民，销蚀他们的反抗意识，安于殖民地、半殖民地任人宰割的现状。在《中美望厦条约》《中法黄埔条约》《天津条约》与《北京条约》等不平等条约的庇护下，大批宗教传教士进入中国，他们到处设立教堂，传播宗教，并且设立医院、育婴堂等，以博取慈善的名声。一些传教士在中国或直接、或间接地进行各种侵略活动，搜集各种情报，掠夺民间土地，吸收教徒，干涉词讼，欺压良民，干了许多坏事。一位美国驻华公使充分估价了美国传教士在对华侵略作用后说："在瓜分中国，与中国基督教化的两条道路之间，所有的美国人都要选择后面的一条道路。"②1862年南昌教案发生后，南昌人民愤愤不平地责骂官僚、士绅说：传教士"要夺我们本地公建的育婴堂，又要我们赔他许多银子，且叫从教的来占我们铺面、田地。又说有兵船来挟制我们。我们让他一步，他总是进一步，以后总不能安生……官府、绅士总是依他，做官的只图一日无事，骗一日薪俸，

---

① 《在华传教士一八七七年大会纪录》，第173页。转引自卿汝楫：《美国侵华史》（第二卷），生活·读书·新知三联书店1956年版，第275页。

② 田贝：《中国及其人民》。转引自卿汝楫《美国侵华史》（第二卷），第276页。

到了紧急时候，他就走了，几时顾百姓的身家性命？绅士也与官差不多，他有家当的也会搬去，受害的都是百姓，与他何干"？① 既然有些传教士在中国肆无忌惮，欺压良民，清政府又不能为民做主，中国人民就只有依靠自己的力量，以自己的方式，来保卫国家和自己的权益。所以，十九世纪六十年代后，所谓教案层出不穷，主要有1862年的南昌教案、1863年的重庆教案、1865年的四川酉阳教案、1866年的贵州遵义教案与1868年的河南南阳教案等。每次教案发生后，清政府总是用镇压反教民众、道歉、赔偿等媚外手段结案，激起了中国人民对传教士更大的愤怒。1870年发生的天津教案，就是十九世纪六十年代一连串如丘陵起伏般的教案中突兀而出的一个高峰。

1870年，天津附近不断发生诱拐儿童的案件，闹得满城风雨，人心惶惶。那些诱拐儿童的人口贩子，将一部分拐骗来的幼儿卖给天津天主堂办的育婴堂。天津教案发生前，"天津府县拿获迷拐幼孩之匪徒张栓、郭拐两名，讯明正法"，群情欢腾。民间纷纷传说这两名凶犯同天主堂有关系，民人对天主堂已疑惧不满。同年夏，先后捕获河间之王三纪、静海之刘金玉、天津之安三，"供词牵涉教堂"。② 6月18日，天津桃花口民团查获迷拐幼孩犯武兰珍。天津知县审讯时，武犯供称：诱拐人口，是受教堂王三的指使，迷药是王三提供的。顿时"民情汹汹，闾阎蠢动"。经天津道周家勋往晤法国领事丰大业，查询王三事，"该领事亦允为查办"。三口通商大臣崇厚也因"民心浮动，恐滋事端"，当即约见丰大业，请他随同地方官讯问犯人，以明虚实，并告知"民情蠢动，必须确切查明"。双方约定于6月21日由天津道周家勋和天津知府张光藻、知县刘杰等押解凶犯前赴望海楼教堂查问对质。消息传出，轰动街坊，随同前去的观众，人山人海。对质结束，天津知县刘杰等将武犯押解回衙。

---

① 同治朝《筹办夷务始末》（卷十二），第33页。
② 同治朝《筹办夷务始末》（卷七十三），第45页。

天主堂门口仍有部分观众未散,教堂人员倚势欺人,驱打观众。群众不服,"抛石殴打"。天津知县刘杰率领武弁前往弹压。这时,法国驻天津领事丰大业携带洋枪两杆,其仆从手执利刃,闯进三口通商大臣衙门。三口通商大臣崇厚见他"神气凶恶","告以有话细谈"。丰大业置若罔闻,端起洋枪,对准崇厚施放。崇厚转入内室,幸免于难。丰大业仍旧"咆哮不止","将通商大臣官署内什物恣意捣毁"。之后,冲向街头,中途适遇从天主堂弹压回转的知县刘杰,丰大业竟向刘杰开枪轰击,击伤刘杰家丁一名。围观群众怒不可遏,一哄而上,将丰大业群殴毙命。随后,传锣聚众,将望海楼法国天主教堂焚毁,并波及其他各国分布天津的传教机构,殴毙传教士等十余名,这就是所谓天津教案。①很明显,制造天津教案的不是别人,正是这个法国驻天津领事丰大业。至于殴毙丰大业、焚毁望海楼的法国天主教堂等,是天津人民的爱国行动。关于这个问题,清政府中的爱国官员也已看清问题的实质。他们说:天津民人殴毙丰大业,是"护官毙夷",起因于"教匪迷拐幼孩",继因丰大业向官长放枪……斯时,民知卫官而不知畏夷,知效忠于国家而不知自恤其罪戾。②

  三口通商大臣,实际上是总理各国事务衙门在天津办理中外交涉、关税等事务的派出机构。天津教案发生后,崇厚畏惧已甚,一方面奏请朝廷派遣"素孚众望"的直隶总督曾国藩到天津来负责办理教案;另一方面,建议清政府将天津道周家勋、知府张光藻、知县刘杰分别"议处",给他们扣的罪名是"不能先事预防","于办理拐案操之过急,以致民情浮动,聚众滋事"。③外交斗争,首先在赢得一个理字,崇厚这样倒行逆施,把赢理变成了输理。这时,总理各国事务衙门大臣恭亲王奕䜣连忙奏请清政府下令各省保护洋人,亲自访晤法国驻华代办罗淑亚。罗淑亚威胁奕䜣说:此次事件,案情重大,"必待本国之命而行"。法国翻

---

① 同治朝《筹办夷务始末》(卷七十二),第22—24页。
② 同治朝《筹办夷务始末》(卷七十三),第17页。
③ 同治朝《筹办夷务始末》(卷七十二),第26页。

译官说："此案有四件重情，最要者系拉毁本国旗号，其次伤毙职官，三杀伤本国人命多人，四焚毁教堂。"①奕䜣于恐惧之余，游说各国公使说：如果法国因教案动兵，对各国通商大局大有关碍。言下之意，拟请各国公使出面斡旋调停。各国公使为法国帮腔说：如果中国拿不出解决的妥善办法，"各国即欲相助"。奕䜣大为恐惧，6月25日，清政府接受奕䜣的建议，派兵部侍郎、三口通商大臣崇厚为出使法国钦差大臣，前往谢罪，"结实心和好"。奕䜣的妥协退让，陡然助长了法国驻华代办罗淑亚的侵略气焰。

1870年7月19日，普法战争爆发。9月1日，马当要塞被围。4月，巴黎爆发革命，法兰西第二帝国崩溃。之后，法国酝酿着巴黎公社革命风暴。根据法国这种形势，清政府只要据理力争，是完全可以压下罗淑亚的嚣张气焰，对天津教案作出比较公正合理的解决的。一贯对外妥协退让的奕䜣、崇厚，处处抢先"求降"，反而使罗淑亚这只纸老虎张牙舞爪起来。曾国藩对外交际的信条是"言忠信，行笃敬"。他被调来办理天津教案，天津教案遂愈办愈糟。

天津教案发生时，曾国藩正在保定的直隶总督衙门害病。据他自己说，病情严重、复杂。第一种毛病是一目将要失明，另一目的视觉也已模糊不清。第二种毛病是犯了晕眩之病，"在署登阶、降阶，需人扶掖"。后来，病情稍有好转，他便扶病登程，前往天津。行前，他顾虑重重。1840年的鸦片战争时，抵抗派林则徐因抗英谪戍伊犁。第二次鸦片战争中的投降派耆英，因办理外交不善赐死。所以，曾国藩在行前，生怕处理天津教案或有疏失，身家性命不保，悲悲切切地写下了遗嘱："余自咸丰三年募勇以来，即自誓效命疆场。今年老病躯，危难之际，断不肯吝于一死，以自负其初心。"②这与鸦片战争中林则徐的"苟利国家生死以，岂

---

① 同治朝《筹办夷务始末》（卷七十二），第29—30页。
② 曾国藩：《谕纪泽纪鸿》，载《曾国藩全集·家书二》，第1369页。

因祸福趋避之"的誓言①，与左宗棠听到俄国出兵侵占伊犁后说"当与此房周旋"的爱国襟怀②，不可同日而语。出发去天津之前，他已一再与奕䜣、崇厚书函往返，商量处理教案的方针原则。他提出了几点意见：

第一，要弄清王三与武兰珍的关系，即使如武兰珍所供，曲在洋人，也应在公文上"含浑出之"，保全法国体面，以为与法国公使交涉的转圜余地。

第二，必须尽快"严拿凶手，以惩煽乱之徒，弹压士民，以慰各国之意"。

第三，如果法国立意要调派兵船前来打仗，"立意不欲与之开衅"。③

这些函件集中反映了他恐洋媚外的外交观点。他向奕䜣进一步申论了办理天津教案的原则。他说办理此次案件的首要是立意避免开衅。他致书恭亲王奕䜣说：尊意怀柔，"步步抢先遏兵之源，譬犹赶筑大堤、二堤，进占厢扫，力挽狂澜也。外间捉拿凶手，弹压乱民，譬犹开挖引河，使大溜有所归也。今遏兵略有头绪，而缉凶尚难着手"④。不问可知，曾国藩上述"筑堤""挖河"的外交方针是向法方妥协退让，他到天津后，将拿起明晃晃的钢刀，砍向天津爱国群众了。

疯狂的侵略分子丰大业被打死后，天津人民的反侵略情绪高涨，"将打杀洋人图画刻板，印刷斗方以鸣得意"⑤。民团水火会人数众多，"怨崇公之护教，咸望公至，必力反崇公所为"。7月8日，曾国藩抵天津，民人向他建议办案办法数条：

第一，依靠天津"义愤之众"，以驱洋人。

---

① 林则徐：《赴戍登程口占示家人》，载《云左山房诗钞》（卷六），福州本宅藏版，第8页。
② 左宗棠：《答杨石泉》，载《左文襄公全集·书牍》（卷十五），第55页。
③ 同治朝《筹办夷务始末》（卷七十二），第31页；曾国藩：《复崇地山宫保》《复恭亲王》，载《曾文正公全集·书札》（卷二十二），第43—44页。
④ 曾国藩：《复恭亲王》，载《曾文正公全集·书札》（卷三十二），第45页。
⑤ 曾国藩：《复宝佩蘅尚书》，载《曾文正公全集·书札》（卷三十二），第48页。

第二,"参劾崇厚,以伸士民之气"。

第三,"调集兵勇,以为应敌之师"。①

曾国藩竟将天津人民的爱国建议拒之千里之外,反而大张告示,晓谕士民,"仍不奖其义愤,且有严戒滋事之谕"。同时,侦骑四出,缉拿所谓凶手,天津城内被闹得人心惶惶,个个怨恨。为了逃避罪责,法国代办罗淑亚一再向曾国藩严索被捕的案犯安三。曾国藩竟如所请,开释拐犯教民安三,又好上加好,放走了另一个要犯王三。他既在"筑堤",也在"挖河"。对他媚外外交的倒行逆施,天津民人固然谤议沸腾,即"都门中士大夫亦讥议纷起矣"。曾国藩对朝野爱国舆论无所顾忌,7月26日,向清政府奏陈解决天津教案应持的态度和他已采取的措施:

第一,朝廷宣示全国,为法国天主堂"刷冤辨诬";

第二,将天津知府张光藻、知县刘杰交刑部从重治罪;

第三,已开释安三、王三。

至于法国天主堂有无勾结地方痞棍诱拐人口,天津地方官张光藻、刘杰有罪、无罪,据他自己说,天主堂勾串痞棍,诱拐人口,在在可疑;天津府、县"平素官声颇好",此次教案发生,与府、县本无关系,只是为了消弭衅端,才释放安三、王三,惩办张光藻与刘杰的。②

罗淑亚眼看奕䜣、曾国藩着着退让,软弱可欺,乃于7月31日向清政府提出了初步解决天津教案的办法,主要是:

第一,将提督陈国瑞抵命;

第二,缉拿凶手抵命。

他扬言若此二事不能先办,将以战争从事。曾国藩等人的妥协退让,使侵略者更加张牙舞爪。

---

① 黎庶昌:《曾文正公年谱》,载《曾文正公全集·年谱》(卷十二),第5—6页。

② 曾国藩:《复陈津事各情折》,载《曾文正公全集·奏稿》(卷三十五),第35—36页。

曾国藩在办案时，考虑的不是国家的利益与民族的尊严，而是如何满足法国侵略者的无理要求，消弭所谓衅端，以保住自己的身家性命。他豁出老命来"挖河"，派兵到处抓人，然而抓不到人。他说"已获者人人狡供，其未获者家家藏匿"。他奏调心黑手毒的"丁鬼奴"（丁日昌，江苏人民骂他"丁鬼奴"）到天津帮同办案。他与丁日昌商定，白天抓不到，黑夜抓。实在抓不到就乱抓。曾国藩杀气腾腾地叫嚷：如果津案办不好，将激起各国众怒，"外国疑天津可杀二十，他口即可杀四十；今日可杀二十，异日即可杀二百，洋人在中华几无容身之地……此足激众怒者也。目下中国海上船炮，全无预备，陆兵则绿营固不足恃，勇丁亦鲜劲旅。若激动众怒，使彼协以谋我。处处宜防，年年议战，实属毫无把握"。①他办案，究竟站在中国的立场上，还是站在法国的立场上；究竟是主持正义，还是为侵略张目，不是很清楚了吗！我们这个"曾文正公"，就其从政实践考察，说他是侵略者的帮凶，并不为过分。

在办理天津教案的过程中，总理各国事务衙门征求陕甘总督左宗棠的意见。左宗棠在复信中严肃指出："法国教主多半匪徒，其安分不妄为者，实不多见。"西方各国与中国构衅，每多挟持大吏，利用中国官府去压制华民。其实，他们也多所顾虑。因为他们也深知中国地大人众，众怒难犯。天津教案是由迷拐幼孩所激起，武犯等的招供俱在，不能不说是事出有因。由此而论，此次教案何至于激起战争？尤且"丰领事以洋枪拟崇大臣，天津令从人受伤矣，其时欲为弹压，亦乌从弹压之？彼无能如百姓何，无能如大吏何……现奉旨派中堂（曾国藩是大学士，故书函中称他中堂——引者）赴津查办，自已渐有端倪……如志在索赔了结，固无不可通融，若索民命抵偿，则不宜轻为允许。一则津郡民风强

---

① 曾国藩：《复宝佩蘅尚书》，载《曾文正公全集·书札》（卷三十三），第48页。

悍，操之过蹙，必起事端……且津民之哄然群起，事出有因，义愤所形，非乱民可比。正宜养其锋锐，修我戈矛，隐示以凛然不可犯之形，徐去其逼，未可以仓卒不知谁何之人论抵，致失人和"①。曾国藩对左宗棠解决津案的爱国观点，极为反感。他写信给宝鋆说：或谓"津民义愤，不可查拿，府县无辜，不应讯究者，皆局外无识之浮议，稍达事理，无不深悉其谬。弟虽智虑短浅，断不至为浮言所摇"②。可见其恐洋媚外的立场到了什么程度！

经过乱抓一通，曾国藩说抓到了八十多人，但他们"虽酷刑而不畏"，皆不肯供认；"邻右又不肯作证，殊难定案"。于是，他下令酷刑熬审逼供，他说"仅得应正法者七、八人，应治罪者二十一人"，怎么搪塞得过？他决定采取"不拘常规"的审案办法，订出若干条原则，主要是：

第一，只要是下手殴打丰大业的，不拘伤在何处，一律作为正凶。

第二，若本人无供，但得旁证二或三人指实，取具切结，即可据以定案。

自从采用这样惨无人道的审案办法后，9月18日，曾国藩奏陈说：已讯定"供证确实者十一人，无供而有确证者四人，共计可以正法者十五名，拟办军流者四人，拟办徒罪者十七人，共计可科轻罪者二十一名……其情节较重，讯有端倪，供证均未确实者，尚有十六名，拟归于第二批办理……将来第二批奏结，或再办首、从犯各数名，或与洋人订定抵偿实数，中国如数办到"③。这样办案，如此结案，能说曾国藩有一

---

① 左宗棠：《上总理各国事务衙门》，载《左文襄公全集·书牍》（卷十一），第13—14页。

② 曾国藩：《复宝佩蘅尚书》，载《曾文正公全集·书札》（卷三十二），第48页。

③ 曾国藩：《审明津案各犯折》，载《曾文正公全集·奏稿》（卷三十五），第52—54页。

点爱国思想,有一点民族气节吗?

　　曾国藩办理天津教案媚外的外交活动,激起了清政府中少数略具爱国思想官员的愤怒,内阁学士宋晋、中书李如松等交章力争,指责曾国藩办案不公。曾国藩也知道舆论对他"谤议百端"。他害怕的不是"谤议",而是害怕爱国舆论动摇朝廷对他的信任。他使出了最卑鄙的一手,捕风捉影地高喊"衅端将成",奏请朝廷下令各省督抚布防备战,并把李鸿章随带淮军调来直隶,既可以淮军防备天津人民闹事,更重要的是制造战备气氛,"间执清议"。曾国藩用心险恶,令人莫测。

　　李鸿章调到直隶后,完全赞同他老师曾国藩的媚外外交方针,他说:闻"已有可正法者十余人,议罪二十余人,固觉喜出望外"①。1870年10月,曾国藩、李鸿章会衔上奏结案,"共得正法之犯二十人(后来由于某些原因,被杀十六人——引者),军徒各犯二十五人"。他们两人异口同声说:此案办理不为不重,"不惟足对法国,亦堪遍告诸邦"。②天津知府张光藻、知县刘杰则被遣戍黑龙江。左宗棠谴责曾国藩说:"曾侯相平日于夷情又少讲究,何能不为所撼……彼张皇夷情,挟以为重,与严索抵偿,重赔恤费者,独何心欤!""数年以来,空言自强,稍有变态,即不免为所震撼,洵可忧也。"③像左宗棠那样,在奕䜣、曾国藩等一片媚外妥协声中,敢于正面提出办理天津教案应持的爱国立场,事后又敢于揭露曾国藩办理洋务运动是"空言自强",抨击曾国藩办理天津教案恐洋媚外,是仅见的。

　　1870年8月22日,张汶祥刺杀两江总督马新贻,两江震动。29日,清政府将曾国藩调任两江总督,以李鸿章补受直隶总督。曾国藩办完天津教案后,天津民人骂他媚外卖国。北京湖南同乡把他高悬湖南会馆炫

---

① 李鸿章:《论天津教案》,载《李文忠公全书·译署函稿》(卷一),第2页。
② 同治朝《筹办夷务始末》(卷七十七),第19页。
③ 左宗棠:《答沈幼丹中丞》《复夏小涛》,载《左文襄公全集·书牍》(卷十一),第22、26页。

耀功名的匾额砸碎烧毁以泄愤。曾国藩在家书中说：因办理天津教案，"物议沸腾"，有的被案情牵连的家属赴京控告，"言予讯办不公"，"以是余心绪不免悒悒"。[①]后来，他写信给李元度说：我在前往天津办案前，衙门内曾经讨论办案方针，"众议纷歧。论理者谓宜乘此机与之决战，上雪先皇之耻，下快万姓之心，天主教亦宜乘此驱除。论势者则谓中国兵疲将寡，沿江沿海略无预备，西洋各国穷年累世，但讲战事，其合纵之势，狼狈之情，牢不可破，邂逅不如意，恐致震惊辇毂。鄙人偏信论势者之言，冀以消弭衅端，办理过柔，以致谤议丛积，神明内疚，至今耿耿"[②]。曾国藩办理天津教案，恐洋媚外，草菅民命，竟以"办理过柔"四字当之，好不轻巧！

1870年11月7日，在天津万姓唾骂声中，曾国藩黯然南下，11月中旬到达南京，就任两江总督。他接篆视事后，神魂不安，想到"圣眷已差，惧不能终始"[③]，在京"遭群公白眼"；又想到赵烈文曾对他说清朝寿命不长，"殆不出五十年"等[④]，他四顾茫茫，日子愈来愈不好过，连活下去的勇气也欠缺了。左宗棠说："且即事理言之，人无不以生为乐，死为哀者。然当夫百感交集，怫郁忧烦之余，亦有以生忧为苦，速死为乐者。"他说曾国藩晚年"辄谓生不如死"[⑤]，即是一个事例。1872年3月12日，曾国藩带着"内疚神明，外惭清议"的心情，卒于两江总督衙门。

[①] 曾国藩：《致澄弟沅弟》，载《曾国藩全集·家书二》，1410—1411页。
[②] 曾国藩：《复李次青廉访》，载《曾文正公全集·书札》（卷三十三），第14—15页。
[③] 赵烈文：《能静居士日记》，载《太平天国史料丛编简辑》（第三册），第430页。
[④] 赵烈文：《能静居士日记》，载《太平天国史料丛编简辑》（第三册），第411页。
[⑤] 左宗棠：《铜官感旧图序》，载《左文襄公全集·文集》（卷一），第25页。

结束语

曾国藩、左宗棠生长在同一个时代，现在把他们两人作一个比较，谁个优，谁个劣，就一目了然了。

就阶级属性来说，左宗棠是代表中、小地主与商人利益的地主阶级改革派，晚年还代表了正在向资产阶级转化的地主、官僚与商人的利益[1]。曾国藩是大地主、大官僚与满洲贵族利益的代理人。从左宗棠、曾国藩的思想来说，左宗棠在林则徐、龚自珍、魏源等的影响下，接受了中华民族反对外来侵略的优秀传统，有着非常可贵的强烈的爱国思想。地主阶级改革派也是地主阶级的组成部分，这就决定了他的思想特点是爱国忠君。曾国藩崇奉理学，企图维护封建秩序，按照理学的绳墨以经世，以清封建王朝利益为至上，只知维护清王朝的统治，而不顾国家、民族的安危与荣辱，形成了他忠君而不知爱国的思想特点。

评价历史人物，应该抓住重大历史事件，根据他们的政治态度，以鉴别其忠奸贤不肖。第一次鸦片战争是鉴别曾国藩、左宗棠谁个爱国，谁个不爱国的试金石。

第一次鸦片战争期间，左宗棠是站在抵抗派首领林则徐一边的爱国人物，他的喜怒哀乐随着战争的胜负而转移，他曾推动京中好友、任职谏官的黎光曙三上奏牍，"弹劾主款大僚"[2]。

第一次鸦片战争时期，投降派首领穆彰阿等执掌中枢权要，抵抗派

---

[1] 董蔡时：《左宗棠评传》，中国社会科学出版社1984年出版，第13—22页。

[2] 左宗棠：《前江南道监察御史黎君墓志铭》，载《左文襄公全集·文集》（卷三），第22页。

首领林则徐横遭政治打击,英国侵略者凶焰滋长,战火从广东蔓延到浙江、江苏,清军一败涂地,英国侵略军"戕我文武",毁我村庄,淫我妇女,人民群众的反侵略斗争如火如荼。在这样一个攸关国家、民族命运的决战的关键时刻,凡我炎黄裔胄,无不扼腕愤慨,如魏源奔赴浙江抗英前线,有的人则对英国侵略军与国内的投降派口诛笔伐,他们的脉搏,随着战争的胜负而起伏。1841年,曾国藩闭目不问国家事,却"以朱子之书为日课,始肆力于宋学"。翌年,"益致力程朱之学",又是讲究三纲五常等绝对忠君思想,又是什么"格物穷理"。他给理学搞昏了头,明明是丧权辱国的不平等条约,他却"格物穷理","格"出了订立《中英江宁条约》是"以大事小,乐天之道"。①

第一次鸦片战争结束,中华民族同资本主义列强之间的民族矛盾逐渐退居次要地位,农民阶级与地主阶级之间的阶级矛盾逐渐上升为社会的主要矛盾。1851年1月,中国爆发了震动中外的金田起义,太平天国兵锋北进东下,1853年3月,攻取金陵,将金陵改名天京,定为首都,建立了与清朝相对峙的政权,旋即派兵北伐、西征。在这风云激荡的岁月里,鸦片战争时期抵抗派首领林则徐与站在林则徐一边的左宗棠等,与他们昨天的政敌投降派琦善、牛鉴等站到了同一个营垒里,并肩顽抗太平天国。在镇压太平天国的过程中,曾国藩在"存天理,灭人欲"、三纲五常等绝对忠君思想的指导下,筹组湘军,叫嚷:"吾欲行仁义于天下,使凡物各得其分。"为了维护封建秩序,他举起鬼头刀,"草薙"起义农民,叫嚣"既已带兵……何必以多杀人为悔"?②如果说曾国藩是湘军的班头,那么,左宗棠是曾国藩麾下的大将,也犯下了不可饶恕的罪行。

太平天国革命失败后,资本主义列强加紧了对中国边疆地区的侵略步骤,中国的边疆地区普遍发生了严重危机,中国的阶级矛盾逐渐退居

---

① 曾国藩:《致祖父母》,载《曾国藩全集·家书一》,第32—33页。
② 曾国藩;《致沅弟季弟》,载《曾国藩全集·家书一》,第737页。

次要地位，民族矛盾逐渐上升为社会的主要矛盾，这种民族矛盾变动了国内的阶级关系，清朝统治阶级的营垒发生裂变，以左宗棠为首的地主阶级改革派分化出来，转化成为保卫国家、民族利益，反对侵略的爱国派。曾国藩则是恐洋媚外的妥协派。从此，左宗棠与曾国藩等分道扬镳了。曾任李鸿章、曾国藩幕客的薛福成说：曾、左自1864年绝交以后，"彼此不通书问"，这主要是由于左宗棠意气太甚[1]。如前所述，曾、左绝交，开始于曾国荃部湘军攻陷金陵，曾国藩凭一面之词，奏报幼主不是被击毙，就已葬身于天京的火海，或为乱兵所杀，万无生理[2]。左宗棠则揭发幼主已逃出天京，经安徽广德前往浙江湖州[3]。曾国藩愤而与左宗棠断交。两人的绝交，开始于鹰犬之间的争功争宠，论理，这种矛盾过了一阵便可释然于心，重归于好了。然而，事实恰恰相反，在太平天国失败后，曾、左两人背道而驰，关系更加恶化了，其原因在于两人对待外国侵略的态度不同，一个主张抗击侵略，另一个恐洋媚外，主张妥协退让。在1870年办理天津教案的问题上，曾、左的办案方针南辕而北辙。1865年，阿古柏匪帮侵入南疆，以后，建立了伪哲德沙尔汗国，其侵略势力扩展到乌鲁木齐、玛纳斯，成为俄、英侵略者妄图肢解中国新疆的工具。1871年7月，沙俄侵略者出兵侵占伊犁，山河壮丽的新疆，几乎沦为异域。陕甘总督左宗棠立志收复新疆，在西北整军经武，为筹建西征军作种种准备。曾国藩却大唱"暂弃关外，专清关内"的低沉调子[4]。自从曾、左断交后，在国事问题上，左、曾之间，接连发生爱国与妥协退让的矛盾斗争，他们两人怎能走到一起来？怎能言归于好？1872年曾

---

[1] 薛福成：《左文襄公晚年意气》，载《庸庵笔记》（卷二），第41页。
[2] 曾国藩：《金陵克复全股悍贼尽数歼灭折》，载《曾文正公全集·奏稿》（卷二十五），第24—26页。
[3] 左宗棠：《攻剿湖郡安吉跟逆迭次苦战情形折》，载《左文襄公全集·奏稿》（卷十），第4页。
[4] 李鸿章：《筹议海防折》，载《李文忠公全书·奏稿》（卷二十四），第18—19页。

国藩去世后,左宗棠在家书中说:"吾与侯所争者,国事、兵略,非争权竞势比,同时纤儒妄生揣拟之词,何直一哂耶!"①

在廉洁操守问题上,曾国藩也是不能与左宗棠伦比的。1878年,左宗棠六十六岁,这年,他指挥西征军全歼阿古柏匪帮,完成了收复南疆的宏愿,拟告病乞休。他写信给经管西征粮台人员说:我自出山以来,"未尝以余粟余财自污素节,即应受廉俸,通计亦成巨款,然捐输义举,在官在籍,至今无倦",寄回家中者,不及十分之一。现在我年事已高,"归计茫然,子孙食指渐繁",不能不早为打算,希代我查明廉俸存银。经过查核,左宗棠在任廉俸除捐输赈灾、建造城墙、救济贫苦人民等项开支外,尚存二万余两。左宗棠闻讯大喜。他说四个儿子准备叫他们自立门户过活,每人各拟给银五千两。我告老回籍,亦须生活,每年非数百两不可。拟以五千两作养老费。②他告诫诸子说:我执掌钦篆,兼为总督,年俸逾两万两,"岂不能多置田产,为子孙计"?"惟子弟欲其成人,总须从寒苦艰难中做起",故不欲多置田产。你们只要谨慎持家,当不至饿饭。如果任意花销,以豪华为体面,恣情流荡,"则吾多积金,尔曹但多积过"。③在那样一个乌烟瘴气的社会中,达官显贵不愿"多积金"为子孙打算的,实在是凤毛麟角。至于曾国藩的操守如何,迄今尚无确切的资料可资查考。也许他个人的两手是干净的,但值得注意的是,老九曾国荃实为曾国藩的"第三只手"。无可否认,在曾国藩的包庇、纵容下,曾国荃在军中搞贪污,大抢安庆城,大抢天京城,抢足、抢饱,这是人所共知的事实,因之,曾国荃"老饕"之名遍天下。如果不是曾国藩硬顶软磨,曾国荃能不吐出天京城中抢来的金银吗?曾国藩居然为曾

---

① 左孝同编:《左文襄公家书》(卷下),第33页。
② 左宗棠编:《与王若农》,载《左文襄公全集·书牍》(卷二十),第16页。
③ 左孝同编:《左文襄公家书》(卷下),第17、45页。

国荃大抢天京城喊冤、辩护，说曾国荃"所获无几"①。"所获无几"不恰恰是"此地无银三百两"吗？曾国藩的年谱载：曾麟书手里，家有土地一百余亩。据《湘军志》载：太平天国失败后，曾国荃有田百顷②。曾国藩自己也说：为了造屋，曾国荃强买民家的大树；买田得地，强求整片结方，如果大片田地中夹有他姓田地，必重价购致，"不愿则又强之"，结怨于人，大遗口舌③。太平天国失败时，曾国藩兄弟尚未分家，曾国荃搞到的金银财宝、田地房产，也是曾国藩的私产。1870年7月2日，他写信给儿子曾纪泽说："孝友为家庭之祥瑞……吾早岁久宦京师，于孝养之道多疏，后来辗转兵间，多获诸弟之助，而吾毫无裨益于诸弟。余兄弟姊妹各家，均有田宅之安，大抵皆九弟扶助之力。我身殁之后，尔等事两叔如父，事叔母如母，视堂兄弟如手足。凡事皆从省啬，独待诸叔之家则处处从厚……"④这封信文字优美，读上去一团慈祥和气，其实，这封信的真意是：我们老兄弟姊妹各家，"均有田宅之安"，全靠你九叔的经营。试问：老九曾国荃经营田宅的钱是哪里来的？是从军中搜刮得来的，是在吉安、安庆，特别是在天京城中大抢特抢得来的。曾国藩有"田宅之安"，岂不是坐地分赃，尽为不义之财？曾国藩曾直言不讳地说："九舍弟手笔宽博，将我分内应做之事一概做完，渠得贪名，而偿我素愿，皆意想所不到。"⑤这段文字很妙，曾国藩如实地暴露了"九舍弟"是他第三只手的事实。试想：没有曾国藩纵容包庇，曾国荃胆敢贪黩无厌，大抢、大杀、大烧天京城吗!？

---

① 赵烈文：《能静居士日记》，载《太平天国史料丛编简辑》（第三册），第423页。
② 王闿运：《湘军志·筹饷篇第十六》，第1页。
③ 赵烈文：《能静居士日记》，载《太平天国史料丛编简辑》（第三册），第417页。
④ 曾国藩：《致纪泽纪鸿》，载《曾国藩全集·家书二》，第1369—1372页。
⑤ 赵烈文：《能静居士日记》，载《太平天国史料丛编简辑》（第三册），第423页。

曾国藩优长文学,他写的文章艺术性较高,如果离开了社会的实际,不了解他的写作背景,去读他的文章,往往中其封建毒素而不自知。如上所说,1870年7月写给曾纪泽的信便是一个例子。1862年4月,他写信给初任江苏巡抚的李鸿章说:"吾辈当为餐冰茹蘖之劳臣,不为脑满肠肥之达官也。"[①]乍读之后,觉得行文优美,词意肫诚,是"老诚谋国"的好文章。其实,当时他正在嘱咐李鸿章加紧勾结英、法侵略者,与洋人交际要"言忠信,行笃敬";要李好好学战,积极练兵,准备全面反扑苏福省,绞杀太平天国。弄清了曾国藩写这封信的时代背景,便不难理解这篇文章充满着血腥气了。

早在1859年,水师统领彭玉麟从战乱中获得一帧"国朝诸老书画扇面"。彭玉麟知道曾国藩爱书画,特地将这帧扇面送给曾国藩,曾国藩转送给了老九。曾国荃如获至宝,将扇面转请左宗棠鉴赏。左宗棠不禁感从中来,写了一篇《名人书画册跋后》,文中首先说明曾国荃得到这帧扇面的来由,进一步指出这一珍贵扇面是安徽桐城张氏所藏。最后说:沅浦若能访得张氏后人,将扇面送还故主,"俾其世守弗失,斯其高义直与兴废继绝等,湘之曾,其不胜于桐之张乎?试以此谂侍郎,谓何如也"。[②]左宗棠在讽谏曾国荃兄弟不要贪婪。曾国荃兄弟无动于衷,终于出现了大抢天京城的惨剧。曾国荃"老饕之名遍天下",曾国藩还要为老九辩解"所得无几",又教训他儿子对叔叔曾国荃等事之如父母,因为曾纪泽等有"田宅之安",全仗九叔之力。曾国藩的操守廉洁,显然不能与左宗棠的"介节自将"相比拟。

一些封建、资产阶级文人赞誉曾国藩为"同治中兴"功臣之首,赵尔巽评价曾国藩"功成名立,汲汲以荐举人材为己任,疆臣阃帅几遍海内";对左宗棠的评价则是:"中兴将帅,大率曾国藩所荐起,虽贵皆尊

---

① 曾国藩:《复李少荃中丞》,载《曾文正公全集·书札》(卷十),第6页。
② 左宗棠:《名人书画册跋后》,载《左文襄公全集·文集》(卷二),第2—3页。

事国藩，宗棠独与抗行，不少屈……然好矜伐，故出其门者，成德达材，不及国藩之盛云。"①赵尔巽等是完全站在清王朝的立场上来评价曾国藩的。不错，曾国藩是湘军的头领，是他指挥湘军攻陷了天京，唯恐湘军的力量不足以镇压太平天国，他又邀请了外国侵略者来一起屠杀太平天国军民，巩固了中国半殖民地半封建社会的社会秩序，维护了腐朽得发霉的清朝统治，这就是所谓"同治中兴"，这就是曾国藩的功业。然而，这不是恰巧说明他是镇压太平天国的罪魁，是勾结资本主义列强一起来屠杀中国人民的祸首吗？曾国藩的确识拔了不少"人材"，他培养荐举的人物中，最受他赏识的是李鸿章，李鸿章也自称对曾国藩"师事近三十年，薪尽火传，筑室忝为门生长"②。众所周知，在中国近代史上，李鸿章对中国早期的近代工业化过程起了很大的促进作用，但是这并不能掩盖他是一个只知有淮系，汲汲于巩固个人、家族的权势和地位，缺少家国情怀的人；曾国藩屠杀人民凶过虎狼，对列强侵略者则驯顺如羊，这种两重性格全都传给了李鸿章。曾国藩很欣赏的曾国荃，是李鸿章的政治尾巴。同治、光绪年间，湘、淮系出身的督抚、提镇等半天下，他们绝大多数是"安内攘外"的民贼，是支撑清朝的骨干。倒是受过曾国藩压制，对曾国藩进行过反控制斗争的左宗棠、沈葆桢、彭玉麟、鲍超、李元度等，在民族灾难严重、风涛险恶的年代，转化成了爱国派。左宗棠的门生故旧不如曾国藩那么多，但是，他培养了一批爱国将领如刘典、刘锦棠、张曜、王德榜等。左宗棠指挥西征军用兵新疆，刘典担任陕甘军务帮办，坐镇兰州，为西征军选军转饷，为西征大业劳瘁而死。刘锦棠、张曜在左宗棠的领导下，指挥千军万马，追奔逐北，为全歼阿古柏匪帮，收复北疆、南疆立下了不朽的功勋。在中法战争中，刘锦棠、张曜等都请缨抗法。王德榜在中法战争中，督率恪靖定边

---

① 赵尔巽：《清史稿·列传》（下册），第1356、1370页。
② 《曾文正公荣哀录》，壬申版，第51页。

军与冯子材配合作战，切断了敌军的后路，创造了扭转中法战局的镇南关（友谊关）大捷。

事物往往都是两方面的，有时会朝着相反的方向发展，我们既要看到曾国藩为清朝培养了大批湘军、淮军的文武骨干，成为摇摇欲坠的清朝的支柱，从而出现了所谓"同治中兴"，同时，我们也必须看到"同治中兴"的面纱下掩盖着清朝兵柄与政柄下移的局面。

八旗、绿营兵，是清朝的常备兵，兵权由皇帝掌握，兵籍归兵部，由户部供饷，平时分驻京师及各省，受督抚的节制。内战或外战时，向例由朝廷命各省抽调驻军，组成作战兵团，再由朝廷钦派大员统率指挥，战争结束，被抽的各部队返回原防。到了太平天国时期，八旗、绿营兵腐朽已极，不任战斗，清政府不得不依靠湘军、淮军绞杀太平天国。湘军是曾国藩创建的，部队官兵知有曾国藩而不知有朝廷，仅听命于曾国藩的节制指挥。太平天国失败后，清朝继续依仗湘军、淮军镇压农民起义、全歼阿古柏匪帮，收复新疆等地，实际上，湘军、淮军变成了国防军。八旗、绿营兵尽管不任战斗，但依然存在。清朝出现了双轨军制，而以湘军、淮军为主力。私人组织军队、掌握军队，开始于曾国藩，曾国藩死后有李鸿章，李鸿章死后有袁世凯。可以毫不夸张地说，曾国藩是中国近代第一个军阀，其权力足以左右朝廷，朝廷不得不委以军事重任。这是清朝兵柄下移的开始。

各省督抚，向例由朝廷慎重选择。在太平天国时期，出于镇压太平天国的需要，清政府不得不命令掌握湘军的实力派首领曾国藩为钦差大臣、两江总督，督办江南军务；1861年冬，随着李秀成席卷浙江，东南大局"震摇"，以至于进一步命令曾国藩节制苏、浙、皖、赣四省军事，四省巡抚提镇以下各官悉归节制，由曾国藩对四省军事、政治一把抓，四省巡抚都由曾国藩保荐的湘系将领充任，清政府对曾国藩保荐的巡抚人选，无不俯允。这是清朝政柄下移的开始。清朝政柄下移，几乎是与兵柄下移同步进行的，以后，演变成督抚专政、尾大不掉的局面。辛亥革命武昌起义的枪声一响，各省纷纷宣告脱离清政府"独立"，绝非偶然。如果说兵柄、政柄下移，是清朝的一大变局，那么，造成这种局面的始作俑者则是曾国藩。曾国藩居"同治中兴"功臣之首是事实，首先挥动铁锹挖空清朝墙脚，也是事实。这是曾国藩始料所不及的。

左宗棠的一生干了几件事：第一，镇压农民起义，有罪。第二，倡导洋务运动，晚年反对企业官办，提倡商办，促进了民族资本主义的发生、发展，有功。第三，左宗棠是翱翔在反侵略烽火中的雄鹰。在祖国民族灾难深重的岁月里，他毕生的主要精力用于指挥西征军收复祖国大好河山新疆；在中法战争期间，当妥协退让的论调甚嚣尘上之时，他砥柱中流，坚定不移地进行反侵略、反卖国斗争，其功业永垂不朽，他是杰出的爱国将领。

曾国藩一生干了几件事：第一，他一生的主要精力用于绞杀太平天国与捻军，有大罪。第二，晚年办理天津教案，恐洋媚外，草菅民命，有罪。第三，率先倡导洋务运动，对中国资本主义的发生发展起了先导作用，有功。功罪不能相抵，但可以相比。比较下来，曾国藩罪大于功，铁案铸成他是历史的罪人。

有人评价曾国藩是汉奸、刽子手，值得商榷。

说他是刽子手，因为他主张对起事农民"草薙而禽狝之"，他在指挥湘军攻打太平天国的过程中，一贯纵兵杀戮太平天国军民。曾国藩用太平天国军民的鲜血作釉彩，把自己画成一个状貌狰狞的刽子手。

说他是汉奸，令人费解。满族自古以来是中国的少数民族，是中华民族的组成部分，清政府是中国的合法政府。太平天国运动是一场推翻清政府的国内战争，由于曾国藩为了维护清封建王朝的统治而镇压了太平天国，便说他是汉奸，就不在情理之中了。

附录一　曾国藩生平大事简记

1796年　（清嘉庆元年·丙辰）
　　　　川楚白莲教农民起义爆发，波及五省，历时九年。

1811年　（清嘉庆十六年·辛未）
　　　　11月26日　曾国藩出生于湖南湘乡县白杨坪村（今属双峰县）。

1812年　（清嘉庆十七年·壬申）
　　　　左宗棠出生于湖南湘阴。后六年郭嵩焘生于湘阴。
　　　　胡林翼出生于湖南益阳。
　　　　江忠源出生于湖南新宁。

1813年　（清嘉庆十八年·癸酉）
　　　　天理教农民起义。

1814年　（清嘉庆十九年·甲戌）
　　　　洪秀全诞生于广东花县（时为嘉庆十八年十二月初十日，公历1814年1月1日）。

1820年　（清嘉庆二十五年·庚辰）
　　　　曾国藩之弟国潢生。

1822年　（清道光二年·壬午）
　　　　曾国藩之弟国华生。

1823年　（清道光三年·癸未）
　　　　李鸿章出生于安徽合肥。

1824年　（清道光四年·甲申）

曾国藩之弟国荃生。

曾国藩至湖南省城长沙应童子试。

1826年　（清道光六年·丙戌）

曾国藩应长沙府试。

1828年　（清道光八年·戊子）

曾国藩之弟国葆生。

1831年　（清道光十一年·辛卯）

曾国藩肄业于本邑涟滨书院。

1833年　（清道光十三年·癸巳）

曾国藩考中秀才，其父曾麟书大喜，因他应童子试十七次始补生员。

曾国藩娶妻欧阳氏。

王闿运出生于湖南湘潭。

1834年　（清道光十四年·甲午）

曾国藩肄业于长沙岳麓书院。

曾国藩中举人。

1838年　（清道光十八年·戊戌）

曾国藩中进士，任翰林院庶吉士，其座师为穆彰阿。

1840年　（清道光二十年·庚子）

鸦片战争爆发。

1841年　（清道光二十一年·辛丑）

清军一败涂地，英军把战火烧向浙江。

曾国藩从唐鉴讲求为学之方，遂以朱子之书为日课，始肆力于宋学。

1842年　（清道光二十二年·壬寅）

曾国藩益致力于程朱之学。

《中英江宁条约》订立。曾国藩在家书中说：订立条约是出于不得已,"以大事小,乐天之道,孰不以为上策哉"。

1843年　(清道光二十三年·癸卯)

曾国藩以翰林院侍讲升用。

曾国藩奉命为四川乡试正考官。

1847年　(清道光二十七年·丁未)

曾国藩升授内阁学士兼礼部侍郎,在家书中有:"由从四品骤升二品,超越四级,迁擢不次,惶悚实深。"

1849年　(清道光二十九年·己酉)

曾国藩升授礼部右侍郎,后又兼署兵部右侍郎。

1850年　(清道光三十年·庚戌)

道光皇帝去世,奕詝即位,以明年为咸丰元年。

曾国藩奉旨兼署工部左侍郎,后又兼署兵部左侍郎。

1851年　(清咸丰元年·辛亥)

1月11日　洪秀全在金田村发动起义,称天王,正号太平天国。

6月　曾国藩"钦派顺天乡试搜检大臣,兼摄刑曹"。

7月　因大学士祁寯藻的推荐,钦差大臣赛尚阿疏调江忠源赴广西随营差遣,募楚勇五百随军助战。

1852年　(清咸丰二年·壬子)

2月　曾国藩奉旨兼署吏部左侍郎。

7月　曾国藩奉命为江西乡试正考官。

8月　曾国藩前往江西,行抵安徽太湖县境小池驿,闻母死耗,回籍奔丧。

9月　西王萧朝贵率太平军进攻长沙。

10月　曾国藩在籍守制,至县城团练局访晤团练头目王鑫等,提出练勇贵精等主张。

1853年　(清咸丰三年·癸丑)

1月　清廷命在籍守制侍郎曾国藩为湖南团练大臣帮办，协助巡抚办理团练，搜查土匪等事务。

曾国藩上《敬陈团练查匪大概规模折》，声言今后他将"以练兵为要务"，得到咸丰帝的同意，取得编练湘军的权力。

2月　曾国藩到长沙就任团练大臣帮办，旋调罗泽南、王鑫统率的团练一大团到省城长沙，曾国藩以湘乡团练一大团为骨干，开始编练湘军。

3月　太平军攻克金陵，改名天京，定为首都。

提督向荣率军进抵天京城郊，结营孝陵卫，是为江南大营，屏蔽苏、常与浙江。

5月　太平天国西征军溯江西征。

7月　曾国藩参奏副将清德，保荐湘军塔齐布为副将，从此绿营与湘军如水火。

9月　长沙绿营兵围攻曾国藩公馆，刺伤曾之亲兵，曾国藩被迫移军衡阳，倡言练兵万名，为江忠源"扫荡天下之具"。

太平军撤南昌围，北攻九江，分兵三路克安庆，翼王石达开率大队太平军前来镇守。

10月　西征军攻克湖北黄州，再克汉阳。

12月　西征军加紧围攻安徽庐州，安徽巡抚江忠源乞求援军，曾国藩拒不发兵。

1854年　(清咸丰四年·甲寅)

1月　西征军攻克庐州，江忠源城破自杀。太平军旋即完成开辟安徽根据地的任务。

2月　西征军大破清军黄州堵城大营，湖广总督吴文镕兵败自杀。

曾国藩统率湘军水陆师一万七千余人离开湖南衡州北上，

同时发布《讨粤匪檄》。

4月　西征军在湖南靖港大败湘军，曾国藩羞愤投水自杀获救。

5月　湘军湘潭大捷。

6月　5月至6月，曾国藩在长沙整军，本月兵员补充满额，战船修造竣工，湘军元气恢复。

8月　西征军湖南岳州大捷，击毙湘军水师统领道员褚汝航、总兵陈辉龙等。

西征军与湘军大战于城陵矶，秋官又正丞相曾天养牺牲。

10月　湘军攻陷武汉。东王杨秀清命燕王秦日纲设防湖北田家镇。

署理湖广总督杨霈自德安到武昌，敦促曾国藩联兵东下。

清政府命曾国藩署理湖北巡抚。

11月　清政府赏曾国藩兵部侍郎衔，毋庸署理湖北巡抚，另以曾国藩之政敌陶恩培补受。

12月　湘军水师砍断田家镇、半壁山之间的横江铁链，燕王秦日纲撤出田家镇，退守湖北黄梅。

湘军水师进犯九江，贞天侯林启容击退湘军攻势。

东王杨秀清命翼王石达开为西征军统帅，石达开旋即从安庆移军湖口。

1855年　（清咸丰五年·乙卯）

1月　湘军轻快水师中计陷入鄱阳湖，是为"内湖水师"，在长江的湘军水师为"外江水师"。

太平军水师火攻外江水师于湖口江面，大胜，外江水师移泊九江江面。

2月　太平军水师再次乘夜火攻湘军水师，焚其大、小战船百余号，曾国藩再次投水自尽，获救后逃奔罗泽南陆营。

曾国藩派湖北按察使胡林翼率军与外江水师一部回援武昌。曾国藩命知府彭玉麟率残损战船七十余号走依湖北布政使胡林翼。

3月　曾国藩败走南昌，安辑内湖水师。

4月　燕王秦日纲、检点陈玉成率西征军三克武昌，湖北巡抚陶恩培穷蹙自杀。

胡林翼升任湖北巡抚。

6月　清政府以荆州将军官文为湖广总督。

7月　曾国藩参奏江西巡抚陈启迈。

8月　湘军悍将塔齐布久攻九江不下，忧愤而死，副将周凤山继统塔齐布遗部。

9月　西征军大败胡林翼于汉阳之夵山，水师哨官鲍超救胡林翼上船护之。

胡林翼整汰楚军（湖北省军），以后命鲍超赴湘募勇组军，是为霆军之始。

10月　曾国藩派罗泽南率军五千，从江西义宁拔营增援胡林翼。

11月　曾国藩困守南昌。

翼王石达开从湖北通城打入江西，开辟江西省根据地。

1856年　（清咸丰六年·丙辰）

2月　湘抚骆秉章派知府刘长佑、同知萧启江两路入赣增援曾国藩。

3月　曾国藩部周凤山军大败于江西樟树镇。

4月　湘军将领罗泽南进犯武昌被击毙。

5月　曾国华自胡林翼处分军四千，增援江西曾国藩。

6月　太平军大破江南大营，向荣率残兵败走丹阳。

8月　钦差大臣督办江南军务湖北提督向荣在丹阳自缢

身亡。

9月　天京内讧。北王韦昌辉杀东王杨秀清，并进一步屠杀东王部属，威逼天王洪秀全。天王诛杀韦昌辉。翼王石达开被逼离开天京，西上安庆。太平天国由盛转衰。

钦差大臣和春接统江南大营军务。

10月　曾国荃在湘募勇，筹建军队，取名吉字营，以后成为曾国藩系湘军一大主力。

11月　曾国荃率军增援江西。

12月　胡林翼指挥湘军水陆师侵占武昌，派杨岳斌、李续宾分别统率湘军水陆师东犯九江。

1857年　（清咸丰七年·丁巳）

1月　湘军水陆师猛犯九江。

曾国藩自江西吴城至九江劳师，上《附陈近日军情请催各省协饷片》，企图收回杨、李统率的湘军水陆师的指挥权。清政府搁置不理。

3月　曾国藩闻父死噩耗，不待朝廷批准，偕弟国华自江西瑞州军营回籍奔丧。

7月　曾国藩奏请开去兵部侍郎缺，沥陈办事艰难情形，为个人争权力，为湘军争待遇。

8月　清政府命曾国藩在籍守制，削除曾国藩兵权。

10月　西征军完全退出湖北省。湖北巡抚胡林翼在湖北普遍推行团练、保甲，整顿财政，湖北成为湘军又一饷源基地。

湘军内湖水师得到外江水师与陆师的协助，攻陷湖口、梅家洲，冲入长江，与外江水师会合。

1858年　（清咸丰八年·戊午）

3月　翼王石达开退出江西，攻入浙东。

5月　湘军李续宾部攻陷九江，自贞天侯林启容以下守军一万七千余人全部壮烈牺牲。

7月　清政府重新起用曾国藩，命他统率江西湘军追击石达开。

11月　陈玉成、李秀成联合作战，在安徽舒城之三河镇全歼湘军主力李续宾以下四千余人，乘胜追击，收复桐城时续歼李续宾部千余人。

12月　曾国藩奏陈石达开军"乱而无纪，气散而不整"，已成流寇之象。

1859年（清咸丰九年·己未）

2月　曾国藩针对洪秀全的战略思想，提出"进占十里，则贼蹙十里之势，进占百里，则贼少百里之粮"，蚕食鲸吞太平天国根据地。

4月　天王洪秀全的族弟洪仁玕到天京，旋封干王，任军师。

6月　曾国荃统湘军近六千进犯景德镇，李鸿章同往赞画。

9月　曾国藩至湖北黄州晤胡林翼，请官文、胡林翼奏留曾国藩经略安徽。以后，曾移军入皖，与胡林翼联合作战，进犯安庆。

12月　曾国藩自湖北黄梅移驻安徽宿松，辖步队二十营，马队一营。

1860年（清咸丰十年·庚申）

5月　太平军二破江南大营。

曾国荃军进入集贤关，进逼安庆。

6月　左宗棠奉旨以四品京堂候补，随同曾国藩襄办军务，回湘募勇。

太平军攻克苏州，设立苏福省。两江总督何桂清败逃上海，被革职拿问。

大买办候选道杨坊、苏松太道吴煦支持美国人华尔在上海组织"洋枪队"，后改名"常胜军"。

清政府赏加曾国藩兵部尚书衔，署理两江总督。

7月　曾国藩从宿松进驻皖南祁门，窥视苏、常。

清政府命杨岳斌统率的湘军水师归曾国藩指挥调遣。

8月　清政府实授曾国藩两江总督，并授为钦差大臣督办江南军务，所有大江南北水陆各军均归节制。

曾国藩致书曾国荃说："默观近日之吏治人心，及各省之督抚将帅，天下似无戡定之理。"

9月　曾国荃部掘长濠围困安庆。

10月　太平军攻克皖南之宁国、徽州，祁门大营气氛紧张。左宗棠率军抵江西乐平，曾国藩命左军辗战乐平、景德镇一带，保护皖南湘军粮道。

12月　英王陈玉成挥军进攻桐城挂车河多隆阿军，李续宜从青草塥来助战，太平军受挫。

曾国藩复奏赞成"借洋兵助剿"，并说"将来师夷智以造炮制船，尤可期永远之利"。

侍王李世贤攻克皖南黟县，进逼祁门大营。

1861年　(清咸丰十一年·辛酉)

1月　胡林翼自湖北英山移驻安徽太湖。

2月　皖南太平军由石埭分路进攻大洪岭，直趋祁门大营。

3月　陈玉成军在霍山山区黑石渡等地大败余际昌，闯进湖北，攻占黄州，兵锋直指汉口、汉阳，胡林翼情急吐血，飞调李续宜等率军驰援武昌。

4月　曾国藩致书曾国荃说：即使武昌疏失，亦不撤动安庆围师。

曾国藩自祁门移军休宁，亲自指挥湘军进犯徽州，企图开辟浙江进入皖南的饷道，大败。

侍王部太平军与左部湘军大战于乐平，太平军大败，李世贤率军转进浙江，皖南湘军转危为安。

5月　曾国藩从祁门移营东流，抽调鲍超率霆军万名增援安庆。李鸿章重入曾国藩幕府，倚任颇深。

7月　曾国藩致书曾国荃说："既已带兵，自以杀贼为志，何必以多杀人为悔？"

8月　咸丰帝病危，诏立载淳为皇太子，以肃顺等八人为赞襄政务大臣，旋即死于热河行宫。

9月　曾国荃指挥湘军攻陷安庆，安庆守军自叶芸来以下一万六千余人殉国。

曾国藩移驻安庆，设两江总督衙门。

湖北巡抚胡林翼病死武昌。

10月　忠王李秀成、侍王李世贤分别进攻浙西、浙东，李秀成军开始围攻杭州，曾国藩拒不发兵救援杭州之浙江巡抚王有龄。

11月　"北京政变"发生，西太后杀肃顺等。

载淳即位，废除祺祥年号，以明年为同治元年，由皇太后垂帘听政。

逃沪苏、常士绅派钱鼎铭等西上"安庆乞师"，敦促曾国藩分兵东下上海。

清政府命曾国藩统辖苏、浙、皖、赣四省军事，四省巡抚、提镇以下，悉归节制。

清政府命太常寺卿左宗棠督理浙江军务，浙江提镇以下各官，均归左宗棠调遣。

曾国藩命李鸿章筹建淮军。

12月　曾国藩设立安庆军械所。

1862年　(清同治元年·壬戌)

1月　侵略分子浩格、金能亨等与逃沪苏州士绅潘曾玮、顾文彬等在上海成立中外会防局。

忠王李秀成军进攻上海。

清政府以左宗棠为浙江巡抚。

3月　曾国藩、李鸿章校阅淮军，淮军正式成立。

浙江布政使曾国荃率军从安庆沿江东犯。

4月　道员李鸿章率淮军抵上海，标志着曾国藩湘系与苏、常士绅和上海买办合流。

李鸿章署理江苏巡抚。

5月　曾国荃率湘军逼扎雨花台，开始进攻天京。

6月　忠王李秀成在苏州召集诸王会议，商讨解围天京事宜。

曾国藩致书曾国荃说："沅于人概、天概之说，不甚措意，而言及势利之天下，强凌弱之天下，此岂今日始哉？盖从古已然矣。"

曾国藩日记载：英法联军"十年八月入京，不伤毁我宗庙社稷。目下在上海、宁波等处，助我攻剿发匪，二者皆有德于我，我中国不宜忘其大者，而怨其小者"。

8月　忠王李秀成再次召集诸王会议于苏州，图解天京之围。忠王提出："如欲奋一战而胜万战，先须联万心而作一心。"

9月　忠王李秀成自苏州西上，指挥侍王李世贤、纳王郜永宽等诸王之太平军，攻打逼扎雨花台等地曾国荃部湘军营垒，激战四十余日，不胜，撤兵而去。

1863年　(清同治二年·癸亥)

1月　李鸿章策动骆国忠在常熟举城叛变。

3月　浙江左宗棠军攻陷金华。

5月　左宗棠升任闽浙总督。

6月　曾国荃军攻占天京城郊要隘雨花台。

曾国藩上奏《近日军情并陈饷绌情形片》，与江西巡抚沈葆桢的矛盾激化，左宗棠支持沈葆桢，责备曾国藩。

12月　曾国藩在安庆接见容闳，决定在上海高昌庙设立江南制造总局。给银三万两，委托容闳在国外购买机器。

李鸿章、程学启等策动叛徒郜永宽等刺杀苏州佐将慕王谭绍光，献城降敌。二日后叛王为李鸿章悉数诛戮。

忠王李秀成回京向天王洪秀全建议"让城别走"，遭拒绝。

1864年　（清同治三年·甲子）

3月　曾国荃督军进抵天京太平门、神策门外，天京合围。

左宗棠督军攻陷杭州。

6月　天王洪秀全病逝天京。

7月　太平门地道轰发，天京失陷，曾国荃纵兵大抢、大烧、大杀三天。

忠王李秀成在方山被俘。

曾国藩从安庆抵南京。

堵王黄文金迎幼天王入浙江湖州。

曾国藩戮天王尸，并举火焚之。

8月　清政府赏曾国藩太子太保，锡封一等勇毅侯爵。曾国荃赏太子少保，晋一等威毅伯爵。

忠王李秀成写完供词后被杀。

清政府谕曾国藩饬曾国荃交出天京所掳金银，清政府与曾家兄弟矛盾激化。

左宗棠上《攻剿湖郡安吉踞逆并迭次苦战情形折》，揭发曾国藩虚报战功，谓幼天王已死，实则幼天王已逃出天京，进入湖州。曾国藩愤极，与左断交，之后终生不通书信。

11月　幼天王在南昌遇害。

1865年　（清同治四年·乙丑）

5月　遵王赖文光等率捻军全歼僧格林沁军于曹州之高楼寨。

清政府命曾国藩为钦差大臣赴山东"剿捻"，督办直隶、山东、河南三省军务。

李鸿章署理两江总督。

6月　曾国荃部湘军五万五千余人裁遣工作结束。

曾国藩从金陵登舟北上。

7月　曾国藩奏陈"剿捻"方略，重点设防于四省十三府，专重"迎剿"，不事尾追。

曾国藩到安徽临淮关，晓谕民间，厉行查圩，坚壁清野，分别良莠，规定倡乱者"屠其家，并及坟墓"。

9月　上海江南制造总局成立。

1866年　（清同治五年·丙寅）

3月　曾国荃任湖北巡抚。

5月　曾国藩以重点设防不足以限制捻军的马队，设防沙河、贾鲁河等处。

7月　左宗棠筹设福州船政局。

9月　曾国藩驻营河南周家口。

赖文光、张宗禹等踏破汴南卫河堤墙，曾国藩防河战略失败。

11月　李鸿章代曾国藩署理钦差大臣，湘、淮各军均归节制。

12月　曾国藩回任两江总督。

1867年　（清同治六年·丁卯）

4月　曾国藩自徐州回至金陵。

5月　曾国藩与赵烈文闲谈时说："老九去年评官不胜，极悔，亟思退，事事请教老兄。余云：'须悔亦须硬，仍须顽钝无耻乃可做事。'"

7月　曾国藩与赵烈文闲谈时说："都门气象甚恶，明火执仗之案时出，而市肆乞丐成群，甚至妇女亦裸身无裤。民穷财尽，恐有异变。"赵说：清朝寿命之长，"殆不出五十年"。曾说："吾日夜望死，忧见宗祏之陨。"

8月　曾国藩与赵烈文谈及湘军大抢、大烧、大杀天京城事，曾"狂笑"说："吾弟所获无几，而老饕之名遍天下，亦太冤矣。"

1868年（清同治七年·戊辰）

5月　清政府授曾国藩武英殿大学士。

9月　曾国藩调直隶总督。

1869年（清同治八年·己巳）

3月　曾国藩行抵直隶省城保定。

11月　曾国藩至天津校阅洋炮、洋枪队。

1870年（清同治九年·庚午）

6月　天津教案发生。天津爱国群众殴毙向中国官员开枪之法驻津领事丰大业，捣毁教堂数处，打死外国传教士二十人。

清政府命直隶总督曾国藩赴天津查办教案。

7月　曾国藩赴天津前，唯恐办理外交引起"夷衅"，身家性命不保，立下遗嘱，告诫曾纪泽、曾纪鸿："余兄弟姊妹各家，均有田宅之安，大抵皆九弟扶助之力。我身殁之后，尔等视两叔如父，事叔母如母，视堂兄弟如手足。"曾国藩从保定到天津后，侦骑四出，乱抓凶手，酷刑熬审，残害爱国群众。将知府张光藻、知县刘杰交刑部治罪。

8月　张汶祥刺死两江总督马新贻。

曾国藩调任两江总督，李鸿章补受直隶总督。

10月　曾国藩与李鸿章会衔奏结天津教案，奏称："共得正法之犯二十人，军徒各犯二十五人，办理不为不重，不惟足对法国，亦堪遍告诸邦。"

12月　曾国藩返抵金陵。

1871年　（清同治十年·辛未）

8月　曾国藩与李鸿章会奏派委刑部主事陈兰彬、江苏同知容闳选同子弟赴泰西各国学习技艺。

9月　曾国藩自南京启程，历扬州、清江浦、徐州、丹阳、常州、常熟、苏州、松江、吴淞等地校阅驻军。

曾国藩至上海，查阅江南制造总局所属各厂。

1872年　（清同治十一年·壬申）

3月12日　曾国藩病死于南京两江总督衙署。

附录二 参考书目

（以书中出现先后为序）

［1］曾国藩：《曾文正公全集》，传忠书局光绪二年秋版。

［2］《曾国藩全集·家书》，湖南岳麓书社1985年版。

［3］马士著、张汇文等译：《中华帝国对外关系史》，三联书店1958年版。

［4］马戛尔尼著、刘复译：《乾隆英使觐见记》，中华书局民国五年版。

［5］《东华续录》，宣统辛亥版。

［6］赵尔巽等：《清史稿》，联合书店民国三十一年版。

［7］包世臣：《安吴四种》，光绪十四年版。

［8］魏源：《圣武记》，光绪壬寅上海版；《古微堂集》，淮南书局光绪四年版。

［9］《清仁宗实录》，影印本。

［10］《龚自珍全集》，中华书局1958年版。

［11］中山大学历史系编：《林则徐集》，中华书局1965年版。

［12］《朱子语类》，中华书局1986年版。

［13］《朱子文集》，同治十二年版。

［14］曾国藩：《曾文正公手书日记》，影印本。

［15］左宗棠：《左文襄公全集》，光绪十六年刻本。

［16］林则徐：《云左山房诗钞》，光绪丙寅福州本宅藏版。

[17] 洪亮吉：《卷施阁文甲集》，光绪三年受经堂版。

[18] 薛福成：《庸庵笔记》，光绪辛丑年上海书局版。

[19] 中国史学会主编：中国近代史资料丛刊《太平天国》，1954年上海神州国光社出版。

[20] 李文治等编辑：《中国近代农业史资料》，1957年北京三联书店版。

[21]《光绪善化县志》，光绪二年版。

[22]《清宣宗实录》，影印本。

[23]《湖北通志》，商务印书馆民国十年版。

[24] 容闳：《西学东渐记》，商务印书馆民国四年版。

[25]《湖南省通志》，商务印书馆民国二十三年版。

[26] 冯桂芬：《显志堂稿》，光绪二年版。

[27] 太平天国历史博物馆编：《太平天国文书汇编》，中华书局1979年版。

[28] 郭嵩焘撰：《江忠烈公行状》，同治癸酉版。

[29] 同治《湘乡县志》，同治十三年版。

[30] 王鑫：《王壮武公遗集》，光绪壬辰版。

[31] 王定安：《求阙斋弟子记》，光绪二年版。

[32] 严如熤：《三省边防备览》，道光庚寅年刻本。

[33] 昭梿：《啸亭杂录》，中华书局1980年版。

[34] 曾国荃、郑敦谨等编：《胡文忠公遗集》，光绪戊子版。

[35] 江忠源：《江忠烈公遗集》，同治癸酉版。

[36] 王闿运：《湘军志》，同治版。

[37] 郭嵩焘：《郭侍郎奏疏》，光绪壬辰版。

[38] 谷应泰：《明史纪事本末》，商务印书馆民国十三年版。

[39] 罗尔纲：《太平天国史稿》，中华书局1957年版。

[40]《太平天国史论文集》，广东人民出版社和广西人民出版社1983

年版。

[41]《重修安徽通志》，光绪版。

[42] 太平天国历史博物馆编：《太平天国史料丛编简辑》，中华书局上海编辑所1963年版。

[43] 太平天国历史博物馆编：《太平天国资料汇编》，中华书局1980年版。

[44] 贺长龄辑：《皇朝经世文编》，道光丁亥版。

[45] 太平天国历史博物馆：《太平天国印书》，江苏人民出版社1979年版。

[46] 中国近代史研究所编：《太平天国资料》，科学出版社1959年版。

[47] 骆秉章：《骆文忠公奏议》，光绪版。

[48] 曾国藩：《曾文正公全集》，世界书局民国二十五年版。

[49] 顾祖禹：《读史方舆纪要》，中华书局1959年版。

[50] 唐训方：《从征图记》，同治木刻本。

[51] 中国近代史研究所编：《近代史资料》总34号。

[52] 梅英杰等：《湘军人物年谱（一）》，岳麓书社1987年版。

[53] 罗泽南：《罗忠节公遗集》，文海出版社1967年版。

[54]《李秀成自述》，影印本。

[55] 陈昌：《霆军纪略》，文海出版社。

[56] 董蔡时主编：《何桂清等书札》，江苏人民出版社1981年版。

[57] 江世荣编：《曾国藩未刊书稿》，中华书局1959年版。

[58] 薛福成：《庸庵笔记》，光绪丁酉版。

[59] 潘祖荫：《潘文勤公奏疏》，文海出版社。

[60] 罗正钧：《左文襄公年谱》，文海出版社。

[61] 咸丰朝《筹办夷务始末》，中华书局1979年版。

[62] Prescott Clarke and Gregory: Western Reports on the Tai-

Ping, Australian National University Press Canbera, 1982.

［63］朱洪章:《从戎纪略》。

［64］同治朝《筹办夷务始末》,影印本。

［65］潘遵祁:《西圃集》,光绪版。

［66］汪堃:《寄蜗残赘》,不惧无闷斋版。

［67］沈守之:《借巢笔记》,吴中文献小丛书之十八。

［68］陶煦:《贞丰里庚申见闻录》,光绪七年版。

［69］吴云:《两罍轩尺牍》,光绪版。

［70］周腾虎:《餐芍华馆杂著》,光绪版。

［71］太平天国历史博物馆辑:《吴煦档案选编》第一辑,江苏人民出版社1965年版。

［72］窦宗一:《李鸿章年(日)谱》,文海出版社。

［73］李书春:《李文忠公年谱》,文海出版社。

［74］《续修庐州府志》,光绪版。

［75］《清史列传》,中华书局民国十七年版。

［76］《清穆宗实录》,影印本。

［77］李鸿章:《李文忠公全书》,光绪戊申金陵版。

［78］董蔡时主编:《太平天国史料专辑》,上海古籍出版社1979年版。

［79］沈葆桢:《沈文肃公政书》,光绪庚辰版。

［80］连横:《台湾通史》,商务印书馆民国三十六年版。

附录三 中西译名对照表

卜鲁斯	Bruce, F. W. A.
卜罗德	Protet, A.
士迪佛立	Staveley, C. W.
马惇	Marton
马戛尔尼	Macartney, G.
丰大业	Fontanier, H. V.
巴夏礼	Parkes, H. S.
白齐文	Burgevine, F. W. A.
伊格那提业福	Ignatief, N. P.
华尔	Ward, J. E.
何伯	Hope, J.
金能亨	Cunningham, E.
斯密士	Smith, F
罗淑亚	de Rochechourat, Comte
浩格	Hogg, J.
法尔斯德	Forrest, E.